셀프업 4

# 알기 쉬운

# 인터넷 윤리

백윤철 · 이준복 공저

이담
Books

**목 차** Contents

# 인터넷윤리 총론

# Chapter 01
# 법의 개념과 인터넷윤리

## 제1절 총설

### I 윤리, 법과 생활

사전적인 의미로 윤리란 사람으로서 마땅히 행하거나 지켜야 할 도리이고, 법이란 사회규범의 하나로서, 국민이 준수해야 할 행위규범 내지 재판규범을 의미한다. 본 제1편에서는 우선 법에 대한 내용을 살펴보고, 다음으로 윤리와 인터넷윤리에 대해서 알아보기로 한다.

간단히 윤리의 의미에 대해서 살펴보게 되면, 동양적 의미로서 '도덕'과 동일한 개념으로 사용되고 있고, 서양적인 의미로는 인간사회에서 반드시 준수해야 할 인간의 행위라고 할 수 있다. 이러한 윤리를 인터넷상에서는 '인터넷 사이버 공간에서 지켜야 할 윤리'라는 의미로 우리는 네티켓(netiquette)이라고 한다.

이러한 윤리 중에 인터넷에서 인간사회가 반드시 실천해야 할 인간의 행위를 인터넷윤리라고 할 수 있다. 우리는 이러한 인터넷윤리에 위반하는 행위, 예를 들어 인터넷포르노, 인터넷섹스, 게임 중독,[1] 개인정보 침해, 해킹, 바이러스, 인터넷상 명예훼손, 불온표현 등이 바로 그것들이다. 이러한 행위들을 규제하는 것은 우선적으로 인터넷윤리라는 잣대에 의해서 해결을 해야 되지만, 이것이 불가능하게 될 때에 '법'이라는 것이 등장한다. 따라서 본 책에서는 법에 대한 일

---

1) 전에 남편이 집에 있을 때에는 함께 살고 있었는데, 지금은 게임에 빠져 함께 있다고 볼 수 없지요. 바로 이러한 행위가 바로 인터넷 중독 내지 게임 중독이다.

반론에 대해서 살펴보고, 이어서 인터넷윤리와 그에 적용되는 사례들을 살펴보고, 법원의 판결 사례에 대해서 살펴보기로 한다.

지금 이 순간에도 우리들은 느끼지는 못하지만 수많은 전파 속에서 생활을 하고 있다. 이와 같이 우리들은 일상생활에서 무수히 많은 법규범 속에서 생활하고 있다.

전파의 경우 레이더, 전화중계용의 마이크로파, 텔레비전용의 초단파, 원거리통신용의 단파·중단파, 국내방송용의 중파, 선박통신용의 장파와 같은 다양한 전파가 각각의 용도에 따라 그물처럼 우리나라는 물론 전 세계의 하늘을 덮고 있다. 그렇지만 이러한 전파는 용도에 따른 수신기가 없으면 인간의 감각기관으로는 보지도 듣지도 못하기 때문에 그 존재를 알 수 없다.

법도 어떤 의미에서는 이러한 전파와 같은 존재라고 할 수 있다. 우리들은 직접 피부로 느끼지는 못하지만 국내법에서 국제법에 이르기까지 각양각색의 법이라는 그물 속에서 생활하고 있다.

예를 들면 우리들이 지금 책을 읽고 있다고 할 때, 일반적으로 그 책은 서점과의 매매계약에 따라 구입한 것이다. 그 결과 우리들은 이 책에 대한 소유권을 취득하게 되고, 법령에 반하지 않는 한 이것을 사용·수익·처분할 수 있는 자유라는 민법상의 법률관계 속에 들어가는 것이다.

또한 산책을 하기 위해서 외출하면 도로교통법에 따라야만 한다. 즉 보행자는 보도를 따라 좌측 또는 길 가장자리 구역을 통행하여야 한다(도로교통법 제8조). 지하철이나 버스를 타면 각각 지하철공사나 도시철도공사 혹은 버스회사와 여객운송계약을 체결한 것이 되고 상법이나 민법 기타 각종 특별법상의 법률관계에 서게 된다.

집이 있다고 해도 그 집이 자기의 집이면 소유권관계가, 빌린 집이면 집 주인과의 사이에 임대차계약관계가 존재한다. 그 집에 부모나 형제자매 기타 친족과 함께 생활을 하지 않아도 그들 사이에는 서로 친족상속법상의 법률관계라는 눈에 보이지 않는 끈으로 묶여 있다. 집에서 수돗물을 마시는 것은 수도법에 따른 수도공급계약이라는 법률관계가 존재하고 있고 또한 가전제품을 이용할 수 있는 것도 한국전력공사와의 전력공급계약이라는 법률관계가 성립하였기 때문이다.

뿐만 아니라 우리들은 그 전기 덕택에 TV를 볼 수 있다. 그것은 시청자와

KBS와의 사이에 방송법에 기초한 수신계약의 체결이라는 법률관계가 존재하고 있기 때문이다. 더구나 그 화면이 인공위성중계에 의한 외국의 뉴스라면 우리들은 국제법 속에서 생활하는 것을 의미하게 된다.

이와 같이 우리의 일상생활을 보더라도 그 대부분은 법적인 관계로서 성립하고 있다. 이것을 사회인·직업인으로서 근무하는 장소까지 확대하여 국가나 각종 공공단체·기업·학교·종교단체·노동조합 등에 우리 자신이 들어가는 경우 우리들이 관계를 갖지 않으면 안 되는 법과의 관계가 필연적으로 어떠한 형태로든 복잡하게 관련되어 있다는 것을 알 수 있다.

우리들은 개인적 존재임과 동시에 사회적 존재이기도 하다. 사적 존재이면서도 공적 존재이기도 하다. 그 결과 우리들은 공법·사법, 사회법·국제법이라는 여러 가지 법체계가 서로 얽혀 있는 복잡한 법 관계 속에 존재하고 있다. 우리들은 법이라는 그물 속에 둘러싸여 있고, 그 그물을 벗어나서는 우리의 생활 자체를 할 수 없다. 따라서 인간은 법만으로 생존할 수 있는 것은 아니지만, 법 없이는 생활할 수 없는 것이다.

## Ⅱ 전자미디어의 출현

컴퓨터 네트워크를 이용하여 이루어지고 있는 인터넷거래인 전자상거래는 전 세계적인 경제시장에서 상당한 비중을 차지하고 있을 뿐만 아니라 급속도로 증가하고 있다. 세계의 전자상거래 시장규모는 1998년 500억 달러에서 2004년 7조 달러에 달할 것으로 예측되고 있다. 그중 전자상거래에서 중심적 위치에 있는 미국은 기업 간 거래(Business to Business, B to B)가 1998년 430억 달러에서 2003년 1조 3천억 달러에 이르고, 기업과 소비자 간 거래(Business to Consumer, B to C)가 1998년 70억 내지 150억 달러에서 400~800억 달러에 달할 것으로 전망하고 있다. 또한 일본에서도 기업 간 거래가 1998년 8.62조 엔에서 68조 엔에 이르고, 기업과 소비자 간 거래가 650억 엔에서 3조 엔에 달할 것으로 예측하고 있다. 우리나라의 경우도 기업 간 거래가 1999년 4조 7천억 원에서 2000년 8조 2천억 원에 이르렀으며, 기업과 소비자 간 거래가 1999년 2조 2천억 원에서 3조 원에 달하였다. 이와 같이 증가추세에 있는 전자상거래는 일반 상거래와 법적 또는 경제적 관점에 본질적인 차이가 있는 것이 아니다.[2] 그리고 전자상거래는 E-Commerce로 발전하고 있다. 이는 인터넷 환경이 온라인 환경에서 유비쿼터스 환경으로 전환되면서 생기는 현상이라 할 수 있다.

전자적 수단을 이용한 계약의 청약유인, 청약 등의 의사표시, 계약의 성립에서 이행에 이르는 과정의 전부 또는 일부가 행해지는 거래를 전자거래(Electronic Contract)라고 한다. 전자거래는 종이미디어를 이용하지 않는다는 점에서 종이 없는 거래(paperless transaction)의 일종인바, 이는 사무의 효율화나 보존공간의 관점에서뿐만 아니라 삼림보호라는 환경상의 요청에서도 일정한 의미를 갖는다. 그러나 종이미디어를 이용하지 않음으로써 전자거래에 사용되는 전자문서의 복제나 개변이 용이하다거나, 그 자체로는 유일성을 확보할 수 없다거나, 경우에 따라서는 거래의 성부 등을 확인하는 것이 곤란하다는 문제점도 발생할 수 있다.

현재 전자거래의 정의나 전자적 수단으로 이루어지는 의사표시의 법적 효력 등에 대하여 이를 총체적으로 규정하고 있는 국내의 입법례로는 전자거래기본법, 전자서명법 등이 있다. 해외에서는 후술하는 UNCITRAL의 '전자상거래모델 법'(UNCITRAL MODEL Law on Electronic Commerce 1996)[3] 및 이에 의하여 싱가포르의 전자거래법(Electronic Transaction Act 1998.6.)이 알려져 있는 외에, 미

---

2) 전 세계 B2C, B2B 전자상거래 규모.

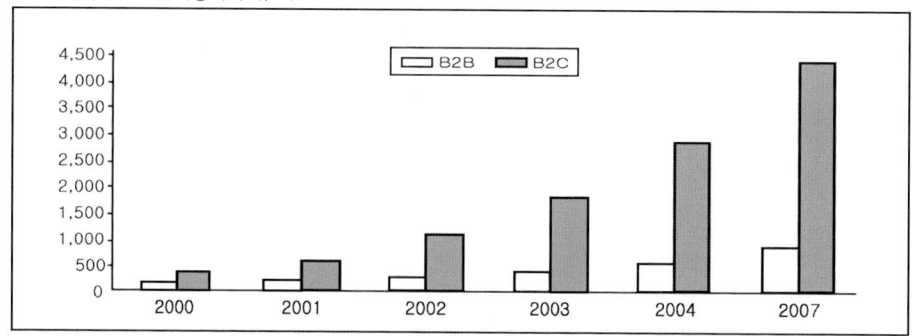

자료: IDC 2001

1999년과 2000년 초반 인터넷 사업 열풍은 소비자를 대상으로 한 B2C 전자상거래 사업을 하는 e-Biz기업들이었지만, B2C 뒤에는 B2B 전자상거래가 성장하고 있고, 20여 년 전부터 여러 업계에서 EDI(Electronic Data Interface)나 CALS(Commerce At Light Speed)의 형태로 거래가 이루어져 옴. 다만 최근 인터넷과 웹의 보급이 확산됨에 따라 급속도로 B2B 전자상거래가 발전.

3) UN전자상거래위원회에서는 전자서명에 대한 통일규칙안에 관한 논의를 1997년 2월부터 시작하여 2001년 7월 5일에 통일규칙이 만들어졌다.

국 또한 위의 모델법에 근접한 구조를 채용하고 있다. 전자상거래의 전제가 되는 전자서명 및 인증에 대해서는 독일의 통칭 멀티미디어법(1997년 8월 시행) 외, 싱가포르, 말레이시아, 한국에서도 잇달아 입법이 이루어지고 있다. 또한 EU에서는 '전자서명의 공동구조에 관한 이사회지침제안'(1998년 5월)이 마련되었으며, 2001년 7월 5일에는 UNCITRAL의 '전자서명모델법'(UNCITRAL MODEL Law on Electronic Signatures)이 확정되는 등, 입법을 향한 움직임이 가속화되고 있다.[4]

그리고 OECD에서 전자상거래 관련 쟁점들에 대한 논의는 이미 1980년대부터 산하의 각종 위원회에서 포괄적인 논의를 계속하여 왔고, 그 결과 현재까지 4개의 지침과 1개의 선언문을 채택한 바 있다. OECD에서 가장 최근에 채택한 전자상거래 관련 규범은 사기·기만 거래, 프라이버시 침해, 소비자 불만처리 곤란 등 소비자 문제를 해결하기 위한 '전자상거래 소비자보호 가이드라인'이다. 초기의 OECD에서의 논의는 개인정보보호와 국가 간 데이터 이동의 자유 등에 중점을 두었으나 최근에는 전자상거래의 사회적, 경제적 영향에 대한 인식과 함께 무역, 시장접근, 중소기업, 조세 등 국제경제 활동 측면에 대한 연구와 논의가 증대되고 있다.[5] 좀 더 구체적으로 말하면 OECD에서의 전자상거래 논의는 크게 정보통신 인프라, 사회적 인프라, 기술적 인프라 등 세 가지로 그 성격을 분류할 수 있고 ① 정보통신 인프라는 다시 유선통신망, CATV망, TV, 무

---

4) EU의 전자서명지침(안) COM(1998) 297 final, Proposal for a European Parliament and Council Directive on a common framework for electronic signatures, http://europa.eu.int/comm/dg15/en/media/infso/com297en.pdf.

5)

<표 2> OECD 소관 위원회별 논의 동향

| 소관 위원회 | 담당 업무 | 주요 논의 사항 |
|---|---|---|
| 정보통신 위원회 | 전자상거래 정책의 기본 틀 마련 | 정보격차, 통신접속(Access) 등과 관련한 정보통신 인프라 구축, 재원조달, 자유화 및 경쟁정책, 상호접속, 가격구조, 인력양성 등 |
| 소비자정책 위원회 | 전자상거래상 소비자보호지침 | 신뢰(Trust)와 관련한 개인정보보호, 소비자 보호 |
| 재정위원회 | 조세행정, 조세 가이드라인 논의 | 조세정책 잠정합의안(소득세 조세관할권) -접속 국가 무과세, 서버 운영 국가 과세 -국제간 이전가격 조작, 탈세 등 문제점 |
| 무역위원회 | 전자상거래와 관련 무역장벽 등 검토 | 글로벌 전자상거래 관련 새로운 게임의 규칙, 관/민 공동규제(co-regulation), 무역과 투자자유화, 지적재산권 보호 등 |

김기홍, 전자상거래 국제논의의 의의와 현황, 인터넷법률, 2001.11. 132면 표 참조.

선통신, 위성통신 등 인터넷 기반시설, ② 사회적 인프라는 다시 개인정보보호, 시장접근, 정보이용가격, 조세 등 전자상거래에 대한 공공정책, 법률 및 제도, 그리고 ③ 기술적 인프라는 네트워크 내의 기술적 표준과 보안, 인증, 대금결제 등을 그 논의의 내용으로 포함시킬 수 있다.[6]

## 제2절 법이란 무엇인가

### I 서설

#### 1. 법 개념을 정립하기 위한 노력

법이나 법률이라는 말은 일상생활에서 빈번하게 사용되는 일상어이다. 그리고 '법'이나 '법률'이라는 말은 사람들에게 친숙한 것처럼 의식되고 있다. 예컨대 부모가 아이에게 "다른 사람의 물건을 훔쳐서는 안 된다. 다른 사람의 물건을 훔치면 법률로 처벌받는다."라고 가르칠 때, 부모와 자식 간에 '법'이나 '법률'이라는 것에 관해서 묵시적으로 이해되고 있는 것처럼 보인다.

원래 '법(法)'이라는 말은 어원적으로 수면과 같이 공평함을 뜻하는 '수(水)', 시비곡직(是非曲直)을 가려 정의를 실현하는 전설적 동물인 해태를 뜻하는 '천(薦)', 악의 제거를 나타내는 '거(去)'의 세 글자가 합쳐진 것이라고 하였다. 그리고 라틴어에서 jus(法)은 justum(정의)에서 유래하는 것으로 독일어의 Rechts, 불어의 droit, 영어의 justice도 모두 옳은 것, 즉 정의라는 의미를 가지고 있는 것이다.

그러면 구체적으로 '도대체, 법이란 무엇인가' 하고 질문을 받았다고 할 때 자신 있게 일상생활에서 사용되는 '법'이라는 말의 본질을 한마디로 설명할 수 있는가. 아마도 대부분의 사람들은 곤혹스러워할 것이다.

법을 정의하려는 노력은 최근에 이루어진 것은 아니다. 예부터 우리의 선인들

---

6) 이창모, 전자거래에 관한 국제기구의 논의 현황과 한국의 법제화 동향, 인터넷법률 2002.1. 181면 이하 참조.

도 '법이란 무엇인가'를 정의하기 위해 부단히 노력해 왔고, 현재도 계속되고 있다. 이러한 학문적 노력의 한 예를 하트(Herbert L.A. Hart)의 말을 빌려서 살펴보면 다음과 같다.

> "공적 기관이 분쟁을 해결하기 위해서 행하는 것이 ……법 그 자체이다."
> "법원이 행하려는 것에 관한 예언이야말로 ……법을 의미하는 것이다."
> 제정법은 "법원이어서 ……법 그 자체의 부분은 아니다."
> "헌법은 실정도덕에 불과하다."
> "사람은 도둑질을 해서는 안 된다. 만약 누가 도둑질을 하면 그는 벌을 받아야만 한다. ……앞의 규범이 고친다고 해도 존재한다고 하면 그것은 유일한 진리의 규범이고 후의 규범에 포함된다. ……법은 제재를 규정하는 제1차적 규범이다."

 하트(Hart)가 제시하는 이러한 법의 정의 이외에도 매우 특징적인 법의 개념규정이 많이 있지만 번잡을 피해서 몇 가지 정의를 더 들어 보면 다음과 같다.

> "법이란 정의에 봉사한다는 의미를 가지는 현실이다."
> 법이란 "사회생활에 대한 일반적 실정적 제 규범의 총체"이다.
> "법이란 당위와 존재의 대응이다.", "적어도 어떤 사회의 통제력에 의해서 강화될 것을 요구하고 있는 규범인 이상. 그 규범의 내용 여하에 관계없이 사회가 국가이든 아니든 관계없이, 전부 법률이다."
> "법은 전체 사회를 기반으로 존립하고, 정의실현의 요구에 지배되는 강요적, 외면적, 일면적인 사회규범이고, 전형적으로는 그 전체 사회에서의 조직적 강제―적어도 그 맹아형태로서의 사회적으로 시인된 일정한 전형적 강제―를 그 효력보장수단으로서 취하는 것이다."

 이상과 같이 '법'이라는 것에 대한 학문적인 개념규정을 위해서 많은 노력이 행해지고 있다. 그러나 우리들은 법의 정의가 가지는 다의성 때문에 '법'을 이해하기보다는 오히려 더욱 혼란에 빠질 수 있다. 따라서 법을 정의하려는 학문적 노력에도 불구하고, 지금까지 누구라도 만족할 만한 개념규정을 제시하지 못하고 있다는 상황에 비추어 볼 때, 일찍이 독일비판철학의 창시자인 칸트가 "법학자는 지금도 법이라는 개념을 정의하기 위해 노력하고 있다."라고 하는 말은 오늘날도 진실이라고 할 수 있다.

## 2. 그람빌 윌리암즈의 법의 정의부정론

법을 이론적으로 정의 내리는 것이 곤란하다는 점에 착안해서 학자에 따라서는 이론적으로 법의 개념규정을 하는 것에 대한 의문이나 부정적 견해를 주장하는 사람도 나타났다. 그 대표적인 사람이 바로 런던대학의 그람빌 윌리암즈였다. 그는 영국에서 오스틴(John Austin) 이래, 여러 세대에 걸쳐 행해진 법의 개념정립을 위한 논쟁은 무의미한 것으로 단지 말의 유희에 불과하다고 보았다. 즉, 말이라는 것은 본래 고유한 의미를 갖는 것이 아니고, 그 말을 사용하는 사람이 의도한 의미에 따라서 사용하면 족한 것이다. 따라서 법의 개념도 개인의 임의에 맡기는 것이 타당하다고 하였다. 그러면서 다음과 같이 결론을 내렸다.

> "법을 정의하려는 이러한 논쟁은 언제까지나 계속되어야만 하는 것인가. 우선 우리들이 정의라는 것은 그 자체가 어떤 중요성도 갖지 않는다는 것, 그리고 의미를 확정하는 것 이외에는 어떤 중요성도 갖지 않는다는 것을 깨닫지 못하면 이러한 논쟁은 계속될 수밖에 없을 것이다. 법이라는 말의 정의한다는 언어상의 문제를 처리하는 유일한 방법은 그에 관한 생각이나 논의를 포기하는 것이다. 다른 방법으로 이 논의를 중지시키는 것은 불가능하다."

그러나 윌리암즈가 주장한 법의 정의부정론은 법의 무정부주의에 빠질 위험성을 내포하고 있다. 원래 '법'이라는 개념은 그 다양성에도 불구하고, 역사적 발전과정 속에서 다양한 정의 중 핵심이라고 할 수 있는 일정한 공통성·유사성을 공유하고 있다고 할 수 있다. 따라서 법의 개념규정을 단지 언어의 문제로만 파악하여 부정하는 견해는 이론적으로는 법의 성질을 규명하려는 노력을 중도에 포기하는 태도를 조장하게 되는 것이고 또 실제적으로도 예컨대 국제법을 법이라고 볼 것인가 단순한 도덕으로 볼 것인가에 따라서 국제사회에서 국제법이 가지는 구속성과 이에 따른 국제정치의 존재에 중대한 영향을 줄 수 있는 것이다.

## 3. 법문화·제도·법실천의 주체의 함수관계 속에서 역사적으로 생성되는 법

다른 한편 "법학자는 지금도 법이라는 개념을 정의하기 위해 노력하고 있다."라고 한 칸트의 지적도 실은 법의 본질을 잘못 파악한 것으로 부당한 견해라고 할 수 있다. 왜냐하면 법은 정태적·고정적·무기적·비역사적인 추상적 존재가 아니라, 오히려 동태적 · 운동적 · 유기적 · 역사적인 구체적 존재이기 때문이다. 법은 구체적인 역사적 환경 속에서 사회의 다양한 요구에 따르면서 변화하는 유기적 생물체와도 같은 존재이다. 따라서 법과 법 이외의 사회규범과의 한계를 설정하고, 법이라는 것에 관한 하나의 절대적이고 보편적인 정의를 세운다고 하는 것은 그 자체가 매우 곤란한 작업이라는 것이 된다.

법은 어떤 특정한 사회적 · 정치적 세력에 의해서 직접적으로 창조된다. 이때 그 특정한 사회적 · 정치적 세력은 일정한 절차에 따라서 어떤 시대, 어떤 민족의 법에 대한 사고방식, 욕구나 요구, 바람이나 기대, 그리고 민족의 운명을 결정하는 이데올로기, 가치, 신앙을 법규범화해서 법률이라는 형식을 부여하게 된다. 따라서 법문화의 내용을 이루는 이익이나 가치, 신념이나 신앙 그리고 이데올로기가 시대나 민족에 따라 다른 이상, 법의 표현형식도 시대와 민족에 따라 각각 다른 것도 당연하다. 이렇게 해서 나타난 법도 그 모습에 따라서 관습법이나 판례법 또는 제정법으로서 존재하든지, 혹은 법의 내용에 따라 공법이나 사법, 실체법이나 절차법으로 존재하든지 불문하고 그것이 법으로서 존재하기 위해서는 단순히 그 사회에서 승인된 일정한 형식을 가지고 존재하는 것만으로는 충분하지 않다. 법이 법으로서 기능하기 위해서는 어떤 경우라도 그 법이 행해져야만 한다는 타당성이 이념적으로 뒷받침될 것을 요구하는 동시에 현실에 있어서 그 요구를 담보하기 위한 조직된 사회력에 의해서 외면적 강제라는 수단을 행사할 수 있는 실효성도 가지고 있어야만 한다. 이 실효성을 영속적으로 확보하기 위해서, 법에 의해서 움직이면서도 법을 움직이는 제도, 그것을 구체화하는 것으로서의 기구 · 조직이라는 것이 필요하게 된다. 아무리 정교하게 짜인 법체계라고 해도 그것이 객관적으로나 지속적으로 존재하기 위해서는 그것을 생명력 있는 존재로 하기 위한 제도, 즉 법원 · 행정기관 · 경찰 · 국회와 같은 기구가 존재해야만 한다.

사실, 법을 움직이는 제도( = 기구)가 제대로 갖춰지지 않았을 때, 그 법은 실효성이라는 법의 근원적인 부분을 상실한 것이어서 현실의 사회생활과 동떨어져 국민의 인권을 침해하는 악법이 될지도 모른다. 예컨대 현행 헌법상 국회는 '국권의 최고기관 중 하나이고, 국가의 유일한 입법기관'으로서 존재하고 있다. 그러나 국회에서의 의회민주주의가 미숙, 형해화되어 당리당략에 따른 다수자의 이름으로 소수자의 권리를 침해함으로써 그 기능을 제대로 수행하지 못하는 경우에는 국회가 만든 법률이라도 이것은 국민합의의 결과가 아니라 오히려 일부의 이익을 위해 만들어진 법이라고 생각할 수 있다. 그리고 이러한 법은 악법이므로 준수할 필요가 없다는 주장도 나올 수 있다. 이와 같이 법은 제도에 의해서 그 실효성이 담보되는 것이므로 법과 제도는 표리관계에 있다. 그러나 법을 움직이는 제도라고 해도 제도 그 자체로서 존재할 수는 없다. 이 제도를 운용하는 것은 인간이다. 가령 제도가 정교하게 만들어져 있어도 이것을 운용하는 담당자—직접적으로는 법관·검사·변호사 등 법률전문가이지만 이들을 뒷받침하는 국민대중의 질 그 자체도 문제 된다.—가 약하면 그 제도의 효율성이 떨어지고 결국에는 그 제도에 의해서 담보되는 법의 실효성도 불안정한 것이 될 것이다. 반대로 제도를 움직이는 주체가 강하고 탄력적이면, 시대에 뒤떨어진 오래된 제도라도 이것을 통해서 법에 현실적인 생명력을 부여할 수 있다. 예컨대 로마제국이 대외정복활동으로 현실에 적합한 법의 제정이 곤란한 상황에서도 법학자들이 입법에 의하지 않고 재판을 통해서 매매, 위임, 조합, 임대차, 고용, 보험, 소유권, 점유권 등 오늘날 사법제도의 중심을 이루는 부분인 만민법(萬民法)을 만들었던 것도 바로 당시의 법학자가 법률이나 소송이라는 좁은 틀에 얽매이지 않고, 당면한 현실을 통찰해서 적절하게 대응할 수 있었던 재능과 정치적 창조력을 갖추고 있었기 때문에 가능했던 것이다. 따라서 로마법을 '법관법'이라고 부르는 이유도 여기에 있다.

이와 같이 법이나 제도 모두 이를 운용하는 주체와 분리해서는 전혀 의미가 없다. 법의 실효성도 그 실효성을 담보하는 제도(＝기구)와 법조인이라는 인간적 주체가 단절 없이 실천적 활동을 해 나갈 때 확보될 수 있다. 이러한 의미에서 법문화와 제도 그리고 법 실천의 인적 주체의 요소로서의 법조인의 3요소가 일정한 함수관계를 형성하면서 법이 존재한다. 이 함수관계는 법 그 자체의 특질을 결정한다. 일반적으로 고대 아테네법을 '대중법', 로마법이나 이슬람법을 법조인법, 영국법을 '판례법', 독일법은 '교수법'이라고 하는 경우 각각의 법체계에서의 담당자의 질적·양적 우위성에 그치지 않고, 각각의 법체계의 고유한 특질 그 자체를 규정하고 있는 것이다.

## 4. 법의 정의의 편의성

이와 같이 법은 법문화, 제도, 법운용 주체 3요소의 함수관계 속에서 역사적으로 형성되어 온 것이고, 현재도 계속되고 있다. 따라서 이러한 법의 특성상 '법'이라는 것을 한마디로 정의하는 것이 얼마나 어려운 작업인가를 이해할 수 있을 것이다. 그렇다고 해서 그람빌 윌리암즈처럼 법의 정의 내리는 것을 부정할 수는 없다. 법은 이미 기술한 것처럼 법문화, 제도(＝기구), 법 실천 주체의 일종의 함수관계 속에서 역사적으로 생성하고 발전해 간다. 이러한 특성을 갖는 법을 어떻게 정의하는가는 정의를 하는 사람이 위의 관계를 어떻게 파악하고 있느냐, 그리고 거기서 파악된 일정한 학문적 전제에 서서 어떤 목적을 갖고 정의하는가에 따라서 그 내용은 달라진다. 그러므로 어떤 정의가 좋다 나쁘다 혹은 적당하다 적당하지 않다고 하는 것은 정의를 하는 사람이 어떤 목적으로 정의하려고 하는가 하는 정의의 목적에 의해서 결정되는 것이다.

그러나 이와 같이 법의 정의가 편의적이라고 해서, 법의 정의를 내릴 학문적 가치가 없는 것은 아니다. 왜냐하면 법에 관한 종합적인 개념규정이 없으면 다양한 법 현상에 학문적 질서를 부여해서 법의 성질·구조·기능을 해명하는 것이 곤란하고 결국에는 법이라는 유기적 생물체의 고유한 존재가치를 밝힐 수 없게 되기 때문이다. 그러면 어떻게 법을 정의할 것인가. 법은 다양한 법규범을 내용으로 하고 또한 그 영역도 광범위한 하나의 문화체계라고 할 수 있다. 따라서 법 그 자체에서 나오는 형식적인 개념규정의 필요성은 있지만, 그 이상으로 법의 본질을 결정하는 핵심이라고 할 수 있는 공통적 혹은 유사한 제 요소를 확정하여 법이라는 것을 실질적으로 정의하여 이해해야 할 것이다.

## 5. 법의 본질을 결정하는 공통요소

또한 뒤에서 기술하는 것처럼 법은 사회규범 중 하나이다. 사회규범에는 법만이 아니라 종교, 도덕, 관습, 유행 등을 모두 포함한다. 그러면 각종의 사회규범 중에서 법규범이 가지는 특징은 무엇인가. 일반적으로 다양한 사회규범 중에서 법의 본질을 결정하는 공통요소로 평균적 인간의 사회규범, 전체 사회의 사회규범, 인류에 있어서 객관적 도리로서의 사회규범, 강제를 본질적 특징으로 하는 사회규범, 정당성의 확신에 뒷받침된 사회규범의 다섯 가지 요소를 들고 있다.

## Ⅱ 평균적 인간의 사회규범으로서의 법

### 1. 사회규범으로서의 법

일상생활에서 우리들의 행위는 여러 관점에서 보고, 평가할 수 있다. 예를 들면 책 한 권을 서점에서 가져온다고 가정하자. 이 행위에 대해서는 그것이 경제적으로 이익 있는 행위인지 여부, 도덕적으로 정당한 행위인지 여부 또는 법에 위반하는지 여부와 같이 다양한 입장에서 설명하고 평가할 수 있다. 이때 그 설명과 평가의 기준이 되는 것이 바로 '규범'이다.

### 2. 규범과 법칙의 구별

이른바 rule에는 규범과 법칙이 있다. 규범이란 '……해야 마땅하다.', '……해서는 안 된다.'라고 하는 명령을 정한 것이다. 따라서 규범은 가치를 그 본질로 하기 때문에 '있다' '없다'고 하는 사실을 표현한 '법칙'과는 근본적으로 다르다. 규범은 당위(Sollen)의 세계에 속하고 법칙은 존재(Sein)의 세계에 속한다.

자연과학에서 추구하는 '법칙'은 인간의 욕구나 노력의 유무와는 관계없이 어떤 곳이나 누구에게나 적용된다. 예컨대 만유인력의 법칙은 뉴턴에 의해 발견될 때까지는 세상 사람들에게 알려지지 않았을지 모르지만 우주가 존재한 이래 어떤 장소에서도 타당하게 존재했고, 현재도 존재하고 미래에도 존재할 것이다. 물건은 높은 곳에서 낮은 곳으로 떨어진다는 것은 인간이 이것을 바꾸려고 해도 바꿀 수 있는 것은 아니고, 또한 인간이 낙하시키려고 했기 때문에 낙하하는 것도 아니다. 높은 곳에서 던져진 물체가 지상으로 낙하하는 것은 우리들의 의사와는 상관없이 항상 어디나 존재하는 것이고, 사람에 의해서 낙하하거나 낙하하지 않는 경우란 결코 있을 수 없다.

이에 대하여 '규범'의 경우 자연법칙과 같이 보고 있지 않아도 태양은 동쪽에서 떠서 서쪽으로 진다는 필연성이 지배한다는 보장은 없다. '청소년 보호법'이라는 법률이 있다. 이 법률은 청소년의 흡연이나 음주 기타 비행을 방지하고, 부모에게 그것을 제지할 의무를 부여하며 청소년인 것을 알고 담배나 술을 판매한 업주는 벌금에 처해진다고 규정하고 있다. 그러나 모든 청소년이 이 법률의 규정을 준수하여 100% 흡연이나 음주를 하지 않는 것은 아니고, 또한 흡연이나 음주한 청소년이 전부 체포되어 처벌되는 것도 아니다. 가령 모든 청소년이 흡연이나 음주라는 위반행위를 하더라도 청소년자보호법이 법규범으로서의 타당성을 상실하는 것도 아니다. 법에 위반하는 행위가 행해진다는 것은 법이 '규범'인 이상 당연한 것이기 때문이다. 혹시 흡연이나 음주한 청소년이 한 사람도 남김없이 체포되어 모두 형을 받는다고 하면 그것은 바로 자연과학적인 인과법칙이고, 규범의 법칙은 아닌 것이다.

또한 규범으로서의 법은 인간의 의사를 초월해서 언제, 어느 곳에서도 변함없이 존재하는 것은 아니다. 예컨대 형법 제250조 제2항은 "자기 또는 배우자, 직계존속을 살해한 자는 사형, 무기 또는 7년 이상의 징역에 처한다."고 규정하여 존속살인의 경우 보통살인보다 형을 가중하고 있다. 이 규정에 관해서는 이전에는 당연한 것으로 받아들여졌으나 현재에는 법 앞의 평등을 보장한 헌법에 위반하는 것은 아닌가 하는 합헌론과 위헌론이 제기되고 있기 때문에 부단히 변화하는 것이다.

이와 같이 동일한 rule이라도 규범이 법칙과 다른 점은 규범이 사실의 세계에 속하는 법칙과는 달리 가치관련적이라는 점이다. '가치'란 물질적 또는 정신적인 존재에 대한 인간적 욕구의 반영 내지 조명이다. 인간적 욕구가 대상이 되는 물질적 또는 정신적 객체에 투사될 때 거기에서 가치가 도출된다. 가치란 인간존재의 욕구에 따라 그 욕구를 충족하려는 의식적인 인간의 자각적 표상이다. 그러므로 가치란 인간이라는 욕구적 존재를 떠나서 존재할 수 없다. 그리고 인간의 욕구는 역사적·사회적으로 제약되는 것이므로, 가치를 본질로 하는 규범은 인간의 의사나 욕구에 의해서 어떤 때는 파괴되고, 어떤 때는 수정·변경되는 것은 당연한 것이다.

## 3. 법은 사회의 평균적 인간의 규범이다.

법은 인간적 욕구의 투영에 의해서 나타나는 가치를 본질로 하기 때문에, 그 자체는 매우 인간적이다. 법은 항상 인간과 같이 있다. 법은 욕구적 존재인 인간에 의해서 만들어지고, 그러한 욕구적 존재인 인간을 통해서 동일한 욕구적 존재인 인간에게 작용하는 규범이다.

이와 같이 법의 세계에 나타나는 인간상은 성인군자도 아니고 인생, 세계 사물의 근원을 찾으려는 철학자도 아니며, 또한 모든 존재에서 아름다움을 찾고 이를 시나 그림, 음악으로 재현하는 예술적 창조력이 있는 시인이나 예술인도 아니다. 또 이성이나 오성에 의하지 않고 단지 본능에만 의존하는 짐승적 존재도 아니다. 단지 희로애락 속에 사는 평범한 무리들이고 어디서나 흔히 있을 수 있는 '평균적 인간'이다.

법을 제정하고 적용할 때, 법의 세계에 존재하는 인간이 이러한 사회의 평균적 인간이라는 것을 간과하면 법은 그 생명력을 잃는다. 그 전형적 사례가 미국이 1919년에 헌법을 개정해서 합중국 내에서 주류의 제조, 판매, 운반, 수출, 수입을 금지하였던 '금주법'이라고 할 수 있다. 이 법은 청교도정신을 법률제도 속에 도입하여 이상주의를 추구했던 것이었다. 그러나 실제로 '금주법'이 시행되면서 법의 목적에 반해서 밀조, 밀수, 밀매에 따른 범죄로 인한 사회불안이나 위생상의 폐해가 들어났다. 그리고 '금주법의 시대'는 많은 사람들에게 있어서 실제로 '음주의 시대'가 되었던 것이다. 그 결과 이 법률은 1931년 12월 폐지되었는데, 금주법의 실패원인은 입법자가 청교도적 정신주의에 따라 '법에 있어서 인간'을 종교적·도덕적 신념이 강한 고결한 인간으로 파악함으로써 평범한 사회의 평균적 인간을 대상으로 하는 것을 무시 또는 간과했다는 점에 있다.

이와 유사한 사례로 고르바초프 정권하의 구소련의 '절주법'도 마찬가지였다. 고르바초프 정권은 1985년 6월 엄격한 절주령을 발포했다. 그 내용은 ① 알코올음료의 판매를 오후 2시 이후로 제한, ② 공공장소나 직장에서 음주금지, ③ 위반자에게는 고액의 벌금부과 등이었다. 이와 더불어 알코올음료의 소매가격을 2배로 인상했다. 이 반알코올캠페인으로 몇 가지 긍정적인 변화도 나타났지만 다른 한편으로 가정에서의 밀주가 밀조주의 제조·판매업자로 발전하여 전국적 규모로 급증하게 되었다. 결국 밀주단속의 실무자도 구소련 내에서 5년이나 10년 안에 알코올추방문제는 해결할 수 없으며 알코올 없이도 인생을 즐길 수 있는 종합적 프로그램이 없는 한 반알코올캠페인은 성공하지 못한다는 점을 시인하였다. 이러한 소련의 경험도 희로애락 속에 사는 평균적 인간을 무시 또는 경시한 입법이 어떤 운명에 이르는가를 명백히 보여 주고 있다.

## Ⅲ  전체 사회의 사회규범으로서의 법

### 1. 법의 존립기반인 사회란 어떤 것인가

인간집단의 사회에는 반드시 법이 있다. 그런 의미에서 법은 사회의 생활조건이다. 그렇다고 해서 '지옥에도 법이 있다.'라는 것처럼 '범죄인사회에도 법이 있다.'라고 할 수 있을 것인가.

물론 '사회가 있는 곳에 법이 있다.'라고 하는 명제를 '인간집단이 있는 곳에 파탄이 있다.'라고 하는 것처럼 '법'을 널리 사회규범 일반이라고 이해하는 경우에는 반사회적인 범죄인세계에도 '법'은 존재할 수 있다. 그러나 '법'이라는 개념을 종교·도덕·관습·습속 등 사회규범과는 다른 법률학적 의미를 가지는 것이라고 이해하면 '도둑사회에도 법이 있다.'라는 명제는 매우 기이하게 보일 것이다. 그렇다면 법의 존립기반인 사회란 어떤 성질·종류의 사회라고 이해해야 할 것인가. 법의 존립기반인 사회를 확정할 때 비로소 법규범을 다른 사회규범과 구별할 수 있는 고유한 특성을 명확하게 할 수 있을 것이다.

법을 만들거나 혹은 승인하여 그 존립과 작용을 보장함으로써 법의 생명을 뒷받침하는 사회란 어떤 성질을 가지고 어떤 종류의 사회를 말하는가. 이 문제는 법의 본질과 관련된 문제이기도 하여 학설의 다툼이 있고, 크게 국가설·부분사회설·전체사회설의 세 가지로 나눌 수 있다.

### 2. 국가설

이것은 법의 형성·존속의 기반인 사회는 곧 국가라는 설이다. 즉 국가는 사회 전체를 포괄하는 존재라는 국가관에 입각한 견해이다. 예컨대 '법은 주권적인 정치적 권위에 의해서 강제되는 인간의 외적 행위에 관한 일반적 규칙'이라는 법의 정의는 법과 국가권력에 의한 강제와의 결합을 본질적 요소로 파악한 점에서 국가설의 전형적인 사례라고 할 수 있다. 그러나 국가설은 국가지상의 일원적인 특수한 근대적 주권국가에 근거하여 이를 시간적·공간적으로 보편화해 버리는 과오를 범하고 있다.

예를 들면 서구중세의 신분제국가에서는 근대 이후의 주권국가에서 볼 수 있는 국가성은 거의 존재하지 않았다. 왜냐하면 여기에서는 통일적 정치권위도 존재하지 않았고, 법을 계속적으로 발전시킬 수 있는 중앙기관인 법원도 존재하지 않았기 때문이다. 국왕은 대외적으로는 신성로마제국 황제라는 속권과 로마교황이라는 교권의 권위 아래에 있었고, 대내적으로는 대소의 봉건영주·지방교회·자치도시에 존재한 각각의 독자적인 법을 준수하면서 이들과 대결하지 않으면 안 되었다. 더 나아가 법 제도는 지역적으로 분열되고, 무수한 지방관습법 뿐만 아니라 관계 당사자의 사회적 신분에 따라서 장원법·도시법·길드법·농민법으로 다양하게 존재하였다. 또한 법을 운용하는 법원도 세속법원과 교회법원으로 나뉘어 있었다. 이와 같이 서구중세에서는 다양한 정치적 사회는 존재하였지만 근·현대국가에서 특징적 구심적인 통일적 정치권위를 가진 국가는 존재하지 않았다.

다른 한편 이슬람국가와 같이 통일적 정치권위를 가지고 있어도 서구의 근·현대국가에 해당하지 않는 종류의 국가도 있다. 이슬람국가에서는 국가권력의 최고성을 의미하는 '주권'이라는 개념은 없고, 오직 주권은 신에게만 귀속한다. 따라서 신이 참된 입법자이고, 절대적 입법권은 신에게 귀속한다. 현대의 이슬람세계에 속하는 국가들의 구체적 형태는 다르다고 해도 신의 말인 코란과 모하메드의 예언서를 최고, 궁극적인 법원으로 인정하는 점에는 차이가 없다. 그 의미에서 이슬람세계는 개별구체적 국가로 존재해도 고유한 생활규범으로서의 이슬람법을 매개로 하여 국가·민족·부족 등 모든 집단형태를 초월한 하나의 이슬람공동체로 묶고 있는 것이다.

이와 같이 서구중세의 신분제국가나 현대의 이슬람국가를 볼 때 국가설은 법의 존립기반인 사회를 너무 좁게 한정하는 단점이 있다.

## 3. 부분사회설

이것은 어느 일정한 목적·이익을 추구하기 위해서 의식적으로 조직된 각종 사회단체, 예컨대 회사·조합·종교단체·학술단체·그룹 등 부분사회에는 각각의 사회에 고유한 법이 있다고 하는 설이다. 즉 국가제정법만이 법인 것은 아니고, 관행, 지배관계, 점유관계, 계약·정관·유언 등 의사표시라고 하는 법률사실을 근거로 넓든 좁든 각종의 사회에서 생겨나서 당해 사회의 내부질서를 형성·유지하는 효력을 가지는 것이야말로 참된 법규범=살아 있는 법이라고 한다.

부분사회설은 국가도 다른 각종 사회단체도 다르지 않다고 하는 점에서 일원적 국가론의 결점을 극복하고 있다. 그러나 부분사회설을 관철시키면 국가가 금지하고 있는 비밀사회나 폭력단이라든가 도박사회에도 그 사회에 고유한 법이 존재할 수 있음을 인정하는 것이 된다. 예컨대 어떤 도박판에서 '도박에 진 사람은 즉시 지불해야 한다.' '지불하지 않는 사람에게는 제재를 가한다.'라는 규칙이 있다고 하자. 이 경우 갑이 도박에 졌지만 이를 지불하지 않았다고 하면 그들 간에는 '갑은 그 빚을 지불해야 하는지 여부', '갑에게 제재를 가할 수 있는지 여부'의 법률문제가 발생한다. 이때 그 문제를 판단하는 기준은 그들이 정한 법률이 되고, 그 법률 및 제재를 대상으로 하여 하나의 법률학이 설립할 수 있게 된다. 또 어느 소매치기집단에 장물분배의 규칙이 있다고 하면 그것을 그 사회에서 법의 일종이라고 인정할 수 있다는 주장도 가능하게 된다.

그러나 첫째로 후술하는 것처럼 법은 인륜에 있어서 객관적 도리=사리가 전체 사회에서 사회적·정치적으로 자각되고 형성됨으로써 실천되는 규범이므로 인륜의 도리=사리에 반하는 규범은 법규범으로서의 가치를 갖지 못한다.

둘째로 일정한 사회의 개개 법적 규범은 개별적으로 존재하는 것이 아니라, 사회생활 관계의 유기적 관련성·통일성의 유지에 봉사하는 통일적 체계로서의 법질서 속에서 존립한다. 예컨대 공적 질서나 선량한 풍속에 반하는 법률행위는 무효이고, 공서양속에 반하지 않는 행위는 위법성이 없는 것으로서 범죄의 성립을 방해한다. 또 앞의 이슬람법에서 예를 찾으면 국가가 정한 각종 법령·조약·국내외의 일체의 계약은 코란에 반하는 것은 모두 무효가 된다. 이러한 것은 확실히 부분사회가 그 고유의 의사로 법을 형성·승인하고, 그 존립과 작용을 뒷받침할 수 있다는 점을 보여 주는 것이지만 그렇다고 해도 다른 상위 사회의 수권·위임 내지 승인에 의존하는 경우가 있다는 점을 보여 주는 것이다. 따라서 부분사회설은 국가설과 대조적으로 법의 존립기반인 사회를 너무 넓게 확대하는 단점을 가지는 것이다.

## 4. 전체사회설

이 설은 일찍이 사회학의 영역에서 제창된 것을 법률학에서 수용한 것이라고 할 수 있다. 즉 법은 전체 사회를 기반으로 존립하는 것이고, 정의실현을 위한 강요적, 외면적, 일면적인 사회규범이므로 전형적으로는 그 전체 사회에 있어서 조직적 강제를 그 효력보장수단으로서 가지는 것이라고 본다. 즉 개개의 법적 규범은 통일체계로서의 법적 질서에 포함되는 것이고, 다른 법적 규범과의 유기적 관련을 가질 때 비로소 개개의 법적 규범은 일정한 사회적 생활관계를 규율할 수 있는 것이다. 뿐만 아니라 규율의 대상도 다양한 사회적 생활관계와 관련을 가지는 유기적 전체와 동떨어진 것을 대상으로 하는 것은 아니다. 따라서 법의 발생·존립의 사회적 기초는 추상적·단편적인 사회관계가 아니라 전체 사회만이 법의 발생·존립의 기반을 제공하는 것이다.

오늘날 천연자원·인구·환경·식량·인권·범죄·민족분쟁 기타 다양한 문제는 국가 대 국가의 관계나 단일주권국가에 의해서는 처리하기 힘든 이른바 범지구적인 현상이 나타나고 있다. 그리고 그에 따른 인류의 공존공생이 초미의 관심이 되고 있다. 이러한 현실을 볼 때 전체사회설은 다음의 점에서 부분사회설이나 국가설의 결점을 극복하는 점에서 가장 타당한 견해라고 생각한다.

첫째로 사회에 있어서 인간의 생활관계는 외견상 특수한 생활영역에 관한 것이라고 해도 사회 전체로 확대해 보면 그 내부에서는 유기적 관련을 가지고, 통일적인 관계 속에 있는 것이다. 따라서 법의 존립기반을 어느 특수한 생활 측면에서만 관련한 부분사회에 한정하는 것은 사회라는 것의 실상을 간과한 것이라고 하지 않을 수 없다.

둘째로 세계의 경제·정치·문화는 개별 국가 또는 국가군으로 구성되는 지역에서의 독자성을 가지면서 서로 밀접하게 관계를 맺으면서 전개된다. 이른바

'세계화'라는 현상이 그것이다. 경제나 정보·통신의 세계화는 1989년의 동서냉전을 종결시켰고, 이후 이 세계화에 의해서 경제·문화·정치에 있어서 각국 간의 거리가 대단히 가까워졌다. 그 결과 각국은 정치적 독자성이 약화되고 주권국가로서의 힘이 점점 상실되어 간다고 할 수 있다. 국가는 이제 점점 더 전체 사회로서의 인류사회·국제사회·지구공동체의 일원으로서 연대해서 공존하지 않을 수 없게 되었다.

## Ⅳ 인륜에 있어서 객관적 도리의 사회규범으로서의 법

### 1. 인륜에 있어서 객관적 도리

통상 법은 성문법·관습법·판례법 등의 여러 법 형식으로 표현된다. 그렇다고 해서 법이란 것이 일정한 형식을 취하여 거기에 표현된 문자나 문장을 의미하는 것은 아니다. 법, 그 자체는 성문의 형식이나 관습, 판례나 조리로 표현된 규범적 의미내용을 가리킨다.

인간은 앞에서 기술한 것처럼 사람과 사람 사이에서만 생존할 수 있는 존재라는 의미에서 인륜적 존재이다. 인륜이란 인간의 질서관계이다. 친자·부부 등의 가정의 관계, 지역사회의 관계, 직장관계, 경제적인 거래관계, 학교·사찰·교회 기타 종교·문화재단체의 관계 등 국지적 관계, 국가라는 지역적·민족적인 정치관계, 국가의 범위를 넘은 국제사회라는 정치적·경제적·문화적 제 관계와 같은 다양한 사회관계가 모두 인륜의 관계이다.

이러한 인륜관계가 존재하는 곳에서는 시비선악이라는 상대적 가치를 넘어 인륜적 존재로서의 인간을 규율하는 객관적 도리＝사리라는 것이 있다. 이 인륜에 있어서 객관적 도리＝사리라는 표현은 영국에서는 '이성'이라든가 '합리성' 혹은 '자연적 정의'라고 불리고 있는 것을 통해서 독일, 프랑스, 이탈리아 등에서 사용하는 '사물의 본성'이라고 불리는 것과 일치한다고 할 수 있다.

이러한 인륜에 있어서 객관적 도리＝사리는 법의 기초를 형성하는 것이므로 입법 시 법의 원천이 될 뿐만 아니라 입법상 침해해서는 안 되는 객관적 한계가 되고, 또 사법과정에서는 법 해석의 기초가 된다. 그러면 이와 같은 법의 원천·입법의 한계·법의 해석 등에 있어서 이 객관적 도리는 어떠한 의미로 사용되는 것인가. 여기서는 인간, 자연, 제도의 세 가지로 나누어 객관적 도리와 법과의 내재적 관련성을 보기로 한다.

## 2. 인간의 본성으로서의 객관적 도리

예컨대 형법 제21조는 정당방위에 관해서 "자기 또는 타인의 법인에 대한 현재의 부당한 침해를 방위하기 위한 행위는 상당한 이유가 있는 때에는 벌하지 않는다."고 규정하고 있다. 이 규정의 법으로서의 타당성과 구속성은 입법권의 발동으로 이것을 제정했기 때문은 아니다. 인간은 생래적으로 자기의 생명·신체·재산을 보존하고 유지하려는 자연적 속성을 가지고 있으므로 이러한 인간의 자기보존＝자위＝정당방위야말로 인간의 본성이어서 인간이 존재하는 곳에는 항상 인륜으로서의 객관적 도리＝사리로서 타당하다. 그러므로 형법상 정당방위에 관한 규정은 이러한 객관적 도리를 국가가 정치적·법률적으로 자각하고, 성문법의 형식으로 표현한 것일 뿐이다. 따라서 가령 형법 제21조 제1항과 같은 법규가 없더라도 제반 사정에 비추어 정당방위에 해당하는 사건이 발생했을 때에는 법관은 인간의 자기보존이라는 인륜에 있어서 객관적 도리를 발견하는 이른바 법의 해석을 통해서 이것을 정당방위로 취급하는 것이 될 것이다.

## 3. 자연의 본성으로서의 객관적 도리

민법 제221조는 자연유수(自然流水)와 승수의무(承水義務)에 관해서 "토지소유자는 이웃 토지로부터 자연히 흘러오는 물을 막지 못한다."고 규정하고 있다. 즉 토지소유자는 인근 토지에서 자연스럽게 흐르는 물로 인해서 어떤 손해를 입더라도 이것을 참고 견뎌야 한다는 승수의무를 부여하고 있다. 물론 승수의무가 부여되었다고 해도 이것은 자연히 흐르는 것을 방지해서는 안 된다는 것에 불과하고, 그 물의 흐름을 좋게 하기 위한 설비까지 설치해서는 안 된다는 것은 아니다. 이러한 법 규정은 물이 높은 곳에서 낮은 곳으로 흐른다는 물의 자연적 본성을 법적으로 표현한 것이다.

시효제도도 '시간'이라는 자연의 본성이 가지는 객관적 도리를 법적으로 표현한 것이라고 할 수 있다. 시효란 어떤 상태와 반대의 사실상태가 영속했을 때, 이 영속상태를 존중해서 있어야 할 상태를 희생해서라도 사실상태를 보호하고자 하는 제도이다. 이 시효에는 취득시효와 소멸시효의 두 가지가 있다. 취득시효는 권리행사의 외관(점유상태)이 일정 기간 계속됨으로써 그 점유자를 권리자로 인정하는 것이고, 민법은 "20년간 소유의 의사로 평온, 공연하게 부동산을 점유한 자는 등기함으로써 그 소유권을 취득 한다."고 규정하고 있다. 또 소멸시효는 권리불행사의 상태가 일정 기간 계속됨으로써 이 권리불행사자가 권리자로 인정되지 않는 것이고, 민법은 "소멸시효는 권리를 행사할 수 있는 때부터 진행한다."고 규정하고, 또 "채권은 10년간 행사하지 않으면 소멸한다."고 하고, 더 나아가 이것보다 짧게 5년·3년·1년의 기간으로 소멸하는 여러 가지 재산권의 소멸시효를 정하고 있다.

이와 같이 불법의 현실이라도 그것이 영속해서 존속하는 경우에 이것을 법적으로 보호한다는 시효제도는 왜 마련되어 있는 것인가. 그 이유로서 일반적으로 다음과 같은 세 가지가 거론된다. 첫째로 시효에 의해서 법 관계의 안정을 도모하고, 나아가 사회의 신뢰를 보호한다. 둘째로 시간의 경과에 의해서 진실을 판정할 만한 증거가 소실되고 이것을 보존하는 것이 불가능하다. 셋째로 권리를 가지면서 그 위에서 잠자면서 권리를 행사하지 않는 사람에게는 법의 구제를 줄 필요가 없다는 점이다.

'세월이 지나면 만사가 변한다.'는 것이 시간이라는 것의 본성이다. 따라서 시간의 경과에 의해서 변화된 다양한 사회관계를 부정하는 것은 오히려 사회질서를 혼란하게 하고, 사회의 신뢰를 깨뜨리는 결과가 된다. 시간의 경과와 함께 변화해서 생긴 사항을 정당화하는 것은 바로 '시간'이라는 자연이 가지는 객관적 도리를 존중하는 것임이 분명하다.

## 4. 제도의 본성으로서의 객관적 도리

헌법은 "① 사법권은 법관으로 구성된 법원에 속한다. ② 법원은 최고법원인 대법원과 각급 법원으로 조직된다."고 규정하여(제101조), 모든 사법권을 법원에 통일적으로 귀속시키고 있다. 또한 "법관은 헌법과 법률에 의하여 그 양심에 따라 독립하여 심판한다."고 규정하여, 재판을 함에 있어 입법권이나 행정권은 물론 사법부의 내부에 있어서도 상급법원 및 동료 등 다른 법관의 영향을 받지 않음을 선언하고 있다. 이것이 '사법권의 독립'을 의미한다.

이러한 사법권의 독립은 사법제도라는 사물의 객관적 도리에서 도출된다. 법원은 칼과 저울을 든 정의의 여신이 암시하고 있는 것처럼 법적 분쟁에 관해서 당사자로부터 소가 제기된 경우에 공평한 제3자로서 법을 운용하고 이를 해결해 주는 것을 본래의 임무로 한다. 사법은 공정·중립해야만 그 기능을 정하게 발휘하는 것이다.

이와 같이 공정·중립을 특성으로 하는 사법제도라는 사물의 객관적 도리에서 사법권의 독립을 비롯한 여러 가지 제도가 도출된다. 예컨대 법관의 제척·기피·회피의 제도도 그 하나이다. 법관이 소송 당사자와 관련이 있는 경우와 같이 법관에게 재판의 공정성에 영향을 줄 수 있는 사정이 있을 때에는 법관은 제척 또는 기피되고, 법관이 기피해야 하는 원인이 있다고 생각할 때는 스스로 재판을 회피하지 않으면 안 되는 것이다. 이러한 제척·기피·회피의 제도도 기본적으로는 사법제도의 공정성·중립성이라는 객관적 도리의 제도적 표현이다. 이와 같이 법관의 제척·기피·회피가 사법제도의 본성에서 도출되는 것이라면 만일 이와 같은 제도가 법률로 정해져 있지 않은 경우라도 소송 당사자가 법관과 어떤 밀접한 관계가 있다든가, 소송 당사자에게 재판의 공정성에 의문을 가지도록 하는 것 같은 영향을 줄 수 있다고 생각될 때 법관은 그 재판으로부터 사퇴하는 것이 사법권의 본질상 인륜의 객관적 도리에 합치하는 당연한 행위가 되는 것이다.

## 5. 인륜에 있어서의 객관적 도리의 발현으로서의 법

법의 근본은 인륜에 있어서 객관적 도리＝조리이다. 바꾸어 말하면 법은 기본적으로 실질적·윤리적 합리성에 기초하고 있다. 그러나 인륜에 있어서 객관적 도리 그 자체가 법은 아니다. 법이란 바로 이 객관적 도리＝조리가 전체 사회에서 정치적·법률적으로 자각되고, 그것이 성문법이나 관습법, 판례법 혹은 조리로서 표현된 것에 지나지 않는다.

| 학과 | 학번 | 성명 |
| --- | --- | --- |

 **학습문제**

*1.* 법이란 무엇인가?

*2.* 법의 존립기반인 사회란 어떤 것인지 약술하시오.

**3.** 사회규범으로서 법은 무엇인지 약술하시오.

**4.** 규범과 법칙을 구별하여 설명하시오.

# Chapter 02

# 법과 사회규범

## 제1절 사회규범의 의의

사회를 규율하는 사회규범에는 법, 정치, 도덕, 종교, 관습 등이 있다. 여기서 법은 인간생활을 규율하는 하나의 사회규범으로서 정치, 도덕, 종교, 관습과 같은 다른 사회규범들과 밀접한 관련을 갖는다. 이하에서는 법과 도덕, 종교를 중심으로 사회규범의 전반적인 특징을 알아보고, 법과 관습에 대해서는 「법원론(法源論)」에서 알아보기로 한다.

## 제2절 법과 도덕

### I 서설

1. 법과 도덕은 사회규범

법은 사회규범이다. 도덕도 사회규범이란 점에서 동일하다. 법과 도덕은 가장 밀접한 상호관계를 가진 사회규범이다. 법과 도덕의 구별과 법과 도덕에 관한 문제는 지극히 어려운 문제이다. 예링이 이 문제를 가리켜 '법철학의 케이프론'이라고 한 것도 그러한 이유에서이다. 법은 도덕의 일부로서 최소한의 도덕이라고 하는 것도 법과 도덕의 구별과 그 관계의 문제의 어려움을 표시하는 것이다. 법의 개념을 명확히 파악하기 위해서는 법과 도덕은 어떤 차이가 있으며, 어떤 관계가 있는지를 고찰해 볼 필요가 있다.

## 2. 입법에 있어서 법과 도덕과의 관계

지금까지는 재판에 있어서 법 해석의 차원에서의 법과 도덕과의 관계에 관한 문제였다. 이것이 입법의 차원에서 법의 영역에 도덕을 받아들이는 것의 가부 혹은 그 타당성의 범위라는 것이 되면 질적 문제는 별도로 해도 사회에 주는 영향이라는 양적 문제의 점에서는 재판의 차원의 경우보다 훨씬 결정적인 의미를 가지는 것이 된다.

### (1) 미국의 금주법

미국은 1919년 헌법을 개정해서 합중국 내에서 주류의 제조·판매·운반·수출·수입을 금지하는 '금주법'을 제정하였다. 그러나 금주법은 그 후 법 목적의 달성이 불가능해서 1933년 12월 드디어 폐기되게 되었다.

그러나 금주법이 폐지됨으로써 사회가 건전한 방향으로 나아간 것은 아니다. 사태는 오히려 반대였다. 미국사회는 이번에는 금주법의 폐지로 일자리를 잃은 밀주업자·판매업자 일단이 갱단이 되어 은행 강도나 유아유괴라는 새로운 집단범죄로 나아가게 되는 새로운 사회문제에 고민하게 되었다. 어떻든 금주법의 제정과 폐지는 모두 미국사회에 심각한 영향을 주었던 것이었다.

미국의 금주법의 경험은 도덕의 영역에 그치는 규범이 일정한 한도를 넘어서 법 영역으로까지 확대되어 입법화되었을 때는 그 법률은 법으로서의 기능을 상실하고 사회질서의 유지 그 자체에 중대한 장해를 일으킨다고 하는 것이다. 본래 도덕의 영역에서 처리되어야 할 문제를 법률로 금지 혹은 법률로 강제한다고 하는 것이 사회에 얼마나 위험한가를 이 금주법은 보여 주고 있다.

거기에서 도덕영역의 것은 엄격히 도덕에 맡기고 법 영역에서 배제하여 법과 도덕을 교섭지 못하게 하는 쪽이 좋은가. 이에 대한 대답은 이전 나치의 여러 입법 특히 반유태주의의 제 입법에서 마련되어 있다.

### (2) 나치의 뉘렌베르크법

1933년 정권을 쥔 히틀러는 과학적 인종이론을 표방하면서 단지 아리아인만이 문화적 가치를 창조할 자격을 가진다고 하여 그 인종적 순수성의 유지야말로 국가의 주요한 임무임을 선언했다.

이와 같은 배경하에서 1935년 9월 이른바 뉘렌베르크법이 제정되었다. 이 법률에 있어서 '유태인'이란 직계 중 3명이 순수유태인인 경우뿐 아니라 기타 유태교를 신봉하는 자, 유태인과 결혼한 자도 유태인으로 취급되고, 그중 '유태혼혈자'라는 개념도 마련되었다. 그리고 유태인과 아리아인과의 결혼은 불법으로 되어 이것에 위반한 당사자에게 중한 형벌을 과하였고 유태인과 아리아인과의 성교 또한 인종오염으로 처벌하였다. 더 나아가 유태인은 국민권을 박탈당하고, 관직은 물론 의사·변호사·교사와 같은 직업, 연극·영화·문예·미술·거래소 등의 세계로부터 법률적으로 배척당하고 마지막으로는 전 유태인의 학살까지 진행되었다.

이러한 반유태주의의 입법정책은 독일의 외교에까지 채용되었다. 그 결과 유태인근절정책은 나치가 점령한 인근 제국에까지 파급되어 독일 국내에 그치지 않고, 폴란드의 아유슈비츠 등의 수용소에서 수백만 인의 유태인이 살해되기에 이르렀던 것이다.

뉘렌베르크법은 나치의 고유의 독선적인 비인도적 입법이고, 인류 보편의 정치도덕을 완전히 부정하는 것이었다. 이 의미에서 뉘렌베르크법의 경험은 이와 같이 입법도 도덕의 요청을 무시하면 법이 얼마나 두려운 흉기가 되는가를 보여 주는 것이라고 할 것이다.

### (3) 정리

이상에 있어서 우리들은 미국과 독일 두 개의 입법의 경험에서 법과 도덕은 결코 무관할 수 없지만, 또 동일시할 수도 없다는 것으로 이해할 수 있을 것이다. 문제는 도덕과 법이 어떻게 서로 보완하고 서로 도와서 사회의 질서 있는 발전을 촉진해 가는가 하는 것이다. 바꾸어 말하면 사회의 건전한 발전을 위해서는 무엇을 도덕의 영역에 남겨 놓고, 무엇을 법의 영역으로까지 포함해야 하는 것인가, 만약 도덕의 영역에 속하는 사항을 법적 규범이라고 하는 것이 타당하다고 한 경우, 그 정도·범위는 어느 한도까지 적절하다고 하는 것인가 하는 것이다.

## Ⅱ 법과 도덕의 구별

### 1. 구별부인설

자연법론자들은 법과 도덕의 구별을 부인한다. 자연법은 실정법을 초월한 영구불변의 인륜의 대도라고 보기 때문에 법과 도덕의 구별을 부인한다. 즉 현실계의 실정법이 반영된 것으로 보는 자연법론자의 입장에서 법은 자연법을 뜻하고 도덕과 일치하는 것으로 본다. 그러나 칸트는 자연법론자이면서도 법과 도덕을 구별하고 있다.

### 2. 구별긍정설

대개의 실정법론자들이 주장하고 있는바, 그 근거는 다양하다.

#### (1) 내용에 의한 구별

슈타믈러나 라드브르흐는 법은 외면성을 다루고 도덕은 내면성을 다루는 점에서 구별이 된다고 한다. 그러나 행위와 내면적 의사는 분리할 수 없을 정도로 밀접한 관련을 가지고 있다. 예컨대, 민사상, 형사상 책임능력, 형법상 고의과실의 차별적 책임부과 등이 그것이다.

#### (2) 형식에 의한 구별

예링과 켈젠은 법은 강제성, 도덕은 비강제성에 의하여 구별하려는 입장이다.

#### (3) 경험적, 실험적

법은 국가적 권력이 제정한 경험적인 규범을 의미하나, 도덕은 인간이성에 뿌리박은 실험적인 규범을 의미하고 있다. 그러나 법은 물론 도덕도 사회현실의 반영이며 경험적인 것으로도 볼 수 있다.

### (4) 실천과 이상

법은 최소한으로 실천할 수 있는 것만을 내용으로 '평균인'을 대상으로 하나, '도덕'은 인간 누구나가 손쉽게 실천할 수 없는 '이상인'을 요구하고 있다고 한다. 그러나 법에서도 높은 이상을, 도덕에서도 현실적인 내용이 있으므로 규범의 내용을 보고서 양자를 구별할 수 없다.

### (5) 문자표시 여부

법은 문자로 표시되나, 도덕은 그러하지 아니하다. 그러나 관습법의 존재와 각종 윤리요강 등을 볼 때 문자로 표시된 경우도 있다.

### (6) 합법성과 도덕성

칸트는 합법성과 도덕성을 구별하여 법은 동기의 여부와 상관없이 법칙에 일치하면 합법성으로 만족하고, 법칙에 따른 의무감이 행위의 동기가 될 때, 즉 도덕성까지 요구한다고 하였다.

## Ⅲ 법과 도덕의 차이점

### 1. 서

법과 도덕은 같은 목적을 추구하지 않는다는 점에 유의해야 한다. 조직사회에서 살아가는 사람들의 관계를 지배하는 규칙들의 집합으로 구성된 법은 어떤 사회적 관계를 확립하려는 경향이 있는 반면 도덕은 완벽성의 추구를 개개인의 양심에 호소한다. 또한 법규의 위반은 제재가 가해지는 데 반해 도덕은 개인적 양심(종교, 내적 신념, 사회적 생활양식과 관련된 의식들)이 제약하는 범위 내에서만 강제성을 띤다. 예를 들면, 서울의 오페라 공연에 정장 차림으로 갈 것을 강제하는 어떠한 법규도 없지만 양심이 당신이 단정치 못한 셔츠와 청바지 차림으로는 그러한 대공연에 가지 못하게 한다. 이에 대한 구체적인 차이점은 다음과 같다.

## 2. 법과 도덕의 구별의 역사적 의미

### (1) 법과 도덕과의 구조관계의 모습

법과 도덕과는 구조상 어떤 차이가 있는가. 이에 관해서는 지금까지 셀 수 없을 정도로 무수한 논의가 전개되어 왔다. 법과 도덕과의 구조관계의 모습은 다음의 세 가지로 대별할 수 있을 것이다.

첫째는 법과 도덕과는 근본에 있어서 동일하다고 하는 견해이다.

둘째는 법과 도덕과는 전혀 다르고 병존관계에 있다고 하는 견해이다.

셋째는 법은 도덕의 일부라고 하는 견해이다. 법은 도덕 속에 존재의 기반을 두고, 도덕의 어느 부분을 법규범으로 강제하고 있다고 생각할 뿐이다.

다만 이 견해는 사람에 따라서는 피라미드형을 예로 설명하는 경우도 있다. 즉 이에 의하면 법은 그 저변에 있어서 도덕과 적합(適合)과 동시에 사회질서의 유지를 위해서 강행을 필요로 하는 최소한도의 사회도덕규범이 법의 내부, 피라미드의 지면 가까운 데 있다. 그리고 피라미드의 저변에서 상부로 올라감에 따라 도덕적 색채는 약해져 이윽고 정상 가까이는 도덕적 무색의 영역이 된다.

또 법만의 영역, 도덕만의 영역 그리고 법이 동시에 도덕의 문제가 되는 영역이 존재한다고 생각하는 견해도 있다. 즉 법과 도덕과는 교차하고, 교차한 부분이 예를 들면 형법 등과 같이 도덕적 기반에 근거한 법 영역이고, 따라서 교차하고 있지 않은 부분은 법만이 그리고 도덕만이 문제 되는 영역이라는 것이 된다. 이러한 견해가 오늘날 지배적 견해라고 해도 좋을 것이다.

그런데 이상과 같은 법과 도덕과의 관계는 단지 초역사적인 이론상의 문제로서 생각되고 있는 것만은 아니다. 인간생활에 있어서 법과 역할에 대한 기대도, 혹은 도덕의 역할에 대한 기대의 정도라는 것은 시대마다 나라마다 또는 사회의 정신적·문화적 제 조건이라든가, 사회적·정치적·경제적 제 조건의 제약을 받아 여러 가지로 다르다. 따라서 이러한 기대도가 다르면 법과 도덕과의 관계의 모습은 다른 것도 당연하다. 앞에서 대별한 법과 도덕과의 관계에 관한 모습은 구체적인 역사과정에서 각각 특수한 개성을 가지는 사회의 요청의 결과로서 나타난 사회적인 소산이었다.

## (2) 역사적 사례

### 1) 유태법의 경우

고대에 있어서 법과 종교·도덕·관습 등이 밀접하게 결합되었다는 것은 많은 민족에 공통적으로 보이는 현상이다. 예컨대 유태법의 가장 중요한 법원인 모세법의 중심을 이루는 십계를 보자. "당신은 나 이외에 무엇이든 신으로 해서는 안 된다."로 시작해서, "당신은 살인해서는 안 된다." "당신은 간음해서는 안 된다." "당신은 훔쳐서는 안 된다." "당신은 이웃에 관해서 위증해서는 안 된다." "당신은 이웃의 처, 하녀, 소, 또 모든 이웃의 물건을 탐해서는 안 된다."는 것으로 끝나는 이 법률은 기본적으로는 도덕규정이다.

### 2) 프로이센일반란트법의 경우

이와 같은 법과 도덕의 결합에 관해서는 고대에서만 보이는 현상은 아니다. 예를 들면 1794년의 '프로이센일반란트법' 제2편 제1장의 부부에 관한 규정의 일부를 보기로 하자. 제174조 "부부는 어떤 경우이든 그 능력에 따라 서로 부조할 의무를 진다." 제175조 "부부는 동거해야만 하고 그 결합은 일방적으로 이것을 파기해서는 안 된다." 제176조 "또 혐오를 이유로 부부는 서로 유기해서는 안 된다." 제177조 "공적 직무, 긴급의 사용 및 보양여행은 부정을 면책한다." 제178조 "부부는 서로 부부인 의무를 장기간에 걸쳐 거부해서는 안 된다." 제179조 "이 의무의 이행이 부부 중 어느 쪽이 일방의 건강에 해가 있을 때는 이것을 요구할 수 없다." 제180조 "수유 중 처도 정당하게 동침을 거부할 수 있다." 제181조 "부부는 서로 정조의무를 진다." 이러한 법 규정은 본래 도덕과 밀접한 관계를 가진 가족법의 영역에 속하는 것이라고 할 수 있고, 가족생활의 개인적 사항을 법적 구속의 테두리 속에 포함시켜 가족관계의 윤리화를 목적으로 하는 입법태도는 매우 특징적이다.

### 3) 제 입법에서 볼 수 있는 법과 도덕의 일체화

이러한 제 입법에서 볼 수 있는 법의 파토스는 역사적인 소산이었다. 우선 모세법을 보기로 하자. 모세법에서 보이는 법과 도덕의 일체화는 이집트의 압제로부터 탈출하였지만 여전히 정치적·도덕적으로 곤란에 직면하고 있는 유태인들에 대해 여호와 신의 믿음하에서 선민에 대한 반성과 자각을 촉구하고, 엄격한 도덕적·종교적 생활을 현실화하기 위한 당연한 국가적 요구였다.

프로이센일반란트법은 계몽전제군주 프리드리히대왕이 계몽자연법의 통치윤리에 의해서 보다 좋은 사회를 포괄적으로 창조하기 위한 준비요강이라고 해야 할 수 있다. 보다 좋은 사회를 창조함에는 인간관계를 규율하는 여러 사회규범을 체계적이고 망라적으로 정비한 새로운 질서가 필요해서 그 사명을 담당한 이 법전은 실제 생활의 모든 경우에 적용할 수 있도록 체계적인 형태로 편찬되었다(그리고 일본의 성덕태자헌법 17조의 경우: 일본에서 가장 오래된 성문법이라고 하는 성덕태자의 헌법 17조에 관해서도 이야기할 수 있다. 이 헌법은 신민이 준수해야 할 훈계와 동시에 제도로서의 천황주권주의를 지지하는 국민도덕과 밀접하게 결합, 근본에 있어서 이것 또한 사회도덕규범이었다. 이러한 성덕태자의 헌법 17조의 경우는 씨족사회 말기의 정치적·사회적 혼란을 바로잡기 위해서는 사람들의 윤리성을 높여 정치에 도의와 평화의 기초를 부여해야만 한다는 국가적 요청에서 도래한 지 얼마 안 되는 선진문화인 불교를 중심으로 유교나 법가의 정신문화의 힘으로 국가혁신을 하려는 것이었다고 한다.).

### (3) 근대자연법론에 의한 법과 도덕의 구별

#### 1) 서

도덕과 법의 구별을 명확하게 이론화한 것은 근대자연법론, 특히 17～18세기에 체계화된 독일자연법학이었다. 그 단서는 자연법학의 확립자였던 푸펜도르프에게서도 보이는데, 법과 도덕과를 단순히 구별하는 것만이 아니라 이것을 완전히 분리하는 이론을 명확한 표현으로 전개한 것은 토마지우스의 업적이었다.

#### 2) 토마지우스의 업적

토마지우스에 의하면 법의 대상이 되는 것은 인간의 외면적 행동만이고, 도덕의 대상이 되는 것은 내면적 행위에 한정된다. 법은 외면적 구속력만을 도덕은 내면적 구속력만을 가지는 데 불과하다. 법적 의무는 외면적이므로 강제에 의해서 이행 가능하다. 도덕적 의무는 내면적이므로 강제를 배제하고, 단지 충고만이 문제 되어 자기의 양심에 따라서만 강제되는 데 불과하다. 그러나 그는 단순히 법과 도덕을 구별한 것만은 아니었다. 한편으로 그는 법과 도덕은 구별하면서도 서로 다른 한편으로 양자는 광의의 자연법에 총괄된다고 하였다. 그는 자연법론자였다.

이와 같이 처음으로 법의 외면성과 도덕의 내면성, 법의 강제적 계기라는 구분 후 법과 도덕에 대한 구별의 전통적 기준이 명확하게 제시되었다. 토마지우스는 무엇 때문에 법과 도덕을 완전히 분리하는 이론을 제기해야만 했던 것인가.

토마지우스의 이론도 시대의 소산이었다. 그가 살았던 사회는 국내의 프로테스탄트와 가톨릭 양파의 제후의 내전에 휩싸였고, 이어서 국제전쟁화했던 30년 전쟁(1618~48)으로 국토가 황폐하고, 더 나아가 붕괴위기에 직면했던 독일이었다. 토마지우스는 중세 이래 역사적 연구를 통해서 독일구제의 길은 통일이었다고 보아 그것을 위해서 이것을 저해하는 교회 및 교황의 세속적 지배를 배제해서 내면적 사항은 교회의 권한으로 귀속시키지만, 외면적 사항은 군주의 권한으로 전속시켜 시민의 행위에 대해 전권을 가지는 군주의 지상권을 확립하려고 했다. 그리고 여기에서 국가의 권력적 지배는 법에 의해서 행해져야 하고 국가적·공적 관계에 종교적·도덕적인 것을 포함시켜서는 안 된다고 했다. 여기에서 근대국가에서 '법의 지배', 독일적으로는 '법치국가'의 이론적 원형이 마련되었다.

(4) 법실증주의에 의한 법과 도덕의 구별

1) 서

법과 도덕과의 완전분리는 근대자연법론의 전매특허는 아니었다. 근대자연법론의 대표라고 할 수 있는 19세기 후반의 법실증주의적 개념법학도 같은 태도를 취했었다. 개념법학이 전제한 법체계는 말할 필요도 없이 근대시민법이라고 불린다. 근대시민법이야말로 사람과 물건을 봉건적 질서에서 해방시키고 개인주의적 자유주의의 원리 위에서 자본주의적 시민사회를 전개하는 법적 지주였다. 그것은 시민사회의 상품교환경제를 원활하고 안전하게 하고 시민 개인의 자주적·능동적 활동의 여지를 가능한 한 넓게 보장하는 것을 최대목적으로 하여 사적 소유권의 절대성·계약의 자유·과실책임을 축으로 하는 사적 자치의 원칙의 기반 위에서 자본주의경제의 발전을 약속하는 것이었다.

2) '가진 자'에게 봉사하는 사적 자치의 원칙

19세기 후반 이후 자본주의경제의 고도의 발전은 부의 편중과 무산대중을 낳았다. 그에 따라 당연하게 근대시민법이라고 해도 실정법규의 자족완결성의 법적 세계관하에서 형식논리적으로 법을 운용하는 것만으로는 처리할 수 없는 사회문제가 누적되고, 자본주의의 원활한 운영에 봉사하는 시민법도 필연적으로 모순을 드러냈다.

예를 들면 사유재산은 신성불가침의 절대적 권리라고 하고, 토지의 소유자가 그 토지 위에 어떤 건물을 세워 집주인이 타인에게 빌려 준 경우, 집주인이 언제 어느 때나 임차인을 내쫓을 수 있는 자유가 무제한하게 인정되어서는 안 된다. 즉, 만약 집주인에게 이러한 자유가 무제한 인정된다면 소유권이란 사회적 약자에게 있어서는 나쁜 제도 이외에 아무것도 아닌 것이 된다.

계약의 자유에 관해서도 같다고 할 수 있다. 계약이란 시민법상 자주적인 의사에 근거하는 평등주체자 간의 자유로운 의사의 합치이다. 그러나 학교를 졸업한 취직희망자는 회사·은행·관청 등이 제시하는 조건에 따르지 않고, 자기가 바라는 조건을 제시하여 취직할 수 있는가. 지하철매표소에서 지하철의 운임교섭을 할 수 있는가. 전기나 가스 또는 수도에서도 규정요금에 불만을 가진 이용자에게 요금을 포함해서 공급계약의 조건에 관한 교섭이 허용되는가. 이와 같이 상대방의 일방적인 조건에 따를 수밖에 없는 계약은 과연 자유로운 계약이라고 할 수 있는가. 여기에는 대기업 등의 경제적 우월자의 계약의 자유는 있을 수 있더라도, 자기의 생활에 관해서 스스로 배려하지 않으면 안 되는 무력한 개인에게는 실질상 계약의 자유를 갖지 못하게 된다.

더욱 또 근대시민법하에서는 개인이 타인에게 손해를 가한 경우라도 자기의 행위로 책임을 지는 것은 '고의' 또는 '과실'의 경우에 한정되고, 개인의 자유로운 경제활동이 최대한 보장되고 있다. 따라서 대기업이 공장이나 광산에서 유해한 폐수나 가스 등을 배출해서 주민에게 손해를 가해도 가해자인 기업이 가해방지에 최선의 주의를 기울였으면 무과실이기 때문에 배상책임을 지는 것은 아니다. 이 경우 가해자인 기업은 그 가해행위에 의해서 이익을 얻을 수 있는데 피해자인 주민은 과실책임의 원칙을 고지해서 단념하는 것 이외에는 아무것도 할 수 없는가. 여기서도 과실책임의 원칙을 정한 시민법은 사회적·경제적 약자에게 악법 이외의 아무것도 아닌 것이 된다.

### 3) 법의 도덕에의 귀의

이와 같이 자본주의가 고도로 발달함에 따라 사회구조도 크게 변화하고, 제정법과 사회현실과의 간격도 점차 커지게 되면서 법이나 법학의 모습도 결정적인 변혁을 거치지 않을 수 없다. 국가의 제정법규를 뛰어난 법원으로 봄으로써, 그 제정법의 논리적 완결성을 신뢰하여 법관에게는 기계적으로 법을 적용하는 말하자면 '법을 말하는 입' 이외의 기능밖에 못 하는 종래의 개념법학에서는 사회의 진보발전에 따른 법의 불비·결함의 문제를 대처할 수 없을 뿐이어서 시민법의 자기모순을 점점 더 크게 했다.

이러한 상황하에서 자본주의의 발전과 동시에 계속적으로 증대하는 사회의 어두운 면을 법률적으로 해결하기 위해서는 종래와 같이 법과 도덕을 무관계한 규범으로 분리할 수 없게 되었다. 자본주의의 에고이즘에 봉사하는 근대법에 빠지지 않기 위해서 법과 도덕과의 적극적인 결합, 법의 윤리화·사회화가 급속하게 요청되게 되었다. 그래서 새삼스레 '법이란 무엇인가' '법을 법답게 하는 것은 무엇인가'라는 법의 본질에 관련한 논의가 다뤄지고 있다. 이러한 논쟁의 기수가 된 것이 이미 기술한 것처럼 자연법론의 주장이었다. 법과 도덕과의 관계의 문제는 이와 같이 격동하는 사회에서의 법의 본질에 관한 문제이다.

## 3. 법과 도덕과의 구체적 구별

### (1) 법과 도덕과의 관계를 검토할 때의 두 가지 전제조건

법도 도덕도 사회생활에 있어서 우리들의 행위를 규율하는 객관적인 사회규범이다. 양자는 서로 의존하는 밀접불가분의 관계에 있다고 할 수 있으나 결코 동일한 것은 아니다. 물론 법과 도덕과는 인간의 공동생활의 규범으로서 밀접한 관계에 있음은 누구도 부정할 수 없다.

그러면 이 양자의 근본적인 차이점은 어디에 있는가. 이에 관해서는 물론 여러 가지 견해가 있지만, 이하에서 그 주된 것을 검토하기로 한다. 그러나 이 검토에 들어가기 전에 이 검토를 보다 생산적으로 하기 위한 전제조건이라고 할 수 있는 것을 생각해 볼 필요가 있다. 여기서는 다음 두 가지 전제조건을 제시한다.

1) 법과 도덕을 동일한 차원에서 파악하는 것

종래 법과 도덕과는 동일 차원에서 파악되지 않았다. 도덕은 종종 개인의 양심문제로 논의되는 경향이 있었다. 그러나 도덕도 사회규범인 이상 개인의 양심으로 동일시되는 주관적인 것은 아니고, 사회생활에 있어서 개인의 행위를 규율하는 객관적인 사회성을 가지는 것이다. 법과 도덕은 사회에 존재하는 객관적인 규범이라는 공통성에서 양자의 관계를 비교해야 한다.

2) 법도 도덕도 경험적·상대적인 사회규범으로 파악하는 것

일반적으로 도덕은 항상 보편성을 가지고 있으므로 절대적으로 올바른 규범이라고 생각하는 경향이 있다. 확실히 도덕은 보편성이라는 점은 다른 규범에 비해 높다는 것은 부정할 수 없지만 결코 절대적인 규범이라고는 할 수 없다.

예를 들면 고대에서 당연시되었던 노예제도가 오늘날에는 인권에 반하는 용서할 수 없는 비인도적 제도라고 생각되고 있다. 그리고 도덕이 현실사회에서 인간의 행위를 규율하는 구체적 내용을 가진 사회규범인 이상 도덕은 법과 같이 경험적이고 상대적인 것으로 되지 않을 수 없다. 그리고 도덕을 경험적·상대적 존재라고 하는 인식은 일정한 사회에 있어서 도덕은 지배계급의 도덕과 피지배계급의 도덕, 새로운 도덕과 오래된 도덕과 같이 다원적으로 존재할 수 있다는 사실도 인정해야만 한다. 이는 가치관의 분열이 매우 현저한 현대사회에 있어서는 도덕의 다원화 현상도 당연하다. 이와 같은 현대사회의 현실에 있어서 어느 특정 도덕을 강조하는 것은 다른 가치관에 근거한 도덕에 사는 사람을 압박할 위험성을 수반하는 점을 충분히 인식해야만 한다.

(2) 법과 도덕과의 관계를 논하는 제 견해

이상의 두 가지 전제조건을 동등의 조건으로서 법과 도덕과의 관계에 관한 제설을 검토하도록 하자.

1) 법의 외면성과 도덕의 내면성

법과 도덕의 구분을 법의 외면성과 도덕의 내면성에서 구하는 견해이다. 즉 법은 인간의 외면적 행위에 관련하는 규범이지만, 도덕은 인간의 내심에 관계하는 규범이라고 하는 것이다. 확실히 '무엇을 생각하는가는 벌을 받지 않는다.'고

하는 로마법원칙이라든가, '사상에는 관세가 부과되지 않는다.'고 하는 독일의 법언을 기다릴 필요도 없이 내심에 있어서 사람을 살해할 의사를 가졌다고 해도 외면적인 행위로 나오지 않는 한 도덕적으로는 비난되더라도 법률상의 책임을 물을 수는 없다.

그러나 법의 관심이 외면에만 향해지고, 도덕의 그것은 단지 내면성에만 향하는 당위규범이라고는 단언하기 어렵다. 법도 인간의 내심의 의사에 관련을 가지는 것이 적지 않고, 다른 한편 도덕의 경우도 인간의 외면적 행동과 관계를 가지는 것이 적지 않기 때문이다.

예컨대 형법에서는 법률에 특별한 규정이 있는 경우 과실치사죄와 같은 경우를 제외하고 죄를 범할 의사＝고의 있는 경우만이 처벌의 대상이 된다. 또 민법이나 상법에서 '선의'・'악의'라는 말이 사용되고 있는 것이 많다. 여기서 말하는 '선의'란 당해 사실을 알지 못했다는 것이고, '악의'란 그것을 알고 있었다는 것이므로 내심의 지(知)・부지가 민사책임의 존부를 결정함에 중요한 문제가 된다.

다른 한편 도덕에 있어서도 예컨대 '네 적을 사랑하라'라고 하는 경우, 그 '사랑하라'라는 내면의 의사가 외면적인 행동으로 나타남으로써 처음으로 평가의 대상이 되는 것이고, 심중에서 사랑하고 있는 것만으로는 자기만족에 빠져버릴 것이다. '아무리 기아의 극한상황에 빠져도 사람의 사체를 먹어서는 안 된다.'고 하는 도덕규범은 단지 마음의 내면에 향해져 있는 것은 아니다. 왜냐하면 그와 같은 특정한 사회적 상황 중에 있어서 사체를 먹는다고 하는 행위・행동을 객관적으로 규율함에 사회규범으로서의 가치가 있기 때문이다.

2) 법적 의무의 쌍무성(雙務性)과 도덕적 의무의 편무성(片務性)

양자의 구별을 법적 의무의 쌍무성과 도덕적 의무의 편무성에서 구하는 견해이다. 즉 법적 의무는 특정 권리자를 상대방으로 해서 예정하지만, 도덕적 의무의 경우는 의무이행의 상대방으로서 특정한 사람이 없고, 말하자면 신에 대한 의무, 양심에 대한 의무와 같은 추상적인 상징적 존재를 상대방으로 한다. 예를 들어 책을 사는 사람의 대금지불의무에 대한 책 주인의 대금지불청구권에서 법적 의무의 양면성이 나타나게 된다. 이에 대해 도덕적 의무의 경우 '네 적을 사랑해도 좋다'고 해서 '사랑하라'라는 의무가 발생했다고 해도 적의 쪽에서 '사랑받는다'라고 하는 청구권을 가지는 것은 아니다. 즉, 도덕적 의무는 일면성만 가지게 되는 것이다.

그러나 이 견해도 완전하지 않다. 법적 의무의 경우에도 그 대응하는 권리자가 항상 특정화되었다고는 할 수 없고, 사회일반에 대한 막연한 의무로 존재하는 것이 있기 때문이다. 예컨대 '국가는 모든 생활 면에 관해서 사회복지, 사회보장 및 공중위생의 향상 및 증진에 노력해야만 한다.'고 하는 국가의 의무나 '모든 국민은 근로의 권리를 가지고 의무를 진다.'고 하는 국민의 근로의 의무는 특정 상대방에게 구체적 권리를 주는 것은 아니다.

도덕적 의무의 경우라도 도덕이 사회생활에 있어서 객관적인 사회규범으로서 나타날 때 항상 의무의 상대방이 예정되지 않으면 안 된다. 이러한 의미에서 보게 되면 도덕적 의무도 결코 편무적인 것은 아니다.

3) 강제의 유무

위의 양 견해는 어느 것이나 앞서 제시한 기본적 전제조건 중 첫째조건을 무시하는 것이었다. 그러므로 법과 도덕의 본질적인 차이를 파악할 수 없었다. 그래서 제3의 견해로서 양자의 구별근거를 강제라는 제재에서 구하는 이론이 있다. 이 견해는 오늘날 지배적인 것이라고 해도 좋다. 그러나 이 견해도 문제가 없는 것은 아니다.

확실히 도덕영역에는 법의 경우와 같이 정치적으로 조직된 사회에 의한 강제라는 것은 없다. 이에 대해 법은 사회질서를 유지하는 규범으로서 사회의 구성원에 대해 그 준수를 강하게 요구한다. 만약 위반이 행해졌을 때는 형법상 사형·징역·금고·벌금·구류·과료·몰수 등의 형에 의해서 법은 강행된다. 또 사법적으로는 강제집행·손해배상·명예훼손에 대한 사죄광고 등의 강제방법에 의해서 법의 강제가 행해진다.

도덕영역에서는 확실히 이러한 법적 강제는 존재하지 않는다. 그러나 모든 법적 규정은 반드시 강제가 따르지 않는다는 것도 사실이다. 과형이나 강제집행에 의해서 법을 강행하는 것은 법규범의 본질에 있어서 빠질 수 없는 근본적인 문제는 아니다.

국제법에는 국가법에 보이는 것처럼 중앙권력에 의한 강제라는 것은 없다. 이러한 강제적 요소가 희박하다는 것을 이유로 국제법은 법이 아니고, 단순한 실정적인 도덕에 불과하다고 단정할 수 없다. 실제로 국제법은 제 국가의 행동을 구속하는 법적 기준으로서 수용되고 있다. 예를 들면 한국 헌법 제6조 제1항은 "헌법에 의하여 체결·공포된 조약과 일반적으로 승인된 국제법규는 국내법과 같은 효력을 가진다."라고 규정하고 있고, 또한 일본 헌법 제98조 제2항은 "일본이 체결한 조약 및 확립된 국제법규는 이것을 성실하게 준수할 것을 필요로 한다."라고 규정하고 있고, 독일기본법도 "국제법의 일반원칙은 연방법의 구성부분이다. 그것은 법률에 우선해서 연방영역의 주민에 대해 직접 권력과 의무를 발생시킨다."라고 규정하고 있다.

국제법은 그 구조·기능·내용의 점에서 국내법과 다를 것은 없다. 국제법은 그 강제성이라는 점에서는 확실히 약하고 국제법의 법적 성질에 대한 불신의 한 요인이 되고 있지만, 이것은 궁극적으로는 국제사회의 조직적 미성숙성에 기인하는 것이라고 할 것이다.

그러면 국가법의 경우는 어떤가. 국가법의 경우에도 강제의 유무라는 점에서는 법에 따라서 매우 다양하고 동일하게 논할 정도로 단순하지 않다. 법규는 위반에 대한 제재의 강약의 정도의 관점에서 고도완전법규(lex plus quam perfecta), 완전법규(lex perfecta), 저도완전법규(lex miunus quam perfecta), 불완전법규(lex perfecta)로 나뉜다. 특히 불완전법규는 법적 제재를 완전히 결여한 법규이다. 예를 들면 헌법규정 중 생존권이나 사회권을 정한 규정은 국가에 대해 정책의 방침·목표, 즉 정치적·도덕적인 노력의무를 부과하는 데 불과하고, 그것에 위반해도 법적 의무위반은 생기지 않는 것이 된다. 그러므로 이와 같이 법적 구속력을 갖지 않는 헌법조항은 '프로그램규정'이라고 부른다. 국민은 이 규정만을 근거로 구체적인 요구를 재판상 청구하는 것은 허용되지 않게 된다.

이와 같이 이러한 제재를 결한 법규에서도 국가법체계에 있어서 그 불가분적인 일부를 구성하고 있다. 이것은 강제의 계기만이 법의 본질을 결정하는 것이 아님을 보여 주고 있다. 이미 기술한 것처럼 사람들이 법을 준수하는 것은 법이 가지는 물리적 강제력을 두려워하기 때문이 아니라, 본능적으로 또는 관습적으로 준수한다든가 이성에 기해서 승인하고 있기 때문이다. 즉 법 중에 법을 준수할 만한 정당한 가치·이념이 있기 때문이다.

이상 법과 도덕과의 구별에 관해서 가장 대표적이라고 생각되는 세 가지 학설을 검토했다. 법과 도덕의 관심방향이 전자는 외면성으로, 후자는 내면성으로 대조적인 경향을 보이는 것은 사실이지만, 그것에 의해서 법의 강제성과 도덕의 비강제성이라는 다른 속성이 부정되는 것은 아니다. 오히려 도덕이 내면적인 양심의 문제라는 것에 의해서 권력에 의한 외면적 강제나 규율에 적합하지 않은 영역이 형성되는 것이고, 법이 외면적인 행동에 관심을 향하는 것에 의해서 처음 강제의 효과가 나타나는 것이다.

이러한 법과 도덕의 구별에 대한 제 견해를 정리하면 다음과 같다.

## 4. 소결

### 1) 한도

옐리네크가 말한 바와 같이 도덕의 최소한이고, 도덕은 그 최소한으로 구별된다. 그러나 법은 단순히 도덕의 일부분은 아니며, 경우에 따라 중복이 되면서도 서로 독자적인 영역을 가진 것이다.

### 2) 목적

법은 질서의 유지를, 도덕은 인격의 실현을 목적으로 한다.

### 3) 규율의 대상

법은 행위를 중심으로 한 외면성을, 도덕은 동기·의사를 중심으로 한 내면성을 그 대상으로 한다.

### 4) 강제성

법은 강제성이 있으나 도덕에는 강제성이 없다.

### 5) 질서와 의무

법에는 국가와 국민, 권리와 의무, 채권, 채무 등과 같이 대립되면 양면을 가진 사회사실을 규제하는 양면성이 있다. 이에 대하여 도덕은 권리 없는 의무의 세계이며, 도덕상 의무는 자기 자신의 인간성 내지 내심에 대한 의무인 일면성만을 가진다.

### 6) 자율성

법에는 권리자나 의무자 등 사람 상호간의 관계를 근절하기 위하여 모든 법률상의 이해관계인 위에 초연한 입법자와 그 법률을 선언하여 법관 등에 의하여 운용되는 타율성이 있다. 이에 대하여 도덕은 사람의 내심 속에서 갈등과 대결에 대한 결단이라는 자기입법 즉 자율성을 그 특징으로 한다.

## Ⅳ 법과 도덕의 관계

### 1. 법과 도덕의 유사점

법과 도덕은 유사점을 찾을 수 있다. 이러한 예는 특히 사법과 도덕에서 많이 나타나게 된다.

즉 민법상 손해배상의 요건인 타인에게 손해를 입히지 않아야 한다든지, 계약을 준수하고 동시에 이행해야 한다는 것이 바로 그것들이다. 그리고 이유 없이 또는 남에게 피해를 입혀 가며 부당하게 재산을 축적하지 않아야 한다는 도덕도 법으로 명시화되어 있다.

도덕 또는 종교는 법률에 대한 중요한 지침으로서 나타날 수 있기 때문에 단호히 법과 윤리를 대립시키지 않도록 주의해야 한다. 어떤 일을 종결시키는 데 상대방을 끌어들이기 위해서 상대방을 속이는 것을 도덕은 금하고 있다. 도덕에 반하는 이러한 행위는 민법상 사기라고 규정되어 있다. 사기는 계약무효 원인이 되고는 당사자 중 일방에 의한 부정한 행위가 없었을 경우 상대방이 계약을 체결하지 않았을 것이라는 확실함이 추측이 아니라 증명되어야 한다.

그리고 몇몇 가정하에서 법률은 도덕적 의무에서 영향을 받은 어떤 행위들을 예외적으로 인정하고 있다. 민법상 자연채무가 그것이다. 반환청구는 자발적으로 이행된 자연채무에 관해서는 허용이 되지 않는다. 예컨대 만약에 소멸시효가 지나서 빚이 면제된 채무자가 자진해서(법률적으로 강제되지 않았음에도 불구하고) 채권자에게 돈을 지불했다고 해 보자. 그는 그 후에 민법상 시효를 문제 삼아 채권자에게 그 돈의 환불을 요구하지 못한다.

## 2. 법과 도덕과의 관계에 관한 통설적 견해

법과 도덕과의 구조관계의 모습에 관해서는 이미 세 가지 유형으로 대별되는 것을 보았다. 그리고 법은 이미 기술한 것처럼 물리적 강제력에 의해서만 존립하는 것은 아니다. 비노그라도프가 말한 것처럼 "법의 존립에 관해서 결정적인 의미를 갖는 것은 물리적 강제가 가해질 가능성이 있다고 하는 것보다도 오히려 사회적 권력에 의해서 부과된 규범을 승인한다는 정신적인 관습이다." 강제라는 실력만으로 법을 준수시키는 것은 불가능하다. 법 중에 사람들이 자발적으로 준수하는 의식을 일으키게 하는 것, 준수를 의무 지우는 것이 없으면 안 된다. 강제는 강제시킬 뿐이고, 사람들을 의무 지우는 것은 아니다. 사람들이 법을 준수하는 것은 법 중에 준수할 가치, 정당한 이념이 있기 때문이다. 여기에서 법은 도덕 중에서 받아들여지고, 도덕의 일부여야만 한다는 견해가 나타난다.

이 견해의 시비를 생각하는 경우에 우리는 다시 한번 법과 도덕을 구별함에 있어서 앞서 제시한 두 개의 기본적 전제조건을 상기해 보자. 즉 (1) 법과 도덕을 동일 차원에서 파악하는 것, (2) 법도 도덕도 경험적·상대적인 사회규범으로서 파악하는 것. 이 전제조건에 비추어 볼 때 모든 법률을 도덕적 문제로 생각하는 (3)의 견해에 대해서는 어떻게 평가가 행해질 수 있는가.

## 3. 도덕의 관념의 불명확성과 상대적 다원성

법은 도덕의 일부로 하고, 모든 법률의 도덕의 문제로 생각하는 (3)의 견해는 제1의 조건인 법과 도덕과를 동일 차원에서 파악한다는 조건을 충족하고 있다고 할 수 있을 것인가. 예컨대 유태법의 기본법인 십계를 보자. 현대에 사는 이교도에 있어서 "당신은 나 이외에 무엇도 신으로 섬겨서는 안 된다."라든가, "당신은 이웃의 처를 간음해서는 안 된다."라고 하는 도덕원리와 "당신은 살인해서는 안 된다."나 "당신은 절도해서는 안 된다."라고 하는 도덕원리와는 반드시 동일 차원에서 존재하지 않는다. 후자의 도덕원리는 사회질서의 강행적 유지의 관점에서 살인죄나 절도죄로서 그 법적 영역 속에 포함되었지만, 전자의 경우는 즉시 이것을 법의 영역에 포함하는 것이 가능할 것인가. 여기에서 법을 그 일부로 하는 A′와 법을 포섭하지만 반드시 법과는 일체화하지 않는 도덕 A와는 같은 것인가 하는 문제가 생긴다. 다음에 여기에서 법과 대비되는 도덕은 A인가 그와 함께 A´인가 하는 문제도 파생할 것이다.

어떻든 도덕이라는 관념은 법의 경우보다도 훨씬 복잡하고 다의적이고, 그 범위도 애매해서 막연하다. 단지 관념 속에서 법은 도덕의 일부라고 생각하고 허용되면서도 실제로는 그 도덕이란 무엇인가, 도덕이라는 말로 불리는 데 적당한 영역은 어떻게 결정하는가 하는 문제에 직면하게 될 것이다.

그리고 법을 도덕의 일부로 하여 모든 법률은 도덕의 문제라고 하는 (3)의 견해는 확실히 법의 강제적 계기를 부정하고, 법을 의무 지우는 가치로서의 도덕을 강조하는 점에서 뛰어나다고 할 수 있다. 그럼에도 불구하고 관념의 불명확성과 도덕의 상대적 다원성의 부정이라는 점에서 아직 완전하다고는 말하기 어렵다.

## 4. 인륜에 있어서 객관적 도리

법과 도덕의 모습에 관한 가장 기본적인 구조는 어떤 것인가. 법과 도덕이라는 두 가지의 근본에 하나의 윤리는 인륜에 있어 객관적인 도리라고 할 수 있다. 그리고 법과 도덕과는 그 객관적인 윤리의 두 가지 자각형식이고, 두 가지 문화형태이다. 도덕이 윤리의 자각된 형식임과 같이 법 또한 윤리의 자각된 형식이다. 법은 사회생활에 있어서 윤리가 국가적 · 정치적인 면에서 자각되고, 형성되며 그리고 실천되므로 생기는 규범이다. 이에 반해서 도덕은 개인의 의식에 있어서 윤리가 자각되고, 실천되는 것이다. 그것은 개개의 좋은 행위, 선한 행위로 실현된다. 또 그것은 인격적인 '덕'을 형성하는 실천적인 도, 즉 규범이다. 그러면 여기에서 말하는 윤리란 어떤 것인가. 윤리란 인륜의 사리 · 도리이다. 인륜이란 인간존재의 뜻이다. 인간과 인간이 존재하는 바에는 반드시 모순이 생긴다. 여기에 그 인륜으로 모순을 조정하고 지양하는 사리 · 도리라는 것이 필요하게 된다. 이것이 윤리이고, 표현을 바꾸면 '사물의 도리', '사물의 본성', '사물의 객관적 조리'라는 것이 된다. 미국의 법철학자 풀러의 표현을 빌리면 '법의 내면적 도덕' 즉 법의 존립 그 자체를 가능하게 하는 것이 도덕이라는 것이다.

법과 도덕은 원래 그 근본에 있어서 하나의 사리＝도리를 기초로 한다. 그리고 이 사리＝도리가 한편에 있어서 국가의 정치적·정책적인 차원에서 정치합목적으로 확인되고, 혹은 합리적으로 전개되어 가면 법규범이 되고, 다른 한편으로 그것이 개인의 의식의 차원에서 인격적으로 자각되어 사회적 존재로서 어울리는 선한 행위를 실천하는 길로서 전개되어 가면 도덕규범이 된다.

이 법의 중층적 구조는 나무구조로 설명할 수 있다. 즉 ‘인륜에 있어서 객관적 도리라는 토양 속에 내리고 있는 뿌리부분, 또는 그 토양에 가장 가까운 줄기부분이 가장 도덕적 색채가 강한 법의 영역이다. 그것이 큰 가지로부터 작은 가지로 가면서 법과 도덕과는 멀리 떨어지고, 표면적으로는 전혀 무관계한 존재로 되어 간다.

예를 들면 도덕은 "당신은 살해해서는 안 된다."고 명하고, 법은 "사람을 살해한 자는 사형, 무기 또는 5년 이상의 징역에 처한다."고 규정하고 있다. 이 의미에서 법과 도덕과는 매우 밀접불가분의 관계에 있다.

그러나 이 경우 도덕이 법에 이와 같은 규정을 명하고 있는 것만은 아니다. 애당초 인간은 홉스의 말을 빌릴 필요도 없이 ‘자기보존’ 즉 생명의 유지가 인간의 본성이다. 생명이야말로 일체 생명 있는 사람의 근원이다. 자기에게 있어 사는 것이 최고의 가치이면 타인에게 있어서도 최고의 가치이다. 생명 있는 자가 모두 생명을 유지하고, 생명을 온전하게 하는 것은 인간존재에 있어서 법이나 도덕 이전의 인륜에 있어서 객관적 도리이다. "당신은 살인해서는 안 된다."고 하는 도덕이라든가, 형법 제250조의 살인죄의 규정은 바로 이러한 인륜의 객관적 도리의 도덕적 표현이고, 법적 표현이었던 것이다.

이에 대해 도로교통법 등은 매우 기술적인 규정으로 구성되어 있고, 도덕과는 전혀 무관한 것처럼 생각되며, 사실 강학상 종종 그와 같이 이야기되기도 한다. 그러나 도로교통법에서 말하는 도로란 인간 없이는 존재할 수 없다고 하는 의미에서 매우 인륜적 존재이다. 인륜적 존재로서의 도로는 사람들이 안전하고 원활하게 왕래할 수 있는 것을 객관적인 도리로 하고 있다. 사람들의 안전하고 원활한 왕래 및 도로교통으로 인한 장해의 방지가 도로라는 사물의 객관적 도리이다. 국가는 국가의 입장에서 이 도로라는 사물의 객관적 도리를 확인하고, 이것을 일정한 정책적 목적에 따라서 그 시대의 사회상황에 적응할 수 있도록 법

기술적으로 표현하고, 그 결과 '도로교통법'이라는 기술적 법규가 되어 나타나 있는 것이다. 따라서 도로교통법은 일견 도덕과는 무관계한 순수기술적 법규처럼 보일지 모르는 이른바 교통도덕과 합쳐 인륜에 있어서 그 규범존립의 기초를 이루고 있는 것이 된다.

이와 같이 법도 도덕도 그 존립의 궁극적인 기초는 '인륜에 있어서 객관적 도리'에 있다고 할 수 있다. 따라서 법률이 법률로서 권위를 갖는 것은 표현적으로는 그 법률의 정문에 있다. 그러나 그 정문이 사회규범으로서의 권위를 가지고, 그 가치를 온전하게 할 수 있는 것은 그 정문에 따라서 이해되어야만 하는 '인륜에 있어서 객관적 도리'라고 보면 여기에서야말로 궁극적 권위가 있다고 할 수 있다.

그러므로 법과 도덕의 기초가 된 '인륜에 있어서 객관적 도리'라고 해도 존재를 간과하고 법과 도덕을 평면적이고 상대적으로 파악하는 한 법의 본래의 목적도 도덕의 본래의 사명도 이해하는 것은 곤란할 것이다. 오히려 법지상주의 혹은 극도의 도덕지상주의에 빠질지 모르게 될 것이다.

## 5. 법과 도덕의 융합관계

사회생활의 영속적 유지를 위해서는 법 자체가 서로 배반되어서는 아니 될 뿐만 아니라 융합되지 않으면 안 된다. 현재 문화국가의 사명은 법을 도덕으로부터 분리시키는 것이 아니라 법을 도덕에 침투시키고 도덕을 법 가운데 섭취하여 양자로 하여금 융합하게 하는 것이다. 이 융합을 가져오게 하는 원리로서 신의성실의 원칙, 공공의 질서와 선량한 풍속 등이 있다.

## 제3절  법과 종교

### I  서설

종교는 초인격적인 신을 대상으로 하고 이에 대한 개인적인 내심적 신앙을 기초로 하여 절대자에게 귀의하기 위하여 성립하는 규범이다. 그리하여 영혼의 구혼을 목적으로 하는 종교는 신자에게 일정한 계율을 제시한다.

종교의 사회성이라는 것은 종래 부정되고 또 무시되는 일이 때때로 있었으나 종교는 사람의 사회성격을 규율하고 있는 것이 많으므로 관습도덕과 같은 사회규범의 하나라고 볼 수 있다.

이렇듯 종교는 현실을 초월하는 신비한 신앙적 규범인 데 대하여, 법은 국법질서를 위한 강제적 규범이라는 데 본질적 차이가 있다. 법은 국가라는 권력에 의하여 실현되지만 종교는 개인의 의식 속에 있는 것이며, 또한 법질서와는 달리 신앙의 자유가 인정되는 한 국가질서 내에서 신앙은 다원적인 양상으로 나타날 수 있다. 또한 종교에서 도덕이, 도덕에서 법이 발생→ 이것은 하나의 진화 과정이다.

### II  역사적 고찰

#### 1. 원시사회

원시사회에 있어서도 종교와 법이 분화되어 있지 아니하여 제정일치사상에 의하여 법과 종교가 혼동되어 종교적 금기(Taboo)가 동시에 법적 규범으로 되어 있었다. 즉 Ulpianus가 "법학은 신사와 인사에 대한 지식이다."라고 하였듯이 양자가 미분리 상태였다.

#### 2. 중세

중세 서구에서는 기독교와 법이 혼합되어 국교가 최고권위의 가치기준이어서 평등사상, 이자금지, 혼인 등에 관한 종교적 계율이 교회법(canon law)이라는 이름으로 일반사회를 규율하였다.

유럽 각국의 법전은 기독교적 영향을 받지 않은 것이 거의 없었으며 오늘날 실정법 가운데 국교에 관한 규정이 여러 곳에 남아 있다. 일찍이 레프고우 (Repgow)는 "신은 기독교의 보호를 위하여 두 자루의 칼을 지상에 주었다. 하나는 황제에게, 다른 하나는 교황에게 주었다."라고 하여 국가권력의 세속권과 신의 세계인 종교권을 구분하였다. 중동은 종교적 생활규범, 동방은 도덕적 생활규범, 서방은 법률적 생활규범으로 되었다.

## 3. 근세

근세 이래 교회의 세속화와 함께 정교분리가 이루어지고 법은 국가법을 의미하고 교회법은 종교 내부에서만 적용되는 자치법적 효력을 갖는다. 그러나 오늘날에 있어서도 서구에서처럼 국가와 교회가 밀접한 관계에서 교회법이 적용되는 국가도 있으며, 이탈리아, 스페인과 같은 가톨릭교회가 사실상의 국교로 되어 있는 국가, 태국같이 불교를 종교로 인정하는 국가, 중동의 여러 나라와 같이 회교를 국교로 하는 국가들도 있다.

## Ⅲ 법과 종교의 차이

### 1. 강제력

법은 사회에 의하여 인정되고, 국가 강제력에 의하여 유지되는 규범으로서 사회질서의 유지를 꾀하는 것을 목적으로 함에 반하여, 종교는 전지전능하신 신을 절대적인 가치판단자로 믿는 각인의 신앙에서 찾음을 그 목적으로 한다.

### 2. 적용범위

법은 그 적용범위가 모든 국민에게 미침에 반하여, 종교는 신자들에게만 미친다.

## 3. 외면, 내면

법은 인간의 외부적 행위를 규율하는 데 반하여, 종교는 도덕과 같이 내면적 의사를 규율하는 것이다.

## 4. 신앙

법은 신앙의 요소가 없으며 종교에는 신앙의 요소가 있다. 이러한 신앙이 없는 자에게는 규범적 가치가 없다.

## 5. 규범 준수 정도

규범 준수의 난이 정도가 종교에 있어서는 평균인의 표준을 월등히 능가하고, 이것은 사회생활상 규범이 종교규범을 정점으로 하여 그 하위에 도덕규범이 있고, 그 하위에 법규범이 있어 전체적으로는 하나의 원추형도형으로서 하나의 사회질서를 이루고 있다.

## Ⅳ 조화

법과 종교는 차원을 달리하는 개념이지만 그 속성이 어떤 권위에 대한 복종이 공통적이며, 법학과 신학은 절대적 가치추구와 교조적인 성격을 갖는다는 점에서 유사한 점이 있다. 법과 종교는 사회정의와 평화의 실현을 위한다는 점에서 궤도를 함께하고 있기 때문에 서로 협력하고 그 조화점을 모색하여야 한다.

예컨대 법과 종교의 관계는 차이도 있지만 동일한 경우도 있다. "죽이지 말라. 훔치지 말라."라는 규범의 내용은 동일한 경우이고, "사람을 심판하지 말라"라는 기독교 교리는 차이가 나는 경우이다.

요컨대 법은 종교와 일치할 때는 잘 지켜지지만 일치하지 아니할 때는 잘 지켜지지 않는다.

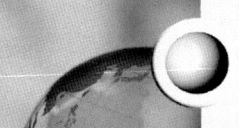

## 학습문제

1. 법과 도덕의 구별에 대하여 논하시오.

2. 법과 도덕의 차이점과 유사점에 대해서 설명하시오.

3. 법과 종교에 대하여 논하시오.

# Chapter 03
## 인터넷윤리와 법

---

**제1절** 인터넷윤리

---

### I 인터넷윤리

#### 1. 인터넷윤리의 의의

인터넷윤리란 인터넷에 기반을 둔 게시판이나 의사표현을 할 수 있는 그런 곳에서 지켜야 할 도덕적 윤리 내지 네티켓(netiquette)[7]이라 할 수 있다.[8]

이를 구체적으로 풀어 보면 다음과 같다. 인간의 삶에 있어서 윤리는 필수 불가결한 것이다. 본래 윤리(倫理)라고 할 때의 '윤(倫)'자는 무리, 또래 혹은 질서 등을 뜻하고, '리(理)'자는 '옥을 다듬다'에서 유래되어 이치, 이법, 도리를 의미한다. 따라서 윤리란 사람과 사람 사이의 관계, 즉 인간관계의 이법이라도 할 수 있다. 한편 서양에서의 윤리(ethics)는 희랍어의 'ethos'라는 말에서 유래하였는데, 희랍어의 ethos는 사회의 풍속·습관 등의 의미를 지니고 있었다. 그리고 이 말은 후에 인간사회 안에서 반드시 실천되어야 할 인간의 행위라는 말로 쓰이게 되었다. 동물이나 기계에서는 윤리적 현상을 찾아보기 어려우나, 인간의 세계에서는 윤리가 언제나 중요한 자리 매김을 하고 있다. 이러한 사실은 인간에게만 윤리현상이 가능하고 또 필요하게 만드는 어떤 특성이 있음을 암시해

---

7) 네트워크 에티켓(Network + Etiquette), 즉 인터넷 가상공간에서의 예절을 의미한다.
8) 이하에서 이야기하는 인터넷윤리는 정보통신윤리위원회에서 간행한 책자를 참조하여 정의를 재구성하였다.

준다. 따라서 우리는 인간의 어떠한 특성들이 윤리 현상을 가능하게 하고, 동시에 윤리에 따르는 생활을 불가피하게 하는 것인가에 대하여 생각해 볼 필요가 있다.

인간 행동을 규제하는 것에는 윤리 이외에도 관습과 법이 있다. 관습은 규제력이 약하고 문화나 지역에 따라서 다르기 때문에, 개인의 권리를 보호하고 사회질서를 유지하는 데 충분하지 못하다. 법은 질서 유지의 효과가 크지만, 자율성을 핵심으로 하는 인간의 존엄성과 위신에 위배되는 강제적 성격을 띠고 있어 인간관계를 경직시킬 뿐만 아니라 실행에 있어서 많은 비용을 필요로 한다. 반면에 윤리는 자기 자신의 행동을 자율적으로 규제하도록 하면서도 관습에 비해 더욱 효과적이며, 법과는 달리 인간의 내면적 행위까지도 그 규제의 대상으로 삼고 있다. 법은 주로 외면적 행위를 타율적으로 규제하는 것임에 비하여 윤리는 인간의 내면적 행위까지도 자율적으로 규제하는 것이다. 따라서 사회의 구성원들이 윤리적 규범들을 공유하고, 그것을 실천하게 되면 그 사회는 더욱 살기 좋은 사회가 될 수 있다. 윤리적인 사람이 많으면 많을수록 그 사회는 더욱 질서가 확립되고 인간미 넘치는 사회가 될 수 있으며, 개인의 자유도 확대될 수 있는 것이다. 그러므로 윤리적으로 산다는 것은 선과 악에 대한 분명한 지식을 지니고 있고, 그것을 사회적 삶에서 실천한다는 것을 의미한다. 즉, 인간관계에 내재하는 규범적 질서를 존중하면서 스스로 행위규범을 발견하여 실천한다는 것을 의미한다.

그렇다면 인터넷윤리란 어떤 것일까? 많은 사람들에게 있어서 인터넷윤리라는 말은 생소하게 들릴 수도 있을 것이다. 인터넷윤리는 정보통신기술의 급속한 발전에 의해 야기되는 윤리적 문제들을 해결하기 위하여 등장한 것이라도 볼 수 있다. 인터넷윤리란 정보사회에서 야기되고 있는 윤리적 문제들을 해결하기 위한 규범 체제로서, 단순히 정보통신 기기를 다루는 데 있어서뿐만 아니라 정보사회를 살아가는 데 있어서 옳음과 그름, 좋음과 나쁨, 윤리적인 것과 비윤리적인 것을 올바르게 판단하여 행위 하는 데 필요한 규범적인 기준 체계를 뜻하는 것이다.

하지만 인터넷윤리 분야는 아직 학문적 역사가 일천하고 논란이 많은지라 사실상 그 개념을 정의하는 것마저도 상당히 어렵다고 할 수 있다. 그러한 이유

가운데 한 가지는 인터넷윤리를 연구하는 것이 어느 한 학문 분과만의 노력만으로는 불가능한 종합 학문적인 성격을 띠고 있기 때문이다. 정보사회에 대한 연구가 종합 학문적으로 이루어지고 있듯이, 현재 인터넷윤리에 대한 연구 역시 철학, 정치학, 사회학, 신문방송학, 컴퓨터공학 등과 같은 여러 학문들의 종합적인 노력에 의해 이루어지고 있기 때문에 국내외적으로 명확한 개념상의 통일을 아직 이루고 있지 못한 실정에 있는 것이 사실이다. 인터넷윤리를 정의하는 데 있어서 부딪치게 되는 또 다른 어려움은 인터넷윤리가 기존의 윤리규범을 정보사회의 상황에 적용하는 것인지 아니면 전혀 새로운 윤리규범을 제시하는 것인지의 문제와 관련되어 있다. 즉, 인터넷윤리의 형태의 본질이 전통적 윤리와 동일한 것인지 아니면 전통적 윤리와는 전혀 새로운 형태의 윤리인지의 문제가 상당한 논쟁을 일으키고 있기 때문이다

인터넷윤리란 도대체 어떤 것인지 살펴보는 데 있어서 먼저 우리는 인터넷윤리가 전통적 윤리의 확대 적용인지 아니면 전혀 새로운 규범체계의 정립인지의 여부를 따져 보아야 한다.


## 2. 학교에서의 인터넷윤리 교육방안

인터넷윤리의 교육을 하는 데 가장 중요한 역할을 하는 곳은 학교이다. 정보의 규제나 보호 정책은 능력의 한계를 보일 뿐 아니라 인터넷 이용자들이 대부분의 시간을 학교에서 보내기 때문에 학교교육을 통한 정보 윤리 교육이 가장 중요하다고 볼 수 있다.[9] 그러나 현재로는 인터넷윤리 교육에 대한 재정적 지원이 미흡한 관계로 정보 관련 교육의 내용은 주로 정보 기술 교육에만 치중하고 있는 실정이며 올바른 매체 사용 및 정보통신윤리 교육이 극히 미미한 상황이다.[10]

학교교육은 정보통신 기기에 대한 이해보다 사생활 보호, 표현의 자유에 대한 이해, 반대 의견 표현 방식 및 소수자 옹호의 개념 등 인터넷의 본질적 개념을 학습시키는 데 주력하여야 한다. 또한 교육과정을 통하여 학생들이 유해정보,

---

9) 특히 사이버대학교의 경우 인터넷으로 모든 것이 이루어지기 때문에 특히 인터넷윤리교육이 강조된다.
10) 안수영, 청소년 인터넷윤리교육에 관한 연구, 동아대학교 석사학위논문, 38 – 39면 참조.

위험정보나 불법정보에 접속하거나 목격할 경우 함부로 빠져드는 것이 아니라 이성적으로 대처하여 자율적으로 차단하거나 차단하는 방법을 선택한다.

또한 청소년들이 정보통신윤리의 개념을 획득하도록 하기 위해 토론 기회를 확대하는 것도 좋은 방법이 될 것이다. 또래 주도 활동과 조별 활동 등의 방법을 통하여 청소년들은 유해정보, 위험정보와 불법정보에 대하여 자발적인 대처 방법을 상호 교환할 기회를 갖게 된다.

최근에는 청소년층에 대한 교육뿐만 아니라 부모 세대들에 대한 컴퓨터 사용 교육이 강조되고 있다.

그 이유는 인터넷포르노그라피 등 각종 불건전 음란정보들로부터 보호를 받아야 하는 청소년층이 이들의 부모 세대보다 훨씬 우월한 컴퓨터 사용능력을 가지고 있기 때문이다. 따라서 청소년층과 비교하여 상대적으로 컴퓨터 조작 능력이 부족한 부모 세대들에 대한 컴퓨터 사용을 위해 국내에서도 자녀의 음란물 접촉 및 불건전 정보에 대한 노출을 방지하기 위한 주부 대상 컴퓨터 무료 강좌가 실시되고 있다. 정보통신 분야의 가장 선진국이라 할 수 있는 국내에서도 자녀의 음란물 접촉 및 불건전 정보에 대한 노출을 방지하기 위한 주부 대상 컴퓨터 무료강좌가 실시되고 있다. 정보통신 분야의 가장 선진국이라 할 수 있는 미국에서도 정보통신윤리를 위한 문제에 가장 초점을 맞추는 부분도 부모들이 자녀들의 정보통신 이용에 대한 책임과 길잡이 역할을 할 수 있도록 하여 자녀를 보호할 수 있도록 하는 것이다. 호기심이 최고조에 달해 있는 청소년들에게 쉽게 접근할 수 있는 불건전 정보에 빠져들지 않도록 하는 일을 정보통신에 문외한인 부모가 한다는 것은 어떤 방법으로든지 실효를 거두기 어렵다.[11]

부모는 청소년을 정확히 이해해야 한다. 왜 통신에 심취하게 되는지, 그들이 즐겨 찾는 정보의 실체는 무엇인지에 관한 정확한 이해가 없으면 윤리적 교육의 효과를 기대하기란 쉽지 않다. 정보통신의 실체를 알며 통신에 적극 참여하는 부모일수록 청소년들을 심층적으로 이해할 수 있고 가치관의 혼돈을 줄이며 올바르게 자녀를 지도할 수 있을 것이다.

---

11) 안수영, 앞의 논문 참조.

## 3. 인터넷윤리의 확산

우리 사회는 정보의 기술적 측면의 교육에만 관심을 기울인 나머지 윤리적 측면을 소홀히 하고 있다. 그러나 더 큰 문제는 정보 윤리의 필요성을 어느 정도 인식하고 있으면서도 무엇을 어떻게 가르쳐야 할 것이지 명확한 기준이 제시되지 못하였다는 점이다. 다행히 최근 들어 법적 대응이나 기술적 대응이 가지고 있는 한계를 인식하면서 교육적 대응이 보다 중요한 대응책으로 부각되고 있다. 즉 학생들에게 정보화 사회에서 가장 기본이 되는 윤리와 가치관을 교육함으로써 보다 근본적으로 정보사회의 역기능을 줄이고자 하는 방안이 대두되고 있다. 정보사회에서 새롭게 요구되는 정보 윤리의 패러다임은 아동기에서부터 체계적인 교육을 통해 점진적으로 성숙시키고 내면화시켜야 한다. 따라서 국가 차원에서 적극적으로 정보 윤리의 평생교육체계를 정비하고 재정적, 제도적 지원을 우선 과제로 삼아야 할 것이다.[12]

이에 인터넷윤리 확산을 위한 방안을 연구해 보도록 하겠다.

첫째, 청소년 이용시설에 인터넷윤리강령을 부착하는 방안이다. 홍보대상은 학교전산실, PC방, 도서관, 청소년문화시설 등을 중심으로 눈에 잘 띄는 벽면에 윤리강령을 부착하고 아울러 청소년들이 이용하는 PC에 윤리강령을 부팅토록 조치한다. 따라서 교육부에서는 인터넷윤리강령이 명기된 마우스패드를 제작·보급하고 국내 유명 포털사이트 업체와 협의하여 사이트초기화면에 인터넷윤리강령을 표시하도록 한다.

둘째, 미디어교육을 활용한 사이버윤리 확산방안이다.

미디어교육이란 미디어의 홍수시대에 청소년으로 하여금 변별력을 갖고 능동적으로 미디어를 수용할 수 있는 능력을 배양하고, 더불어 학부모와 교사의 지도능력을 함양하기 위한 교육을 말하며, 사이버 공산의 다양한 역기능 현상에 대한 법적·기술적 대응의 한계를 보완하고, 사이버 공간을 유익한 생활공간으로 활용할 수 있도록 지원하는 유력한 대안으로 미디어교육이 제시되고 있다. 이는 청소년, 학부모, 교사대상 교육별 차별화하여 시행하고 인터넷윤리 확산을 위한 캠페인, 토론회 등을 활성화하도록 한다.

---

12) 앞의 논문, 41 - 43면 참조.

청소년 대상 미디어교육은 청소년들로 하여금 비판적인 변별력과 윤리의식을 확립하게 함으로써 미디어의 올바른 소비자임과 동시에 올바른 생산자로서의 책임과 의무심 배양, 미디어를 능동적으로 즐길 줄 아는 능력 습득 등을 주 교육 내용으로 하여야 할 것이다. 그를 위해서는 학교교육과 사회단체 교육의 병행 실시, 영상세대 취향에 부합할 수 있는 교육방법 개발, 실습과 토론 중심의 교육방식 채택, 창의적 제작과 실습이 가능한 미디어교육 인프라 확충 등을 들 수 있다.

학부모대상 미디어교육은 부모가 자녀의 인터넷 이용 행태에 적절히 개입할 수 있고 바람직스럽게 지도할 수 있는 능력을 배양함으로써 자녀의 인터넷 이용에 안심할 수 있도록 하는 목적으로 인터넷의 긍정적인 면과 부정적인 면에 대한 정확한 이해, 청소년의 인터넷 활용 실태와 이에 따른 영향에 대한 올바른 인식, 자녀들을 위한 건전한 인터넷 환경수호의 책임인식, 음란물 차단 소프트웨어 등 인터넷 유해 콘텐츠 차단을 위한 기술방안에 대한 이해, 피해 사례 발생 시 대처방안 숙지 등을 주 내용으로 한다. 이를 위해서는 단기교육 중심의 고효과를 도모하고, 지역평생 학습센터, 문화시설 시민회관 강좌 등의 활용(자치단체주관), 정보통신부 주부정보화 교육과 병행, 학교운영위원회, 학부모회 대상의 미디어교육 강화 등을 들 수 있다.

교사대상 미디어교육은 학생 생활지도 차원에서 사이버문화를 지도할 수 있는 능력 배양과 관련 교과목 수업과정에서 학생들로 하여금 올바른 사이버문화를 체득할 수 있도록 지도할 수 있는 능력 배양을 목표로 한다. 그 내용은 인터넷 일반에 대한 이해, 사이버문화의 특징과 동 특징을 반영한 사이버윤리의 방향과 원칙에 대한 이해, 관련 교과목에서 수행할 수 있는 사이버문화의 체득 방법 등을 들 수 있다.

이러한 미디어교육의 제도적 정착을 위해서는 미디어교육지도자 양성전문교육기관 지정·운영, 미디어교육 교재 및 프로그램 개발, 각급 교육과정에 미디어교육 광고 신설, 정부의 재정지원 방안 등이 정부 부처 차원에서 적극 추진되어야 할 것이다.

## Ⅱ 정보사회와 새로운 윤리로서 인터넷윤리

정보사회라고 해서 우리의 윤리적 규범이나 기준이 달라질 것이 없다고 주장하는 사람들은 기존의 전통적 윤리규범이 정보사회에서의 윤리적 문제들을 해결하는 데에도 여전히 통용될 수 있다고 믿고 있다. 이러한 주장을 하고 있는 사람들은 기술의 발달에 따라서 가치 기준의 적용 방식과 수단만이 변화할 따름이지 윤리적 규범이나 기준 자체가 변화하는 것은 아니라는 입장을 견지하고 있다. 우리는 정보사회가 인류에게 가져다줄 혜택과 부작용에 대한 미래학자와 사회과학자들의 예측이 반드시 장밋빛 일색만은 아니라는 사실을 확인하면서, 동시에 명심해야 할 것은 도덕 기준으로서의 개인의 자율성, 자유, 공동체의 집합적 복지 등에 대한 거부는 없다는 점이다. 즉 정보사회에서 우리가 지켜야 할 윤리규범은 이전 사회와 동일한 것이다. 정보사회가 부정적 영향을 끼칠 것이라고 예측하는 사람들도 그 결과가 부정적인 이유는 개인의 존엄성, 자율성, 사회 공리에 부정적 영향을 미친다는 것이고, 긍정적인 사람들도 마찬가지 가치 기준을 놓고 볼 때, 긍정적 영향을 미칠 것이라는 전망을 하는 것이다. 그들은 미래 상황에 대한 경험적 예측에 있어서 의견을 달리하는 것이지 도덕 기준에 대한 이견을 보이는 것은 아니다. 도덕언어 게임에서 그들은 내적인 합의를 가지고 있는 것이다.

한편, 정보사회가 이전의 산업사회와는 획기적으로 다르다고 주장하는 사람들은 대체로 새로운 인터넷윤리를 주장하고 있다. 이러한 것은 산업사회가 표준성, 동일성, 경쟁, 계층제, 자연 정복, 물질적 만족, 능률성, 범주 내에서의 사고를 기본적 논리로 하는 반면에 정보사회는 탈표준화, 이질혼합성, 공생과 상호 조화, 수평적 체제, 지속 가능한 성장, 문화적 만족, 윤리적 관심과 미학적 고양, 탈범주적 사고를 기본적 논리로 하고 있다는 것에 근거하고 있다. 즉, 정보사회에서의 정보통신기술은 새로운 유형의 윤리적 문제를 야기하고 있으므로 우리는 반드시 전통적인 윤리적 범주를 재구성해야만 한다는 것이다.

산업사회와 정보사회의 불연속성을 강조하는 이러한 입장은 이른바 문화지체이론(culture lag theory)에 의존하고 있다. 문화지체이론에 따르면, 한 사회의 가치와 규범적 변화는 그 사회의 기술적 변화보다 지체된다고 한다. 새로운 인터넷윤리를 주장하고 있는 사람들은 이러한 문화지체이론을 바탕으로 하여 윤리적 지체이론(ethical lag theory)을 이끌어 내고 있다. 윤리적 지체이론은 인간의 윤리의식이 그 사회의 기술적 발전 속도에 비해 지체된다는 것을 의미한다. 윤리적 지체이론은 인간의 윤리의식이 그 사회의 기술적 발전 속도에 비해 지체된다는 것을 의미한다. 윤리적 지체이론의 밑바탕에는 사회 및 자기 통제의 원천으로서의 인간의 도덕적 힘이나 윤리의식이 기술적 영역에서 도달된 수준에로 단시일 내에 도달하지 못할 경우 사회질서는 붕괴할 수 있다는 우려감이 깊게 깔려 있다.

따라서 그들은 정보사회의 기술 발전에 따른 도덕적 혹은 정책적 진공 상태가 존재하고 있다는 점을 부각하고 있다. 이러한 도덕적·정책적 진공 상태는 컴퓨터가 도입된 초기 단계에서 소프트웨어 소유권에 대한 정책의 부재로 말미암아 도덕적 혼란 상태를 야기하였던 것이다.

많은 법률과 정책들이 지난 20~30년 동안에 만들어졌지만, 여전히 진공 상태가 존재하고 있다. 새로운 인터넷윤리를 주장하고 있는 사람들은 이러한 개념적 혼란 때문에 기존의 윤리적 개념들과 학설들을 기계적으로 적용할 수 없다고 주장하고 있다. 그러므로 새로운 인터넷윤리가 필요하다고 주장하는 사람들이 컴퓨터를 둘러싼 정책의 진공 상태를 발견하고, 기존의 윤리학 이론들을 단순하게 적용하는 것이 불가능하다는 것을 지적한 것은 매우 타당해 보인다. 그러나 그들은 그러한 새로운 인터넷윤리가 어떤 것인지에 대해서는 아직 그럴듯한 대답을 하고 있지 못한 실정이다. 새로운 인터넷윤리의 필요성과 과제를 주장하고 있을 뿐, 그것이 구체적으로 어떤 것이지를 제시해 주지 못하고 있는 것이다.

## 1. 새로운 인터넷윤리의 의의

새로운 인터넷윤리가 필요하다는 입장에 대하여 회의적인 반응을 보이고 있는 사람들은 컴퓨터를 둘러싼 정책 및 규제들의 진공 상태가 존재하고 있다는 주장이 옳은 것이긴 하지만, 컴퓨터를 비롯한 정보통신기술은 진공 상태 속에서 사용되는 것이 아니라는 사실을 지적하는 것 또한 매우 중요한 일이라고 주장하고 있다. 즉, 컴퓨터는 여러 가지 목적을 지닌 사람들에 의하여 기업, 가정, 사법체계, 교육, 제도, 의학, 과학, 정부 등 아주 광범위한 사회적 상황 속에서 사용되고 있다. 이러한 환경들 각각에는 인간의 목적과 흥미, 제도적 목표, 사회적 관계, 전통, 사회적 규칙, 규제 사항 등이 존재하고 있다는 것이다. 그리고 이러한 상황들이 컴퓨터가 사용되는 방식에 결정적인 영향을 미치고 있다는 것이다. 컴퓨터와 관계되어 만들어진 인습, 규칙, 정책들은 뜻밖에 우연적으로 만들어지는 것이 아니라, 컴퓨터가 사용되는 환경으로부터 생겨나는 것이라는 논리이다.

인터넷윤리는 기존 윤리 이론의 단순한 적용으로 해결될 수 있는 것인가? 아니면, 우리는 새로운 형태의 인터넷윤리를 필요로 하는가? 앞서 살펴본 바와 같이, 이러한 논쟁에 있어서 양측의 주장들은 모두 어떤 진실성 요소를 가진 것처럼 보인다. 그러므로 우리는 어느 한쪽의 견해를 일방적으로 취하는 것보다는 양측의 견해를 모두 비판적으로 수용하는 것이 더욱 나을 것이다. 이러한 맥락에서 우리는 정보통신기술을 둘러싼 윤리적 이슈들을 오래된 도덕적 이슈들의 새로운 종으로 생각할 수 있다. 하나의 새로운 종(species) 중 어종은 어떤 다른 종들로부터 그 자신을 구별시켜 주는 어떤 독특한 특성을 지니고 있지만, 동시에 종은 속(genus)의 모든 성원들에게 공통적인 발생론적 혹은 근본적인 특성을 지니고 있다는 점에 비유할 수 있다는 것이다. 그러므로 우리는 각각의 특면에 갖고 있는 진실성 요소들을 사실상 모두 포괄하는 것이다. 정보사회에서의 윤리적 문제들은 이전의 것들과는 다른 어떤 독특한 특색을 지니고 있으나, 그것들이 전혀 새로운 범주의 이슈를 만들어 내는 것은 아니라는 점이다.

예를 들어, 프라이버시에 대한 위협은 오늘날의 컴퓨터와 같은 형태로는 전혀 존재하지 않았지만, 개인의 프라이버시에 대한 위협들은 오랜 기간 동안 우리 주변에서 있어 왔던 것이다. 소프트웨어가 소유권에 대한 우리의 개념에 도전을 가하고 있는 것과 마찬가지로, 다른 새로운 발명품들도 마찬가지였다.

그러므로 우리는 정보통신기술을 둘러싼 이슈들은 전적으로 새로운 것이 아님을 알 수 있다. 우리가 새로운 윤리 이론이나 체계를 만들어야 할 것처럼 보이지는 않는다. 우리는 어떤 독특한 특성을 지고 있는 새로운 종과 씨름해야만 한다. 그러나 우리는 이러한 새로운 종의 문제를 다루는 데 있어서 전통적인 도덕적 원리들과 이론들에 여전히 의존할 수 있다. 정보사회에서의 윤리적 이슈들은 여전히 전통적인 윤리적 개념들을 사용하여 범주화될 수 있을 것이다. 그러므로 개인의 존엄성, 자율성, 권리, 책임, 자유와 평등, 사회복지 등의 전통적인 윤리 개념들은 정보사회에서도 여전히 유용하다고 평가할 수 있다. 이제 우리는 정보사회에서의 윤리적 문제들이 지니고 있는 복잡다단한 성격을 해결하기 위하여 이러한 개념들에 대한 주의 깊은 재해석과 재평가를 필요로 하고 있는 것이다.

## 2. 인터넷의 필요성과 중요성

우리는 흔히 정보사회에서는 건전한 정보문화의 형성이 매우 중요하다고 말하고 있다. 일반적으로, 정보문화란 정보통신기술 및 서비스의 발달과 새로운 정보통신기기의 보급이 인간의 생활양식과 행동 전반에 영향을 미침에 따라 정보에 대한 중요성의 인식과 활용 의지를 나타내는 가치관과 규범 그리고 행동 등 제 요소가 작용하는 문화적 체계라고 정의할 수 있다. 이러한 정보문화가 국민 개개인의 가치관과 윤리의식에 바탕을 두고 있음은 두말할 나위가 없다. 반대로 한 사회의 정보문화는 그 사회 구성원들의 정보에 관한 윤리의식에 영향을 미치게 된다. 왜냐하면, 인간의 가치 체계는 인간과 환경 간의 상호작용에 의하여 형성되는 것이기 때문이다. 그러나 현재 우리나라 사람들의 정보윤리의식은 매우 낮은 수준에 머무르고 있다.

## 3. 인터넷윤리의 발전 과정과 내용 체계

지금까지 우리는 인터넷윤리의 개념과 성격, 그리고 인터넷윤리의 필요성과 중요성에 대하여 살펴보았다. 사실상 인터넷윤리가 사회적·학문적 관심을 끌게 된 것은 얼마 되지 않았다. 인터넷윤리에 대한 사회적 관심은 정보사회의 역기능으로 나타나고 있는 컴퓨터 범죄, 해킹과 바이러스, 음란물의 유포 및 확산 등과 같은 문제들이 급증함에 따라서 비롯된 것이다. 인터넷윤리의 학문적 관심은 컴퓨터 및 컴퓨터 기술의 윤리적 문제를 다루기 위해 새로이 태동한 컴퓨터 윤리학(computer ethics)을 사실상 그 모체로 하고 있다. 인터넷윤리는 20여 년

전 윤리학에서 비롯되어 지금은 세계적 정보윤리학(global information ethics)의 수준으로 발전되고 있다.

본래 컴퓨터 윤리학이라는 용어는 1976년에 미국의 월터 매너(Water Maner)라는 사람이 처음으로 사용하기 시작하였다. 매너는 컴퓨터가 윤리적 문제들과 관련되게 될 때에는 통상적으로 그러한 문제들을 더욱 악화시키는 경향이 있으며, 어떤 경우에는 컴퓨터 자체가 새로운 도덕적 문제들을 야기하고 있다고 생각하였다. 그래서 매너는 컴퓨터 및 컴퓨터 기술이 차지하는 문제들을 식별하고 해결하기 위해서는 컴퓨터 윤리학이라고 하는 새로운 학문이 필요함을 역설하였다.

컴퓨터 윤리학은 발전을 거듭하여 1990년대 중반에 이르러서는 정보윤리학(infomation ethics)으로 발전하였다. 최근의 학자들은 개념적 기초를 형성하고 더욱 정교하게 만드는 가운데 실천적 행동을 이끌어 낼 수 있는 준거들을 개발함으로써 정보통신기술의 적용에 있어서 예측하지 못한 영향들의 가능성을 감소시키는 데에 관심을 두고 있다. 이들은 정보윤리가 세계적이고 보편적인 윤리가 되어야 한다고 주장하고 있기 때문에, 일면 세계적 정보윤리학자로 통하기도 한다.

이렇듯 컴퓨터 윤리학의 학문적 발전에 그 기반을 두고 있는 인터넷윤리는 새로운 종(species)으로 등장하고 있는 정보사회에서의 윤리적 문제들에 그 초점을 두고 있다. 그렇다면 인터넷윤리가 다루고 있는 내용들은 어떤 것인지를 살펴보도록 하겠다. 인터넷윤리에 대하여 생각해 볼 때, 우리는 먼저 그것이 누구를 위한 윤리인지의 문제를 먼저 생각해 볼 수 있다. 정보사회에서 살고 있는 모든 사람들에게 해당되는 일반적인 성격을 지닌 윤리인가? 아니면, 정보통신 분야에 관련된 특수한 사람들을 위한 윤리인가? 사실상의 광의의 인터넷윤리는 두 가지 측면을 모두 지니고 있다고 보아야 한다. 그러므로 우리는 인터넷윤리가 그 적용 범위에 있어서 일반적 차원과 특수한 차원을 지니고 있다고 보아야 한다. 일반적 차원에서의 인터넷윤리는 정보사회를 살아가는 사람이라면 누구든지 지녀야 할 행위의 규범이라고 할 수 있다. 반면에 특수한 차원에서의 인터넷윤리는 정보통신 분야와 밀접한 관련을 맺고 있는 사람들에게 특별히 요청되는 행위규범이라고 할 수 있다. 따라서 특수한 차원에서의 인터넷윤리는 구체적인 적용대상에 따라서 정보통신 이용자를 위한 윤리, 정보통신 전문가의 윤리, 정보통신 사업자의 윤리로 구분해 볼 수 있다. 한편, 우리는 인터넷윤리를 규범 자체의 위계에 의해서도 구분하여 생각해 볼 수 있다. 즉, 거기에는 가장 기초 적인 사용 지침에서부터 통신예절 혹은 네티켓(netiquette), 윤리강령, 윤리적 덕 목과 원리 등이 포괄적으로 담겨져 있다고 보아야 한다. 인터넷윤리가 다루고 있는 주제 혹은 문제들에 대해서는 사람들마나 많은 이견을 나타내는 경우도 있다. 그러나 대체적으로 사생활 보호 문제, 정보의 조작과 날조 문제, 컴퓨터 범죄 문제, 프로그램 소유권 문제, 해킹과 바이러스 문제, 음란물 및 불건전 정 보 유통 문제, 시스템 보안 문제 등에 공통적으로 주목하고 있다. 이것은 인터 넷윤리의 범위와 내용체계를 이해하는 데 큰 도움을 줄 수 있다.

## 제2절 인터넷의 특징

### I 서설

#### 1. 인터넷의 연혁 및 그 기능

인터넷은 1960년대 말 냉전시대에 미국이 부분적인 핵공격을 받더라도 국가 시스템의 보존을 위하여 정보자원의 분산·공유와 컴퓨터 네트워크 전체의 안 정성을 확보할 목적으로 개발되었다. 원래 정보는 복제가 쉽고, 그 비용도 거의 소요되지 않는 성질을 가지고 있다. 더욱이 복제된 정보는 원본과 동일하고, 원 리적으로 그 차이를 판별할 수 없다. 결국 정보자원을 네트워크로 연결된 컴퓨 터에 분산하여 공유함으로써 정보이용의 효율성을 높임과 동시에, 정보처리에 수반되는 위험을 분산하는 것을 그 목적으로 한다. 이러한 목적을 위해서 컴퓨 터를 네트워크에 접속하는 것이다.

인터넷은 1969년에 미국이 국방전산망에 국방성과 군수업체 및 관련 대학 등 을 하나로 묶어 유사시 네트워크가 제 기능을 발휘할 수 없게 되더라도 전체 네트워크에 이상이 없도록 '여분연결(Redundant Link) 시스템'으로 컴퓨터통신망을 구축·운영하기 시작한 것이 그 효시이다. 군사용으로 개발된 네트워크가 점차 통신기기와 단말기 등이 다양해지고 서로 다른 기종끼리도 원활하게 통신을 소통할 수 있도록 개발되었고, 이러한 것이 정치·경제·사회·문화 등 각 분야에 다양한 네트워크가 접목됨으로써 현재와 같은 인터넷 망이 형성되었다.

컴퓨터가 그물망처럼 상호 접속된 상태를 '컴퓨터 네트워크'라고 한다. 인터넷은 이 컴퓨터 네트워크 그룹을 세계적으로 결합한 컴퓨터 네트워크의 네트워크이므로 각각의 네트워크에 연결된 말단의 컴퓨터 숫자는 기하급수적으로 증가하게 된다. 더구나 처음에는 정부기관이나 대학, 연구소와 같은 폐쇄적인 범위 내에서의 네트워크였던 것이 1990년대에 들어와 일반 사회에까지 인터넷이 광범위하게 개방됨에 따라 전 세계 불특정 다수의 사용자가 직접 인터넷을 이용하게 되었다. 기업이나 대학 또는 행정기관 등의 지역적인 네트워크도 인터넷에 접속하게 되었다. 성격이 다른 여러 가지 네트워크가 상호 접속되게 되면서 전체적으로 편리성도 급격히 상승하게 되었다.

인터넷에서는 종류, 성질, 그리고 가치가 다른 정보가 모두 0과 1의 디지털이라는 동일한 수학적 형식으로 변환될 수 있다. 인류에게 유익한 정보가 있는가 하면, 단순히 사적인 정보 내지 표현도 있다. 즉, 마약, 총포류 등의 거래에 관한 범죄적 정보가 있는가 하면, 기업의 운명을 결정할 정도의 비밀정보나 막대한 양의 개인정보도 인터넷으로 연결되는 무수한 컴퓨터에 축적되고 있다. 그리고 국가의 중요한 정보뿐만 아니라 기업의 사무실, 대학, 미술관이 서로 연결되고 있으며, 개인의 주거에까지 인터넷 망이 연결되어 있다. 또한 최근 인터넷상에서 이루어지는 전자쇼핑이나 전자결제 등의 상업적 이용도 증대하고 있다. 이와 같은 컴퓨터 네트워크로 연결되어 각 컴퓨터에 내장되어 있는 데이터가 공격을 받게 되면, 개인의 재산적 손해는 물론이며, 경우에 따라서는 세계적으로 경제적 혼란을 초래할 위험이 상존하고 있으며, 더 나아가서는 정보를 중심으로 움직이는 현대사회 그 자체의 존립기반에 대한 위협이 될 수 있다.

이와 같이 당초의 폐쇄적인 네트워크로부터 개방적인 네트워크로 인터넷이 발전함에 따라 여러 가지 문제가 발생하기에 이르렀다. 다이너마이트의 발명이 인류의 발전에 큰 영향을 끼친 반면, 발명자가 바라지 않는 사용방법으로 인하여 비참한 재난을 초래한 것과 같이, 인터넷 또한 긍정적인 측면뿐만 아니라 범죄 등 역기능적인 면에서도 이용될 수 있는 양면성을 가지고 있다.

## 2. 인터넷의 특성

인터넷의 출현은 인간의 활동범위나 가능성의 한계를 확대함과 동시에 인간의 의식, 사고, 창조력, 가치관, 사회제도 등을 근본적으로 변화시켜 표현매체의 새로운 패러다임을 형성하게 되었다. 그 이유는 바로 인터넷이 가지는 특성에서 유래한다.

### (1) 익명성

현실사회에서는 얼굴이나 목소리, 지문, 혈액형(DNA)과 같은 신체적·생물학적 특징 또는 성명이나 서명 등에 의하여 개인을 식별한다. 따라서 현실사회에서 발생하는 범죄는 이와 같은 개인적인 특징에 의하여 범인을 색출할 수 있는 것이다. 네트워크상에서도 지문이나 목소리, 망막의 영상 등으로 개인을 식별하는 일이 일반화되어 가고 있지만, 현재의 네트워크상에서는 대부분의 경우 개인에게 개별적으로 부여되는 ID와 패스워드와 같은 숫자나 알파벳으로 조합되어 있는 데이터에 의해서 개인을 식별하고 있는 것이 일반적이다. 따라서 타인의 ID와 패스워드를 알게 되면 쉽게 그 타인인 것처럼 행동할 수 있다. 즉, 자기의 ID와 패스워드를 도용당하면 그 정보를 발신한 것이 자기가 아니라는 사실을 증명하는 일은 매우 어렵다.

네트워크상에서는 타인으로서의 흔적을 남김으로써 자신에 대한 추적을 저지하면서 용이하게 범죄를 범하는 것이 가능하다. 또한 개인이 인터넷에 접속하는 경우, 인터넷서비스공급자(ISP)에게 미리 개인정보를 신고하여 접속계약을 체결하는 것이 일반적이지만, 인터넷카페와 같이 개인식별정보를 비밀로 한 채 인터넷을 이용하는 경우도 가능하다. 그리고 인터넷접속의 게이트웨이(gate way)도 패스워드만이 아니라 휴대전화나 유선 텔레비전 등을 사용하는 등 그 수단이 다양해지고 있기 때문에 개인을 특정하기가 더욱 어려워지고 있다.

인터넷은 그 매체의 특성인 익명성 때문에 표현물 내용의 영향이 현실세계의 대중매체에 비해 더욱 증가한다. 익명성은 자유롭게 자신의 견해를 표출할 수 있으며 자신의 표현에 책임지지 않는다는 점에서 커뮤니케이션의 활성화에 기여할 수 있는 반면, 자신의 본명이나 신분이 드러나지 않게 됨으로써 자신의 감정을 격렬하게 표출하며, 상대방에 대한 공격적인 태도로 인해 명예훼손, 프라이버시를 침해하게 될 가능성이 많아지게 되고, 음란물이 범람하게 되는 등의 많은 문제점을 발생시키고 있다.

### (2) 불특정 다수성

표현매체에 의한 정보가 정보제공자에서 정보수용자의 방향으로 '일 대 다수'(one to many)로 흐르는 데 반해, 인터넷에서는 정보교환이 '일대일'(point to point) 또는 '상호 다수 간'(many to many)에 쌍방향으로 자유롭게 이루어지는 매체 구조적 특성이 있다. Newhagen과 Rafaeli 등은 사이버스페이스에서의 정보교류가 쌍방향적(interactive) 속성을 가지고 있으므로 기존 매스미디어의 단방향적(linear) 속성과는 다른 접근방법이 필요하다고 역설한 바 있다.[13] 여기에 정보제공자와 정보수용자의 기능이 구별되는 기존매체와는 달리 인터넷에서는 그 양자의 구별이 불투명한 특성이 있다. 다수 대 다수의 통신을 지원하는 것은 정보의 교통정리라는 점에서 매우 어려운데, 이를 극복한 것이 바로 인터넷이다. 인터넷과 같이 불특정 다수의 사용자가 불특정 다수의 사용자에게 정보를 발신할 수 있는 미디어는 최근까지 존재하지 않았던 것이다.[14]

또한 인터넷에서는 개인이 외부에 직접 정보를 발신할 수 있다. 따라서 편집과 같은 제3자에 의한 선별이라든가 그것을 판단하는 것은 오로지 개인의 윤리관에 의존할 뿐이다. 예컨대, 인터넷에는 BBS[15]라고 불리는 전자게시판이 무수히 개설되어 있으므로 이를 통하여 쉽게 메시지를 기입하거나 읽을 수 있다. 이면게시판이라고 불리는 특수한 게시판에서는 마약이나 총기 등의 매매정보, 특정개인에 대한 비방·중상, 매매춘 알선 등 종래의 미디어에서는 볼 수 없었던

---

13) Newhagen, J. E. & Rafaeli, S., Why Communication Researchers Should Study the Internet? A Dialogue "Journal of Communication"(46:1, 1996), pp.4∼13.

14) Koomen, K., The Internet and International Regulatory Issues, UNESCO 제2차 세계정보윤리학회 발표논문, 1997.

15) 이를 보통 전자게시판이라고 하고, 전자게시판은 'POST'라고도 하는데, 이 시스템은 전자사서함 사용자들에게 어떤 사실을 공표하거나 또는 물건을 매매할 때 정보게시 등의 용도로 사용할 수 있다. 이 시스템은 한 회사 내의 게시판으로도 사용할 수도 있으며, 다이얼 전자사서함 전체 가입자를 위한 게시판으로도 사용할 수 있다.

지하조직의 정보가 유출되는 경우도 있다. 유익한 정보를 교환하기 위하여 선의로 운영되고 있는 게시판일지라도 어느 날 갑자기 그와 같은 정보가 기입될 수 있다. 24시간 내내 시스템관리자가 게시판에 기입되는 내용을 검사하기는 어려우므로 관리의 소홀을 틈타 그와 같은 정보가 원하지 않는 다수의 사용자에게 알려지는 경우도 있다.[16] 현실사회에서는 그 연결이 쉽지 않은 타인 사이에 범죄를 접점으로 하여 그들을 용이하게 연결시킬 가능성이 존재하는 것이다.

### (3) 무한시간·공간성

국가나 영토라는 물리적 장소의 제약을 받는 기존의 커뮤니케이션과는 달리, 사이버 공간에서는 그러한 물리적인 지역적 공간의 제약이 없다는 점이다. 국경을 초월하여 전 지구적 규모로 그 범위를 넓혀 가고 있는 것이 인터넷이다. 이러한 관계로 인하여 인터넷상의 정보는 순식간에 지구 곳곳으로 전파될 수 있는 것이다. 인터넷 프로토콜[17]에 의하여 정보가 원활하게 교류됨으로써 '전자지구촌'이 구현된 것이다. 위성방송도 국가 간의 전파 유통범위가 제한되고 있지만, 인터넷상의 정보는 지구 곳곳에 전파되어 한 국가의 관할권의 적용이 불가능하게 되었으며, 심지어는 주권개념이 제약·수정되지 않을 수 없게 되었다.[18] 법은 국가주권을 배경으로 하는 지리적인 관할을 기초로 그 효력범위가 미치는 것이 원칙이다. 그러나 인터넷상에서의 통신은 국경을 초월하여 이루어질 수 있으며, 이러한 경우 국경이라는 지리적인 경계선은 그 의미를 잃게 된다. 범죄행위나 범죄의 결과가 발생하는 '장소'라는 개념도, 형법에서는 지리적·물리적인 의미로 해석되고 있지만, 가상공간에서는 애당초 장소라는 개념조차 존재하지 않는다.

사이버 공간에서는 정보제공자가 편리한 시간에 정보를 보내면 정보수신자도 편리한 시간에 수신할 수 있으므로, 즉 24시간 송·수신이 가능하므로 시간적 제약을 해결할 수 있다. 특히 전자사서함(electronic mail)이나 전자게시판(electronic

---

16) 얼마 전에 발생한 유명연예인의 인터넷섹스파일이 그 대표적인 전형이라고 할 수 있다. 특히 동영상 파일은 순식간에 수십억 원의 매출을 올리는 경이적인 기록을 남겼다.

17) 인터넷 프로토콜 TCP(Transmission Control Protocol/Internet Protocol)란 서로 다른 환경과 기술적인 특성을 지닌 네트워크 간의 표준을 제정하여 통신의 불일치되는 문제점을 해결하고, 원활하게 정보 및 데이터를 교환할 수 있도록 고안된 국가와 국가 간의 규약을 말한다.

18) 윤명선 외 편, 사이버헌법론, 조세통람사, 2001, 68면.

board)의 경우에 편리한 시간에 정보를 송·수신하는 '비동시성' 기능이 잘 발달되어 있다. 전자토론은 시간에 구애받지 않고 많은 사람들이 항상 자신의 견해나 의견을 교환할 수 있는 커뮤니케이션의 장이 될 수 있으므로 여론광장이 형성될 수 있다. 인터넷상의 가상공간에서는 각각의 사용자가 '지금'이라는 시간을 공유할 뿐, 전 세계 불특정 다수의 개인이 국가나 문화를 초월하여 결합된다. 그리하여 가상공간에서는 토론 및 여론수렴 등을 통한 참여행위가 활성화되어 소위 직접민주주의의 가능성을 찾을 수 있다.[19]

## (4) 정보 과다성·무흔적성

PC통신과 인터넷의 폭발적인 사용증가는 기존 매체를 통한 정보량과는 비교할 수 없는 엄청난 정보량이 제공된다. 그 내용은 인간의 사상·관념만큼이나 다양하다.[20] 그러나 지나친 과잉정보를 제공하거나 과다한 수신자 선택 채널들은 우발적인 정보이용이 급증하게 된다. 이러한 우발적인 정보이용은 자신이 원하는 사이트가 아닌 다른 사이트에 접속하는 본래의 목적을 상실한 채 많은 유해한 정보에 접근하게 되는 문제점을 야기한다. 여기에 사이버 공간은 '정보의 바다'가 아니라 오히려 '쓰레기정보의 하적장'이 될 수도 있어 정보의 선별을 어렵게 한다. 자기의 선택에 의한 것이 아니라 폭력, 음란, 자살, 폭탄물 제조 등 각종의 유해하거나 불필요한 정보에 접근하게 되는 등 과다한 정보로 인한 혼란을 일으킨다. 이러한 현상은 네티즌들로 하여금 오히려 정보에 대한 무관심을 초래하게 하여 민주주의에 역행할 수도 있다.

정보의 침해방법이라는 측면에서 보면, 서신을 개봉하는 행위(=비밀침해죄)에 비하여 통신회선을 이용하여 타인의 데이터를 개봉하는 방법이 기술적으로는 더욱 힘들다. 그럼에도 불구하고 하이테크 범죄에 비하여 비밀침해죄의 문제성이 낮은 것은 물리적인 침해는 반드시 물리적인 흔적을 남기기 때문이며, 이 점이 범행의 억지력으로 작용하고 있다. 그러나 전자적인 데이터를 침해하는 경우에는 컴퓨터가 정보를 디지털 형식으로 변환하여 처리하기 때문에 기록에 대

---

19) Anthony Corrado & Charles M. Firestone(eds.), Elections in Cyberspace; Toward a New Era in American Politics(The Aspen Institute, 1996), pp.29~31.

20) Reno v. ACLU, 521 U. S. at 870.

하여 물리적인 흔적을 남기지 않는다. 네트워크에서는 이러한 전자적인 신호만으로 통신이 가능하므로 막대한 양의 전자적 데이터도 마음만 먹으면 순식간에 삭제할 수 있다. 가상공간에서 유일하게 존재하는 증거도 스크린에 투영된 영상과 같이 덧없는 존재인 것이다. 여기에 그 사법적 처리가 곤란한 이유가 있다.

## Ⅱ  현대 사회에서 인터넷의 특징

### 1. 미니홈피

현대는 자기 PR의 시대라 할 수 있다. 이러한 시기에 인터넷상에서 개인공간을 주고 손쉽게 자신의 일상생활을 꾸밀 수 있는 미니홈피를 만들어서 자기를 외부에 공개한다. 이러한 미니홈피는 정치인, 연예인 등이 자기를 알리기 위해 많이 사용한다. 이러한 미니홈피의 대표 주자는 싸이월드(www.cyworld.com)이다. 이러한 미니홈피는 명예훼손, 사생활의 침해 등으로 나타난다. 그 대표적인 사례가 박근혜 한나라당 대표사건이라 할 수 있다.

### 2. 블로그

블로그는 인터넷을 의미하는 웹과 자료를 의미하는 로그(log)의 합성어이다. 즉 web + log가 블로그(b + log)가 된 것이다. 이러한 블로그는 인터넷상에서 자신의 관심사와 주변 잡기를 게시하는 개방형 개인 커뮤니티 사이트라고 할 수 있다. 이러한 블로그에는 네이버 블로그, 야후 블로그 등이 있고, 이러한 블로그는 불법콘텐츠의 유통, 개인정보의 유출 등의 문제점을 안고 있다.

### 3. 채팅

채팅이란 인터넷상에서 대화를 하는 것을 의미한다. 이러한 채팅에는 텍스트 채팅, 화상 채팅 등이 있는데, 이러한 채팅은 가상 대중문화를 창조하는 데 많은 기여를 하였으나, 음란물을 전시하고, 아바타의 부작용, 언어 파괴,[21] 초상권의 침해 등으로 악이용되고 있는 실정이다.

## 4. 댓글

댓글은 인터넷상에서 회원들 사이에 각종 정보를 주고받을 수 있는 인터넷 게시판이 활성화되면서 조어(造語)된 것이다. 댓글은 순수한 우리나라 말로 '대답하다', '답글'이라는 의미이다. 댓글은 여론 수렴방법, 신속한 정보교환, 집약적 대화방식 등으로 이용되었으나, 지금은 악의적 답글(리플), 부정적 익명성을 유발시켰다.

## 5. 권력의 이동

네티즌의 힘이 인터넷사회가 들어서면서 무시하지 못할 정도로 커져 버렸다. 이러한 네티즌은 인터넷을 통하여 시위를 하고, 친구 찾기를 한다든지, 인터넷 카페 등을 새롭게 만들어 냈다. 또한 교육의 변화도 이에 수반되었다. 그 대표적인 사례가 홈스쿨,[22] 사이버강좌[23] 등이다.

## 6. 프로슈머

프로슈머(prosumer)란 공급자(producer)와 소비자(consumer)를 합성한 용어로서, 상품을 소비만 하는 것이 아니라, 기획, 생산, 유통에도 영향력을 행사하는 전문적이고, 참여적인 소비자이다. 산업사회의 양 축인 공급자와 소비자 간 경계가 점차 허물어지면서 소비자가 소비는 물론 제품 개발과 유통과정에도 직접 참여하는 생산적 소비자로 거듭 태어난다는 의미이다. 이러한 프로슈머는 마케팅에도 활용되고, 전문 프로슈머는 개인 홈페이지를 만들고, 자신의 의견을 유포하는 것이 제1세대 디지털 프로슈머인 것이다.

---

21) 대표적인 사례로, ㅋㅋ, ㅎㅎ(하하!), 방가(반가워), ㅎㅇ(안녕?), ㄱㅅ(감사해), ㅊㅋ(축하해) 등이 있다.

22) 이는 획일적인 공교육에 반대하는 부모들이 아이의 적성과 특성에 맞는 교육을 직접 가르치는 학습형태이다.

23) 이러한 대표적인 사례는 우선 한국에서 고등교육기관으로 사이버대학교가 설립되었고, 사이버강좌 등이 만들어졌다.

## 학습문제

1. 인터넷윤리란 무엇인가?

2. 인터넷의 필요성과 중요성에 대해서 약술하시오.

*3.* 인터넷의 특성에 대해서 약술하시오.

제2편

# 인터넷윤리 각론

# Chapter 01
# 인터넷윤리와 인터넷법학

---

인터넷윤리와 그 적용 사례

---

### I  인터넷법학의 의의와 인터넷법의 필요성

#### 1. 인터넷법학의 의의

근래 우리 생활의 가장 큰 변화는 인터넷의 급속한 보급에 그 바탕을 두고
있다. 생활관계의 기본적인 약속은 법규범이라 할 수 있지만, 이러한 변화에 법
적인 대응이 제대로 따라가지 못하는 것 같다. 실제로 인터넷과 관련해서는 이
미 다양한 법률문제가 발생하고 있다. 인터넷상의 표현행위와 명예훼손 또는 외
설적 표현의 관계나 그 규제가능성, 저작권의 보호에 관한 문제, 그리고 이른바
전자상거래를 둘러싼 여러 문제점들에 관한 규제방안과 분쟁의 해결책 등등은
인터넷에 관하여 발생하는 법률문제의 일단에 지나지 않는다.[24]

본 연구에서 논의하는 인터넷법학이란 인터넷을 기반으로 발생하는 여러 법
률문제를 연구하는 분야이다. 즉, 이하에서 논의하는 인터넷과 해킹, 인터넷과
표현의 자유, 인터넷과 개인정보보호, 인터넷과 범죄행위, 인터넷과 전자상거래,
인터넷과 저작권, 인터넷과 재판관할 등이 인터넷을 기반으로 하여 발생하는 제
반 법률문제들이라고 할 수 있다.

---

24) 졸고, 법률정보학이란 무엇인가, 로앤비즈, 2001. 3. 5면 참조.

## 2. 인터넷법의 필요성

인터넷 세계에 별도의 법률이 필요한 것일까? 첫째, 전자상거래나 전자화폐, 이를 위한 전자서명, 전자인증 등의 도구를 사용하여, 예컨대, 자동차나 부동산을 매매한다고 하여, 그 대금을 은행에 입금하는 경우(e-banking)는 무엇을 신청으로 하고, 무엇을 승낙으로 하는 것인지, 상대방이나 물건에 대한 착오는 없었는지 등, 인터넷 이전 세계에는 존재하지 않았던 법률문제가 있을 수 있다. 이는 인터넷거래가 인터넷 이전 세계에서의 거래장면과 다른 점에서, 지금까지의 법률을 그대로 가져갈 수는 없는 것이다. 그러나 전자상거래나 전자화폐는 만인이 이용하게 되고, 그 법률문제도 일부 사람들만의 문제가 아니다. 이러한 취지에서 보게 되면 새로운 법률이 필요하게 될 가능성이 있다고 생각된다. 세계 각국은 이러한 필요성으로 인하여 미국에서는 1999년 7월에 NCCUSL(법조에서 만든 민간의 임의단체)이 전자계약을 위한 2개의 통일주법안[25]을 만들고, 각 주에 제안하였다. 아시아 중에서도 싱가포르나 우리나라에서는, 인터넷 세계의 다양한 생활관계에 적절히 대응하고, 일찍이 법률의 정비를 진행하고 있다. 유엔국제상거래위원회(UNCITRAL)가 1996년에 전자거래에 관계된 모범법(Model Law on Electronic Commerce)을 만들어, 공표하였는데, 양국 모두 이 Model Law에 입각하여 싱가포르는 1998년에, 한국은 1999년에 각각 법률을 제정하여, 인터넷 세계의 법적 인프라 구축에 있어서는 아시아는 물론 세계적으로도 앞서가고 있다.

## 3. 공법과 사법 등의 구분

법률관계 대부분은 私法 관계이지만, 인터넷 세계에서 법률의 흠결이 생길 가능성이 있고, 신법이나 현행법의 응용·개정법이 필요하게 되는 것은 단지 사법의 영역에서만은 아닐 것이다. 인터넷 세계는 단순히 사인 간의 인간관계, 생활관계를 포섭할 뿐만 아니라, 정부나 국가까지 포함한다. 국민에 의한 공적

---

25) Uniform Electronic Transactions Act(UETA)와 Uniform Computer Information Transactions Act (UCITA)이다. UETA는 인터넷 세계에서의 물건의 매매나 리스, 역무제공 등, 광범한 분야에서 법적 인프라가 되는 법이다. UCITA에는 컴퓨터라는 단어가 들어 있는데, 이것은 널리 정보의 이용계약('라이선스')에 관계되는 법안으로, 획기적인 성문법화의 시도이다.

정보 이용의 정도도, 또 반대로 국가나 지방자치체에 의한 국민 한 사람 한 사람에 관계되는 정보 파악의 정도도, 인터넷 이전 세계와는 비교가 되지 않는다. 인터넷을 배경으로 한 시민(citizen) 대 정부, 시민 대 국가의 관계가 인터넷 이전 세계와 같다고 하는 것은 생각하기 어려운 일이다. 점차 강해지는 것은, 국가라든가 정부에 의한 권력행사가 법률에 근거해서만 행하여져야 한다는 법정주의의 요청이다. 동시에 공법, 사법이라는 구별이나 양자 간의 경계도 희미해질 것이다. 이러한 취지에서 오프라인에서 논의되는 헌법, 민법, 형법 등의 문제는 인터넷 세계에서는 그 경계가 모호하게 되든지, 무너져 버릴 것이다.

## Ⅱ 인터넷과 해킹

### 1. 사이버테러의 의의

사이버테러[26]는 경찰이 대항할 주요 범죄는 물론 국가적으로 대처 방법을 모색해야 할 정도로 위험이 커지고 있는 실정이다. 해킹과 바이러스 등 사이버테러는 주요 사회 기반시설을 일순간 무용지물로 만들고 최악의 경우 국가 기능 자체를 마비시킬 수 있다는 점에서 사생활 침해나 명예훼손 등의 사이버테러와는 차원이 또 다르다.[27]

---

26) 주요정보통신기반설의 정보시스템에 대하여, 정보통신 네트워크나 정보시스템을 이용한 전자적인 공격을 일반적으로 '사이버공격' 내지 '사이버테러'라 한다. 현행 정보통신기반보호법에서는 이를 '전자적 침해'라는 표현을 사용하고 있다. 본 연구에서는 사이버테러와 전자적 침해를 문맥을 보아서 혼용하기로 한다. 그리고 혹자에 의하면 사이버테러는 정치적·사회적 목적을 가진 해커, 범죄조직 또는 적성국가 등이 컴퓨터와 정보통신망을 이용한 전자적 공격방법에 의해 국가 주요 기반구조의 정보시스템을 교란·마비·파괴시키는 새로운 형태의 정보시스템 공격행위로서 일명 정보전이라고도 한다.

27) 졸고, 제14회 정보보호와 암호에 관한 학술대회 논문집, 『國家主要情報通信基盤施設 保護를 위한 法的 對應』, 국가보안기술연구소, 2002, 739–742면 참조.

## 2. 해킹의 의의와 유형

### (1) 해킹[28]의 의의

최광의의 해킹은 현행 정보통신기반보호법에서 규정하고 있는 전자적 침해[29]와 동일한 의미이고, 광의의 해킹은 긍정적인 의미로 우수한 소프트웨어 기술자, 경험이 풍부한 네트워크 관리자가 네트워크를 관리하거나 수리하기 위하여 시스템에 들어가는 행위와 부정적인 의미로 권한 없이 다른 시스템에 침입하는 행위를 포함하는 의미를 갖는다. 그리고 최협의의 해킹은 권한 없이 다른 시스템에 침입하는 행위를 의미한다.[30] 현행 정보통신기반보호법에서 규정하고 있는 해킹이란 컴퓨터 통신망을 통하여 다른 사람의 컴퓨터 시스템에 침입하는 행위는 물론, 침입하지 않고도 그곳의 시스템 운영을 정지시키거나 그곳의 파일에 담긴 정보들을 절취, 파괴하는 등의 침해행위까지도 포함하는 개념으로 이해된다. 특히 동법에서는 무권한자가 인터넷 등을 통해 주요정보통신기반시설의 컴퓨터에 침입하여 그 운영을 침해하는 행위를 말한다.[31] 이를 정리하면 해킹이

---

28) 해커라는 단어는 60년대 미국 M.I.T 대학생들을 시작으로 전파되기 시작하였고, 그들은 컴퓨터를 광적으로 좋아했고, 밤낮으로 컴퓨터에 매달려 새로운 프로그램을 만들고, '정보의 공유화'에 앞장을 섰던 이들을 의미했다. 그러나 지금에 와서는 이들을 '정보 엿보는 사람' 내지 '시스템 파괴자'라는 의미로 변질되었다.

29) 현행 정보통신기반보호법 제2조 제2호에서 규정한 '전자적 침해행위'라 함은 정보통신기반시설을 대상으로 해킹, 컴퓨터바이러스, 논리·메일폭탄, 서비스 거부 또는 고출력 전자기파 등에 의하여 정보통신기반시설을 공격하는 행위를 말한다.

30) 해킹은 주로 어떤 시스템에 침입하는 것을 말하고 크래킹은 락을 깨거나 프로그램을 변형하는 행위를 의미한다. 물론 크래킹은 해킹에 포함되는 개념이지만 구분해서 인식하는 것이 좋을 것이다. 이러한 의미에서 보게 되면 일설에 의하면 크래킹과 크래커란 소위 권한이 없는 사람이 네트워크에 접근하여, 파일을 바꿔 놓는 등의 행위를 크래킹이라고 하고 그러한 행위를 하는 사람을 크래커라고 한다. 이러한 의미에서 보게 되면 크래킹은 협의의 해킹과 같은 의미라고 한다.

31) 해커라는 용어는 1950년대 미국 MIT공과대학 내 '테크모델철도클럽'이라는 동아리의 '신호기와 동력분과'라는 분과모임의 학생들이 철도분기점 입체화 설계에 따르는 난문제들을 해결하기 위해 악착같은 노력으로 대학 내 제26동 건물에 밤마다 몰래 들어가서 IBM704 컴퓨터 시스템을 사용하여 어려운 문제를 해결해 내자 이들 집념 어린 노력가들을 핵(Hack)이라 불렀고, 이때부터 '산출된 결과'를 통해 '집념과 악착같은 노력'을 나타내는 '결과산출자(Producer)'를 Hacker라고도 부르게 되었다. 해커라는 말뜻에는 집념과 악착같은 노력 기술수준 높은 결과를 산출하는 기술연마자라는 뜻을 의미하였다.{Hack + Producer = )Hacker} 그 후 컴퓨터에 강한 흥미를 가지고 있으면서 이에 몰두하는 사람을 해커라 부르기도 하다가 네트워크의 까다로운 침입 방어 시스템을 뚫는 데서 성취감 또는 쾌감이나 기쁨을 찾는 일에 열중하는 사람이 출현하면서 '해커＝컴퓨터 침입자'라는 어감이 퍼졌고 컴퓨터를 이용한 범죄의 증가로 급기야 장난기나 범죄를 목적으로 단말기나 통신회선을 통해 컴퓨터에 침입하여 정보를 빼내거나 혼란을 일으키는 범죄자라는 의미로 변질되었다. 그러나 미국, 유럽 등을 비롯한 선진국에서는 해커보다는 시스템 불법침입자는 intruder, attacker, 파괴자는 cracker로 부르며 해커와는 구분하여 사용하고 있으나 국내에서는 혼용 사용되고 있다. 국내에 네트워크 환경이 본격 보급되기 이전에는 대중들이 크래커라는 개념을 이해하지 못해 해커라는 용어를 사용하였으나 현재 우리나라의 수준에서 볼 때 이제는 해커와 크래커 등을 구분하여야 된다고 생각한다. 일본에서는 해커라는 표현보다는 크래커라는 표현이 더

란 정보시스템의 취약성을 이용하거나 기존에 알려진 공격방법을 활용하여 정보시스템에 해를 끼치는 새로운 기능을 만들어 내는 행위를 의미하거나, 접근을 허가받지 않은 정보시스템에 불법으로 침투하거나 허가되지 않은 권한을 불법으로 갖는 행위를 의미하기도 한다.[32]

### •사례1•

인터넷에서 가장 인기 있는 웹사이트인 야후에 해커가 침입해 야후를 이용하는 전 세계 네티즌을 불안에 떨게 하고 있다. 해커들은 미국에 수감 중인 동료의 석방을 요구하며 이를 들어 주지 않을 경우 전 세계 컴퓨터망을 파괴할 것이라고 위협했다. '팬츠/해키스'라는 해커 그룹 은 한국 시간으로 12월 9일 낮 12시 야후에 침입, "지난 달 야후에 접속했던 전 세계 네티즌의 컴퓨터에 치명적인 바이러스를 감염시켜 놓았다. 수감 중인 동료 케빈 미트닉을 풀어 주지 않으면 오는 성탄절에 이 바이러스가 활동을 개시, 금융 시스템을 마비시키는 등 재앙을 초래할 것이다."라는 내용의 협박문을 올렸다. 해커들은 이어 "미트닉을 석방하면 남반구의 한 컴퓨터에 보관 중인 해독프로그램을 공개하겠다."고 밝혔다. 미트닉은 지난해 인터넷에서 수백만 달러를 가로챈 혐의로 기소된 해커다.

### •사례2•

개인용 컴퓨터 통신망에 침투, 전체 통신 사용자 4만여 명의 통신자료 80%를 삭제하고 일부 프로그램을 복제한 중학생 해커가 경찰에 적발되었다. 경찰청 해커수사대는 K 군(15게, 중3)을 업무방해 등 혐의로 불구속 입건하였다. 지금까지 해커가 PC 통신망 일부 자료를 삭제한 적은 있었지만 자료 대부분을 삭제한 경우는 이번이 처음인데 K 군은 경찰에서 "고교 입학 기념으로 영원한 추억을 만들기 위해 통신자료를 삭제했다."고 말했다. K 군은 95년 8월 컴퓨터에 입문한 뒤 '파워해커테크닉' 등 해킹 전문서적과 해커 동호회를 통해 해킹 기술을 익혀 왔으며, 지능지수 148로 전교 석차 5등 안에 드는 수재로 알려졌다.

---

일반적으로 사용되고 있다.

[32] 해킹을 하려고 할 때는 해킹할 서버에 접속해야 하는데, id와 pass를 알아내는 방법에는 1. 확률해킹법: 이는 임의의 단어를 아이디로 입력하고 임의의 패스워드를 입력하는 방법이다. 2. 친구나 주변 사람의 아이디를 도용하는 방법. 3. 쓰레기통을 뒤지는 방법. 4. 백도어: 이는 자신이 만든 시스템에 백도어(뒷구멍)를 만들어 놓고 자신만이 출입할 수 있는 통로를 만들어 놓는 방법. 5. 이 이외에 Sniffing(소프트웨어 도청) 등이 있다.

핸드폰에도 해킹 비상이 걸렸다. 최근 PC 통신의 자료실에는 타인의 핸드폰 음성 사서함 비밀번호를 추적하는 해킹 프로그램이 버젓이 유통되고 있어 특정인의 비밀 메시지를 쉽게 엿들을 수가 있다. 전국의 핸드폰 가입자 중 우리나라 인구의 60%, 음성 사서함 이용자 30% 정도는 언제든지 메시지가 누설될 위기에 처한 셈이다. 물론 핸드폰을 통한 메시지는 일상적인 내용이 대부분이기는 하지만 프라이버시가 노출되고 이를 악용할 수 있다는 점에서 우려를 낳고 있다.

경기도 P시의 한 시민이 자신의 은행 통장에서 해킹에 의한 인터넷뱅킹으로 1천600여만 원이 빠져나갔다고 주장하며 정확한 사고경위 조사와 함께 피해 보상대책 마련을 요구하고 있다. 국내 시중은행에서 인터넷뱅킹 해킹으로 돈이 인출된 적이 지금까지 단 한 번도 없어 이 시민의 주장이 사실로 드러날 경우 큰 파장이 예상된다.

경기도 P시에 살고 있는 이 모(30. 회사원) 씨는 "지난 15일 오후 6시께 서울에 있는 회사에서 나의 모 은행 마이너스 통장 잔금을 체크했더니 그날 오후 3시 20분께 2차례에 걸쳐 1천만 원과 610만 원이 인출된 것을 확인했다."라고 22일 밝혔다. 그는 "대출금리가 오른다는 뉴스를 듣고 혹시나 해서 계좌에 들어가 보았더니 나도 모르게 돈이 빠져나갔다."면서 "바로 거래 은행에 신고하고 다음 날인 16일 오전 경기도 ○○경찰서 사이버수사팀에 사건을 접수했다."라고 말했다.

이 은행 관계자는 "이 씨의 계좌를 확인한 결과, 돈을 인출한 컴퓨터 주소지(일명 IP)가 중국으로 나왔고 현재 정확한 인출 경위를 파악하고 있다."면서 "문제의 돈이 국내 거주 중국인 여성의 H은행 계좌로 입금돼 있는 것을 확인, 지급정지 조치를 내렸다."라고 밝혔다. 그는 이어 "고객은 해킹에 의해 돈이 인출된 것으로 보고 있는데 현재까지 국내 시중은행의 인터넷뱅킹에서 개인정보 유출로 돈이 인출된 적은 있지만 해킹으로 돈이 빠져 나간 적이 단 한 번도 없다."라고 말했다.

반면 이 씨는 "인터넷 뱅킹에 필요한 계좌 비밀번호는 나만 알고 있고 보안카드 역시 내가 갖고 있으며 공인인증서는 회사 하드디스크에 보관돼 있다."면서 "더욱이 나는 1년 전 하이난도에 휴양 간 적은 있지만 최근엔 중국에 가지 않았는데 어떻게 개인정보가 유출될 수 있겠냐"라면서 해킹에 의한 인출임을 거듭 강조했다.

그는 "이번에 돈이 인출되는 바람에 더 이상 은행 돈을 쓸 수 없고 이자까지 부담해야 하는데다 은행과 경찰에 오가느라 업무에 지장을 받고 있다."면서 조속한 조사와 함께 피해 보상대책 마련을 요구했다.

○○경찰서 사이버수사팀은 현재 법원으로부터 영장을 발부받아 계좌 추적에 나서는 한편 은행 관계자를 불러 조사할 계획이다.

우리 군(軍)의 인터넷 해킹 피해 사례가 늘어 이에 대한 대책 마련이 시급하다는 주장이 제기됐다.

김○○ 한나라당 의원(국방위)은 기무사령부 등으로부터 제출받은 국정감사 자료를 통해 지난 2004년부터 2007년까지 인터넷을 통한 해킹이 매년 0∼2건에 불과했지만 올해 들어 8월 말 현재까지 5건의 해킹 사례가 적발됐다고 밝혔다.

특히, 올해 해킹된 5건은 모두 이메일을 활용한 중국발 해킹인 것으로 드러났다.

김 의원은 "군 관계자가 중국에서 발송된 이메일을 무심코 수신, 열람해 개인 컴퓨터가 해킹당한 것이며 개1인 컴퓨터에 저장된 군사자료가 유출됐을 수 있다."고 설명했다.

이에 대해 국방부는 해킹에 노출된 책임을 물어 중국발 이메일을 열람한 군 관계자 5명에 대해 견책, 근신, 감봉 등의 인사조치를 취했다는 입장을 밝혔다.

한편, 김 의원은 "이번 해킹이 중국을 통해 이뤄진 만큼 북한의 해커에게 당했을 가능성도 배제할 수 없다."며 "어떤 자료가 얼마나 유출됐는지도 모르는 상황"이라고 말했다.

북한의 경우 현재 500∼600명 수준의 해킹요원을 운영하고 있는 반면, 한국군의 침해사고대응반(CERT) 인력은 9월 말 현재 237명에 불과하다는 게 김 의원의 설명이다.

김 의원은 "우리 군은 현재 방어 위주의 대응만 유지하고 있어 향후 해킹 시도의 근원지 파악·차단, 역추적을 통한 공세적 대응기술 등을 발전시켜 나갈 계획으로 알고 있다."며 국방부의 적극적인 대처를 촉구·지적했다.

## (2) 해킹의 유형

### 1) 최협의 해킹

이는 권한 없이 다른 시스템에 침입하는 행위를 의미한다.

### 2) 바이러스

컴퓨터바이러스란 인간의 명령 없이도 스스로 자기 자신을 복제하는 특징을 갖는 프로그램을 의미하며, 컴퓨터나 그 안에 담긴 정보를 변형시키거나 파괴하는 등의 작동을 해서 피해를 입히는 것이 대부분이다. 바이러스란 자기 자신을 복제할 수 있는 기능을 가지고 있으며 컴퓨터 프로그램이나 실행 가능한 부분을 변형시키고 그곳에 자신 또는 자신의 변형을 복사해 넣는 명령어들의 조합을 의미한다.[33]

---

33) 원래 컴퓨터 바이러스 용어가 최초로 등장한 것은 1972년 데이비드 제럴드(David Jerrold)가 지은 한 공상과학소설에서였다. "다른 컴퓨터에 계속 자신을 복제한 후 감염된 컴퓨터의 운영체제에 영향을 미쳐 시스템을 마비시키는 기능"이라는 데이비드 제럴드의 정의는 그로부터 13년 뒤인 1985년 파키스탄에서 브레인 바이러스가 발견됨으로써 현실화되었다. 국내에서 발생된 컴퓨터 바이러스는 1988년도에 나타난 것이 처음인 것으로 기록되고 있다. 이후 우리나라에서는 약 5백여 종의 바이러스가 발견되었는데 그중 국내 컴퓨터 바이러스가 약

해커들은 해킹이 비윤리적인 행위도 아니고, 범죄도 아니라고 주장하고 있다. 그들은 자신들이야말로 진정한 컴퓨터의 선구자들이라고 역설하고 있다. 오히려 자신들의 의도와 행동이 마치 나쁜 것처럼 세상에 잘못 알려져 있다고 강변하기도 한다. 그러나 해커들이 주장하는 세계 공용의 윤리강령을 살펴보면, 우리는 그들의 주장이 얼마나 허구적인 것인가를 쉽게 알 수 있다. 예를 들면, 그들의 말대로 컴퓨터에 대한 접근은 누구에 의해서도 방해받지 않고 자유스러워야 한다는 데에는 일면 일리가 있는 듯하지만, 정작 문제가 되는 것은 허가를 받아야 하는 경우에도 허가를 받지 않고 임의로 혹은 무단으로 컴퓨터에 접근하는 그 자체가 이미 비윤리적이고 불법적이라는 사실을 그들은 간과하고 있다.

#### •사례1•

1988년 11월 2일 수요일 저녁 6시경 컴퓨터 벌레(computer worms)가 펜실베이니아의 한 시스템에서 발견되었다. 곧 벌레는 무수한 연구기관과 대학 시스템들을 연결하는 인터넷을 통해 퍼져 나가고 있었다. 10시가 되면서 벌레는 미국에서 가장 빠르고 정교한 시스템 가운데 하나인 바넷(BARnet)까지 감염시켰다. 이 벌레를 유포시킨 사람은 바로 코넬대학교 대학원에서 컴퓨터가학을 전공하던 모리스(Robert T. Morris, Jr)로 밝혀졌다. 48시간 이내에 벌레는 시스템에서 분리되어 해독되었고, 벌레를 퇴치하는 법이 알려졌다. 비록 그 벌레가 영구적인 해를 끼친 것은 아니었지만 시스템이 정지될 정도로 속도를 저하시켰고 시스템의 패스워드를 풀어 버렸다. 모리스는 그의 무책임한 행동 때문에 대학으로부터 정학 처분을 받았고, 1990년 1차 재판에 회부되었다(John son, 1994).

#### •사례2•

인터넷상에 '위장 바이러스'란 것을 내놓고 네티즌들을 불안에 떨게 하고 있다. 위장 바이러스란 실제 자료를 파괴하거나 해를 끼치지 않으면서도 마치 진짜 바이러스인 것처럼 꾸며 인터넷 사용자들을 위협하는 프로그램이다. 현재 발견된 위장 바이러스는 지난해 5월 처음 발견된 듀보아 등을 비롯해'디엠마 매딕', '사이버 에지즈', '이리나', '스웜프', '메미', '션 로위', '굿타임', '인디펜던스'등 10여 가지 종류. 이들 위장 바이러스에 감염되면"모든 햄의 집적회로가 날아간다." "PC 내부의 하드웨어를 공격해 PC에 전기적인 문제를 일으킨다."등의 거짓 메시지가 나타난다. 잘 알려진 굿타임 바이러스는 전자우편을 읽을 경우 바이러스에 감염된다고 위협하기도 한다.

---

45%를 차지하고 있다.

### 3) 논리폭탄

논리폭탄(logic bomb)이란 보통의 프로그램에 오류를 발생시키는 프로그램 루틴을 무단으로 삽입하여 특정한 조건의 발생이나 특정한 데이터의 입력을 기폭제로 컴퓨터에 부정한 행위를 실행시키는 것 혹은 특정한 시기나 일정한 조건이 충족되는 경우 프로그램이 스스로 작동하여 컴퓨터나 데이터를 침해하는 프로그램을 말한다. '13일의 금요일'과 같이 일정조건이 만족되면 자동적으로 시스템 파괴활동을 시작하는 일종의 컴퓨터바이러스로서 귀중한 정보와 프로그램을 무차별 삭제하거나 컴퓨터에 의해 작동·통제되는 시설 및 장비를 파괴시키는 수법이다. 프로그램이 전혀 예상하지 못한 파국적인 오류를 범하게 한다. 오류를 발생시키는 부호의 삽입에는 일반적으로 트로이목마(Trojan horse)[34]를 응용한다. 논리폭탄이란 바이러스와 구별되는 점은 자기복제의 기능이 없다는 점이다.

### 4) 기타

이 이외 해킹의 유형에는 메일폭탄,[35] 서비스 거부(denial of service),[36] 고출력 전자기파[37] 등이 있다.

---

34) 트로이목마[Trojan horse]란 다른 사람에게서 빌린 프로그램이 트로이목마와 같은 역할을 하여 빌린 사람이 파일을 훔치거나 변경함으로써 프로그램에 결함을 가져오게 하는 것을 말한다. 트로이목마는 자기복제 기능은 없으나 정상적인 프로그램 내에 비밀번호 유출 등 악의적 기능을 포함시킨 후 이를 동작하게 하는 악성 프로그램이다. 운영체계에 대한 일반적인 침투 유형의 하나로, 계속적인 불법 침투가 가능하도록 시스템 내에 부호를 만들어 놓음으로써 영구적으로 시스템 내에 상주할 수도 있고, 소기의 목적을 달성한 후에 그 자취를 모두 지워 버릴 수도 있다.

35) 메일폭탄이란 상대방 컴퓨터의 처리 용량을 넘어서는 양의 이메일을 보내는 방법으로 컴퓨터의 정상적인 동작을 방해하는 행위를 말한다. 국내 처음으로 전자우편폭탄(mail bomb)을 이용해 컴퓨터 통신 시스템을 마비시킨 사례가 적발됐다. 서울지검 정보범죄수사센터는 22일 대규모 전자메일을 집중적으로 보내는 '전자우편폭탄'을 이용해 컴퓨터 통신업체의 인터넷메일 시스템을 마비시킨 김 모 군(17, 학생)과 오 모 군(17, 학생) 등 2명을 컴퓨터 등 장애 업무 방해 혐의로 불구속 기소했다. 검찰에 따르면 김 군은 동일한 내용의 메일을 초당 수십 통씩 보낼 수 있는 프로그램을 만든 뒤 하이텔의 인터넷메일 서비스를 이용, 지난 6월 20일부터 이틀간 'RAGE 280'이라는 ID를 사용하는 통신인에게 'MICHIN@JIRAL.COM'이라는 허위 ID로 하루 3～4시간씩 모두 10만여 통의 메일을 보내 하이텔의 인터넷메일 시스템 작동을 6월 20일부터 6일간 마비시킨 혐의다. 또, 오 군은 지난 6월 29일부터 같은 달 30일 및 지난달 4일 등 3일 동안 나우누리 인터넷메일 서비스를 이용하여 친구 60명에게 9기가바이트(A4 용지 270만 페이지 분량)에 달하는 전자메일을 보내 나우누리 인터넷메일 시스템에 장애를 일으킨 혐의다. CD 불법복제 혐의로 처벌을 받은 전력이 있는 오 군은 나우누리로부터 전형적인 선진국형 전자우편폭탄을 사용했다고 검찰은 밝혔다. 검찰 조사결과 김 군은 모 방송국 게시판에 자신의 생각과 다른 글을 올린 통신인(RAGE 280)에게 비난 내용이 담긴 메일을 보냈고 오 군은 장난삼아 친구들에게 대용량의 오락프로그램 등을 송신한 것으로 드러났다

36) 서비스 거부란 정보시스템의 데이터나 자원을 정당한 사용자가 적절한 대기 시간 내에 사용하는 것을 방해하는 행위를 의미하고, 주로 시스템에 과도한 부하를 일으켜 정보시스템의 사용을 방해하는 공격 방식이다.

37) 고출력의 전자기파를 이용하여 정보시스템의 기능을 마비시키는 것으로서, 정보시스템 및 통신망의 오작동, 마비, 파괴 등을 야기한다.

## 3. 해킹에 대한 법적 대처

전자적 침해 내지 해킹이 발생 시, 이를 대처하기 위하여[38] 정보통신기반보호법 제8조의 규정에 의하여 지정된 주요정보통신기반시설의 보호에 관한 사항을 심의하기 위하여 국무총리 소속하에 정보통신기반보호위원회를 두고, 동법의 본 법의 적용대상은 국가의 안전과 국민 생활의 안정에 중대한 영향을 미치는 행정·국방·금융·통신·운송·에너지 등의 업무와 관련된 정보통신기반시설 (제어·통제시스템, 정보시스템, 통신시스템 등)이다. 각 중앙행정기관은 소관 분야의 정보통신기반시설 중 전자적 침해행위로부터의 보호가 필요하다고 인정되는 정보통신기반시설을 정보통신기반보호위원회의 심의를 거쳐 주요정보통신기반시설로 지정할 수 있다(동법 제8조).[39]

그리고 주요정보통신기반시설의 관리기관의 장은 소관 주요정보통신기반시설을 보호하는 주체로서, 정기적으로 소관 시설에 대한 취약점을 분석·평가하여야 한다. 여기서 취약성 분석이란 정보자산에 큰 영향을 주는 위협들을 파악하고, 이러한 위협과 관련된 조직의 취약성을 분석하는 것을 의미한다. 그리고 이러한 취약성에 대해 각급 행정기관이 전자적 침해에 대해 최저한으로 행하여야 할 대책과 보안에 대하여 준수해야 할 행위 및 판단기준을 방침 내지 보안 방침이라고 한다. 주요정보통신기반시설 관리기관의 장은 소관 시설의 취약점 분석·평가의 결과에 따라 동 시설을 안전하게 보호하기 위한 물리적·기술적 대책을 포함한 관리대책을 매년 3월 말까지 수립하여 이를 관할 중앙행정기관의 장에게 제출한다(동법 제9조).

해킹 내지 전자적 침해에 대한 주요정보통신기반시설을 교란, 마비, 파괴한 자는 현재의 형법 등 일반법에 비해 가중 처벌(10년 이하의 징역 또는 1억 원

---

38) 일본의 경우, 1999년에 부정액세스금지법이 제정되어, 부정접근이나 ID 번호의 부정한 제공이 금지되었다. 그러나 과연 이것이 어느 정도 실효성을 갖는지는 금후의 운용을 기다리지 않으면 판단할 수 없다. 부정액세스금지법은 부정액세스행위 등을 금지하고 처벌한다는 행위자 측으로의 규제와 부정액세스행위를 받는 입장에 있는 액세스관리자에게 일정한 방어조치를 요구하고, 액세스관리가 그 방어조치를 정확하게 도모하도록 행정이 원조한다는 방어자 측으로의 대책이라는 두 가지의 측면에서 부정액세스의 방지를 도모할 수 있도록 한 것이다.

39) 최근 정보통신기반 보호위원회는 2002년 9월 12일 4개 정부 부처와 국회의 66개 주요정보통신기반시설 지정(안)을 심의·확정하고 이를 해당 부처에 통보했다. 이번 위원회에서 지정한 시설은 재정경제부 19개, 금융감독위원회 39개, 산업자원부 3개, 건설교통부 4개, 국회 1개 등 모두 54개 기관, 66개이며, 이로써 주요정보통신기반시설은 지난 1월 지정된 23개 시설을 포함, 89곳으로 늘어났다.

이하의 벌금)하며, 미수범도 처벌한다.

## ◉ 해킹에 관련된 판례

### 판례 1

- 서울중앙지법 2006.4.28. 선고 2005가단240057 판결【손해배상(기)】 : 항소
- [각공 2006.6.10.(34), 1246]

**판시사항**

온라인게임 운영업체가 게임 서버의 업데이트 과정에서 이용자들의 개인정보인 아이디와 비밀번호가 암호화되지 않은 상태에서 로그파일에 저장되도록 함으로써, 컴퓨터에 관한 상당 수준의 전문지식이 있는 사람이라면 누구라도 그에 접근하여 이용자들의 아이디와 비밀번호를 알 수 있는 상황을 발생시킨 사안에서, 개인정보 유출의 위험에 처한 이용자들에 대한 온라인게임 운영업체의 손해배상책임을 인정한 사례.

### 판례 2

- 서울중앙지법 2005.9.15. 선고 2004가합103608 판결【손해배상(기)】 항소
- [각공 2005.12.10.(28), 1933]

**판시사항**

[1] 인터넷 포털사이트 운영자가 음반제작자와 인터넷 방영용 콘서트에 관한 출연계약을 체결하고 그 콘서트의 홍보를 위하여 음반 출시를 앞둔 신곡(4곡)의 음원을 교부받아 그 음원 전체를 웹페이지에 게재하면서 미리 듣기 형식으로 1분간만 재생되도록 기술적 조치를 취하였으나 그 음원 전체가 제3자에 의하여 유출되어 다른 웹페이지에 무단으로 게재됨으로써 음반제작자의 저작인접권이 침해된 사안에서, 위 운영자에게 음원의 유출을 방지할 주의의무를 위반한 과실이 있다고 한 사례.

[2] 음반 출시를 앞둔 신곡의 음원이 인터넷 포털사이트 운영자의 과실로 무단 유출되어 인터넷상에 유포됨으로써 음반제작자가 손해를 입은 사안에서, 그 손해액을 20,000,000원으로 본 사례.

## 판례 3

- 대법원 2005.11.25. 선고 2005도870 정보통신망이용촉진및정보보호등에관한법률 위반

**판시사항**

[1] 피고인이 업무상 알게 된 직속상관의 아이디와 비밀번호를 이용하여 직속상관이 모르
는 사이에 군 내부 전산망 등에 접속하여 직속상관의 명의로 군사령관에게 이메일을 보
낸 사안에서, 정보통신망이용촉진및정보보호등에관한법률 제48조 제1항에 규정한 정당
한 접근권한 없이 정보통신망에 침입하는 행위에 해당한다고 한 사례.

## 4. 현행 정보통신기반보호법의 문제점

이 법은 특히 전자적 침해로부터 국가기관의 정보통신망을 보호하기 위하여
제정된 것이다. 그런데 정보통신기반보호법은 정보보호업체를 양성하기 위한 각
종 제도와 절차 등이 정보보호전문업체 지정제도, 정보 공유, 분석센터 설치 등
에 대하여 규정하고 있는데, 이는 본 법의 제정 취지와도 합당하지 않다. 따라
서 이에 대한 규정은 삭제하거나, 다른 법 예컨대 전기통신사업법과 같은 법에
편입시키는 것이 합당하다고 생각한다.[40]

그리고 사이버상의 문제는 실시간으로 일어나는 것이므로 상황발생이 즉각적
으로 일어나고 상황종료도 눈 깜짝할 사이에 일어나므로 이에 대한 신속한 대
처 내지 조치가 필요한바, 이에 대한 가이드라인이 필요하다고 생각한다. 또한
주요정보통신기반시설의 경우, 해당 행정기관뿐만 아니라 그 외 기관이나 여타
기관들이 서로 정보를 공유해서 전자적 침해에 대해 종합적이고 조직적인 대응
과 조치 및 관리가 필요하다. 우리의 정보통신기반보호법에는 이에 관한 규정이
없는데, 이에 대한 대책이 필요하다. 또한 주요정보통신기반시설에 대한 기본적
인 관리와 지정 및 취약점 분석과 평가에 관하여, 이를 정통부가 주관하는 것은
무방하지만, 사실상의 실무와 권한은 기반보호시설의 담당부서에 그 권한을 주
는 것이 바람직하다고 생각한다.[41] 취약점 분석과 평가를 하는 기관이 주요정보

---

40) 양근원, 정보화 시대의 사회변동과 행정, 단국대학교 행정법무대학원 학술대회 자료, 2002. 5. 25. 72 - 73면
참조.

통신기반시설의 취약점 분석과 평가를 통하여 일정한 정보를 얻은 때, 이에 대하여 비밀유지가 적절히 이루어지지 않을 위험성이 존재한다는 것도 문제점이다. 이에 대한 대비책은 동법 제27조에서 규정은 하고 있지만, 분석과 평가를 하는 기관은 내부적으로 지침 내지 규칙을 만들어서 비밀유지 체제를 엄격히 유지할 필요성이 있다.[42]

   결론적으로 먼저, 중요 정보통신기반구조의 통신환경 변화를 수용하고 새로운 기술환경, 정책환경 등에 부응하는 보안대책을 수립하기 위하여, 정보통신망의 생존성을 제고할 수 있는 정보보증 차원의 기술개발을 유도하고, 중요 정보통신기반시설을 보호하기 위하여, 사이버 침해에 대비하고, 그 침해에 대한 공격탐지와 대응 그리고 복구에 대한 주요정보통신기반시설에 대한 보호모델을 개발하여야 할 것이다. 또한 더욱 중요한 것은 정보시스템 보안기술개발에 우선적으로 투자하고, 이러한 기술을 정보통신망을 보호하는 기초적 수단으로 활용하여야 할 것이다. 그리고 취약점 분석과 평가는 일반적으로 그 분석과 대책은 수동적이나, 수많은 네트워크와 시스템 장비에 대한 취약점 분석을 수행할 수 없기 때문에 자동화 도구의 연구 개발도 이루어져야 하며, 이러한 자동화 도구는 네트워크와 시스템 장비의 취약점을 분석할 뿐 아니라 위험분석 기능으로 확대하고 더 나아가 차세대 자동화 도구의 형태인 시뮬레이션 기능이 추가된 형태로 제공될 것이다. 또한 주요정보통신기반시설에 대한 기본적인 관리와 지정 및 취약점 분석과 평가는 정통부가 주관을 하는 것이 바람직한데, 사실상의 실무와 권한이 정통부로 집중되어 있다. 즉, 기반보호시설의 담당부서를 관계 기관에 권한을 적절히 골고루 분산시키는 것이 바람직하다. 또한 취약점 분석과 평가를

---

41) cf. CIRCULAR NO. A-130 Security of Federal Automated Information Resources http://www.whitehouse.gov/OMB/circulars/a130/a130.html.

42) 또한 주요정보통신기반시설은 다음과 같이 중요한 공통적인 취약성을 지니고 있는 것으로 판단된다. 즉, 내·외부자에 의한 고의적인 물리적·사이버공격, 무선 및 위성통신망의 본질적인(전파방해, 도청) 취약성, 정보통신망의 상호연결 증가로 인한 많은 정보통신망 접근점의 존재, 정보시스템 및 정보통신망 운영 프로토콜의 자체적인 결함, 구형 정보통신 장비의 오류, 도입되는 신기술보다 사용되는 보안제품 기술의 낙후 등으로 인하여 주요정보통신기반시설은 다양한 취약점을 가지게 된다. 따라서 주요정보통신기반시설에 대한 취약점 분석과 평가는 전자적·물리적·자연적 침해에 대해서도 실시하고, 그에 대한 대책을 강구해야 된다고 생각한다. 이러한 대책과 더불어 다음과 같은 부수적인 대책도 중요하다. 즉, 정보통신기반시설은 국가뿐 아니라 민간이 운영 유지하는 경우도 많을 뿐 아니라, 향후 주요정보통신기반의 대부분이 민간에 이양될 것에 대비하여, 주요정보통신기반시설 침해사고의 공동 대응을 위한 민·관 협력체 구성을 추진하고, 주요정보통신기반구조를 보호하기 위하여 무엇보다도 필요한 것은 양질의 인력이라는 점을 인식하고, 정보통신기반시설 침해 대비 전문 인력의 양성 및 대국민, 대정부 관련 공무원에 대한 인식제고 프로그램을 운영하여야 한다.

정통부장관이 일방적으로 고시하는 것이 문제로 제기되는데, 이에 대한 보완방법으로 관계 기관 간의 협의를 통하여 취약성 분석과 평가 기준을 만드는 것이 필요하다고 생각한다. 이 또한 주요정보통신기반시설을 지정하는 경우에도 관계 기관의 협의가 필요하다고 생각한다. 그리고 동법시행령 제25조 제4항에 있어 과태료 징수 절차도 정보통신부령으로 된다면 타 기관장의 역량을 초과할 수 있는 문제가 생길 수도 있다.

## 제2절 인터넷과 헌법

## I 인터넷과 표현의 자유

### 1. 인터넷시대에서 표현의 자유

#### (1) 정보주권, 정보기본권 그리고 헌법

18세기부터 19세기에 이르러 확립된 기본권(fundamental human rights)이라든가 자유(freedom)의 보장이라는 근대법 이념이 더욱 추진되어, 21세기 인터넷시대에는 개인의 정보주권자로서의 위치와 그 실질적 평등이 지도원리가 될 것이다. 인터넷 세계에 있어서는 '소비자'라는 관념 그 자체가 정보관계적으로 변경되고, 바뀌어서 등장하는 것이, 있어야 할 모습으로서는 정보주권자(informational sovereign)이다. 이 의미는, 인터넷 세계에 있어서는, 정보의 홍수현상이 더욱 발달되고, 그중에서 효율적으로 정확하고 필요한 정보에 접근하여 취득, 전달하는 능력이 사람에 따라서 크게 다르며, 이념으로서는 정보주권자인 사람들이, 현실적으로는 정보처리능력에서 열등한 정보약자가 될 수 있다는 것이다. 정보의 홍수현상은 인터넷 세계의 시민(netizen)을 삼켜 버리고, 편중된 방향으로 netizen을 흘려 넣을 위험이 있다. 여기에서의 정보처리능력이라 함은, 그러한 정보의 홍수현상에 저항할 만큼의 지력과 자율성을 의미한다. 개인 존중에 필요한 것은 정보의 홍수현상이 아니라, 개인이 필요로 하는 정확하고 적절한 정보를 알고, 제어

할 수 있는 것이다. 모든 시민(netizen)이 이 의미의 '정보기본권'(fundamental right to information)을 갖기 위해서는, 각자가 올바른 정보처리능력을 몸에 붙일 권리와 의무를 가질 것이 필요하다. 그 의미에서 소비자교육과는 다른, 인터넷시민적 교육(netizenry education), 정보주권자(information sovereign, holder of (fundamental human) rights to information)에 적합한 자율성이 중요하다. 그와 같이 자율성, 주체성을 보지하는 인터넷 세계의 주민netizen이, Net상에서 사회적으로 적극적으로 발언하고, 주장하고, 행동한다면, 그곳에 원시성운과 같은 대단한 에너지를 갖는 정보사회가 창조될 것이다. 모든 발신의 근원을 포함시킨 Net상의 정보량은, 진정 천문학적인 규모에 달하는 것이다. 정보에 관한 자유의 정도는 정말로 '폭발한다'고 하여도 좋을 것이다.

그리고 인터넷과 헌법의 문제에서 논의되고 있는 주제는 다음과 같다. 우선 사이버 공간이 영토, 영해, 영공에 이은 제4의 영역이 될 수 있느냐는 문제이다. 이러한 문제는 관할권 문제가 제기된다. 특히 인터넷은 국경이 없는 공간이기 때문에 이러한 문제를 해결하는 것은 쉽지가 않다. 그리고 인터넷과 기본권 문제로서 제기되는 것은 표현의 자유, 개인정보자기결정권 문제, 교육권, 소비자의 권리, 재판청구권문제, 그리고 전자적 민주주의라는 주제로 논의되는 정치적 표현과 선거운동의 자유 및 인터넷투표가 실시되는 경우에는 선거권과 국민투표권, 인터넷정당 등이 문제로 제기된다.[43) 일반적으로 전자민주주의(teledemocracy)란 전자매체나 인터넷을 통한 국민의 직접·간접민주주의를 의미한다. 최근에 이러한 전자민주주의는 인터넷선거 내지 사이버선거나 전자투표 등의 형태로 나타나고 있다. 여기서 인터넷선거란 인터넷 통한 선거프로그램을 통하여 투·개표를 하는 등 일련의 선거절차를 말한다. 이러한 인터넷선거의 장점으로는 시간·장소의 한계 극복, 인적·물적 선거관리비용의 절감, 투표참여의 제고, 장애인 등 소외계층의 투표편의 제공, 해외부재자(재외국민 포함) 투표 용이, 개표의 신속·정확 등이 있는 반면에, 보안성(해킹), 사용자 확인 작업의 정확성, 개인정보보호, 초기 비용의 과다 등의 문제를 안고 있다. 우리는 이에 대하여 순차적 도입과 법·제도의 개혁을 시급하게 추진하여야 한다.[44) 그리고 인터넷과 통치

---

43) 윤명선, 헌법학, 대명출판사, 2002, 267－276면 참조.
44) 박기수, 사이버헌법론,『사이버 선거에 관한 소고』, 조세통람사, 2001, 183－223면 참조.

권의 문제는 새로운 통치권 행사라는 인터넷 거버넌스의 문제가 제기된다. 과거의 헌법과 통치권의 문제는 현실국가를 기초에 두고 있지만, 인터넷과 통치권의 문제는 새로운 논의를 제기하게 된다. 이하에서는 인터넷과 헌법 중에 가장 문제가 되는 인터넷과 표현의 자유를 중심으로 논의를 전개하고자 한다.

### (2) 인터넷과 표현의 자유

전통적 의미의 표현의 자유란 "인간의 내심에 있어서 정신작용을 방법의 여하를 불문하고 외부에 공표할 정신활동의 자유를 말한다."고 해석되고 있다. 표현되는 것은 엄밀한 의미에서 사상에 한정되지 않고, "표현자의 의견·주장은 물론 생각하고 있는 것이나 느끼고 있는 것 모두를 포함한다."고 되어 있다.[45]

고전적인 표현의 자유의 법리는 구두의 표현인 언론과 인쇄에 의한 표현인 출판을 전제로 구성되었다. 그리고 실제로는 표현의 자유의 중심적인 문제는 신문, 잡지, 서적 등의 인쇄미디어를 둘러싸고 다투어져 왔다고 할 수 있을 것이다.[46]

인터넷상의 표현행위는 과연 신문 등 고전적인 미디어에 가까운 것인가, 그렇지 않으면 무선에 의한 방송에 가까운 것인가 아니면, 인터넷은 신문도 방송도 아닌 독자의 미디어로서 위치하여야만 하는가가 문제이다.[47]

원래 케이블 텔레비전이나 위성방송의 보급과 디지털화에 의해 무선 즉 지상파의 주파수의 유한성 내지 희소성은 무의미하게 되어, 현재 신문과 지상파의 방송과 구별하는 논거가 있는가 하는 의문은 있으나, 적어도 인터넷에는 주파수의 유한성이 없는 이상 인터넷을 방송과 동일하게 취급하여야만 할 이유는 없다. 즉, 인터넷상의 표현행위에 관해서는 헌법 제21조의 표현의 자유의 고전적인 법리가 그대로 적용되어야 하고, 경우에 따라서는 신문의 경우보다도 강하게

---

45) 표현의 자유에 대한 일반 논의는 졸저, 헌법학개론, 고시계, 2000, 214 - 216면 참조. 박용상, 언론과 개인 법인, 조선일보사, 1997. 박용상, 표현의 자유, 현암사, 2002, 참조.

46) 졸고, 사이버空間과 表現의 自由, 고시계, 2002. 9. 110 - 123면 참조.

47) 이 점에 관하여 대법원은 아직 판단을 내리고 있지 않다. 학설에 의해서도 명확한 결론을 엿볼 수 없다. 그러나 미연방대법원은 레니 대 미국자유인권협회사건판결에서 전통적인 신문과 방송의 구별은 유지하고 인터넷에는 주파수의 희소성은 타당하지 않아 방송으로서의 법리는 타당하지 않다고 판단하고 있다. 게다가 신문의 경우 다수의 국민은 단지 독자로서의 지위, 즉 표현의 수령자로서의 지위밖에 갖고 있지 않지만 인터넷의 경우 국민은 쉽게 액세스하여, 표현활동을 행하는 것이 가능하다. 이 의미에서는 고전적인 표현의 자유의 법리가 전제된 사상의 자유시장이라고 생각이 보다 강하게 나타난다고 말할 수 있을 것이다. 미연방대법원은 이러한 인터넷의 특색을 고려하여, 인터넷상의 표현행위에 고전적인 표현의 자유의 법리를 그대로 적용하였다.

보호를 부여하는 것을 인정하여야만 할 것이다.

## 2. 인터넷과 표현행위의 규제

### (1) 전기통신사업법상 불온통신의 규제

전통적인 전신, 전화 등의 통신은 통신의 비밀보장과 관련하여 전달되는 정보의 내용에 대한 개입은 원칙적으로 허용되지 아니하였다. 그러나 통신산업의 기술적 발전으로 전신, 전화 등이 사적인 커뮤니케이션을 담는 데 그치지 않고 불특정 다수인에 대한 정보전달매체로서의 기능을 갖게 됨에 따라 그 영향력에 대한 규제가 불가피하게 되었다 하지 아니할 수 없다. 따라서 전기통신사업법상 불온통신에 대한 정보통신부장관의 취급거부·정지·제한명령제도는 전통적인 통신수단인 유선전화 내지 무선전화를 통해 유통되는 정보뿐만 아니라, 이른바 피씨(PC)통신이나 인터넷 등 '온라인매체'를 통해서 유통되는 정보를 규제하는 주요수단으로 기능하고 있었다.[48]

표현의 자유에 대한 제한은 사후적 통제가 원칙이다. 또한 제한을 하는 경우에도 과잉금지원칙에 따라 필요 최소한의 제한만이 허용되고 명백하고 현존하는 위험에 처하는 경우만 가능하다. 또한 명확성의 원칙이 지켜져야 한다. 표현의 자유는 애매·불명확한 법률에 의해서 규제를 가하면 위축적 효과[49]가 생기기 때문에 법문상 불명확한 법률은 원칙적으로 무효가 된다. 명확성의 이론은 형벌법규에 대해서 적용되는 것만은 아니고, 표현의 자유에 사전억제를 가하는 입법에 대해서도 중요한 의미를 가지고 있다.[50]

이러한 표현의 자유에 대한 규제원리에 비추어 보게 되면 불온통신을 규제했던 전기통신사업법 제53조, 같은 법 시행령 제16조는 명확성의 원칙과 과잉금지의 원칙을 침해하는 것으로 볼 수 있다. 이러한 취지에서 헌법재판소도 공공

---

48) 헌재 2002. 6. 27. 99헌마480 결정 참조.

49) '위축적 효과'라는 것은 영어의 chilling effect에서 나온 말로 어떤 행위를 하면 표현의 자유를 규제하는 법률에 저촉되는가 하는 것이 불명확하다면 국민측은 자신의 의견을 발표하는 것을 기다리다 끝나 버리고, 그러한 상태에서 표현활동이 폐쇄상태에 빠져 민주주의의 붕괴를 초래할 위험성이 있다고 하는 것이다.

50) 헌법재판소는 국가보안법 제7조에 대한 위헌심판(헌재 1990. 4. 2.자 89헌가113결정), 국가보안법 제9조 제2항에 대한 헌법소원(헌재 1992. 4. 14.자 89헌가113결정), 군사기밀보호법 제6조 등에 대한 위헌심판(헌재 1992. 9. 25.자 89헌가104결정) 등에서 이를 채택하고 있다.

의 안녕질서 또는 미풍양속을 해하는 내용의 전기통신을 금하고 전기통신에 대하여 정보통신부장관이 전기통신사업자에게 그 취급을 거부, 정지 또는 제한할 수 있도록 한 전기통신사업법 제53조, 같은 법 시행령 제16조는 명확성의 원칙, 과잉금지원칙, 포괄위임입법금지원칙에 위배하여 표현의 자유를 침해함으로써 헌법에 위반된다는 결정을 선고하였고, 또한 헌법재판소는 공공의 안녕질서, 미풍양속이라는 것은 매우 추상적인 개념이어서 어떠한 표현행위가 과연 이를 해하는 것인지 여부가 명확하지 않고, 법 집행자의 통상적 해석을 통하여 그 의미 내용을 객관적으로 확정하기도 어려워 이러한 불온통신의 개념을 전제로 하여 규제를 가하는 것은 필연적으로 규제되지 않아야 할 표현까지 다 함께 규제하게 되어 과잉금지원칙에도 위배된다고 한다.[51]

### (2) 외설적 표현과 음란물

외설적 표현은 인터넷상에서 약간 다른 문제를 제기한다. 먼저, 외설적인 표현을 타인의 홈페이지에 마음대로 써 넣은 것과 같은 경우 이것이 기업의 홈페이지라면 전자기록등손괴업무방해죄[52]의 성립 가능성이 있다. 실제 일본의 조일방송의 날씨예보화상을 외설적 화상으로 바꾸어 놓아서 유죄로 된 사례가 있다. 우리나라의 경우에도 정보제공업체의 로그파일 등을 삭제하여 입건된 사례가 있다.[53]

이에 반하여 개인의 개인적인 홈페이지의 경우에는 외설적 표현을 써 넣은 것을 업무방해죄로 묻는 것은 곤란하다. 그러나 기입을 행한 것을 후술하는 음화전시죄로 물을 가능성이 있다.[54] 또한 마음대로 표현이 기입된 사람은 현저한 고통을 느낄지도 모른다. 그 때문에 경우에 따라서는 불법행위로서, 민법 제750조에 의해, 외설적인 표현을 한 사람에 대하여 손해배상을 구하는 것도 생각할 수 있다.

다음으로, 자신의 홈페이지에 외설적인 화상을 게재하여, 다른 사람으로부터 액세스를 인용한 경우, 이 행위는 형법 제175조의 음화전시죄에 해당할 가능성

---

51) 헌법재판소 2002. 6. 27. 99헌마480 결정 참조.
52) 형법 제314조.
53) 연합뉴스, 2000. 8. 23.
54) 朝日新聞 1998년 11월 6일.

이 있다. 또한 정보통신망이용촉진 및 정보보호에관한법률 제65조는 정보통신망을 통하여 음란한 부호·문언·음향·화상 또는 영상을 배포·판매·임대하거나 공연히 전시한 자를 처벌하고 있다. 현재 정보통신망이용촉진및정보보호에관한법률이 제정되었다 하더라도 정보통신망을 통한 경우라는 요건만 다를 뿐나머지 요건은 같아 해석상의 문제가 제기된다.

실제 인터넷을 통하여, 국내에 있는 서버에 홈페이지용의 데이터와 음란한 영상을 축적하여 제3자로부터의 액세스를 인용하고 있었던 데 대하여 음화전시죄로 적발된 사례가 있다.[55]

그리고 국내 서버에 음란한 영상을 축적하여 제3자로부터의 액세스를 허용한 경우에는 그 음란한 영상과 함께 컴퓨터 하드디스크 자체를 음란물이라 하는 것이 가능하지만 그 행위가 공연전시에 해당하는가 어떤가가 문제가 된다. 이점에 관해서는 아직 대법원의 판단은 나타나지 않고 하급심의 경우에도 형법상 음화전시죄의 성립을 인정하지 아니하는 판례가 보인다.[56] 일본의 경우에는 하급심의 경우에는 이를 인정하는 입장이 일반적이다.[57]

인터넷상의 외설적인 표현에 형법 제243조의 적용이 있는 경우 이 적용은 헌법 제21조의 표현의 자유보장에 반하지 않는가의 문제가 생길 수 있다. 우리나라의 경우 이에 관한 헌법재판소의 판례는 없지만 일본 최고재판소는 일본 형법 제175조의 음란한 표현의 금지는 최소한도의 성도덕을 유지한다는 공공복리를 위한 것으로서, 헌법 제21조에 반하는 것은 아니라고 하고 있다.[58] 이 판례의 입장에서 본다면 인터넷상의 음란한 표현에 형법 제243조나 정보통신망법을 적용하여도 전혀 헌법 제21조에 반하는 것은 아닌 것으로 된다.

인터넷상에 음란한 표현이 유통되는 경우, ISP[59]도 책임을 물을 가능성이 있다. 음란한 표현에 액세스할 수 있는 것을 영업상 적극적으로 이용하였던 것과

---

55) 인터네상이 이승희 누드사진을 게재한 사건으로 음화전시죄는 무죄판결을 받았고, 전기통신기본법상 처벌을 받았다. 서울지법 1999. 7. 22. 98 노 10222.

56) 서울지법 1999. 7. 22. 98 노 10222.

57) 예를 들면 베크아메사건 東京地判 1996(平成8年) 4月 22日 判例タイムズ 929호 226面 등.

58) 챠타레 부인의 애인사건 最高裁判所1957(昭和32)年 3月 13日 刑集 11권 3호 997面.

59) ISP(Internet Service Provider - 인터넷 서비스 제공사업자)란 개인이나 기업체에게 인터넷 접속 서비스, 웹사이트 구축 및 웹호스팅 서비스 등을 제공하는 회사를 말한다. 때로는 IAP(Internet Access Provider)라고 부르기도 한다. 한국에 대표적인 ISP는 아이네트·채널아이·넷츠고·네띠앙 등이 있다.

같은 경우에는 ISP 자신이 음화전시죄에 문제 될 가능성이 있으며 음란한 표현이 있는 것을 알고도 방치한 경우에는 방조죄로 문제 될 가능성도 있다.

음란한 표현에 관해서는 형법 제243조 및 정보통신망법 제65조의 구성요건의 해당성을 둘러싸고 중대한 문제가 있지만 표현의 자유의 입장에서 본다면 원래 형법 제243조가 헌법 제21조에 반하는가 어떤가 하는 문제가 제기된다.[60] 이것은 동 조의 금지를 정당화하는 이익과 이를 위한 수단이라는 양자 사이에 의문이 있기 때문이다.

확실히 음란한 표현을 수령하고 싶지 않은 사람을 보호하는 것, 청소년을 음란한 표현으로부터 보호하는 것은 피할 수 없는 정부이익으로서 이 범위에서 음란한 표현을 규제하는 것은 허용된다. 실제 미국에서도 통신품위유지법의 18세 미만의 상대방에 대하여 외설적 메시지의 송신금지규정의 합헌성은 문제 되지 않았다. 그러나 외설적인 표현이 성범죄를 일으킨다는 충분한 증거는 아니므로 음란한 표현 전부를 성범죄로 가져오는 것이라고는 할 수 없다. 즉, 성범죄의 조장을 이유로 외설적 표현 전부를 금지할 수 없다. 최고재판소에서 말하는 것과 같이 성도덕을 유지한다는 것은 표현의 자유의 제약을 정당화하지 않는다고 하여야 한다.

그 때문에 인터넷상의 외설적인 표현에 관해서도 수신을 희망하지 않는 이용자에 외설적인 화상을 보내는 행위 등이 있다면 금지하는 것이 가능하고, 외설적인 표현을 청소년에게 송신하는 것을 금지하는 것까지 가능할지도 모르지만 이것을 초월하여 외설적인 표현 자체를 금지하는 것은 헌법 제21조에 반하는 것이라 할 것이다. 이 점에서 인터넷상의 외설적인 표현에의 형법 제243조의 적용에는 문제가 있고 정보통신망이용촉진법 제65조도 같은 문제점이 제기된다 할 것이다.

역시 아동포르노에 관해서는 미국에서도 금지의 합헌성이 지지되고 있다.[61] 한국에서도 자녀 등을 보호하기 위해 필요불가결한 범위에서의 금지가 있다면 헌법상 허용되어야만 할 것이다. 이에 따라 우리나라에서는 청소년 보호법, 풍

---

60) 이에 대한 상세한 내용은 졸고, 인터넷과 음란물의 규제, 현대공법학의 과제, 최송화교수화갑기념논문집, 2002, 358 – 381면 참조.
61) 1998년 10월에 제정된 아이들을 성적 침해자로부터 보호하는 법률도 아동포르노로부터 자녀들을 보호하기 위해 규제를 가하고 있다.

속영업법 등의 법률을 통하여 청소년을 보호하고는 있으나 아동에 관한 특별 보호는 없는 실정이다.

---

**•사례1•**

제목: [늑대] 흐흐흐…… 오늘 앤 조으는 힘이 형편 없더라…….
올린 시각: **97/09/20 00:39** 읽음: **1036** 관련 자료 없음

하이!
오늘 그 애와 3번째 만남을 가졌는데…… 첨엔 소주 한잔 걸치고…… 두 번째 비됴방 가서 스킨십 나누고…… 세 번째 드뎌 집에 데려 왔다……. 흐흐흐…… 앤 이미 나의 뛰어난 외모와 말솜씨…… 글고 상상을 초월한 손 기술과 혀 놀림에 꽤나 뻑이 가 있었던 상태…… 거기서 가벼운 분위기로 맥주 한잔을 걸치며…… 꽤나 야한 비됴를 함께 감상했쥐~~ 흐흐흐…… 그리곤 타이밍을 잡아 어깨에 손을 걸치곤…… 옷옷을 조심스럽게 내렸지…… 흐흐. 뒤는 말 안 해도 알겠쥐…… 흐흐. 20분이 넘게 애무와 손놀림으로 서비스를 베푼 뒤…… 열씨미 그 짓을 시작했는데…… 응! 앤 왜 이리 기본기가 없어! 쉬이 팔~~ 눈 꼭 감고 그러면 누가 귀여워서 데리고 살 줄 아냐? 젠장…… 기분 잡쳤지만 예의를 지켜 최선을 다해 줬지 뭐……. 몇 번 위기가 있었지만…… 잘 넘겼다……. 그리 헐겁지 않는데……. 조으는 힘이 왜 그래 앤…… 젠장 다른 애나 찾아 나서야제……. 흐흐흐…… 우우~~ 우우~~ 우웅~~~~ 여우씨 우리 언제 만나기를…… 진짜……
(나우누리, **Y**대 통신연구회 익명 게시판에 실린 내용의 일부임).

---

**•사례2•**

번호: **2173/2173** 등록자: **PJNHO** 등록일시: **94/10/20** 길이: **16줄**
제목: 야~~~설. 6,000원에 모십니다.
……………………………………………………………………………….
##주소: 부산시 남구 남처동
##이름: 박**XX**
##전화번호: ***－***－****
……………………………………………………………………………….
**거래를 원할 경우 위 인적 사항을 확인하시고 알뜰시장 **
**77번 이용 안내를 참조 바랍니다. **
메일 주세요. 정말 야함다. 그리고 매우 많다. 이거 다 볼려면 아휴…… 본전은 확실히 뺀다는 것을 느낄 겁니다. 그럼 6,000원 없으십니까? 이 정도 투자는 아무것도 아닙니다.

컴퓨터 실력을 갖춘 일부 지식층에서 인터넷을 비롯한 이른바 사이버 공간을 돈벌이에 이용하는 풍조가 퍼지고 있다. 이들은 특히 청소년의 성적 호기심을 이용해 음란물 장사를 벌여 말썽을 빚고 있다. 서울지검 정보범죄수사센터는 4월 인터넷에 음란물 사이트를 만들어 유료 회원을 모집한 혐의(음화 전시)로 D건설 직원 정씨를 구속했다고 밝혔다. 국내에서 자신의 인터넷 홈페이지에 많은 사람이 접속하도록 음란물을 올린 사례는 있지만 영리를 목적으로 음란물 사이트를 만들었다 적발된 것은 이번이 처음이다. 검찰에 따르면 H대 공대를 나온 정씨는 지난 2월 인터넷에 알몸 등 음란한 사진을 볼 수 있는 성인용 사이트를 만든 뒤 다달이 10달러씩을 신용카드로 회비로 내는 조건으로 회원을 모은 혐의를 받고 있다. 검찰은 회원 수가 정확히 드러나지는 않았지만 지금까지 이 게시판에 접속한 횟수가 1만 1천 번에 이른다고 밝혔다.

"……내가 소리를 지르자 이모는 더욱 울기 시작했다. 집 안 사람들이 들을 꺼 같아서 난 입을 막았다. 그런데 이모의 몸을 만지게 되자 자꾸 어제 일이 생각났다. 그래서 난 또 이모를 넘어뜨리고 위에 올라탔다. '으…… 윽…… 읍…… 읍' 이모는 말을 하지 못하고 내가 옷을 벗기는 대로 꿈틀거렸다. 이모는 몸을 감고 내게 몸을 맡겼다. 체념한 듯이……. 털을 쓰다듬으며 난 이모의 몸을 더듬었다. 이모의 xx를 헤치고 손가락 두 개를 집어넣었다. 그리고 클리토리스를 만지며 나의 xx를 그곳에 집어넣었다. 이모는 허리를 뒤로 뺐지만 난 엉덩이를 잡고 앞으로 땡겼다. 그리고 내 xx를 거 깊이 집어넣었다. 이미 이모의 xx가 음액으로 젖어 있었다……." 재밌게 보셨는지요? 원래 조금 야한 소설이긴 하지만…… 그래도 재밌죠……? 히히히히. 그럼 재미있으면 메일 주세요. 언제나. 그리고 참 저하구 야한소설 교환하실 분 계세요?

전 소설 많은데……. 그럼…… 안녕히 계세요(PC통신망에 오른 야한 소설의 일부).

## ● 음란물

### 판례 1

- 서울중앙지법 2006.5.16. 선고 2006노435 판결 【정보통신망이용촉진및정보보호등에관한법률위반(음란물유포 등)】: 상고
- [각공 2006.7.10.(35), 1618]

[1] 비디오물에 대한 음란성 판단의 최종적인 주체

[2] 같은 내용의 동영상을 비디오물로 제작·출시하는 경우와 정보통신망을 통하여 제공하는
경우의 음란성 판단 기준의 차이

[3] 일본 성인영화의 판권을 소유하는 회사의 대표가 인터넷 포털사이트의 VOD관에 성인
영화의 동영상을 제공한 사안에서, 위 동영상이 DVD용 또는 VHS 비디오용으로 이미 영
상물등급위원회에서 18세 관람가로 등급분류를 받았다 하더라도 음란성이 인정된다고
한 사례.

**판결요지**

[1] 영상물등급위원회가 등급분류 과정에서 음란성 여부에 관한 판단을 하였다 하더라도
영상물등급위원회의 등급분류 또는 등급분류 보류에 관한 결정에 대하여 이의를 신청하
거나 행정소송을 제기할 수 있는 점에 비추어 그 판단은 중간적인 것에 불과하고, 음란성
판단의 최종적인 주체는 어디까지나 당해 사건을 담당하는 법관이라 할 것이므로, 음
반·비디오물 및 게임물에 관한 법률상 영상물등급위원회가 18세 관람가로 등급분류를
하였다 하여 무조건 음란성이 부정되는 것은 아니고, 법관은 음란성을 별도로 판단할 수
있다.

[2] 영상물등급위원회의 심사를 받아 비디오물로 제작·출시하는 것은 일정한 연령대에 속
해 있는 사람들을 대상으로 시청을 제한하는 것이 가능하기 때문에 영상물등급위원회의
심사결과를 존중하여 음란성 인정에 보다 신중을 기하여야 할 것이나, 인터넷을 통하여 유
포하는 것은 그 시청자의 범위를 제한하는 것이 용이하지 아니하므로, 같은 내용의 동영상
이라 하더라도 제한된 연령대의 사람만 시청이 가능하도록 비디오로 제작·출시하느냐, 혹
은 연령에 제한 없이 비교적 자유로운 시청이 가능하도록 인터넷에 공개하느냐에 따라 음란
성의 판단 기준을 달리할 수 있는 것이다.

[3] 일본 성인영화의 판권을 소유하는 회사의 대표가 인터넷 포털사이트의 VOD관에 성인
영화의 동영상을 제공한 사안에서, 위 동영상이 DVD용 또는 VHS 비디오용으로 이미 영
상물등급위원회에서 18세 관람가로 등급분류를 받았다 하더라도 음란성이 인정된다고
한 사례.

## 판례

• 서울중앙지법 2006.3.10. 선고 2006고정885 판결 【모욕】 : 항소

• [각공 2006.4.10.(32), 1165]

인터넷 신문상의 특정 기사에 댓글형식으로 그 기사에 등장하는 특정인에 대하여 경멸의 의사를 표시하는 글을 게재하는 행위가 모욕죄에 해당한다고 한 사례.

인터넷 신문상의 특정 기사에 댓글형식으로 그 기사에 등장하는 특정인에 대하여 경멸의 의사를 표시하는 글을 게재하는 행위가 모욕죄에 해당한다고 한 사례.

## (3) 청소년 보호와 불건전한 언어

미성년자도 국민인 이상 표현의 자유를 향수하며, 헌법상 읽고 싶은 것을 읽고, 보고 싶은 것을 볼 권리를 가지고 있다고 생각한다. 그러나 성인과 비교하여 판단능력이 미숙한 청소년에 관해서는 이 발달을 저해하는 것과 같은 표현에의 액세스를 규제하는 것도 허용되어야 한다고 생각된다. 그래서 우리나라는 청소년 보호법을 제정하여 '청소년유해매체물'을 규제하고 있다. 동법은 인터넷상에 있어서의 청소년 보호를 위하여 제정된 것이다. 이 경우 형법 제243조의 음란한 표현에 해당되지 아니하여도 규제가 인정된다. 일본의 경우 각 지방단체가 청소년 보호조례를 제정하고 있고 일본최고재판소는 이러한 청소년 보호조례에 의한 유해도서의 규제는 헌법 제21조에 반한 것은 아니라고 하고 있다.[62] 인터넷상에 청소년의 건전한 육성을 저해하는 정보를 유통시킨 것으로 이 청소년 보호법으로 된 사례가 발생하고 있다. 서울지법 형사11단독은 16일 인터넷 성인방송국을 개설, 음란동영상을 내보낸 혐의로 구속 기소돼 징역 2년 6개월이 구형된 모 인터넷TV 대표 고 모 씨(30)에 대해 청소년 보호법 위반죄 등을 적용, 징역 1년에 집행유예 3년을 선고하고 120시간의 사회봉사명령을 내렸다. 또한 일본에서도 여성이 옷을 벗을 게임소프트에 관하여 이 플로피를 유해도서로 지정한 것을 지지하는 하급심판결[63]이 있고, 이러한 정보 그 자체에 관해서도 조례의 적용이 주장될 가능성이 있다.

그리고 컴퓨터를 모르는 부모들은 자녀의 컴퓨터 음란물 접근을 사실상 통제

---

62) 最3小判 1989년 9월 19일 刑集 43권 8호 785면.
63) 융기지판 1994(평성6)년 1월 24일 판례.

하기가 어렵다. 이러한 특징을 지니고 있는 컴퓨터 음란물들이 윤리적으로 문제가 될 수 있는 데에는 적어도 다음의 세 가지 이유가 있다. 첫째, 음란물들은 대개 성을 상품화함으로써 성윤리를 극도로 타락시키고 있다는 점이다. '인터넷 홍등가'라는 표현이 있을 정도로 오늘날 인터넷 웹사이트 가운데 상당수는 성을 상품화하고 있다. 남녀가 서로 자신을 증여하는 헌신적인 영육의 표현이며, 상호 완성에 이르기 위한 상보성을 요구하는 행위로서의 성이 단순한 판매 대상으로 평가 절하되고 있다는 점이다. 이렇듯 음란물은 성을 단순한 쾌락의 추구 수단으로 변질시킴으로써 우리의 성윤리를 타락시키는 주된 원인이 되고 있다.

인터넷상의 표현에 관해서도 판단능력이 미숙한 청소년을 보호하기 위해서 일정규제를 가하는 것은 헌법 제21조에 반하지 않는다. 현재 제정되어 있는 청소년 보호법에 의해 유해도서규제에는 각종의 문제점이 있어 이것을 그대로 인터넷상에 적용하는 것은 매우 의문이다. 설사 청소년의 보호를 위하여 규제가 필요하여도, 그때 기본으로 해야 할 것은 보호자에게 결정권을 맡기는 규제를 행하여야만 한다. 예를 들자면 성인화상을 수신하는 것에 있어서 보호자가 그것을 막을 수 있는 시스템을 작성하는 것, 이를 위하여 인터넷상에서 제공되는 정보에 대상연령 설정이나 과격도의 순위를 붙일 것을 요구하는 것 등이 그 사례이다.

일부의 청소년들은 PC 통신 대화방에서 자신들끼리만 통하는 은어를 사용하여 불법 복제한 음란 CD나 음란 게임소프트웨어까지 매매하고 있다. 이는 저작물에 대한 침해이다. 그리고 아무리 익명이 보장되는 가상공간이라고 할지라도 가급적 정확한 우리말을 사용해야 하며, 비속어나 무분별한 외래어를 사용해서는 안 된다. PC통신 사용자들은 자신들의 입장을 옹호하기 위하여 가상공간에서 짧고, 즉흥적이며, 직접적이고도 생생한 문체로 부담 없이 쉽게 글을 쓸 수 있다는 긍정적인 측면을 부각시킬 수도 있다. 그러나 그러한 측면 못지않게 우리는 이지적으로 사고하는 논리와 문법을 갖추면서도 상황에 맞는 언어와 문자를 쓰는 것을 필요로 하고 있다. 이것은 언어공동체 속에 살고 있는 우리들의 기본적인 약속과 같은 것이다. 통신 이용자들은 가상공간에서의 자신들만의 약속어를 사용함으로써 자신들만의 유대를 긴밀히 하는 장점이 있을지도 모르나, 그러한 언어를 알아듣고 이해해야만 동료의식을 갖게 되는 비정상적인 계층의식을 형성하는 수단이 될 수도 있는 것임을 명심해야 한다. 또, 우리는 하나의 도덕공동체 속에서 살고 있는 것이며, 이러한 공동체 속의 구성원들은 서로 언어를 통하여 도덕적인 의사소통을 하고 있는 것이다. 기술한 바와 같이 우리의 성숙된 시민의식을 갖고, 인터넷상에서 윤리의식을 갖고 있을 필요성이 있다.

● 불건전한 언어의 표현과 명예훼손에 관한 사례

**•사례1•**

대화방에 들어가는데 정신이 없었죠. 방 제목부터 '고딩어방(고등학생만 모이는 방)', '야자방(말 올림 없이 서로 트고 대화하자는 방)'이니 생소하던데요. 하나를 선택해서 들어갔더니 '안뇽', '안냐세요(안녕하세요)', '어솨요(어서 오세요)' 등이 쏟아져서 정신을 못차렸다. 그러더니 초보라고 놀리면서 서로 대화를 하는데 완전히 딴 세상이더라구요. 생전 처음 본 기호들도 보이고 말들의 받침이 거의 없어요. 가령 '아라째(알았지)', '젬업서(재미없어)', 등은 양반이고 서로 호칭도 '스칼렛'인 '니케'니 하면서 별명을 부르는데 완전 별천지처럼 느껴져서 당황했다.

**•사례2•**

'에블바디 방가(방갑다는 뜻)' '하이 2(나도)' 최근 컴퓨터를 구입한 초등학교 5학년 K군은 컴퓨터 통신 대화방에서 이야기를 나누면서 무슨 말인지 몰라 말뜻을 물어보았다가 웃음거리가 되고 말았다. 만 13세 이하의 어린이만 사용할 수 있는 이 대화방에 참가하던 사용자들이 '그것도 모르냐'는 식으로 비아냥댔다. "학교에서도 이런 말을 모르면 말이 안 통한다고 따돌림당해요. 이제는 저도 능숙하게 '초딩생(초등생)들과' 즐팅(즐거운 채팅)을 즐기는 수준이 됐지요.

(4) 인터넷 중독과 게임 중독

사전적 의미로 중독이란 특정한 기호나 습관에 스스로 빠지거나 자신을 내맡기는 상태를 의미한다. 전통적 중독이란 일반적으로 도박, 알코올 중독, 담배 중독 등이 있으나, 현대 사회에서는 인터넷과 게임에 몰입되어 가정이나 사회로부터 격리되어, 가족관계나 사회관계에서 소외되는 것을 의미한다. 특히 인터넷이나 게임은 24시간 접속이 가능하고, 흥분을 가능하게 하고, 끝없는 과정을 만들어 내서 이러한 중독 현상을 만들게 되는 것이다. 일반적으로 인터넷 중독과 게임 중독은 빠져들기, 대리만족, 현실탈출이라는 과정을 거친다.

이러한 중독은 내성(耐性)과 금단(禁斷)현상이 일어나고, 인터넷과 게임을 사용하는 시간이 지속적으로 증가되고, 일상생활에 장애와 신체적 증상이 발생된다.

인터넷 중독에는 채팅 중독, 게임 중독, 사이버섹스 중독[64] 등이 있고, 현재 이러한 중독을 검사하려면 한국정보문화진흥원의 인터넷 중독 자가진단검사가 있다.[65]

이러한 중독에 대한 가장 중요한 치료법은 규칙적인 운동, 대인관계의 확대, 목적 없는 웹서핑 금지 등이다.

[상식] 쿠키는 수동적인 텍스트 파일이니 능동적인 컴퓨터 프로그램이 아니다. 즉, 사용자의 컴퓨터 안에서 자동적으로 실행될 수 없고, 어떤 정보들을 스스로 모을 수 없다. 반면에 스파이웨어(spyware)는 사용자의 컴퓨터에 숨겨져서 자동으로 어떤 행동을 하고, 능동적으로 사용자 컴퓨터 자료를 수집하여 유출할 수 있다.

## 3. 표현행위와 명예훼손

### (1) 인터넷상 표현의 자유와 명예훼손

근래 들어 인터넷 게시판에 타인의 명예를 훼손한다든지, 심한 욕설을 게시하는 글은 줄어들고 있으나, 자신과 견해를 달리하는 사람을 지나치게 모욕하는 일은 계속 증가하고 있다.[66] 이런 시기에 ISP업체가 명예를 훼손하는 글에 대해 책임져야 한다면 큰 부담이 아닐 수 없고, 이를 우려한 ISP업체가 게시물 관리 차원에서 게시된 글을 삭제하여 그 권한을 남용해, 결과적으로 표현의 자유를 위축할 수도 있다. 이러한 시기에 다음과 같은 사례가 서울지방법원에서 나왔다. 인기가수 모 연예인의 팬클럽 회원인 갑은 H사의 전자게시판에서 모 연예인을 험담한 A 씨를 상대로 지난 99년 1월 "더 이상 이런 글을 올리면 고소하겠다." 등 자제를 요청하는 반박하는 글을 게시한 데 대해, A 씨가 오히려 "갑은 저질 스토커 경향이 다분하다. 자기 영웅적 심리에 도취, 병적 열광상태에

---

64) 이것에는 음란물 보기, 성적인 대화 나누기, 자위행위 하기, 폰섹스 하기 등이 있다.

65) 한국정보문화진흥원 홈페이지 참조. 본 홈페이지에는 한국형 인터넷 중독 자가진단 문항지가 소개되어 있다.

66) 이에 대한 상세한 것은 졸고, 사이버헌법론, 『사이버 공간과 법률에 관한 제문제』, 조세통람사, 2001, 363 - 397면 참조.

있다." 등 인신공격성 글을 계속 올렸다. 그러나 H사는 A 씨에게 경고메일을 보냈을 뿐 5개월 동안 A 씨의 글을 그대로 방치했다. 이에 갑은 A 씨와 H사를 상대로 각각 소송을 냈다. 원심에서 갑은 A 씨와 H사를 상대로 손해배상 소송을 내 A 씨에 대해서는 200만 원의 손해배상 확정판결을 받아냈고, H사에 대해서는 "ISP사의 책임까지 인정되지는 않는다."는 이유로[67] 패소했다. 이러한 원심판결에 대하여 2심 법원[68]은 판결문에서 "플라자에 게재된 소외 A의 글들은 위 정보서비스 이용약관 제21조 소정의 '다른 이용자 또는 제3자를 비방하거나 중상모략으로 명예를 손상시키는 내용인 경우'에 해당하고, H사로서는 갑과 정보통신윤리위원회의 시정조치 요구에 따라 그러한 글들이 플라자에 게재된 것을 알았거나 충분히 알 수 있었다고 할 것인데, 그럼에도 불구하고 무려 5~6개월가량이나 이를 삭제하는 등의 적절한 조치를 취하지 아니한 채 그대로 방치하여 둠으로써 갑으로 하여금 상당한 정신적 고통을 겪게 하였을 것임은 경험칙상 명백하므로, H사는 특별한 사정이 없는 한 갑에게 위와 같은 전자게시판 관리의무 위반행위로 인한 손해배상책임을 진다."고 밝혔다.[69]

(2) 법원판단의 해설

본 판결은 ISP업체에 첫 배상책임을 인정한 사례로, 비방성 글이 통신망에 오른 것을 알고도 삭제하지 않은 통신회사에 대해 법원이 처음으로 손해배상 책임을 인정한 판결이다. 이 판결에서 ISP에 책임을 지우게 하기 위해서는 ISP업체가 얼마나 주의의무를 다했느냐를 보고 책임을 지우게 한다. 즉, 즉시 문제된 게시물을 삭제하거나 폐쇄하는 등 적절한 조치를 취한 경우에는 주의의무를 다했다고 볼 수 있을 것이다. 또한 대법원은 더 나아가 타인을 비방하고 중상모략하거나 명예를 훼손하는 컴퓨터통신 게시물을 삭제하거나 전용게시판 서비스를 일시 중지시킨 ISP업자의 행위가 불법행위로 되지 않는다고 본다.[70]

---

67) 서울지방법원 동부지원 1999. 8. 18. 선고 99가소83281.

68) 서울지방법원 2001. 4. 27. 99나74113 손해배상.

69) 상세한 것은 졸고, 표현의 자유와 인터넷상 명예훼손과 ISP업체의 책임, 고시계 2001. 08. 58면 이하 참조.

70) 대체로 타인을 비방하고 중상 모략하거나 명예를 훼손하며 불법적인 노조활동을 선동하거나 교사하는 등 사회질서를 해하는 내용과 건전한 미풍양속을 해할 염려가 많은 상스럽고 저질스러운 표현을 담고 있는, 노조활동과 관련된 컴퓨터통신 게시물을 삭제하거나 그 전용게시판 서비스를 일시 중지시킨 컴퓨터통신 사업자의 행위가 채무불이행 또는 불법행위가 되지 않는다고 본다(대법원 1998. 2. 13. 선고 97다37210 판결).

## (3) 각국의 상황

인터넷상의 이른바 유해한 표현 내지 명예훼손에 관하여 한국과 일본에서는 이것을 포괄적으로 규제하는 법률은 존재하지 않는다. 여러 외국에서도 마찬가지 문제를 안고 있으며, 독일에서는 1997년에 이른바 멀티미디어법(정보서비스 및 통신서비스를 위한 대체적인 조건의 규율을 위한 법률)이 성립되어 전자상거래와 함께 표현행위에 관해서도 규제가 이루어지게 되었다. 이에 대하여 미국에서는 품위를 잃은 표현이나 명백하게 불쾌한 표현을 청소년에게 송신하는 것을 금지하는 통신품위유지법(CDA)이 제정되었는데, 연방대법원에 의하여 표현의 자유를 보장한 수정 제1조에 반한다고 하여 무효가 되었고, 현재에는 자주규제에 의한 방향으로 향하고 있다.[71] 그리고 통신품위유지법은 ISP의 명예훼손 책임을 면제하는 근거조항을 마련했고 이에 따라 인터넷 사업자의 책임을 전면 부인한 '제란(Zeran)' 판결 등이 나왔다. 그러나 98년 제정된 '디지털 밀레니엄 저작권법'은 저작권 침해행위를 통보할 경우 ISP는 적절한 조치를 취하도록 의무화하고 했다.

일본에서도 우정성은 포괄적인 법 규제를 구상하여 왔는데, 통산성은 민간주도의 발전을 주장하여 관청 간에 의견이 조율되지 않았고, 결국 자주규제 노선을 취하게 되었다. 그 때문에 현재에는 업계단체인 텔레콤서비스협회가 작성한 가이드라인 등에 의한 자주규제에 크게 의존하고 있다.[72]

## (4) ISP의 법적 책임과 소결

현행법제 아래에서 ISP는 전기통신사업법의 적용을 받는 '전기통신사업자'로 되어 있다. 전기통신사업법은 주로 전신·전화를 중심으로 하는 커먼 캐리어[73]를 염두에 두고 만들어진 법률이다. 그렇다면 ISP도 이 법률의 적용을 받는 것으로서 커먼 캐리어의 성질을 갖는다고 이해하여야 할까? ISP가 제공하는 이메

---

71) 다만, 1998년 10월에 어린이를 온라인상 보호하는 법률(COPA)이 제정되어 다시 법적 규제가 이루어지고 있다.

72) 또한 일본은 1998년에 개정된 풍속영업법은 성인 영상을 인터넷을 통하여 송신하는 것에 대하여 규제를 강화하고 있다.

73) common carrier란 운수 및 통신산업에서 불특정한 일반 공중에 대한 운송전송 서비스의 제공을 업으로 하고 합리적인 요금과 고객에 대한 차별적 취급을 인정받지 못하고 있는 사설 운송업을 의미한다. 이에 대치되는 개념은 컨트렉트 캐리어(contract carrier)로서 특정한 고객과의 개별 계약에 의하여 운송업무 등을 행하는 것이다. 커먼 캐리어는 영국, 미국에서 15·16세기 이후 확립되었다.

일 서비스는 우편과 유사하며, 그 내용에 관계없이 어떠한 정보든 운반(전달)한 다는 점에서 커먼 캐리어로서의 성질을 갖는다는 것은 분명하다. 이와 마찬가지로, 인터넷에의 접속 서비스의 경우에도, 업자는 그곳을 흐르는 정보의 내용에는 전혀 관여하지 않으므로, 커먼 캐리어의 성질을 갖는다고 생각할 수 있을 것이다. 그러나 ISP가 제공하는 서비스는 이메일 또는 인터넷상의 접속에 한하지 않고, 그 밖에 게시판, 리얼 타임 콘퍼런스, 데이터베이스 이용, 홈페이지용 서버 등등 다양한 형태의 서비스가 존재하며, 그들 대부분은 커먼 캐리어와는 다른 성격을 갖고 있다.[74]

ISP가 게시판이나 홈페이지에 관하여 표현내용에 대하여 편집권을 갖는다고 이해하더라도, 인쇄미디어나 방송미디어의 경우와 같이 항상 표현자 본인과 동일한 책임을 진다고 이해하여서는 안 된다. 현실적인 문제로서, 다수의 이용자(회원)를 가지고 있는 ISP의 경우, 포럼에 기입된 양도 방대하고, 그 모두에 항상 주의를 기울여서 부적절한 내용을 검토하여야 한다고 하면, 많은 업자에 있어 비용이 증대되어 채산이 맞지 않을 것이다. 그리하여 만약 다수의 업자가 공존하여 이용자의 수요에 따른 다양한 서비스를 제공하면서 서로 경쟁하는 상태가 바람직한 모습이라면, 그것을 가능하게 하기 위하여 ISP의 법적 책임을 어느 정도 경감할 필요가 있을 것이다. 물론, 어느 정도 경감하는 것이 적절한지를 정책적으로 판단하는 것은 곤란한 문제이다. 지나치게 가벼우면 피해자의 보호가 희생되는 일이 될 것이다. 피해자 측에서 보면, 표현자보다는 재력에서 우월한 ISP를 상대로 하는 편이 구제를 쉽게 받을 수 있는 경우도 많을 것이기 때문이다. 게다가, 책임이 경감되면, ISP로 하여금 위법한 내용을 보다 용이하게 조절할 수 있는 시스템이나 소프트웨어의 개발을 행하게 하는 인센티브를 잃게

---

74) ISP가 게시판이나 홈페이지에 관하여 커먼 캐리어와는 달리 표현내용에 대하여 편집권을 갖는다고 이해하더라도, 인쇄미디어나 방송미디어의 경우와 같이 항상 표현자 본인과 동일한 책임을 진다고 이해하여서는 안 된다. 현실적인 문제로서, 다수의 이용자(회원)를 가지고 있는 ISP의 경우, 포럼에 기입된 양도 방대하고, 그 모두에 항상 주의를 기울여서 부적절한 내용을 검토하여야 한다고 하면, 많은 업자에 있어 비용이 증대되어 채산이 맞지 않을 것이다. 그리하여 만약 다수의 업자가 공존하여 이용자의 수요에 따른 다양한 서비스를 제공하면서 서로 경쟁하는 상태가 바람직한 모습이라면, 그것을 가능하게 하기 위하여 ISP의 법적 책임을 어느 정도 경감할 필요가 있을 것이다. 물론, 어느 정도 경감하는 것이 적절한지를 정책적으로 판단하는 것은 곤란한 문제이다. 지나치게 가벼우면 피해자의 보호가 희생되는 일이 될 것이다. 피해자 측에서 보면, 표현자보다는 재력에서 우월한 ISP를 상대로 하는 편이 구제를 쉽게 받을 수 있는 경우도 많을 것이기 때문이다. 게다가 책임이 경감되면, ISP로 하여금 위법한 내용을 보다 용이하게 조절할 수 있는 시스템이나 소프트웨어의 개발을 행하게 하는 인센티브를 잃게 하여, 통신제도 전체의 발전에 있어 득보다는 오히려 실이 된다는 지적도 있다.

하여, 통신제도 전체의 발전에 있어 득보다는 오히려 실이 된다는 지적도 있다. 따라서 인터넷의 현상과 장래 목표의 방향을 고려하면서 미묘한 밸런스를 유지하여 갈 것이 필요하다. 어떻든, 현행법상 ISP의 책임을 규정하고 있는 특별한 명문의 규정은 없으므로, 저작권법·형법·민법의 일반적인 법 원칙의 테두리 안에서 해석에 따라 대응하여 나갈 수밖에 없다. 즉, 행위의 작위·부작위 여부를 두고, 작위인 경우에는 저작권법 제93조와 민법 제760조에 의한 공동불법행위 책임에 따라 그 책임을 묻고, 부작위인 경우에는 민법 제750조에 근거하여 위험방자의무로 그 책임 등을 추궁할 수 있다.

그리고 인터넷상에서 명예훼손으로 침해를 받은 개인과 ISP사업자 간의 재판은 사전에 정보통신윤리위원회의 심의를 거치고, 이러한 과정에서 개인과 ISP사업자 간에 화해를 할 수 있도록 위 위원회는 유도하고, ISP사업자는 위 위원회의 심의결과를 반영할 수 있는 시간적 여유를 갖도록 한다든지 등, 이에 대한 조치를 할 수 있도록 제도화하는 방안이 필요하다고 생각한다.

결론적으로 인터넷상에서 한 개인의 명예를 훼손하는 글을 게시하는 일이 없도록 하기 위해서는, 사전적으로 국민에게 사이버상에서 윤리의식에 대한 교육이 철저히 이루어져야 하고, 사후적으로는 기술한 제도와 법 정비가 필요하다고 생각한다. 통신 인프라에서 이용자 간 공평의 확보나 표현의 자유 및 통신비밀의 확보는 물론이고, 소비자보호적인 발상에서의 규율이 필요하다고 본다. 그리고 그러한 규율 내지 책임을 논하는 경우, 통신사업자에 대하여 이른바 커먼 캐리어로서의 성격이 정면으로 대두되지 않을 수 없다. 한편으로는 양질·염가의 다양한 서비스를 확보함과 동시에, 다른 한편으로는 카르텔적인 상황(이러한 상황과 이를 온상으로 하여 발생하는 사회적 압제)을 단절하여야 한다. 이를 위해서는 가능한 한 많은 공급자의 참여를 촉진할 필요성도 있고, 적절한 인센티브를 확보할 필요성도 생긴다. 게다가 더 나아가 사업자의 경영판단의 여지를 남기고, 판단이 곤란한 사례에 관해서는 일정한 요건하에 면책을 인정함으로써 경영상의 위험을 회피시켜 줄 필요성도 생기는 것이다.

- 서울중앙지법 2006.3.10. 선고 2006고정885 판결 【모욕】 : 항소
- [각공 2006.4.10.(32), 1165]

### 판시사항

인터넷 신문상의 특정 기사에 댓글형식으로 그 기사에 등장하는 특정인에 대하여 경멸의 의사를 표시하는 글을 게재하는 행위가 모욕죄에 해당한다고 한 사례

### 범죄사실

1. 피고인 갑은

2004. 7. 22. 21:23경 아이디 myunggil2000으로 로그인하여 인터넷신문 조선닷컴에 '통일의 꽃 임수경 씨 9살 아들 필리핀서 익사'라는 제목의 기사를 읽고 댓글란에 "통일, 통일하지 마라! 통일에 책임지지도 못할 빨갱이들이 민족이니 통일이니 입에 붙이고 다닌 다. 임수경의 경우 사고 체계가 왜곡되어 있으니 정상적인 결혼 생활이 가능할 수 없 다……."는 글을 게재하여 공연히 피해자 임수경을 모욕하고,

2. 피고인 을은

2004. 7. 22. 21:21경 아이디 leehg21로 로그인하여 인터넷신문 조선닷컴에 '통일의 꽃 임수경 씨 9살 아들 필리핀서 익사'라는 제목의 기사를 읽고 댓글란에 '인과응보, 사필귀정' 이라는 글을 게재하여 공연히 피해자 임수경을 모욕하고,

3. 피고인 병은

2004. 7. 23. 02:35경 아이디 ljslim82로 로그인하여 인터넷신문 조선닷컴에 '통일의 꽃 임수경 씨 9살 아들 필리핀서 익사'라는 제목의 기사를 읽고 댓글란에 "ㅋ 이혼한 여자가 통일의 꽃?! 통일의 하이에나겠지, ㅋ 죽은 애는 안 되었지만 수경이한테는 인과응보, ㅋ 미국을 웬쑤로 여기더니 영어연수는 왜?! 분명 하늘도 분노한거야, ㅋ 이혼녀가 돈이 많 나?! 영어연수 보내게. 남자 쪽박 채웠겠구만!! ㅋ 나라법도 무시하고 몰래 북에 간 여자가 가정인들 무사하겠어!! 하여튼 수경이한테 고소하다. ㅋ 얼굴은 지금도 그때처럼 표독스럽다. 에그 소름끼쳐……."라는 글을 게재하여 공연히 피해자 임수경을 모욕하고,

4. 피고인 정은

2004. 7. 23. 13:55경 아이디 036510으로 로그인하여 인터넷신문 조선닷컴에 '통일의 꽃 임수경 씨 9살 아들 필리핀서 익사'라는 제목의 기사를 읽고 댓글란에 "애 잘 죽었다. 존경하고 우리의 안보를 책임지고 있는 미국 싫다고 미군 철수하라하고 어린것이 북한에서 돌아올 때 미국 나가라고 구호 외치는 꼴을 우리는 보지 않았는가. 조국을 등진 채 행복을 모르더니 이혼도 김정일 찬양하고 남편에게 잘난 체하니까 무서워서 남편이 도망갔을 것이

다. 통일의 꽃 좋아하네. 조선일보 기자 놈아 표현도 좀 가려서 해라. 임수경 같은 모 밑에서 자라느니 잘 죽었다. 임수경"이라는 글을 게재하여 공연히 피해자 임수경을 모욕하였다.

## Ⅱ 인터넷과 개인정보보호

### 1. 개인정보보호제도의 유형

최근에 이루어진 컴퓨터의 발달로 개인의 다양한 정보가 컴퓨터에 저장되게 되었다. 축척될 수 있는 데이터량이나 그것을 인출하기 위한 속도도 비약적으로 향상되어 전 국민의 데이터를 관리하는 것도 기술적으로 가능하게 되었다. 이러한 시대적 배경을 기초로 원래 혼자 있을 권리라는 소극적인 권리였던 프라이버시권은 자기정보 내지 개인정보에 관한 정보의 흐름을 통제하는 개인의 권리라는 적극적인 위치를 갖게 되었다. 이러한 상황에서 자신에 관한 정보가 자유로이 인출되어 악용될 수 있다는 걱정을 많은 사람들이 갖게 되어 왔다. 이와 같이 개인정보의 누설·악용을 방지하기 위하여 프라이버시권은 보다 넓은 의미를 가지게 되는 것으로 확대되어 왔다. 이 확대된 권리는 자신과 관계된 정보의 흐름을 통제하는 권리(individual right to control the circulation of information relating to oneself)로 정의되고, 이것이 바로 개인정보자기통제관리권, 개인정보자기지배권, 개인정보관리권, 또는 개인정보자기통제권, 개인정보자기결정권[75] 등으로 불리게 되었다.[76] 이러한 헌법상 개인정보자기결정권을 기초로 하여 우리나라의 개인정보보호현황은 다른 나라에 비하여 상당히 앞서 가는 면도 있고, 늦은 면도 있다. 따라서 세계적인 조류로서의 전자정부하에서 개인정보보호를 위한 제도를 구축하기 위해서는 다른 나라 제도를 검토하는 것은 중요한 과제이다. 또한 컴퓨터를 이용한 대규모의 정보처리가 일상적으로 행하여짐으로써 네트워크를 통해 대량의 개인정보가 유통되고 있는 현실에서 보면, 개인정보보호의 문제는 국내뿐만 아니라 국제적으로도 통일성 있게 다루는 것이 불가결하

---

75) 이하에서는 이를 '개인정보자기결정권'이라 한다.

76) 개인정보자기결정권의 헌법상 근거에 대하여 학설이 헌법 제10조설, 제17조설 등으로 분류되나, 헌법 제10조, 제16조, 제17조, 제18조를 통합적으로 해석하여 그 근거를 도출하는 것이 합리적이라고 생각한다. 상세한 것은 졸고, 헌법상 개인정보자기결정권에 관한 연구, 법조, 2002. 5. 참조.

게 되었다. 개인정보보호를 둘러싼 다른 나라의 대응방법을 각국의 개인정보보호제도를 유형화시켜 국제기관에 의한 대응방법, EU 각국의 대응방법과 EU와 미국 간에 있어서의 대응방법을 검토하기로 한다.[77]

개인정보의 보호를 목적으로 하는 법률에는 다양한 규제방법이 있기 때문에 다른 나라의 개인정보보호제도를 이해하기 위해서는 이들의 방식에 대한 이해가 선행되어야 한다.

개인정보보호를 목적으로 하는 법령의 입법방식은 ① 통합방식(omnibus방식), ② 분할방식(segment방식)과 ③ 개별방식으로 나눌 수 있다. 통합방식은 공적부문 및 민간 부문을 하나의 법률에 의해 포괄적인 규제의 대상으로 하는 방식이고, 분할방식은 공적 부문과 민간 부문을 각각 별개의 법률에 의해 규제의 대상으로 하는 방식이며, 개별방식은 규제의 대상을 한정해서 개별 영역별로 규제를 행하는 방식이다.

개인정보의 보호를 목적으로 하는 법률의 대부분은 '통합방식'을 취하고 있다. 한국과 일본을 포함하여, 이하에서 소개하는 다른 나라의 법령도 이 방식을 채택하는 것이 주류를 이루고 있다.[78] 그 이유로는 ① 전자상거래의 촉진, ② EU의 개인데이터 보호지침에의 대응, ③ EU 가맹에 대한 대응의 일환, ④ 과거의 불법행위에 대한 구제 등의 사정이 있기 때문이다.[79]

#### •사례1•

지난 2007년 9월 9일 종로 경찰서에 긴급구속 영장이 발부된 H컴퓨터 과장 김씨(30)는 자신의 회사 컴퓨터에 소속된 회원 2만여 명의 개인 신상 정보를 1인당 50원씩 1백만 원을 받고 정씨(28) 등에게 팔아넘겼다. 정씨 등은 이 정보를 이용, 회원들에게 전화를 걸어 "당신이 무작위 추첨을 통해 국민연금관리공단에서 설립할 예정인 평가법인체의 비실무이사로 추대됐으니 전산관리비를 송금하라"며 442명으로부터 1억 2천2백만 원을 가로챘다.

---

77) 상세한 것은 졸저, 인터넷과 개인정보보호, 신영사, 2002. 참조.
78) 최근 정보통신부에서 개인정보보호기본법을 제정하려다 정부의 관계 부처 이기주의에 의하여 무산되었다.
79) See David Banisar & Simon Davies, Global Trends in Privacy Protection: An international Survey of Privacy, Data Protection, and Surveillance Laws and Developments, 18J. MARSHALL J. COMPUTER & Info. L. 1,12(1999).

　　미국의 한 청년이 인터넷 해킹을 통해 **10만** 개의 신용카드 정보를 입수, 팔려다가 지난 **21일** 미연방수사국(**FBI**)에 적발됐다. **FBI**에 따르면 문제의 해커인 펠리페살가도(**36**)는 샌프란시스코의 한 인터넷 접속 서비스 업체(**ISP**)의 컴퓨터에 접속, **10**여 개의 온라인 쇼핑업체로부터 신용카드 정보를 빼낸 뒤 이를 팔려다가 덜미를 잡혔다고 한다. 살가도의 해킹 사실은 이 **ISP**의 정기 점검과정에서 그가 몰래 심어 놓은 '패킷탐지 프로그램'이 발견돼 알려졌으며 그와 통신으로 알고 지냈던 한 네티즌의 제보로 **FBI** 수사관이 **2**차례 위장 거래를 한 끝에 체포했다고 한다. 유죄가 확정될 경우, 최고 **15년** 형과 **50만** 달러의 벌금형에 처해질 위기에 처한 그는 일단 **10만** 달러의 보석금을 내고 석방됐으나 판사는 보석 조건으로 컴퓨터 근처에는 가지 말 것을 명한 상태라고 한다.

## 2. OECD이사회의 가이드라인

　　국제기관에 의한 개인정보보호의 대응방법으로 지침적인 역할을 하고 있는 것이 경제협력개발기구(OECD)가 1980년 9월 23일에 채택한 '프라이버시 보호와 개인데이터의 국제유통에 관한 가이드라인에 대한 이사회권고'[80]이다. OECD 가이드라인과 같은 국제적인 개인정보보호를 위한 가이드라인이 요구되는 이유는 컴퓨터에 의해 대량의 개인정보가 처리됨에 따라 이들의 자유로운 유통을 확보하면서도 적절한 보호가 필요하게 되었는데, 이를 위해 각국의 법 제도의 통일성이 필요하게 되었기 때문이다. 이와 같이 각국은 개인정보의 보호에 관하여 다른 법률이나 가이드라인을 갖고 있으므로 자유로운 데이터의 교환이 이루어지지 않는 등 상거래에 장해가 된다. 그리하여 개인정보의 보호와 자유로운 상거래가 균형을 이루도록 OECD 각국이 만족할 만한 개인정보보호의 수준을 이사회 권고로서 정리하였고, 각국은 이 권고에 따라 자국의 제도를 정비한다는 합의를 하였는데, 이것이 'OECD권고'이다. 이 OECD권고는 개인정보의 보호를 위하여 8개의 원칙을 제시하였다.

　① 수집제한의 원칙(Collection Limitation Principle)[81]
　② 정보정확성의 원칙(Data Quality Principle)[82]

---

80) 이하 'OECD 가이드라인'이라고 함.
81) 개인데이터의 수집에는 제한을 두어야 하며, 어떠한 개인정보도 적법하고 공정한 수단에 의해 수집되어야 한다.
82) 이 원칙은 개인정보는 사용목적과 범위가 부합되어야 하며, 정확하고 완전하며 갱신되어야 한다는 원칙이다.

③ 목적명확화의 원칙(Purpose Specification Principle)[83]

④ 이용제한의 원칙(Use Limitation Principle)[84]

⑤ 안전보호의 원칙(Security Safeguards Principle)[85]

⑥ 개인참가의 원칙(Individual Participation Principle)[86]

⑦ 공개의 원칙(Openness Principle)[87]

⑧ 책임의 원칙(Accountability Principle)[88]

이와 같이 개인정보보호와 관련된 법과 제도들은 국내외를 막론하고 OECD가 제정한 8가지 원칙에 기초하고 있다. 개인정보보호의 본질을 이해하기 위해서는 이들 8원칙을 충분히 이해하는 것이 필요하다.


## 3. 유럽평의회의 개인데이터보호조약

OECD 가이드라인은 개인정보의 보호를 위한 지침을 규정하고 있다. 그러나 컴퓨터의 보급과 처리능력이 급속도로 발전함에 따라 이에 대응하여 데이터화되는 개인정보의 보호가 중요시되게 되었다. 이와 같은 현상 속에서 자동 처리되는 개인정보를 더욱 보호하기 위한 목적으로 유럽에서 조약이 체결되었다. 이 조약은 OECD 가이드라인이 채택된 다음 해에 유럽평의회에서 인준되고 1985년에 발효되었는바, '개인데이터의 자동처리에 관한 개인의 보호에 관한 조약'[89]이라고 불린다.

이 조약은 기본적으로는 OECD 이사회 권고와 거의 같은 원칙에 기초한 것이지만, 단순한 권고가 아니라 조약이기 때문에, 유럽에서는 OECD 가이드라인보다도 가맹국에 대한 구속력이 강하다. 그러나 OECD 가이드라인과는 달리 유

---

83) 개인정보를 수집할 때에는 목적이 명확해야 하고, 이를 이용할 경우에도 최초의 목적과 모순되지 않아야 한다.

84) 개인정보는 정보주체의 동의가 있는 경우나 법률의 규정에 의한 경우를 제외하고는 명확화된 목적 이외의 용도로 공개되거나 이용되어서는 안 된다.

85) 안전보호의 원칙은 기업이 수집·보존하고 있는 개인정보가 분실, 불법적인 접근, 파괴, 정보수정 및 공개와 같은 위험에 대비하여 합리적인 안전보호장치를 마련해야 하는 것이다.

86) 개인정보를 제공한 개인은 자신과 관련된 정보의 존재확인, 열람요구, 이의제기 및 정정·삭제·보완 청구권을 가진다.

87) 개인정보에 관한 개발, 운용 및 정책에 있어 일반적인 공개의 원칙이 적용되어야 한다.

88) 개인정보를 관리하는 자는 이에 대한 책임을 져야 한다.

89) Convention for the protection of Individuals with regard to automatic processing of personal data, ETS No. 108 〈http://www.coe.fr/eng/legalixt/108e.htm〉.

럽 이외의 지역에서는 적용되지 않는다.

　유럽평의회조약은 ① 데이터의 취득 및 처리의 공정함, ② 합법적인 목적에서의 이용과 축적, ③ 개인정보의 처리목적이 적절할 것과 목적 이외로 정보 처리하지 않을 것, ④ 정보의 정확성 및 경신, ⑤ 필요한 기간을 넘긴 데이터 축적의 금지 등에 대해서 규정하고 있으며, 가맹국에 대해서 이 조약에 적합한 법률의 제정을 요구하는 내용으로 되어 있다.

　1992년 현재 이 조약을 비준한 나라는 오스트리아, 덴마크, 프랑스, 독일, 아일랜드, 룩셈부르크, 노르웨이, 스페인, 스웨덴, 영국 등 10개국이며, 서명은 하였으나 비준을 하지 않은 나라는 벨기에, 키프로스, 그리스, 아이슬란드, 이탈리아, 네덜란드, 포르투갈, 터키 등 8개국이다.[90] 그 후 유럽이사회가 EU가맹국에 동 조약의 비준과 이행을 재촉한 결과 동 조약을 비준한 후 마지막까지 국내법의 정비를 행하지 않았던 그리스도 1997년 4월에 동 조약에 기초하여 '개인데이터 처리에 관련된 개인의 보호에 관한 법률'을 제정하였으며, 1997년까지는 EU가맹 15개국 전부와 스위스가 동 조약에 대응한 국내법의 정비를 완료하였다.[91]

## 4. EU의 개인데이터 보호지침

　1992년 2월에 조인되고 이듬해 11월에 발효된 유럽연합조약(마스트리히트조약)은 EU 안에 있는 인물, 자본, 서비스 등의 자유로운 이동을 주된 목적으로 하고 있지만, EU 안에 있는 개인정보의 원활한 유통과 그 보호도 과제가 되었다. 그러나 개인정보의 원활한 유통을 확보한 뒤에 그 보호를 꾀하게 됨에 따라 각국의 대응에 있어서 혼란이 있었기 때문에, 가맹국 간의 개인정보보호에 관한 법률의 조화를 꾀할 필요가 생겼다.

　앞서 본 것처럼, 개인정보보호에 관한 가이드라인 및 조약이 제정되어 있긴 하였으나, 유럽위원회(European Commission)는 1980년의 OECD 가이드라인 및 1981년의 유럽평의회 조약이 개인정보보호를 둘러싼 그 후의 상황에 충분히 대응하고 있지 못하며, 가맹국에서 제정된 데이터보호를 목적으로 하는 다양한 법

---

90) FRED H. CATE, Privacy IN THE INFORMATION AGE, 35(1997).

91) Id., at35.

률이 정한 보호 수준이 일정치 않다고 판단하고 있다. 이러한 배경에서 1990년 9월에 국내법을 조정함으로써 개인데이터의 자유로운 유통을 확보하는 것을 목적으로 하는 지침의 기초안을 제의하였고, 5년 후에 '개인데이터 처리에 관한 개인의 보호 및 해당 데이터의 자유로운 이동에 관한 1995년 10월 24일의 유럽의회 및 이사회의 95/46/EC지침'[92)](이하 'EU지침'이라고 함)이 채택되었다.

EU지침은 자동처리 및 수동 처리된 '개인데이터'의 처리에 적용된다. 여기에서 개인데이터란 자연인을 직접 또는 간접적으로 식별 가능한 모든 개인데이터를 말한다. 자동으로 처리되지 않고 수동으로 처리된 개인데이터가 파일링시스템의 일부를 구성하는 경우에는 수동 처리된 개인데이터에도 적용된다. '파일링시스템'이란 일정한 기준에 따라 접속하는 것이 가능한 개인데이터의 집합을 구성하는 것이다. 그리고 '처리'란 수집, 기록, 축적, 번안, 검색, 참조, 이용, 분포, 삭제 또는 파기 등의 작업이 실행되는 것을 말한다.

자동 또는 수동 처리된 이들 데이터는 어떤 조직과 단체가 보유해서 이용하는 것이지만, EU지침의 적용대상이 되는 조직은 전자 또는 인쇄매체에서 개인데이터를 보유하는 모든 조직 및 유럽연합과 유럽경제지역(EEA) 내의 모든 나라 사이에서 데이터의 이전을 행하는 기업이다.

EU지침의 적용을 받는 지역은 유럽연합에 가맹하고 있는 15개국[93)]은 물론, 유럽경제지역[94)]에 대해서도 적용되는 한편, 비적용 범위[95)]는 중앙 및 동유럽 각국이다. 따라서 EU지침의 적용을 받지 않는 나라는 유럽연합에 가맹하지 않는 한 본 지침이 말하는 제3국이 된다.

EU지침 제32조 제1항은 "가맹국은 본 지침을 채택한 날부터 적어도 3년의 기간 종료 시에는 본 지침을 지키기 위하여 필요한 법률, 규칙 및 행정 규정을

---

92) Directive 95/461EC of the European Parliament and of the Council of 24 October 1995 on the protection of individuals with regard to the processing of personal data and on the free movement of such data, 395 L0046, Official Journal L 281, 23/11/1995 p.0031~0050 〈http://europa.eu.int/eurlex/en/lif/dat/1995/en_3951J)046.html〉. EU지침의 번역은, EU지침 「개인데이터처리에 관한 개인의 보호 및 해당 데이터의 자유스런 이동에 관한 유럽의회 및 이사회의 지침」(ECOM 프라이버시 문제검토 WG 역) 〈http://www.isc.meiji.ac.jp/~sumwel_h/doc/intnl/Direct-1995-EU.htm〉.

93) 벨기에, 프랑스, 독일, 이탈리아, 룩셈부르크, 네덜란드, 영국, 아일랜드, 덴마크, 그리스, 포르투갈, 스페인, 오스트리아, 핀란드, 스웨덴.

94) 아이슬란드, 리히텐슈타인, 노르웨이.

95) 헝가리, 폴란드, 체코, 슬로바키아, 불가리아, 루마니아, 에스토니아, 라토비아, 리투아니아, 슬로베니아.

시행해야만 한다."고 규정하고 있다. 즉, 국내법으로의 전환을 하는 기한은 1998년 10월 24일까지이다. 그러나 이행 기한에 대해서는 예외를 두어 수동 처리된 시스템 내의 데이터에 대해서는 2007년 10월 24일까지의 연장을 허용하고 있다. 이는 수동 처리된 데이터는, 자동 처리된 데이터와 달리, 다시 자동 처리해서 데이터화하는 등의 일을 필요로 하는 점에서 일정한 유예기간이 주어진 것으로 생각된다.

이상과 같이 EU지침에 있어서는 개인정보보호에 대해서 다양한 규정을 두고 있으나, 이것은 어디까지나 EU 가맹국에 대한 지침이다. 즉, 지침은 EU 가맹국에 대해서 내려진 제안을 국내법으로 전환하는 것을 의무로 하는 효력을 가지지만, 그 효력은 당연히 EU 이외의 나라에 대해서 직접 영향을 미치는 것은 아니다.

그러나 EU지침 제25조는 "가맹국은 처리과정에 있는 개인데이터 또는 이전 후 처리하는 것을 목적으로 하는 개인데이터의 제3국에의 이전은 이 지침 외의 규정에 따라서 채택된 그 나라의 규정의 준수를 위반하지 않고, 해당 제3국이 충분한 수준의 보호를 확보하고 있는 경우에 한하여 행하는 것이 가능하다고 하는 것을 규정해야만 한다."고 규정하고 있는데, 그 취지는 EU 가맹국에 대해서 EU지침에 적합하도록 현행 국내법의 개정과 새로운 법률의 제정을 요구하고, 개인정보의 보호에 관하여 충분한 수준의 보호조치를 가지고 있지 않은 나라에 개인데이터의 이전을 금지하는 것이 가능하다는 취지의 규정을 국내법으로 만들 것을 요구하는 것이다.

또한 개인데이터의 이전이 허용될지 여부에 대해서 검토가 이루어질 때에는 ① 데이터의 성질, ② 실행되는 데이터 처리의 목적 및 기간, ③ 데이터의 생성국 및 최종 이전국, ④ 제3국에 있어서 효력을 가지고 있는 법률(포괄법 및 개별 분야별법 등), ⑤ 제3국에 있어서 적용되는 직업규정 및 안전기준 등이 고려의 대상으로 되어 있다.[96] 이런 사항에 대해서 검토한 결과 개인정보의 보호에 대해서 '충분한 수준의 보호'를 확보하고 있지 않다고 생각되는 나라에 대해서는 데이터의 이전을 금할 수 있게 되었다.

---

96) CULLEN INTERNATIONAL, BUSINESS GUIDE TO CHANGES IN EUROPEAN DATA PROTECTION LEGISLATION, 14(1999).

또한 특정의 조건에 해당하는 경우에는 데이터의 이전을 허용하도록 법률로 정하는 것이 가능하도록 되어 있다. 그 조건으로는 ① 데이터 주체로부터 명시적인 동의를 얻은 경우, ② 데이터의 이전이 관리자와 데이터 주체 사이에 맺어진 계약에 기초하여 이전하거나 또는 정보주체가 요구하는 전 계약에 기초하고 있는 경우, ③ 데이터의 이전이 관리자와 데이터 주체의 이익의 범위 내에 있는 제3자 사이에서 맺어진 계약에 기초한 경우, ④ 데이터의 이전이 중요한 공공이익에 기초하는 경우 또는 법적인 요구에 관한 것인 경우, ⑤ 데이터의 이전이 데이터 주체의 생존에 불가결한 이익의 보호를 위한 경우, ⑥ 데이터의 이전이 정당한 이익을 가지는 인물이 참조하는 목적으로 개시된 경우 등이 정해져 있다.[97]

EU지침의 특색은 공적 부문과 민간 부문의 구별을 하지 않고 있는 것이다. 또한 EU지침은 EU 내부에서만 적용되는 성질을 가지고 있기 때문에 한국에 직접 영향은 없을 것이라고 이해하고, 유럽위원회가 교섭을 신청하였을 경우에 정부로서는 대응하는 것이 불가능하다는 우려가 있었다.[98] 이러한 이유에서 일본은 민간 부문을 포함하여 개인정보보호를 위한 법률의 정비를 하기 위한 검토가 이루어졌다.

그 외에 EU에서는 특히 전기통신분야에 있어서 개인정보보호를 위해서는 '전기통신분야에 있어서의 개인데이터 처리 및 프라이버시 보호에 관한 1997년 12월 15일의 유럽의회 및 이사회의 97/66/EC지침'[99]이 제정되어 있다.

## 5. EU지침에 기초한 가맹국의 국내법의 정비상황

EU지침은 가맹국의 법 정비를 촉구하는 동시에 그 방향성을 나타내는 역할을 하였지만, 그 자체로는 직접적인 법적 효과를 가지는 것은 아니다. 그러나 EU지침 제32조 제1항은 "가맹국은 본 지침의 채택일로부터 적어도 3년 이내에

---

97) Id., at 15.

98) 堀部政男, 「EU個人保護指針과 日本」, 쥬리스트 增刊, 『變革期의 미디어』, 1997, 363面.

99) Directive97/661EC of the European Parliament and of the Council of 15 December 1997 concerning the processing of personal data and the protection of privacy in the telecommunications sector, 397L0066, Official Journal L024, 30/01/1998 p.00011~0008.

본 지침을 준수하기 위해 필요한 법률, 규칙 및 행정규칙을 발효하는 것으로 한다."고 규정하고 있다. 즉, EU 가맹국은 1998년 10월 24일까지 EU지침에 기초하여 개인정보보호를 목적으로 하는 국내법의 정비를 할 것을 요구받고 있다.

EU지침을 준수하기 위해 가맹국이 국내법의 정비를 실시함에 있어서, 유럽평의회의 '개인데이터의 자동처리에 관련된 개인의 보호에 관한 조약'을 둘러싼 각 가맹국의 법 정비의 실상에서 보더라도, 국내법이 정비되기까지는 상당한 시간을 요함을 알 수 있다. 이 점에서 보더라도, 이행기한까지 국내법의 정비를 완료하는 것은 곤란한 점이 많다는 것을 알 수 있다.

현재 EU지침의 이행기한을 준수하여 국내법의 정비를 완료한 나라는 이탈리아, 그리스, 스웨덴 및 영국의 4개국에 머물고 있다. 또한 이행기한을 초과하기는 하였으나, 1998년도 내에 법 정비를 행한 나라를 추가한다고 하더라도 벨기에와 포르투갈 2개국이 더 포함될 뿐이다. 이행기한이 지난 후에도 2000년 11월 1일에는 EU와 미국 간에 교섭이 진행되어 온 '세이프 하버 협정'이 발효되어 EU에 있어서 개인정보의 보호를 둘러싼 상황의 변화는 복잡하다.[100]

## 6. 미국

미국에서는 공적 부문과 민간 부문 모두를 대상으로 한 포괄적인 개인정보보호법은 없지만, 공적 부문 중에서 연방정부가 가지고 있는 개인정보에 대해서는 1974년의 프라이버시법이 제정되어 있다. 주 단위에 있어서도 연방처럼 개별 영역마다 프라이버시 보호를 위한 법률이 제정되어 있다. 민간 부문에 대해서는 자주규제를 원칙으로 하고 있다. 그러나 예외로 특히 기밀성이 높은 정보를 다루는 분야에 있어서는 부문별로 프라이버시를 보호하는 개별법이 제정되어 있다.

즉, 미국에 있어서 개인정보보호제도는 1966년의 정보자유법의 제정에 의하여 연방정부가 보유하는 정보를 원칙적으로 공개하되, 프라이버시법에 의하여 정부에 대한 규제를 하고, 민간 부문에 대해서는 자유로운 정보유통의 확보를 전제로 하여 개별 분야별로 프라이버시 보호를 목적으로 하는 법률을 제정하는 '개별방식'에 의한 보호법제가 마련되어 있다.

---

100) 상세한 것은 졸저, 인터넷과 개인정보보호, 한국학술정보원, 2008. 참조.

미국의 개인정보보호법제의 최대의 특색은 개별방식에 의해 많은 개별법을 제정하고 있는 것이다. 개별법의 장점은 특히 보호가 필요한 개인정보를 다루고 있는 영역에 한정하여 규제를 행하는 것이 가능한 점에 있다. 그러나 개별 영역별로 법률을 제정하기 때문에 관련 업계와 이익단체의 영향을 받기 쉬운 단점도 있다.

예를 들면, 인터넷에 있어서는 용이하게 대량으로 개인정보를 수집하는 것이 가능한 점에서 많은 기업이 그 이점에 주목하고 있다. 이에 대해서 인터넷상에서 행해지고 있는 광범위한 개인정보의 수집과 이용에 대해서 일정한 규제를 가하는 법률을 제정해야 한다는 논의가 자주 거론되어 왔다. 금융, 마케팅 및 소매업 등의 주요한 업계단체는 이에 대항하여 인터넷상에 있어서 개인정보의 수집과 이용을 규제하는 법률에 대해서 반대의사를 표명하고, 업계단체를 통해서 의회에 많은 압력을 넣고 있다.[101]

또한 개별방식에 의한 개별법은 규제의 대상이 되는 업계단체로부터의 영향뿐만 아니라, 정치상황에도 많이 좌우되는 면이 있다. 그 대표적인 예로서 1988년에 제정된 '비디오프라이버시보호법'은 비디오 대여기록의 조사가 행해진 것을 기화로 대여 비디오의 대출기록의 비밀보호를 목적으로 한 법률을 제정하기에 이르고 있다. 그러나 의료분야에 있어서는 업계단체와 정치상황에 의해 개인정보의 보호 등 대응이 필요하다고 생각하고 있으면서도 대응을 하지 못하고 있다.


## 7. 일본

일본은 EU지침에서 규정한 '적절한 개인정보보호 수준 확보'의 한 방안으로서 일본 산업규격인 개인정보보호규격(JIS Q 15001)을 1999년 3월 제정하여 개인정보보호에 관한 인식제고에 노력하고 있다. 최근에는 개인정보기본법의 제정을 서두르고 있는 것으로 알려지고 있다.[102] 특히, 일본은 개인정보를 포괄적으

---

101) 인터넷에 있어서 개인정보의 수집과 이용에 대한 규제에 대한 활동을 행하고 있는 단체의 일례로서 정보의 공정이용연합(Fair Information Practices Coalition)이 있다. 이 단체는 투자기업협회, 신용정보기관연합, 증권거래업협회, 다이렉트 마케팅 협회, 미국보험업협회의 지원을 받고 있다. Rachel Zimmerman, Lobbyists Swarn to Stop tough Privacy Bills in States, Wall. Street J. Apr. 21, 2000, A16.

102) 豊泉貴太郎, 個人情報保護に關する立論の再檢討, 現時法學の理論と實踐: 伊東 乾教授喜壽起念論文

로 보호하기 위한 법 제도에 관하여 검토를 계속하여 온 일본 정부의 정보통신 전략본부의 개인정보보호법제화전문위원회는 2000년 10월 11일 '개인정보보호 기본법제에 관한 대강'을 결정하고, 총리에게 제출하였고, 2002년도에는 국회에서 본 법안이 제출되어 통과되었고, 2005년도에 시행되었다.

프라이버시의 권리를 보호하기 위하여, 개인정보보호를 도모할 필요성이 예전부터 지적되어 왔으나, 정부는 여전히 적극적인 자세를 보이지 않았다. 그러나 주민기본대장법 개정을 계기로 국민 사이에 개인정보보호를 요구하는 소리가 높아지고, 정부는 개인정보보호법제의 존재방식에 관하여 검토할 것을 결단하였다. 그 결과로, 개인정보보호의 기본을 정하는 개인정보보호기본법의 제정을 검토하게 되었다.[103]

그리고 일본은 2003년 5월 30일에 개인정보보호에 관한 법률이 마련되었다. 본 법률에 있어 '개인정보'란, 생존한 개인에 관한 정보이고, 해당 정보에 포함된 성명, 생년월일 그 밖의 기술 등에 의하고 특정한 개인을 식별하는 것이라고 규정하고 있고, 본 법률에 의하여 일본에서는 개인정보보호에 대하여 우리나라보다는 한발 앞서 나가는 국가가 되었다고 생각된다. 본 법은 제1장 총칙, 제2장 국가 및 지방공공단체의 책무 등, 제3장 개인정보의 보호에 관한 시책 등, 제4장 개인정보 취급 사업자의 의무 등으로 구성되어 있다.

## 8. 한국

우리나라는 1989년 12월 개인정보보호법시안을 마련하고 과도기적 조치로 1991년 5월 '전산처리되는개인정보보호를위한관리지침'(국무총리훈령 제250호)을 제정·시행하다가 예방적 차원의 개인정보보호대책을 법 제도적으로 마련하고 행정에 대한 신뢰성을 확보한다는 취지에서 공적 부문에서는 '공공기관의개인정보보호에관한법률', '공공기관의정보공개에관한법률' 및 '행정정보의공동이용에관한규정' 등을, 민간 부문에서는 '금융실명거래및비밀보장에관한긴급재정

---

集(00.05) 2000, 慶應義塾大學, 125面; 堀部政男, 個人情報保護法制化の背景と課題, 法律のひろば 54卷2號(2001.02), 2000 ぎょうせい; 新美育文, 個人情報保護基本法制大綱: アメリカ・EUとの對比, ユリスト 1190號(00.12), 2000, 有斐閣, 94面.
103) 졸저, 인터넷과 개인정보보호, 신영사, 2002. 참조.

경제명령', '신용정보의이용및보호에관한법률', '통신비밀보호법', '전기통신사업법', '정보화촉진법', '전자서명법', '전파법' 및 2000년 11월에 개정되어 정보통신서비스 이용관계에 있어서 개인정보의 기본법으로 기능하는 '정보통신망이용촉진및정보보호등에관한법률' 등을 각각 제정·시행하였다. 그 밖에 1995년 12월 29일 개정된 형법은 사이버스페이스의 범죄행위를 컴퓨터 범죄로 명명하고 컴퓨터 등 사용사기, 업무방해(동법 제347조의 2, 제314조 제2항) 등을 처벌하는 규정을 두고 있다. 이러한 현행법을 기술한 OECD 가이드라인과 OECD 가이드라인을 좀 더 상세화한 EU지침 그리고 선진제국의 개인정보보호법을 비교하여 검토하여 보면 다음과 같다.

우선 개략적으로 보면 공적 부문에서는 개별 법률들은 인터넷시대에 부응하는 입법적 미비사항들이 많이 존재하며, 특히 민간부분에서의 정보통신망이용촉진및정보보호등에관한법률은 인터넷과 전자거래에 대응하여 개인정보보호장치를 마련함에 있어서 정보사회에서 인터넷과 전자상거래를 활성화시키기 위한 조건을 마련한 적절한 입법적 대응이기는 하나, 개인의 명예나 재산상의 피해를 최소화하기 위한 개인정보의 차단요구권이 보장되지 않은 점, 규율대상인 정보통신서비스 제공자의 개념을 영리를 목적으로 하는 통신사업자에 한정시킨 점, 사업자 측의 위험설명의무 등이 규정되지 않은 점은 문제점이라고 할 수 있다.[104]

우리나라의 개인정보보호는 '공공기관의개인정보보호에관한법률'과 '정보통신망이용촉진및정보보호등에관한법률'이 가장 대표적인 법률로서 이 두 법률에 의하여 개인정보보호가 이루어지고 있다고 보아도 무방하다. 전자는 공공기관에 한정되고, 후자는 정보통신서비스 제공자에 한정된다. 특히 전자는 개인정보자기결정권을 실제적으로 체계화한 법률로서 의미를 지니고 있다. 즉, 인터넷시대에 각종 컴퓨터범죄와 사생활 침해 등 부작용을 수반하게 되었고, 이에 대한 대처로 1994년 1월 법률 제4734호로 동법을 공포하였다. '공공기관의개인정보보호에관한법률'에서의 프라이버시의 보호는 개인정보의 보호를 의미하고, 동법은 OECD의 가이드라인의 일반원칙을 그대로 수용하고 있다. 그리고 '정보통신망이용촉진및정보보호등에관한법률'은 민간 부문에서의 정보통신 이용자의 개인

---

104) 상세한 것은 졸고, 헌법상 개인정보자기결정권에 관한 연구, 법조, 2002. 5. 173-208면 참조.

정보를 효과적으로 보호하기 위하여 시행되었다. 동법은 OECD의 개인정보보호 원칙에 맞춰 인터넷 등 가상공간에서의 개인정보를 보호하기 위하여 이용자의 동의에 기초한 적절한 개인정보 수집·이용·처리·제공 및 이용자의 권리보장을 규정하고 있다.[105]

## 9. 개인정보보호법 제정의 시급성

국내 10대 인터넷 구인구직 사이트에 대하여 개인정보보호 실태를 조사한 결과, 대부분의 사이트들이 주민등록번호, 연락처, 학력, 성장과정 등 개인정보를 누구든 열람할 수 있게 되어 있어 범죄 등에 악용될 소지가 있는 것으로 나타났고, 또한 개인정보보호의 필요성을 인식하지 못하는 것으로 나타났다. 또한 회원이 등록한 구직정보 삭제나 회원 탈퇴가 제대로 이뤄지지 않고 대형 포털 사이트 및 동종 사이트 간 콘텐츠 제휴로 이용자의 동의 없이 개인정보가 무단 공개되는 등 문제가 심각하지만 정부의 종합적인 규제장치조차 없는 실정이었으나 신용정보의이용및보호에관한법률 및 정보통신망이용촉진및정보보호등에관한법률을 제정하여 이에 대한 대비를 행하고 있으나, 기술한 법만으로는 개인정보보호를 하기는 어렵다고 생각한다.

국가나 개인에 의한 개인정보 침해가 급증하는데, 이에 대한 법과 제도가 완비되어야 한다. 기술한 개인정보보호에 대한 국내외의 연구동향을 종합하여 보면 다음과 같은 결론점에 도달하게 된다. 우선 개인정보와 관련한 개인정보보호의 기본원칙(특히 OECD에서 제시한 기본원칙)을 모든 부문에서 관철시킬 수 있는 일반법으로서 '개인정보보호법'이 우리나라에서는 제정되지 않고 있음은

---

105) 최근에 개인정보에 관련된 입법이 있었는데, 그 주요 내용은 다음과 같다. 우선, 통신비밀보호법안은 긴급감청의 남용을 막기 위해 정부기관이 긴급감청에 착수하면 즉시 법원에 허가청구를 하도록 하고 36시간 내에 영장을 받지 못하면 감청을 중지하도록 했다. 감청 시엔 30일 내에 본인에게 서면 통지하도록 했으며, 현행 통신비밀보호법은 긴급감청 시 영장발부 시한이 48시간 내이며, 본인에 대한 통보의무 조항이 없고, 또 불법감청 행위자와 그 내용을 공개·누설한 자에 대해 종전 7년 이하의 징역에서 10년 이하의 징역 및 5년 이하의 자격정지로 처벌을 강화했다. 그리고 금융실명제법 개정안은 금융기관이 수사기관 등에 거래정보를 제공한 경우 제공한 날(통보유예 경우에는 통보유예기간 종료일)로부터 10일 이내의 명의인에게 서면 통지하도록 규정되어 있고, 금융거래 정보를 요구할 때에도 요구의 법적 근거, 사용목적, 요구하는 거래정보 내용 등 종전의 자료 외에 거래기간을 명시하도록 되어 있고, 요구하는 기관의 담당자 및 책임자의 인적 사항도 기재토록 하는 등 요구조건을 엄격하게 규정하였다. 또한 신용카드사가 개인정보를 보험사 등 다른 기관에 제공할 경우 반드시 본인의 서면동의를 받도록 하는 신용정보보호법 개정안이 국회 재경위를 통과하였다.

물론, 인터넷과 기술의 발전에 따른 개인정보 유출가능성에 대한 개인의 정보를 보호할 만한 적극적인 규정이 없는 실정이다. 따라서 인터넷의 기술발전은 개인정보의 유출가능성을 기하급수적으로 증대시키고 있고, 이러한 개인정보 유출은 범죄적 행위로 발전하여 개인의 피해는 매우 커질 것이다.

특히 현대사회와 같이 정보화 사회가 되어 컴퓨터로 대량의 개인정보가 집적되고, 대량의 정보가 순식간에 송신되는 시대에 있어서는 이러한 개인정보보호의 필요성은 더욱 절실하다. 미국이나 유럽에서 프라이버시 보호나 개인정보보호의 조치를 적극적으로 취하고 있는 것은 그 때문이다. 한국도 물론 예외는 아니다. 그런 까닭에, 한국에서도 신속하게 개인정보보호의 법제를 정비할 것이 필요하다.[106] 따라서 개인정보 유출에 따른 범죄행위에 대한 대처방법, 개인정보 침해 시에 개인정보보호를 위한 실효성 있는 소송구제수단, 개인정보보호를 통합하는 법률규정 등을 제시하는 통합법으로서 '개인정보보호법' 내지 '개인정보보호기준법'이 필요하다.[107] 전자정부의 실현에 따른 공공분야의 전산화로 인한 개인정보에 대한 침해의 우려는 초고속망 자체의 원활한 활용을 저해할 수 있는 한편, 정보화에 따른 긍정적 혜택으로 개인이 향유하고 인간다운 삶을 누리기 위해서는 그 개인정보를 보호할 수 있는 법적·제도적 시스템을 갖추는 것이 선결과제이다. 미국에서는 개별방식으로 접근하여 분야별로 개별법을 제정하고, 자율규제를 원칙으로 하고 있는 데 반해, 유럽에서는 포괄적으로 해결하기 위한 포괄방식을 채택하여 일반법을 제정하는 경향이 있다. 우리나라에서는 이들 양자의 장단점을 고려하여 우리 현실에 알맞은 새로운 법제를 강구하여야 할 것이다.

● 개인정보에 관련된 판례

### 판례 1

> 대법원 2006.12.7. 선고 2006도6966 판결 【공직선거법위반·공공기관의개인정보보호에관한법률위반】 [공 2007.1.15.(266), 159]

---

106) 한국정보보호진흥원, 「개인정보보호지침 개정을 위한 워크샵」, 2001.10.17. 참조.

107) 정영화·송기춘·황성기·황성진, 「개인정보보호 감독기구 도입을 위한 법 제도 개선방안 연구」, 한국정보보호센터 개인정보연구 00-2, 2000.11. 참조.

[1] 개인정보 처리업무를 담당하는 공공기관 직원으로부터 개인정보를 건네받은 타인이 공
    공기관의 개인정보보호에 관한 법률 제23조 제2항 위반죄의 주체가 되는지 여부(소극)
[2] 개인정보 처리업무를 담당하지 않는 군청 직원이 그 담당하는 직원으로부터 건네받은
    개인정보를 부당하게 이용한 경우, 공공기관의 개인정보보호에 관한 법률 제23조 제2항,
    제11조에 의하여 처벌할 수 있는지 여부(소극)

[1] 공공기관의 개인정보보호에 관한 법률 제11조의 문리해석상 '개인정보의 처리를 행하
    는'이라는 문언과 '공공기관의'라는 문언은 함께 '직원이나 직원이었던 자'를 수식하는 것
    으로 해석하여야 할 것이고, 한편 위 조문은 개인정보의 처리를 행하는 공공기관의 직원
    등이 직무상 알게 된 개인정보를 누설하는 등의 행위를 하는 것을 금지하고 있을 뿐 그
    러한 자로부터 개인정보를 건네받은 타인이 그 개인정보를 이용하는 행위를 금지하는 것
    은 아니므로, 결국 같은 법 제23조 제2항은 개인정보의 처리를 행하는 직원 등이 개인정
    보를 누설하거나 타인에게 이를 이용하게 하는 행위를 처벌할 뿐이고, 개인정보를 건네받
    은 타인이 이를 이용하는 행위는 위 조항에 해당하지 않는다.
[2] 개인정보 처리업무를 담당하지 않는 군청 직원이 그 담당하는 직원으로부터 건네받은
    개인정보를 부당하게 이용한 경우, 공공기관의 개인정보보호에 관한 법률 제23조 제2항,
    제11조에 의하여 처벌할 수 없다.

## 판례 2

- 대법원 2003. 12. 26. 선고 2003도5791 판결 【통신비밀보호법위반 · 정보통신망이용촉진
  및정보보호등에관한법률위반(개인정보누설 등) · 신용정보의이용및보호에관한법률위반 · 폭력
  행위등처벌에관한법률위반】
- [공 2004.2.1.(195), 313]

정보통신망이용촉진및정보보호등에관한법률 제62조 제2호 전단 위반죄가 성립하기 위해서
는 그 행위자가 그 개인정보를 같은 법 제2조 제3호 소정의 '정보통신서비스 제공자'나 같
은 법 제58조 소정의 '재화 또는 용역을 제공하는 자'로부터 제공받아야 하는지 여부(적극)
및 그 입증책임의 소재(=검사)

정보통신망이용촉진및정보보호등에관한법률 제62조 제2호 전단은, 같은 법 제24조 제2항의 규정에 위반하여, 같은 법 제2조 제3호가 규정하는 '정보통신서비스 제공자'나 같은 법 제58조가 규정하는 '재화 또는 용역을 제공하는 자'로부터 이용자의 개인정보를 제공받은 자가, 당해 이용자의 동의를 얻거나 법률의 특별한 규정에 근거함이 없이, 그 개인정보를, 제공받은 목적 외의 용도로 이용하거나 제3자에게 제공하는 것을 처벌하는 규정이므로, 이 죄가 성립하기 위해서는 먼저 그 행위자가 그 개인정보를, 같은 법 제2조 제3호에 규정된 '정보통신서비스 제공자'나 같은 법 제58조에 규정된 '재화 또는 용역을 제공하는 자'로부터 제공받았어야 하고 이 점은 검사가 입증하여야 하며, 이에 해당하지 않는 사람으로부터 제공받은 개인정보를 이용하거나 제3자에게 제공한 것만으로는 위 조항에 의하여 처벌할 수 없다.

## 판례 3

- 서울중앙지법 2007.7.6. 선고 2006가합22413 판결 【정보게시금지 등】 : 항소〈로마켓 변호사 승소율 제공 사건〉
- [각공 2007.8.10.(48), 1590]

[1] 헌법상 보장되는 자기정보통제권의 범위.

[2] 개인정보가 국민의 '알 권리'의 대상에 포함될 수 있는지 여부(한정 적극) 및 그 경우 개인의 자기정보통제권의 보호범위가 제한되는지 여부(한정 적극).

[3] '알 권리'의 대상이 되는 개인정보에 대한 평가, 의견 개진 등이 허용되는지 여부(적극).

[4] 특정 개인정보가 국민의 '알 권리'의 대상이 되어 그에 대한 개인의 자기정보통제권이 제한되는지 여부의 판단 기준.

[5] 변호사의 직업적 개인정보가 일반 법률 수요자들의 '알 권리'의 대상이 되는지 여부(적극).

[6] 변호사 정보 제공 웹사이트의 운영자가 변호사들의 개인신상정보를 재처리하여 변호사들 사이의 인맥 지수 서비스를 제공한 사안에서, 위 인맥 지수의 산정 근거자료가 일반 공개의 대상이 되는 개인신상정보인 점, 위 서비스 제공으로 인하여 특정 법조인의 인격이나 명예가 훼손되었다고 보기는 어려운 점 등을 고려할 때, 위 제공이 허용된다고 본 사례.

[7] 소송에 대한 사건정보를 변호사별로 재처리함으로써 변호사의 소송수행 내역을 나타내

는 정보로서의 식별력을 지니게 된 경우, 그 재처리된 정보가 변호사들의 개인정보에 해당하는지 여부(적극) 및 변호사의 구체적인 사건수임 내역에 관한 정보에 공공성·공익성이 당연히 인정되는지 여부(소극).

[8] 특정 변호사의 승소율이나 특정 사건 분야에 있어서 변호사의 전문성에 관한 정보를 일반인에게 제공하는 형태의 서비스가 허용되는지 여부(한정 적극).

[9] 변호사 정보 제공 웹사이트의 운영자가 대법원 홈페이지에서 제공하는 사건검색 서비스를 통해 수집한 소송정보를 독자적인 방식으로 평가하여 변호사들의 승소율, 전문성 지수 등을 제공한 사안에서, 위 정보를 수집하는 과정에서 위법성이 인정되고 변호사의 승소율이나 전문성 지수를 산정하는 과정에서 부당성이 인정되는 점 등을 고려할 때, 위 서비스의 제공은 변호사들의 자기정보통제권을 침해하는 것으로서 허용될 수 없다고 한 사례.

[10] 개인정보의 이용으로 인하여 그 개인에게 정신적 손해가 발생하였는지 여부의 판단기준.

<br>

## 판결요지

[1] 헌법 제10조, 제17조의 규정은 개인의 사생활이 타인에 의해 침해되거나 함부로 공개되지 아니할 소극적인 권리는 물론, 자신에 대한 정보를 자율적으로 통제할 수 있는 적극적인 권리까지도 보장하려는 데에 그 취지가 있는 것으로 해석되므로, 개인은 헌법상 보장되는 인격권의 일종으로서 자신에 대한 정보를 스스로 통제할 수 있는 적극적인 권리(자기정보통제권)를 가지고, 이에는 국가 및 사인에 대하여 자신의 정보에 대해 수집 금지, 열람·정정을 청구할 수 있는 권리 외에 자신의 동의 없는 개인정보 이용행위에 대해 삭제·이용중지 등 금지를 청구할 수 있는 권리 역시 포함된다.

[2] 국민의 '알 권리', 즉 정보에의 접근·수집·처리의 자유는 자유권적 성질과 청구권적 성질을 겸유하는 것으로서 자기정보통제권과 마찬가지로 헌법 제21조에 의하여 직접 보장되는 권리인바, 개인에 관한 정보라 하더라도 그 정보의 성질상 공공성·공익성이 인정되는 경우라면 예외적으로 알 권리의 대상에 포함될 수 있는 것이고, 이처럼 두 기본권의 충돌이 일어나는 경우 규범의 조화로운 해석을 위하여 알 권리가 인정되는 한도 내에서 개인의 자기정보통제권의 보호범위는 불가피하게 제한되는 것으로 해석하여야 한다.

[3] 사상 또는 의견의 자유로운 표명은 자유로운 의사의 형성을 전제로 하는 것이고 이와 같은 자유로운 의사의 형성은 정보에의 접근이 충분히 보장됨으로써 비로소 가능한 것이므로, 알 권리는 표현의 자유와 표리일체의 관계에 있고, 어떠한 개인정보가 '알 권리'의 대상이 되는 이상, 나아가 이러한 개인정보에 대한 평가, 의견 개진 등도 역시 표현의 자유의 일환으로서 허용될 수 있다.

[4] '알 권리' 및 이를 기초로 한 표현의 자유 역시 헌법 제21조 제4항의 규정에 따라 타인의 명예나 권리 또는 공중도덕이나 사회윤리를 침해하여서는 안 되는 한계를 갖고 있

으므로, 결국 어떠한 개인에 대한 정보가 국민의 알 권리의 대상이 되어 그에 대한 개인의 자기정보통제권이 제한되는지 여부는 해당 개인이 공적인 존재인지 여부, 개인정보의 공공성 및 공익성, 개인정보 수집의 목적·절차·이용형태의 객관성 및 공정성, 개인정보 이용의 필요성, 개인정보 이용으로 인해 침해되는 이익의 성질 및 내용 등의 제반 사정을 종합적으로 고려하여 두 기본권의 보호에 의하여 달성되는 가치를 비교 형량하여 판단하여야 한다.

[5] 변호사는 공공성을 지닌 법률전문직으로서 기본적 인권을 옹호하고 사회정의를 실현함을 사명으로 하여 그 직업의 성격상 공익적·공공적 성격을 본질적으로 지니고 있고, 또한 용역을 선택함에 있어 필요한 지식 및 정보를 제공받을 권리는 소비자의 기본적 권리로 인정되는 바이기도 하므로, 일반 법률 수요자들은 자신에게 맞는 변호사를 선택하기 위하여 변호사들에 대한 최소한도의 개인적 및 직업적 정보에 대하여 알 권리가 있고, 변호사들은 알 권리의 대상이 되는 정보의 공개에 대하여 수인할 의무가 있다.

[6] 변호사 정보 제공 웹사이트의 운영자가 변호사들의 개인신상정보를 독자적인 방식으로 재처리하여 변호사들 사이의 인맥 지수 서비스를 제공한 사안에서, 헌법상 표현의 자유는 타인의 권리나 명예, 공중도덕, 사회윤리를 침해하여서는 안 되는 한계를 가지고 있으므로, 그 평가 기준이 심하게 왜곡되어 그로 인해 산출된 인맥 지수 결과가 변호사로서의 개인의 인격이나 명예를 훼손하거나 변호사 수임시장의 공정한 질서를 훼손하는 정도에 이르게 된다면 이는 허용될 수 없으나, 위 인맥 지수의 산정 근거자료가 일반 공개의 대상이 되는 개인신상정보인 점, 위 서비스 제공으로 인하여 특정 법조인의 인격이나 명예가 훼손되었다고 보기는 어려운 점, 변호사 시장의 공정한 수임질서가 해쳐질 위험이 있다는 이유만으로 헌법상의 표현의 자유 내지 영업의 자유를 제한하는 것은 기본권에 대한 과도한 제한인 점 등을 고려할 때, 위 인맥 지수 서비스의 제공이 허용된다고 본 사례.

[7] 소송에 대한 기본적인 사건 정보(사건번호, 사건명, 소송대리인, 종국 결과 등)는 법원에 제기된 소송사건에 관한 객관적인 정보로서 원칙적으로 공적인 영역에 속하는 정보이지만, 이러한 정보라 하더라도 이를 변호사별로 재처리함으로써 변호사의 개인적인 소송수행 내역을 나타내는 정보로서의 식별력을 지니게 되는 경우 그때부터 변호사들에 대한 개인정보로서의 성격 역시 지니게 되고, 변호사가 직업적으로 일반적 공공성을 지니고 있어 그에 대한 직업적 개인정보가 공개될 수 있다고 하더라도, 변호사가 의뢰인으로부터 사건을 의뢰받아 수행한 구체적인 사건 내역 자체는 변호사와 소송의뢰인 사이의 개인적·사적 영역에 속하는 문제이므로 이에 관한 정보가 당연히 공공성·공익성을 지닌다고 볼 수 없다.

[8] 특정 변호사의 승소율이나 특정 사건 분야에 있어서 변호사의 전문성을 일반인에게 제공하는 형태의 서비스 자체가 일반적으로 금지된다고 볼 수는 없을 것이나, 위와 같은 정보들은 일반인이 변호사를 선택함에 있어서 결정적인 역할을 할 수 있고 이에 따라 그

변호사의 사회적·직업적 평가 역시 크게 좌우될 수 있는 매우 민감한 정보이므로, 이를 일반인에게 제공함에 있어서는 합리적이고 객관적이면서도 사회적으로 상당성을 지니고 있을 뿐만 아니라 보편적으로 받아들여지고 있는 평가 기준에 의할 것이 요구된다.

[9] 변호사 정보 제공 웹사이트의 운영자가 대법원 홈페이지에서 제공하는 사건검색 서비스를 통해 수집한 소송정보를 독자적인 방식으로 평가하여 변호사들의 승소율, 전문성 지수 등을 제공한 사안에서, 이러한 수임내역정보는 변호사들에 대한 개인정보로서의 성격을 지니게 되므로 원칙적으로 해당 변호사들의 동의 없이는 그 이용이 허용될 수 없는 점, 대법원의 사건검색 서비스는 정당한 이해관계인에 한하여 정보를 제공하고자 함에 근본 취지가 있고 누구에게나 제한 없이 공개함을 그 취지로 하지 않는 점, 위 정보를 수집하는 과정에서 위법성이 인정되는 점, 변호사의 승소율이나 전문성 지수를 산정하는 과정에서 부당성이 인정되는 점 등을 고려할 때, 위 서비스의 제공은 변호사들의 자기정보통제권을 침해하는 것으로서 허용될 수 없다고 한 사례.

[10] 현대사회에 이르러 특히 인터넷 사용이 활발해짐에 따라 각종 개인정보를 수집·분석·처리하는 행위가 다양한 주체들에 의해 다수 행하여지고 있는 현실을 고려할 때, 개인의 정보가 명시적 동의 없이 타인에 의해 수집되었다는 사실만 가지고 곧바로 그 개인에게 정신적 손해가 발생하였다고 단정하기는 어렵고, 그 수집된 개인정보의 성격, 정보수집주체가 수집된 정보를 이용한 방식 및 규모 등 제반 요소를 고려하여 개인정보의 이용으로 인하여 그 개인에게 정신적 손해가 발생하였다는 사정이 구체적으로 입증되어야 한다.

## 판례 4

- 대전지법 2007.6.15.자 2007카합527결정 【운영중단가처분】: 확정 〈철도공사 코비스시스템 사건〉
- [각공 2007.8.10.(48), 1507]

### 판시사항

한국철도공사가 소속 근로자들의 개인정보를 전사적 자원관리시스템(ERP)에 집적하여 관리하는 행위가 근로자들의 행복추구권, 사생활의 비밀과 자유를 침해받지 않을 권리, 자기정보관리·통제권 등을 침해한다고 인정하지 아니한 사례.

### 판결요지

한국철도공사가 소속 근로자들의 개인정보를 전사적 자원관리시스템(Enterprise Resource Planning)에 집적하여 관리해 온 사안에서, 사용자가 인사노무관리를 행함에 있어 협조할 근로계약상의 의무를 부담하고 있는 근로자들이 보유하는 자기정보관리·통제권은 일반 국민이 공공기관에 대해 갖는 자기정보관리·통제권보다 제한적일 수밖에 없고, 제반 사정상 위 시스템에 집적되어 있는 개인정보가 불필요하다거나 시스템의 보안이 취약하여 개인정보 유출의 위험성이 크다고 볼 수 없으므로, 위 시스템에 의한 개인정보의 집적·관리행위가 근로자들의 행복추구권, 사생활의 비밀과 자유를 침해받지 않을 권리, 자기정보관리·통제권 등을 침해한다고 인정하지 아니한 사례.

## 판례 5

- 서울중앙지법 2007.2.8. 선고 2006가합33062, 53332판결 【손해배상(기)】: 항소
- [각공 2007.4.10.(44), 816]

### 판시사항

[1] 정보통신서비스 이용자에게 보장되는 자기정보통제권 및 이용자들의 개인정보를 수집·관리하는 정보통신서비스 제공자가 부담하는 주의의무의 내용.

[2] 이메일 주소가 정보통신망이용촉진및정보보호등에관한법률 제2조 제1항 제6호에 정한 '개인정보'에 해당하는지 여부(적극).

[3] 정보통신서비스 제공자가 서비스 이용자들에게 이메일을 발송하는 과정에서 실수로 이용자들의 성명, 주민등록번호, 이메일 주소 등 개인정보를 수록한 텍스트 파일을 첨부한 사안에서, 개인정보보호에 관한 주의의무 위반을 이유로 개인정보가 누출된 이용자들에 대한 위자료 지급책임을 인정한 사례.

### 판결요지

[1] 헌법 제10조, 제17조의 규정은 개인의 사생활 활동이 타인으로부터 침해되거나 사생활이 함부로 공개되지 아니할 소극적인 권리는 물론, 오늘날 고도로 정보화된 현대사회에서 자신에 대한 정보를 자율적으로 통제할 수 있는 적극적인 권리까지도 보장하려는 데 그 취지가 있으므로 정보통신서비스 이용자들은 자신들의 의사에 반하여 개인정보가 함부로 공개되지 아니할 권리를 가지고, 위와 같이 헌법에 의하여 보장된 기본권을 보호하기 위해 제정된 정보통신망이용촉진및정보보호등에관한법률에 따라 이용자들의 개인정보를 수집·관리하는 정보통신서비스 제공자로서는 이용자들의 개인정보가 누출되지 않도록 필요한 관리적 조치를 다하여야 할 주의의무를 부담한다.

[2] 이메일 주소는 당해 정보만으로는 특정 개인을 알아볼 수 없을지라도 다른 정보와 용이하게 결합할 경우 당해 개인을 알아볼 수 있는 정보라 할 것이므로 정보통신망이용촉진및정보보호등에관한법률 제2조 제1항 제6호에서 정한 '개인정보'에 해당한다.

[3] 정보통신서비스 제공자가 서비스 이용자들에게 이메일을 발송하는 과정에서 실수로 이용

자들의 성명, 주민등록번호, 이메일 주소 등 개인정보를 수록한 텍스트 파일을 첨부한 사안에서, 개인정보보호에 관한 주의의무 위반을 이유로 개인정보가 누출된 이용자들에 대한 위자료 지급책임을 인정한 사례(성명, 주민등록번호, 이메일 주소가 누출된 이용자: 각 10만 원, 성명과 이메일 주소가 누출된 이용자: 각 7만 원).

## 판례 6

- 서울중앙지법 2006.4.28. 선고 2005가단240057 판결 【손해배상(기)】 : 항소
- [각공 2006.6.10.(34), 1246]

### 판시사항

온라인게임 운영업체가 게임 서버의 업데이트 과정에서 이용자들의 개인정보인 아이디와 비밀번호가 암호화되지 않은 상태에서 로그파일에 저장되도록 함으로써, 컴퓨터에 관한 상당 수준의 전문지식이 있는 사람이라면 누구라도 그에 접근하여 이용자들의 아이디와 비밀번호를 알 수 있는 상황을 발생시킨 사안에서, 개인정보 유출의 위험에 처한 이용자들에 대한 온라인게임 운영업체의 손해배상책임을 인정한 사례.

## 판례 7

- 수원지법 2005.7.29. 선고 2005고합160 판결 【정보통신망이용촉진및정보보호등에관한법률위반(개인정보누설 등)】 확정
- [각공 2005.10.10.(26), 1690]

### 판시사항

택배회사와 택배위수탁계약을 체결하고 위 회사로부터 위탁받은 택배화물을 고객들에게 운송하는 일을 담당한 공소외인이 위 회사가 관리하는 개인정보를 유출한 사안에서, 위 공소외인은 정보통신망이용촉진및정보보호등에관한법률 제66조에 정한 '법인의 사용인이 법인의 업무에 관하여' 위반행위를 한 것이고, 위 회사가 위 공소외인의 위반행위를 방지하기 위하여 당해 업무에 대하여 상당한 주의와 감독을 하였다고 보기 어려워 위 회사 역시 형사책임을 면할 수 없다고 한 사례.

## 판례 8

- 헌법재판소 2005.7.21. 2003헌마282, 425(병합)전원재판부【개인정보수집등위헌확인】
- [헌공 제107호]

### 판시사항

**가.** 서울특별시 교육감 등이 졸업생의 성명, 생년월일 및 졸업일자 정보를 교육정보시스템 (NEIS)에 보유하는 행위의 법률유보원칙 위배 여부(소극).

**나.** 위 행위가 그 정보주체의 개인정보자기결정권을 침해하는지 여부(소극).

### 판결요지

**가.** 개인정보자기결정권을 제한함에 있어서는 개인정보의 수집·보관·이용 등의 주체, 목적, 대상 및 범위 등을 법률에 구체적으로 규정함으로써 그 법률적 근거를 보다 명확히 하는 것이 바람직하나, 개인정보의 종류와 성격, 정보처리의 방식과 내용 등에 따라 수권법률의 명확성 요구의 정도는 달라진다 할 것인바, 피청구인 서울특별시 교육감과 교육인적자원부장관이 졸업생 관련 제 증명의 발급이라는 소관 민원업무를 효율적으로 수행함에 필요하다고 보아 개인의 인격에 밀접히 연관된 민감한 정보라고 보기 어려운 졸업생의 성명, 생년월일 및 졸업일자만을 교육정보시스템(NEIS)에 보유하는 행위에 대해서는 그 보유정보의 성격과 양(量), 정보보유 목적의 비침해성 등을 종합할 때 수권법률의 명확성이 특별히 강하게 요구된다고는 할 수 없으며, 따라서 "공공기관은 소관업무를 수행하기 위하여 필요한 범위 안에서 개인정보파일을 보유할 수 있다."고 규정하고 있는 공공기관의개인정보보호에관한법률 제5조와 같은 일반적 수권조항에 근거하여 피청구인들의 보유행위가 이루어졌다 하더라도 법률유보원칙에 위배된다고 단정하기 어렵다.

**나.** 개인정보의 종류 및 성격, 수집목적, 이용형태, 정보처리방식 등에 따라 개인정보자기결정권의 제한이 인격권 또는 사생활의 자유에 미치는 영향이나 침해의 정도는 달라지므로 개인정보자기결정권의 제한이 정당한지 여부를 판단함에 있어서는 위와 같은 요소들과 추구하는 공익의 중요성을 헤아려야 하는바, 피청구인들이 졸업증명서 발급업무에 관한 민원인의 편의 도모, 행정효율성의 제고를 위하여 개인의 존엄과 인격권에 심대한 영향을 미칠 수 있는 민감한 정보라고 보기 어려운 성명, 생년월일, 졸업일자 정보만을 NEIS에 보유하고 있는 것은 목적의 달성에 필요한 최소한의 정보만을 보유하는 것이라 할 수 있고, 공공기관의개인정보보호에관한법률에 규정된 개인정보보호를 위한 법 규정들의 적용을 받을 뿐만 아니라 피청구인들이 보유목적을 벗어나 개인정보를 무단 사용하였다는 점을 인정할 만한 자료가 없는 한 NEIS라는 자동화된 전산시스템으로 그 정보를 보유하고 있다는 점만으로 피청구인들의 적법한 보유행위 자체의 정당성마저 부인하기는 어렵다.

피청구인들이 보유하는 정보는 우리나라와 같이 학력이 중시되는 사회에서는 그 정보주체의 인격상 추출에 대단히 중요한 역할을 할 수 있는 학력에 관한 정보이므로 자신의 동의 없이 타인에게 알리고 싶지 않은 민감한 정보가 될 수 있고, 이러한 정보를 NEIS와 같이 컴퓨터와 인터넷 망을 이용하는 고도로 집중화된 정보시스템에 보유하면서 그 근거를 정보 수집·처리의 목적특정성이 현저히 결여된 공공기관의개인정보보호에관한법률 제5조의 일반조항에 둘 수 있는지 의문이다. 졸업증명서 발급이라는 민원업무 처리를 위하여 시·도 교육감, 나아가 교육인적자원부 차원에서 관련 개인정보들을 전산시스템에 집적하여 관리할 필요성이 무엇인지, 그로 인하여 추구되는 진정한 공익이 과연 존재하는지 의문을 품지 않을 수 없는바, 개인정보보호법제도 완비되지 않은 상황에서 그 보유목적의 정당성과 보유수단의 적정성을 인정하기 어려운 가운데 결코 가벼이 취급할 수 없는 개인정보를 피청구인들이 NEIS에 보유하고 있는 행위는 그 정보주체의 개인정보자기결정권을 침해하는 것이다.

## ○ 개인정보 침해 사례

### 1. 개인정보수집과 관련된 개인정보 침해 사례

[초고속 인터넷 개통 시 본인 확인 미비로 명의 도용된 경우의 손해 배상 요구 건]

:: 사실관계

신청인 L 씨는 자신의 주소지와 다른 주소지에서 2003년 11월부터 2006년 10월까지 (주)H의 초고속 인터넷 서비스 요금이 자신의 은행계좌에서 인출된 것을 알고 이는 명백한 명의 도용으로, 피신청인이 서비스 개통 시 본인 확인 절차를 소홀히 한 결과라고 주장하며, 정신적 물질적 손해 배상을 요구하는 분쟁 조정을 신청.

:: 조정 결과

사실 조사결과, 피신청인은 명확한 본인 확인 절차 없이 서비스 개통확인서의 서명만으로 인터넷 서비스를 개통해 신청인 명의가 도용되지 않았다는 사실을 입증하지 못하였고, 신청인에게도 이의 제기의 타당성이 결여되어 있다고 판단되는바, 신청인이 입은 경제적, 정신적 피해에 대한 손해 배상금 XXX원을 지급.

:: 결론

본건에서 피신청인은 명확한 본인 확인 절차 없이 가입자 본인인지 여부를 확인하지 않고 서비스 개통확인서의 서명만으로 인터넷서비스를 개통함으로써 신청인 명의가 도용되지 않았다는 사실을 입증하지 못하였고, 신청인에게도 이의 제기의 타당성이 결여되어 있다고 판단되는바, 피신청인은 신청인이 명의 도용으로 인하여 입은 경제적 피해액의 50%인 712,636원(35개월분의 사용료의 50%)과 정신적 피해에 대한 손해배상금 ×××원을 지급함이 타당하다고 판단된다.

## 2. 목적 외 이용으로 인한 개인정보 침해 사례

[유선전화 서비스 가입 신청 시 수집한 개인정보를 제3자에게 제공한 건]

:: 사실관계

신청인은 일반전화 서비스 가입신청 시 사용한 휴대전화로 가입신청 후 약 30분 후에 (주)** 관련 상품 마케팅 전화가 온 것으로 미루어, 피신청인이 자신의 개인정보를 제3자에게 제공한 것이라고 주장하면서 피신청인의 사과 및 시정을 요구하며 본 위원회에 분쟁조정을 신청.

:: 조정결과

조사결과, 피신청인이 신청인의 동의 없이 개인정보를 제3자에게 제공함으로써 원하지 않는 광고 전화를 수신하는 등 이용자의 동의 없는 제3자 제공을 금지한 정보보호법 제24조 제1항 위반으로 판단되어 피신청인은 신청인에게 각각 ×××원의 배상금을 지급도록 결정.

:: 결론

o 피신청인이 신청인의 동의 없이 개인정보를 제3자에게 제공함으로써 원하지 않는 광고 전화를 수신하는 등 이용자의 동의 없는 제3자 제공을 금지한 정보보호법 제24조 제1항 위반으로 판단되어 피신청인은 신청인에게 각각 ×××원의 배상금을 지급하도록 하였다.

o 또한, 피신청인에 대해 일반전화 서비스 가입신청 시 반드시 개인정보 수집, 이용목적 등을 고지하도록 하고 가입자 정보가 하부유통망 등에 유출

되거나 제공되지 않도록 필요한 관리적, 기술적 조치에 만전을 기하도록 개선을 권고하는 것이 바람직하다.

## 3. 개인정보 훼손, 누출로 인한 개인정보 침해 사례

[인터넷쇼핑몰 운영자가 자사 공개게시판을 통해 고객의 개인정보를 누출시킨 사건]

:: 사건개요

2001년 12월 8일 신청인 A 씨는 피신청인이 운영하는 인터넷쇼핑몰에서 의류를 구입하였다. 2001년 12월 10일 신청인은 배달된 의류의 실제 소재가 표시된 것과 차이가 있다는 의심이 들어, 피신청인의 웹사이트 Q&A게시판에 이를 항의하는 글을 게재하였다. 같은 날 피신청인은 신청인에게 의류의 소재는 표시 사항과 동일한 것이라고 답변하였으나, 신청인은 이에 대해 다시 이의를 제기하였다. 이에 화가 난 피신청인은 자사의 공개 Q&A게시판에 신청인의 이름, 성별 등이 기재된 상품주문서를 공개한 사건이다.

:: 주요 쟁점

- 신청인의 주민등록번호 및 계좌번호 등 개인정보가 기재된 상품주문서를 불특정 다수인이 열람하는 게시판에 공개한 피신청인의 행위가 "직무상 알게 된 개인정보를 훼손·침해 또는 누설하여서는 아니 된다."고 규정하고 있는 정보보호법 제24조 제4항에 위반되는지 여부.

:: 조정결정

피신청인은 자사 Q&A 게시판에 공개한 이름, 성별, 전화번호 등 신청인의 개인정보를 포함한 상품주문서를 이 조정안을 통보받은 즉시 삭제하고, 개인정보공개 및 인격모독으로 인해 신청인에게 끼친 정신적 피해에 대한 보상으로 신청인에게 조정 성립 후 7일 이내에 금 ×××원을 지급해야 한다. 다만 본 조정안의 내용 이외의 다른 경제적 피해가 야기된 경우는 제외한다.

:: 조정결정 이유

피신청인은 신청인이 자사 웹사이트에서 의류를 구매하는 과정에서 피신청인을 음해하고자 하는 의도로써 피신청인의 Q & A 게시판에 불만을 제기하였기에 이를 제재하기 위한 목적으로 신청인의 개인정보를 공개하였다고 하나, 신청인이 피신청인의 웹사이트를 음해하고자 하는 의도가 있었다는 증거가 없으며 설사 그 같은 의도가 있었다 하더라도 피신청인이 신청인의 개인정보를 무단으로 게시판에 공개할 권한은 없다고 할 것임. 따라서 피신청인의 공개 행위는 직무상 알게 된 개인정보를 훼손·침해 또는 누설하여서는 아니 된다고 규정하고 있는 정보보호법 제24조 제4항에 위반되는 것으로 판단됨.

:: 결론

2001년 12월 10일 피신청인은 타인에 의해 악용될 우려가 있는 신청인의 개인정보를 불특정 다수인이 드나드는 공개게시판에 게시하고, 더구나 "억지 부리는 인간을 경멸한다."는 모욕적인 표현을 사용하여 미성년자인 신청인의 인격을 공연히 모욕함으로써 신청인에게 정신적 피해를 야기한 것으로 판단된다.

따라서 피신청인은 자사 게시판에 공개한 신청인의 개인정보를 조정안을 통보받은 즉시 삭제하고, 신청인의 정신적 피해에 대한 보상으로 신청인에게 금×××원을 지급함이 타당하다고 판단된다. 다만, 본 조정안의 내용 이외의 다른 경제적 피해가 야기된 경우는 제외함이 타당하다.

## 4. 기술조치 미비로 인한 개인정보 침해 사례

[인터넷 통신사업자의 기술적 관리적 조치 위반에 대한 손해 배상 요구건]

:: 사실관계

신청인은 피신청인의 관련 업체에서 TM을 받고 피신청인에게 TM거부 고객으로 등록하여 줄 것을 요청했으나 이후에도 피신청인 관련 상품 TM을 받았다고 주장하면서 피신청인을 상대로 정신적 손해에 대한 배상과 피신청인 초고속인터넷서비스의 할인액 반환 면제를 청구하는 분쟁조정을 신청.

:: 조정결과

조사결과, 피신청인은 하부영업점에 대한 기술적·관리적 조치를 소홀히 하여 필요한 조치를 취하지 않음으로써 정보보호법 제28조 제1항을 위반하였다고 판단돼 신청인이 입은 정신적 피해에 대한 배상액으로 금 ×××원을 지급토록 결정.

:: 결론
o 본 사건에서 피신청인의 행위로 인하여 신청인이 입은 경제적 피해는 없다.
o 그러나 본건에서 피신청인은 하부영업점에 대한 기술적, 관리적 조치를 소홀히 하여 필요한 조치를 취하지 않음으로써 정보보호법 제28조 제1항을 위반하였다고 판단된다.
o 이러한 사실을 종합적으로 고려하여 볼 때, 피신청인은 신청인이 입은 정신적 피해에 대한 배상액으로 금 ×××원을 지급함이 타당하다고 판단된다.

## 5. 개인정보 미파기(未破棄)에 의한 개인정보 침해 사례

[온라인게임 사업자가 회원 탈퇴한 이용자의 사진을 파기하지 않아 사진이 누출된 건]

:: 사건개요
신청인 A 씨는 2001년 피신청인 ×사가 운영하는 온라인게임 사이트에 회원으로 가입하여 이용하다가 2002년 8월 2일 회원에서 탈퇴하였다. 당시 신청인은 '○○호랑이'라는 ID를 사용하면서, 자신의 '포토앨범'에 자신의 사진 등을 직접 게재한 바 있다.

청구외 B 씨는 2002년 8월 말 ×사에 회원가입을 하고 신청인이 사용하던 ID인 '○○호랑이'를 발급받았는데, 당시 ID '○○호랑이' 포토앨범에는 신청인이 예전에 게재한 사진이 그대로 노출되어 있었다.

2002년 12월 신청인은 자신이 예전에 사용하던 ID가 타인에 의해 사용되고 있을 뿐만 아니라 당해 ID의 포토앨범에 자신의 사진이 그대로 게재되어 있는 사실을 알게 되었다. 게다가 '방명록'에는 포토앨범에 게재된 신청인의 사진을 보고 성적 수치심을 느끼게 하는 다수의 글이 게재되어 있는 것을 발견하게 되었다.

한편 피신청인은 신청인의 회원 탈퇴 이후 6개월이 경과한 시점까지 신청인의 주민등록번호, 해지일시 등을 보유하고 있는 것으로 확인되었다. 이에 신청인은 피신청인이 자신의 회원 탈퇴 이후에도 주민등록번호, 사진 등 개인정보를 파기하지 않고 보유하고 있을 뿐만 아니라, 피신청인이 관리를 소홀히 하여 자신의 사진 등 개인정보를 타인에게 누출시킴으로써 성적 수모를 받게 하였다며 피신청인에게 공개 사과와 함께 자신이 입은 정신적 피해에 대한 배상으로 금 500만 원을 요구하였다.

:: 주요 쟁점
- 피신청인이 고지 또는 명시한 범위를 넘어 신청인의 개인정보를 파기하지 않고 보유하였는지 여부.
- 피신청인이 기술적·관리적 조치를 미비하여 신청인의 개인정보를 누출하였는지 여부.

:: 결론
피신청인은 자사 개인정보보호정책에 개인정보 보유기간을 "해지 신청 후 3주까지"라고 명시하고 있음에도 불구하고 신청인이 탈퇴한 지 3주가 경과한 이후에도 신청인의 주민등록번호, 해지일시, 사진 등을 파기하지 않고 보유하였는바, 이는 정보보호법 제30조 제3항 위반으로 판단된다.

또한 피신청인이 기술적·관리적 조치를 미비하여 신청인의 사진 등을 청구외 B의 '포토앨범'을 통해 누출시킨 것은 정보보호법 제28조 위반으로 판단된다.

따라서 피신청인이 고지 또는 명시한 범위를 넘어 신청인의 개인정보를 파기하지 않고 보유하다가 이를 타인에게 누출시킨 점, 이로 인해 신청인의 사생활의 자유와 초상권이 침해된 사실 및 신청인이 입은 성적 모욕감 등을 종합적으로 고려하여 신청인이 입은 정신적 피해에 대한 배상으로 금 ×××원을 지급함이 타당하다.

## 6. 동의철회 불응으로 인한 개인정보 침해 사례

**[모바일 폰팅서비스 사업자가 고객의 동의철회 요구 등에 불응한 건]**

:: 사실관계

신청인 A 씨는 × 폰팅서비스사업자의 회원으로 가입하였다가 탈퇴하였으나 × 폰팅서비스사업자가 자신의 동의철회 요구에 불응하고 자신의 개인정보를 제3자에게 제공함으로써 음란전화·문자 등을 수신하게 되어 피해가 발생했다고 주장하면서, 이를 배상할 것을 요구하는 분쟁조정을 신청함.

:: 조정결과

피신청인 × 폰팅서비스사업자가 신청인의 동의철회 요구에 불응하였는지의 여부가 입증되지 아니하고, 또한 피신청인이 동의 없이 신청인의 개인정보를 제3자에게 제공하였다고도 볼 수 없으므로, 신청인의 손해배상청구를 기각함.

:: 결론

피신청인이 신청인의 동의철회 요구에 불응하였는지 여부는 확인되지 아니하며, 또한 피신청인이 신청인의 동의 없이 개인정보를 제3자에게 제공하였다고도 판단할 수 없으므로, 신청인의 손해배상청구는 기각함이 타당하다.

## 7. 아동의 개인정보 침해 사례

**[보습학원 운영자가 법정대리인의 동의 없이 아동의 개인정보를 수집한 건]**

:: 사실관계

신청인은 자신의 아들이 × 초등전문학원에 등록한 적이 없음에도 불구하고 동 학원이 홍보 우편물을 보낸 것을 발견하고, × 초등전문학원이 자신의 아들의 개인정보를 무단 수집하여 이용하고 있다고 주장하며 이에 대한 손해배상을 요구하는 분쟁조정을 신청.

:: 사건개요

신청인 A(남)는 × 초등전문학원에서 자신의 아들(만 9세, 초등학교 4학년) 앞으로 보낸 홍보 우편물을 발견하였다. 그런데 신청인은 자신의 아들이 × 초등전문학원에 등록·수강한 적이 없었으므로 × 초등전문학원에 아들의 개인정보 수집경위를 질의했으나 × 초등전문학원은 명확한 답변을 하지 아니하였다. 이에 신청인은 피신청인이 자신의 아들의 개인정보를 동의 없이 수집하여 광고성 우편물 발송에 활용했다고 주장하며 이로 인한 손해배상을 요구하는 분쟁조정을 신청하였다.

:: 주요 쟁점
- 피신청인이 정보통신망법의 적용대상 사업자인지의 여부.
- 피신청인이 아동의 개인정보를 수집하거나 이용할 경우에 법정대리인의 동의를 얻도록 규정한 정보통신망법 제31조 제1항을 위반했는지의 여부.

:: 조정결과
피신청인 × 초등전문학원은 신청인의 아들(만 9세)의 개인정보를 수집·이용하면서 법정대리인인 신청인의 동의를 받지 않았음이 인정되는바, 이로 인하여 신청인이 입은 정신적 피해에 대한 보상으로 금 ×××원을 지급하도록 결정.


[만 14세 미만 아동이 아버지의 성명 및 주민등록번호를 이용해 온라인게임 사이트 회원으로 가입한 사건]

:: 사건개요
신청인 A 씨는 자신의 자 B(만 12세)가 자신의 동의 없이 피신청인이 운영하는 온라인게임 사이트에 회원으로 가입, 유료 콘텐츠를 이용하여 관련 요금이 청구된 것을 발견하여 피신청인에게 관련 요금의 환불 및 회원 탈퇴를 요구하였다. 그러나 신청인의 자녀는 회원가입 시 부모의 주민등록번호로 가입된 것으로 확인된바, 피신청인은 관련 요금의 환불을 거부하였다.

이에 신청인은 자신의 자녀가 만 12세의 미성년자로서 판단능력이 부족하여 부모의 주민등록번호로 피신청인이 운영하는 게임 사이트에 가입, 요금을 결제한 것이라면서 관련 요금의 환불 및 회원 탈퇴를 요구하며 분쟁조정을 신청하였다.

:: 주요 쟁점
- 신청인의 자가 피신청인이 운영하는 온라인게임 사이트에 회원으로 가입할

당시, 자신의 주민등록번호가 아닌 부모의 성명 및 주민등록번호로 가입한 경우 신청인의 요구가 정당한지 여부.

:: 조정결정

만 12세인 신청인의 자녀가 신청인의 성명 및 주민등록번호로 피신청인이 운영하는 게임 사이트에 가입하여 결제한 요금에 대한 환불을 요구하는 신청인의 주장은 이유 없는바, 신청인의 요구를 기각한다.

:: 조정결정 이유

피신청인이 운영하는 게임 사이트가 만 14세 미만 아동의 회원가입을 금지하거나 현저히 어렵게 하고 있지 않음에도 신청인의 자녀가 부모의 성명 및 주민등록번호로 피신청인의 게임 사이트에 가입한 행위는 정보보호법 제31조 제1항이 규정하고 있는 법정대리인 동의 없는 만 14세 미만 아동의 개인정보 수집으로 볼 수 없음. 또한 민사상으로도 신청인은 자신의 자녀에 대한 감독의무를 게을리 한바, 피신청인의 요금 청구에 대하여 책임을 면할 수 없다고 판단된다.

따라서 신청인의 자녀가 피신청인의 게임 사이트에서 결제한 요금의 환불을 요구하는 신청인의 주장은 이유 없어 신청인의 주장을 기각함이 타당하다.

## Ⅲ 인터넷과 전자정부

### 1. 전자정부의 정의

21세기 지식정보화 시대를 맞이하여 정보기술(IT)과 정부의 일하는 방법의 혁신의 결합을 통한 정부경쟁력의 향상과 대민서비스의 개선이라는 전자정부의 비전 구현을 뒷받침하기 위해 법 제정을 하게 되었고, 행정자치부에서는 2000년 9월, 법안에 대한 연구용역 결과를 바탕으로 본문 제7장 49조 부칙 1조로 구성된 '전자정부구현을위한법률안'을 마련하여 같은 해 11월 20일 국회에 제출하게 되었고, 한편, 한나라당 이상희 의원 외 34인은 정부와 비슷한 시기에 정부안과 유사한 본문 제7장 48조 부칙 1조로 구성된 '전자정부의구현및운영에관한법률안'을 마련하여 2000년 11월 28일에 의원발의안으로 국회에 제출하여

행정자치위원회에서 동시에 심의하게 되었고, 국회는 정부안과 의원발의안을 각각 부의하지 아니하기로 하고, 양 법안을 절충한 본문 제7장 52조 부칙 1조로 구성된 대안을 마련하여 2001년 2월 28일에 국회 본회의에서 위원회 대안으로 통과시켰다.[108] 즉, 전자정부구현을위한행정업무등의전자화촉진에관한법률[109]에 의하면 다음과 같이 전자정부를 정의할 수 있다. 즉, 전자정부란 일하는 방법을 정보화에 맞게 쇄신하여 모든 업무처리를 전자화함으로써, 행정기관 간, 행정기관과 국민·기업 간의 모든 업무를 전자적으로 빠르고, 투명하고, 편리하고, 효율적으로 처리할 수 있는 정부를 의미한다.[110]

## 2. 전자정부 추진에 대한 각국의 동향

전자정부, 디지털정부, 온라인정부 등이라 불리는 것은 여러 가지지만 전자정부의 구축을 목표로 정부, 행정부의 종합적인 정보화를 진행하고 있는 국가는 미국, 영국, 스웨덴, 싱가포르, 말레이시아 등 이미 수 개국이 존재한다. 이러한 국가에서는 지식산업을 지원하는 중요한 기반으로서 효율적이고 질 높은 서비스를 제공하는 정부, 행정기능의 확립을 중시하여, 인터넷을 시작으로 한 정보기술이 매우 유효한 수단이라고 인식하고 있다.

일본은 1994년 4월의 고도정보통신사회추진본부설립을 계기로, 고도정보통신사회를 위한 기본방침, 행정정보화추진기본계획, 규제완화추진계획, 버츄얼에이전시 구상 등이 발표되어 이러한 계획에 기하여 정보화를 위한 조치가 중앙정부의 주축으로 진행되어 일정 성과를 가져왔다.

일본 정부는 2003년까지 문서 결재가 필요 없는 '전자정부'를 만들기로 하고 본격적인 준비작업에 들어갔고, 일본에서 전자정부란 인터넷을 통해 각종 신고나 서류신청 인허가 등 대민업무를 처리하는 행정시스템이며, 이렇게 되면 민간기업 관계자나 개인이 관공서를 직접 찾아가 업무를 볼 필요가 없어져 행정업무 처리가 현재보다 훨씬 빨라진다. 그러나 인터넷을 통한 행정처리는 일반 창

---

108) 전자정부에 대한 상세한 내용은 백윤철, 電子政府에 관한 研究, 토지공법연구, 2002.9. 참조.
109) 이하에서는 전자정부구현을위한행정업무등의전자화촉진에관한법률을 '전자정부법'으로 약칭 표기하기로 한다.
110) 白井 均 外 3人, 電子政府最前線, 東洋經濟新報社, 2002. 5-9面 참조.

구처리와는 달리 △ 본인 여부 확인 △ 데이터 전송 중 해커 침입 가능성에 대한 대책 등이 마련되어야 할 것으로 지적되고 있다.[111]

미국의 전자정부(eGovernment) 설립 구상은 2000년 6월 24일 빌 클린턴 대통령이 현재 2만여 개에 달하는 정부 관련 인터넷 사이트를 한데 묶어 '퍼스트고브 닷고브(www.firstgov.gov)'를 만들겠다고 발표하면서 본격화됐다. 이는 정부가 행정 부문에 이른바 '원스톱 쇼핑' 방식을 도입, 고객인 국민에게 보다 편리하고 질 높은 서비스를 제공한다는 계획이다. 그러나 미국은 이보다 훨씬 전인 93년 국가정보통신기반(NII) 구축 및 정보초고속도로(Information Super Highway) 건설계획에 이어 97년 '액세스 아메리카' 프로젝트 및 '기업형 정부' 구상을 추진하는 등 이미 오래전부터 전자정부 실현을 위한 기초를 다져 왔다. 미국의 전자정부 설립 구상은 ▲ 국민을 위한 서비스 제공 ▲ 저비용 고효율 정부 구현 ▲ 전자정부 이용자의 개인정보에 대한 철저한 보호 등을 주 내용으로 한다.[112]

프랑스는 다른 선진 제국에 비하여 전자정부의 추진이 서서히 추진되고 있고, 특히 1998년 이후에 의욕적으로 추진되고 있다.[113]

독일은 1996에 멀티미디어법과서 전자서명법 등 전자정부의 이행에 필요한 법률을 제정하고 있다.[114]

---

111) 상세한 것은 김재광, 「일본의 전자정부 구현을 위한 법제 고찰」, 전자정부 구현을 위한 법제 동향과 과제(Ⅱ), 법제연구원, 2001. 참조.

112) 상세한 것은 임지봉, 미국의 전자정부법제, 한국법제연구원, 2001. 참조. 그리고 미국 자료로는 다음과 같다. HAYWARD, ALLISON, SAMS TEACH YOURSELF TODAY E-POLITICS: USING THE INTERNET TO PARTICIPATE IN POLITICS AND INTERACT WITH YOUR GOVERNMENT (Indianapolis: Sams publishing, 2000); NEU, C. RICHARD, ROBERT H. ANDERSON, AND TORA K. BIKSON, SENDING YOUR GOVERNMENT A MESSAGE: EMAIL COMMUNICATION BETWEEN CITIZENS AND GOVERNMENT(New York: RAND, 1999); Statement by President William J. Clinton Signing H.R. 2130, 36 WEEKLY COMP. PRES. DOC 1560(June 30, 2000).

113) 상세한 것은 박균성, 프랑스의 전자정부법제, 한국법제연구원, 2001. 참조. 그리고 프랑스 전자정부에 대한 참고문헌은 다음과 같다. COMMISSARIAT GENERAL DU PLAN, L'Etat et les technologies de l'information, La documentation Française, 2000.; COMMISSION NATIONALE DE L'INFORMATIQUE ET DES LIBERTES, 21e rapport d'activité 2000, La documentation Française, 2001.; Michel BIBENT, LE DROIT DU TRAITEMENT DE L'INFORMATION, NATHAN, 2000.; Thierry PIETTE-COUDOL, La signature électronique, Litec, 2001.

114) 상세한 것은 이종영, 독일의 전자정부법제, 한국법제연구원, 2001. 참조. 독일 참고문헌은 다음과 같다. Bizer/Niedbrodt, Die digitale Signtur im elektronischen Rechtsverkehr. Deutsche Signaturgesetz und Entwurf der Europaischen Richtlinie, in: Kröger/Gimmy, Handbuch zum Internetrecht: Electronic Commerce-Informations-, Kommunikations-und Mediendienste, Springer Verlag, 2000, S.135 ff.; Boehme-Neßler, Electronic Government: Internet und Verwaltung, NVwZ 2001, S.376 ff.; Bieser, Das neue Signaturgesetz: -die digitale Signatur im europäischen und internationalen Kontext, DStR, 2001, S.27 ff.; Büllenbach/Miedbrodt, Überblick über die

우리나라의 경우, 정부가 전자정부 추진을 공언하고 있지만 중앙부처의 절반 가량이 전자정부 구현의 척도인 전자결재 비율이 50%에도 미치지 못하고 있다. 자료에 따르면 조사 대상 중앙부처의 전체 문서(72만 1,442개) 가운데 33만 7,234개(46.7%)의 문서만 전자결재로 처리된 것으로 집계됐다. 또 전자정부 및 행정정보화 관련 부서인 기획예산처(83.3%)와 정보통신부(97.1%), 행정자치부 (90.4%) 등은 90%를 넘었으나 총리비서실(0.3%), 특허청(3.2%) 등은 극히 저조 한 실적을 보이는 등 부처별 격차도 심각한 것으로 확인됐다. 이에 대한 대처방 안은 각 부처 정보화담당관협의회나 정보화추진위원회 등을 통해 전자결재 확 대 등 전자정부 추진실적에 대한 지속적인 점검이 필요하고, 전자정부 조기 구 현을 위한 발전방안의 연구가 필요하다.[115]

## 3. 전자정부의 성공조건

우리나라에서 세계최고수준의 전자정부를 구축하기 위한 조건은 다음과 같다 고 생각한다. 즉, 첫째 추진체제의 확립이고, 둘째로는 이를 뒷받침할 수 있는 법률제정, 그리고 마지막으로 기술개발과 예산확보라 할 수 있다.

먼저 선진적인 전자정부를 단시간에 구축하기 위한 추진체제의 정비가 전제 되므로 이를 위하여 1. 행정 각부의 벽을 초월한 협력을 실시하는 강력한 정치 적 리더십, 2. 주민생활에 밀착된 사무를 많이 담당하는 지방자치단체에 있어서 의 추진, 환경정비, 3. 민간기업의 지식이나 노하우 활용을 가능하게 하는 민관 파트너십의 구축이 필요하다.[116]

그리고 법률이나 기술 등 다양한 관점에서 전자정부구축을 위한 환경정비를 행할 필요가 있다. 구체적으로 보면 다음과 같다. 우선 1. 정보화와 병행하여 민

    internationale Signaturregelung, CR 2000, 751 ff.; Eifert, Electronic Government als gesamtstaatliche Organisationsaufgabe, ZG 2001, S.115 ff.; Hähnchen, Das Gesetz zur Anpassung der Formvorschriften des Privatrechts und anderer Vorschriften an den modernen Rechtsgeschäftsverkehr, NJW 2001, S.2831 ff.

115) 우리나라에서 전자정부에 대한 참고문헌 자료는 다음과 같다. 각국의 전자정부 추진동향, 한국전산원, 정보화 동향 제7권 제3호, 2000.2.29.; 강호규, 전자정부구현을 위한 인터넷 활용방안 연구, 정보화동향 제5권 제 23호, 1998.; 전자정부 개념 정립 및 구현 방안에 관한 연구, 한국전산원, 1996.12.; 전자민주주의 개념정 립과 전자여론수렴 방안, 한국전산원, 1997.12.

116) 白井 均 外 3人, 전게서, 185－200면 참조.

간경영관리기법을 도입하여 기존 업무과정의 근본적인 재검토, 2. 정보화를 촉진하기 위하여 필요한 법적 기반의 정비, 3. 장래의 전자정부의 핵심이 되는 기술을 타국보다 먼저 개발, 4. 전자정부투자기금설립이나 일부 서비스에의 수익자부담의 원칙도입에 의한 계속적인 자금 확보 등이다.[117]

또한 기업이나 국민이 전자정부 실현의 혜택을 확실히 누릴 수 있도록 하기 위하여 다음 3가지를 실행하는 것이 필요하다. 1. 정책목표 달성을 촉진하기 위한 행정평가제도의 도입, 2. 정보보안과 사용 용이성을 확립시킨 안전하고 쾌적한 이용환경 확보, 3. 고령자 등의 모든 정보 약자를 배려하여 누구라도 이용할 수 있는 서비스 제공 등이다.[118]

---

## 제3절 인터넷과 범죄행위

### I 서

20세기 말, 급속히 보급된 인터넷은 재산거래의 분야에서도 다양한 변화를 초래하였다. 그러나 쌍방향적인 통신기능과 이용자의 익명성이라는 특성을 가진 인터넷이 컴퓨터 시큐러티의 불비를 원인으로 하여, 현행 법 제도의 갭(gap)을 틈타 새로운 반사회적 행위의 장이 되고 있다. 네트워크를 매개로 한 재산침해 중에서도 전자거래상의 고유한 범죄에 관해서는 기존의 법규로는 대처할 수 없는 경우가 적지 않다. 한편, 형사법에 의한 규제는 최후의 수단(ultima ratio)으로서, 사회의 변화에 대응하여 처벌규정을 신설하는 때에도 가능한 한 신중한 태도가 요구된다. 그러한 의미에서 종래의 법 제도로 그 발생을 억지할 수 있는 위법행위에 대해서는 곧바로 포괄적인 네트워크의 규제에 관한 입법을 하기보다, 오히려 현행법에 의한 가벌성의 한계를 명확하게 하는 것이 필요하다. 그리하여, 이 장에서는 인터넷상의 위법한 거래형태를 개관한 다음, 이른바 전자거래를 둘

---

117) 상게서, 201 - 230면 참조.
118) 상게서, 231 - 260면 참조.

러싼 현행법의 적용범위와 형사규제의 존재방식을 고찰하기로 한다. 네트워크 범죄로서는 예컨대 상품의 부실표시(전자계산기사용사기)나 본인성의 가장(사전자적 기록의 부정작출)에 수반하는 거래상의 신뢰파괴, 결제수단의 개인화(personalization)에 수반하는 채무의 부정면탈(제327조의 2 컴퓨터등사용사기), 데이터 절도 및 개인거래정보의 누설(정보절도, 프라이버시 침해)뿐만 아니라, 인터넷을 이용한 도박이나 피라미드계, 기업에 대한 미확인정보의 발신·유포(업무방해, 신용훼손) 그리고 마약거래나 범죄의 교사·선동 등을 예상할 수 있다.[119]

이러한 인터넷에 관한 범죄행위에 어떻게 대처하는가도 중요한 문제가 되고 있다. 컴퓨터 보급에 따라 형법에 컴퓨터등사용사기죄의 신설로 이러한 행위를 처벌할 수 있도록 하였다. 즉, 컴퓨터 바이러스나 해킹(크래킹)에 의한 방해행위 자체에 형벌을 부과할 수 있게끔 되었다. 그러나 이 규정이 메일폭탄(정크 메일을 집중적으로 송신하여 서버를 기능정지로 몰아가는 행위)에도 적용되는 것인지의 여부, 정보를 훔쳐본다거나 정보를 복사하는 것 자체도 처벌할 수 있는지의 여부가 명확하지 않은 등, 법적 대응의 불충분함이 문제로 인식되고 있다. 그리고 컴퓨터의 정상적인 가동을 저해하거나 데이터, 프로그램 등을 파괴 또는 개변하는 행위에 대해서는 업무방해죄, 손괴죄 등의 성립이 가능할 것이고, 인터넷상의 게시판이나 포럼을 통하여 기업의 명예나 신용을 훼손하는 정보를 유포시키는 경우에는 명예훼손 또는 신용훼손죄의 적용이 가능할 것이다. 그러나 전자문서나 데이터 절도에 대해서는 형법 적용의 문제에 있어 논란이 있고, 인터넷상의 도박문제는 새로운 법적 문제로서 앞으로 많은 논의가 있으리라 예상된다.

## Ⅱ 인터넷 범죄행위의 유형

최근의 인터넷 범죄의 유형이 다양화되는 추세에 있다.

---

119) 상세한 것은 졸저, 인터넷법학, 세영사, 2006, 108-147면 참조.

## 1. 인터넷 사기

최근 인터넷 사기가 급증하고 있는데, 예를 들어 인터넷 여행업체인 S여행사는 인터넷 포털사이트 등을 통해 5만 5천 원을 내고 유료회원으로 가입하면 동남아 무료항공권을 지급하며 추천 패키지여행상품에 대해서는 30만 원가량을 할인해 준다는 광고로 네티즌들의 귀를 솔깃하게 했다. 광고를 실은 곳이 굴지의 포털사이트들인데다 이 업체가 '여행경비 후불제'라는 프로그램으로 이미 신문 등에 소개된 적이 있던 터라 네티즌들은 별 의심 없이 5만 5천 원을 내고 유료회원으로 가입하거나 할인된 혜택을 받고 수십~수백만 원의 패키지여행 예약금을 업체에 냈다. 그러나 이 업체와 모든 연락이 끊어지고, 회사 문이 굳게 잠기고 직원들이 감쪽같이 사라진 것이 확인되었다. 이러한 인터넷 사기도 형법상 사기죄에 해당한다.

### •사례1•

지방 K대 2년 J 양은 지난 1월 7일 구미시청 민원실 분실함에서 K 씨의 주민등록증을 훔쳤다. 이어 K 씨 명의로 PC 통신에 가입하고 은행에 통장을 개설하였다. J 양은 PC 통신에 '휴대폰, 호출기 등을 싸게 판다.'는 광고를 올려 80여 명으로부터 1천 4백여만 원의 돈을 송금받아 가로챈 혐의로 1주일 뒤 구속됐다. 가입 시 실명확인을 않는 PC 통신의 맹점을 이용한 교묘한 신종범죄이다. 은행 측이 제시된 타인의 주민등록증만 보고 통장을 개설해 준 것도 범죄를 도왔다. PC 통신 관련 업계는 회원 확장을 위해 이름과 주민등록자리수가 12자리인가만 확인하고 가입시켜 준다. 때문에 가입자의 실명 여부를 확인하기는 힘들다. PC 통신 이용자는 컴퓨터에 능한 젊은 신세대들이라고 생각해서일까? 이런 맹점을 안고 있음에도 이용자들은 아무런 의심 없이 이를 통해 물건을 사려다 돈만 날리는 경우가 많다.

### •사례2•

공짜 음란 사진을 받아 보려는 인터넷 사용자들에게 고액의 국제전화 요금을 물려 골탕을 먹이는 프로그램이 인터넷에 나돌고 있다. 캐나다 경찰이 밝힌 통신사기 수법은 이렇다. '섹시걸'이란 이름의 인터넷 자료방은 "우리가 제공하는 프로그램(david.exe 또는 david7.exe)을 쓰면 공짜 음란 사진을 맘껏 볼 수 있다."며 이 프로그램을 거저 내려받도록(downroading) 했다. 그런데 이 프로그램을 실행하면 사용자의 컴퓨터는 기존 인터넷 접속 서비스 업체 접속을 끊어 버리고 엉뚱하게도 구소련공화국 몰도바에 있는 특정 전화번호에 자동 접속된다. 이 과정에서 사용자가 국제전화 접속 사실을 눈치 채지 못하도록 전화 발신음은 거의 들리지 않도록 했다. 전화는 몰도바를 거친 뒤 다시 캐나다로 돌아와 '섹시걸'이란 인터넷 자료방에 접속되는데, 사용자가 음란 사진을 본 뒤 빠져나와도 국제 전화는 끊기지 않는다. 컴퓨터를 끄기 전엔 접속이 끊기지 않도록 해 더욱 큰 피해를 보는 것이다. 경찰 조사결과 몰도바의 전화번호는 캐나다의 유령회사 '섹시걸'과 같은 이름으로 등록되어 있는 것으로 밝혀졌다. 캐나다 경찰은 사건 직후 이 전화번호의 접속을 차단하도록 조치했다. '섹시걸'이란 자료방은 경찰 수사가 시작되자마자 스스로 폐쇄한 뒤 자취를 감춰 버렸다. 경찰 쪽은 이들이 통신 제공업자에게 주어지는 국제전화 요금의 1%를 노려 이런 통신사기를 벌인 것으로 추정했다. 캐나다 경찰 쪽은 "사용자를 감쪽같이 속인 채 피해를 끼친다는 점에서 이는 일종의 '트로이 바이러스' 프로그램"이라며 "이들이 다른 주소와 이름으로 계속 활동할 우려가 있다."고 사용자의 주의를 당부했다.

## 2. 인터넷 윤락

윤락가 등 특정지역에서나 이뤄지던 매매춘이 인터넷을 통해 거래가 이뤄지고 '인터넷 포주'까지 등장하는 등 인터넷 윤락 알선이 대규모로 발생되고 있다. '인터넷 포주'란 매매춘 아르바이트를 원하는 4~5명의 여성들을 사전 확보한 뒤 인터넷 채팅을 통해 남자손님들과 시간, 장소를 정한 후 매매춘 상대를 연결시켜 주는 사람을 말하고, '인터넷 매매춘'의 예를 들면 인터넷 채팅 사이트에 '미녀 보내드립니다'라는 이름의 대화방을 개설, 이곳을 접속하는 남자손님들에게 1시간 25만 원, 2시간 37만 원 상당의 화대를 받고 윤락을 알선하는 것 등을 말한다.

### •사례1•

신흥 유흥업소인 '전화방' 업주가 불법 영업으로 처음으로 경찰에 적발되었다. 경찰청은 4월 8일 전화방에서 성인 비디오테이프를 상영한 혐의로 경북 구미시 원평동 'T클럽' 업주를 불구속 입건했다. 지난해 말부터 국내에 들어온 전화방은 비디오 시설과 전화기가 설치된 1평가량의 밀실에서 낯선 이성과 전화로 대화를 나누는 신종 유흥업소이다. 경찰 관계자는 신종 업종인 전화방이 음란 비디오물을 상영하는 경우 '음반및게임비디오물에관한법률'등을 적용해 나갈 방침이라고 밝혔다.

일본에서 중년 남성이 여자 중·고생들과 매춘하도록 조장하는 음란 전화방(텔레쿠라)을 이용해 본 경험이 있다는 초등학생이 의외로 많아 일본 교육계에 비상이 걸렸다.

동경의 한 교사 단체가 초등학생 1천3백 명을 대상으로 조사한 결과에 따르면, 초등학교 5, 6학년생 8.7%가 "전화를 걸어 본 적이 있다."라고 대답했다. 특히 초등학교 6학년 여학생은 14.8%에 달했다. 또 음란 전화방의 전화번호는 '선전용 티슈'나 '전화박스 광고'의 부작용이 심한 것으로 나타났다. 지난해 중·고생을 대상으로 실시한 앙케트 조사에서 음란 전화방을 이용해 본 학생이 25%에 달해 화제를 불러일으켰는데 이번 초등학생 앙케트 조사 결과 그 이상의 사회적인 충격으로 받아들여지고 있다.

## 3. 컴퓨터 업무방해

컴퓨터 등 정보처리장치 또는 전자기록 등 특수매체기록을 손괴하거나 정보처리장치에 허위의 정보 또는 부정한 명령을 입력하거나 기타 방법으로 정보처리에 장애를 발생하게 하여 사람의 업무를 방해하는 행위에 대해서는 형법 제314조(업무방해) 제2항이 적용된다. 종래 컴퓨터 바이러스에 의한 피해가 이 규정의 전제로서 많이 고려되어 왔으나, 현재에는 프로그램소프트의 절취나 부정이용의 가벌성이 논의되는 경우도 많아졌다. 물론, 사인(사기업)의 사무처리에 사용되는 네트워크에 침입하여, 보존 데이터를 부정하게 개변·소거하는 등의 이른바 크래킹(cracking) 행위가 당연히 컴퓨터업무의 방해에 해당한다는 것은 분명하나, 네트워크의 확대·보급은 새로운 위법행위를 초래하고 있다.

## 4. 증권거래

현재, 주권 등의 유가증권을 매매하는 시장은 컴퓨터를 매개로 한 거래가 일반적일 뿐만 아니라, 금융선물이나 파생금융상품 거래가 보급됨에 따라, 이른바 데이 트레이드(day trade)도 포함하여 시황변동의 풍문에 과민하게 반응하는 상태에 있다. 이러한 경우에는 허위의 정보를 의도적으로 흘리는 행위는 물론, 예컨대 진실한 내용일지라도 공개의 시기나 전달방법을 악용함으로써, 주가를 변동시켜 거액의 이익을 얻는 사태도 예상할 수 있다. 이러한 시장조작에 해당하는 행위는 지금까지도 증권거래법에 의하여 처벌되어 왔으나, 인터넷을 이용한 전자거래에서는 정보의 조작이 신속하고도 광범한 영향을 미치는 만큼 보다 심

각한 문제가 초래될 수 있다.[120]

## 5. 인터넷 도박

원래 현행 형법은 국민에 의한 도박행위를 금지하여 근로의 풍속을 보호하는 것이다. 예컨대, 국외의 인터넷을 경유하여 일본 국내에서 도박의 상대방을 모집하는 경우에도, 그것이 국내법에서 공인되어 있지 않는 한, 인터넷에 의한 도박을 처벌하여야 할 것이다. 실제, 영국의 북메이커(도박회사)가 통신회선을 이용하여 도박 홈페이지를 개설한 행위에 대하여, 일본 국내에서 도박장을 개장하는 것이라 하여 단속 당국이 경고를 발한 예가 있다. 왜냐하면, 도박장개장죄에서는 범인이 도박장의 주재자로서 자기의 지배·관리하에 도박을 실시하는 행위를 시작한 것으로 충분하며, 도박 객을 유인하여 일정 장소에 집합시킬 필요는 없고, 전화에 의한 신청을 받는 형태로도 도박장이 존재하였다고 해석할 수 있기 때문이다. 그러나 타인에 대한 물리적인 장소의 제공을 필요조건으로 하는 입장에서는 홈페이지의 개설로써, 도박장개장죄로 묻는 것은 곤란할 것이다. 다만, 컴퓨터의 단말을 조작한다거나 도박금 등의 계산 등에 이용한 시설을 일시적인 도박장으로 파악하는 것은 불가능하지 않다. 원래, 도박장개장죄는 자신이 승패의 위험을 부담하는 일 없이, 도박에 의한 막대한 이익을 취득한다는 점에서, 통상의 도박죄보다도 심한 반사회성이 부여되어 왔기 때문이다. 또한, 인터넷 도박 중에는 오히려 복권의 발매(형법 제187조)에 해당하는 경우도 적지 않은데, 이들 도박죄에서는 이른바 속지주의가 타당하기 때문에, 예컨대 해외의 제공자를 통하여 일본에서 외국의 복권을 판매하는 행위는 한국 법에 의하여 처벌할 수 없다고 하는 견해도 있다.

## 6. 전자인증제도의 보호

최근 상거래에서는 일반고객인 소비자도 쌍방향적인 컴퓨터통신으로 생산자와의 직접거래가 가능하다. 이른바 텔레마케팅은 유통경로의 단축과 중간경비의

---

120) 최근 일어난 델타정보통신 불법 온라인 주식거래가 그 대표적 사례이다. 본 사건을 계기로 이 같은 사고를 예방하는 장치인 전자서명에 대한 관심이 높아지고 있다.

절약이라는 장점을 가지는 점에서 서면을 이용한 대면거래에 대신하는 상품유통시스템의 신뢰성 확보가 전제로 된다. 예컨대, 전자상거래에서는 암호시스템이나 전자서명 등의 인증제도가 논의되고 있다. 또한 전자화폐나 신용카드를 사용할 때, 부정한 사용이나 데이터의 변경을 방지한다는 의미에서도 전자몰의 설치자에 의한 인증제도를 정비할 필요가 있다. 구체적인 문제로서 신용카드를 이용한 인터넷상의 결제에서는 현재 카드번호로 확인하는 수단이 채택되고 있지만, 이용자의 본인 여부를 증명하기 위해서는 불충분한 시스템이라고 말할 수밖에 없다. 그러한 방법에 의한다면 크레디트카드 자체의 유효성은 확인할 수 있다고 하여도 실제 안전 면에서 카드번호의 완전한 관리가 불가능한 이상, 제3자에 의한 악용의 가능성을 배제할 수 없기 때문이다. 물론 대면거래에서도 부정사용이 발생할 여지가 있다고 하여 보통 자필의 서명이나 대화에 의한 본인 여부의 확인이 이루어지고 있다. 그러나 전자상거래에서는 시간적·장소적으로 거래상대를 특정한다거나 부정사용자의 소재를 포착하는 것은 곤란하다. 예컨대, 인터넷상의 매매에 있어 타인이 다른 사람의 이름으로 허위내용의 계약을 체결한다거나, 개방형 네트워크를 경유하고 있는 경우 보존·전달되는 정보가 도중에 변경될 위험성도 부정할 수 없다. 본인인증 및 비밀유지의 문제는 전자상거래 전체의 안정성에 관련되기 때문에, 예컨대 전자서명 등의 기술적인 안전이 정비된다고 하여도 이를 파괴하려는 자가 있는 한 범죄자로서 적발하기 위한 법 제도가 필요할 것이다.

## 7. 전자화폐의 위조

결제수단인 전자화폐(디지털 캐시)에 대해서는 현재 다종다양한 방식이 시행되고 있지만, 인터넷을 매개로 하지 않는 금액충전식의 IC카드면, 일종의 전불식 증표에 해당하기 때문에 이른바 프리베이드 카드법의 규제를 받게 된다. 또한 이를 위조한 경우에는 대충 문서인 유가증권성이 결한 경우 여하튼 통상은 형법전의 유가증권위조죄가 성립할 것이다. 나아가 전자서명의 방식이 어떠한 것으로 되는지는 명확하지 않지만, 이를 부정하게 작성·사용한 경우에는 현행법상 인장위조죄가 적용될 가능성도 없지 않다. 원래 전자화폐를 사용한 기록의 개서가 금융기관의 온라인 데이터의 진정을 저해하는 것이라면, 권리·의무 또는 사실증명에 관한 사전자적기록의 부정작출에 해당한다는 점, 이동형 전자화폐의 기록을 개서한 것만은 형법이 예정하는 전자적 기록의 개작으로 해당하지 않는 경우도 있을 수 있다. 이에 대하여 인터넷상의 결제에 이용되는 전자화폐에 대하여 전자상거래에 있어서 법적 안정성을 확보하기 위해, 공적 인증기관에 의한 관리가 실시된 경우에는 통화에 필적하는 사회적 기능을 영위하게 된다. 그러나 전자화폐가 통화와 유사하다고 하여도 고도의 익명성이 전제로 되는 현금결제와는 차이가 있고, 전자상거래에 참가하는 고객의 프라이버시보호도 고려되어야 한다. 다른 한편 데이터의 개작·누설의 위험을 오로지 이용자의 부담으로 하는 것에 의하여, 법 제도상은 위조나 부정작출을 방임하는 것이라면 일반사회에서 전자화폐의 보급은 어렵게 될 것이다.

## 8. 불법복제

### (1) 복제와 불법복제의 의의

컴퓨터프로그램보호법에 의하면 '복제'라 함은 프로그램을 유형물에 고정시켜 새로운 창작성을 더하지 아니하고 다시 제작하는 행위를 말한다(동법 제2조 제3호)고 규정하고 있다. 따라서 이를 소프트웨어와 관련시킨다면, 소프트웨어에 새로운 창작성을 더하지 아니하고 이를 유형물에 고정시켜 다시 만들어 내는 것으로 정의할 수 있고, 불법복제(software piracy)란 소프트웨어에 대한 독점적인 권한을 가지고 있는 사람의 허가 없이 불법적으로 소프트웨어의 내용을 복사하여 이용하는 것으로 정의하는 입장도 있는데, 엄격히 말하면 불법복제는 '복사하는 것'만을 의미하는 것이지 복사 소프트웨어를 '이용하는 것'까지 포함하는 것은 아니라고 할 것이다.[121] 이러한 불법복제에 대한 유형은 일반적으로 1) 사용자 단순복사, 2) 하드디스크 탑재, 3) 대여, 4) 위조, 5) 온라인 전자게시판을 이용한 불법복제의 5가지로 유형화되고 있다.[122]

---

121) SPC, 앞의 논문, 7면 참조.

122) 정경모, 국내S/W 저작권 보호현황과 문제점, 소프트웨어 저작권 전문가 포럼 자료집(2001.11.2.), ㈔한국소프트웨어저작권협회, 7면 이하. 한국소프트웨어저작권협회, 소프트웨어저작권 관리·운영지침서, 13면 이하.

(2) 우리나라에서 불법복제

우리나라는 OECD 27개 국가 중 1999년도 기준으로 불법복제율 8위, 추정손실액 10위로서 소프트웨어 불법복제가 많이 행하여지고 있는 국가로 평가될 수 있다. 2000년에 소프트웨어 저작권 침해건수는 860건, 피해금액은 90.2억 원, 소프트웨어침해율(복제율) 56%로 나타나 있으며,[123] 2001년에는 1,828건, 피해금액 187억 원, 복제율 50.4%이다. 특히 주목할 점은 2001년 3월부터 4월까지 두 달간 검찰에서 '지적재산권침해사범 특별단속'을 실시한 결과 적발건수 1,397건, 피해금액 107.6억 원으로, 이는 2001년 소프트웨어의 불법복제 건수의 76.4%, 피해금액의 57.5%에 달한다는 사실이다. 이는 소위 숨은 범죄(암수범죄: hidden crime)의 비율이 매우 높다는 것을 나타내며, 실제로 발생하고 있는 침해행위임에도 법의 규제가 미치지 않는 행위가 많다는 것을 보여 주고 있다. 이러한 점은 앞으로 소프트웨어 불법복제에 대하여 보다 적극적이고 치밀한 단속활동이 이루어질 필요가 있다는 점을 암시하고 있다.[124] 2008년 현재 기술한 단속활동으로 인하여, 많이 개선되었으며, 불법복제의 심각성이 많이 해소되었다.

**•사례1•**

경북 지방 검찰청은 4월 10일 컴퓨터 프로그램을 불법 복제해 판매한 K 씨 등 3명에 대해 컴퓨터프로그램보호법 위반 혐의로 구속 영장을 신청하고 L 씨 등 72명을 같은 혐의로 입건했다. 구속 영장이 청구된 K 씨 등 3명은 '윈도우' 등 소프트웨어를 불법 복제해 판매하다가 심의를 받지 않은 일본산 음란 비디오 CD 등을 불법 복제해 판매한 혐의다. 또, L 씨 등 72명은 '노트 유틸리티' 등의 소프트웨어를 불법 복제해 학원 수강생들의 교육에 사용하거나 업무에 사용했는데, 이들은 미국 마이크로소프트사 등 컴퓨터 프로그램 제조업체의 고소로 경찰에 적발되었다.

---

123) www.spc.or.kr 참조.
124) SPC, 앞의 논문, 16 – 7면 참조.

지난 4일 오후 2시, 서울지검 동부지청 329호실. 불법복제 CD롬과 디스켓 수천 장이 쌓여 있고 그 뒤로 수의를 입은 20대 청년들이 고개를 떨어뜨린 채 서 있었다. 그들 대부분은 대학생이거나 대학을 갓 졸업한 젊은이들이었다. 그동안 내로라하는 컴퓨터 전문가로 주위의 부러움을 받았던 이들이었지만 이젠 법의 준엄한 심판과 함께 전과자라는 명예를 걸머져야만 한다. 검거된 젊은이들의 범죄 동기는 순진하기 짝이 없다. PC 통신에서 '나와라 주식회사'라는 이름으로 다양한 복제 소프트웨어를 판매, 네티즌들 사이에 인기가 높았던 민 모 씨(24, 대학생)는 프로그램 개발 자금을 마련하기 위해 별 생각 없이 일을 저질렀다. 또, 용산전자상가에서 점포를 운영하고 있는 강 모 씨(27)는 인터넷 사업에 투자할 돈을 모으려고 2천만 원 상당의 불법복제 소프트웨어를 팔다가 적발됐다. 대학 졸업 후 취업문을 두드리다가 실패하자, 돈을 쉽게 벌 수 있다는 유혹에 빠져 이 일에 뛰어든 사람도 적지 않았다.

지적재산권 보호의 중요성이 강조되고 있음에도 불구하고 아직까지 불법 SW 사용에 대한 시민 의식은 크게 달라지지 않은 것으로 나타났다. 특히 온라인에서의 소프트웨어 불법복제 및 불법 공유가 전혀 줄어들지 않고 있는 것으로 조사됐다.

6일 한국소프트웨어저작권협회(회장 김영만, 이하 SPC)는 온라인 모니터링 결과 보고서를 통해 이같이 발표했다. 보고서에 따르면 올 상반기 22개 OSP(개인 간의 파일 공유 사이트나 웹하드 등) 사이트에서 소프트웨어 불법 업로드 건수는 4만 2천여 건 이상, 이로 인한 피해 금액은 690억 원을 웃돈 것으로 나타났다.

이는 지난 2007년 한 해 동안 입은 피해 규모에서 35%가량 늘어난 수치다.

가장 많은 피해를 입은 업체는 매스웍스(222억 원), 오토데스크(140억 원), 마이크로소프트(126억 원) 순이었다. 피해 건수로는 마이크로소프트(1만 3천887건), 어도비(1만 881건), 블리자드(5천492건), 한글과컴퓨터(3천686건), 오토데스크(2천612건), 안철수연구소(1천009건) 순으로 나타났다.

SPC의 김지욱 부회장은 "모니터링 대상 OSP 사이트와 저작권사를 확대해 지난해보다 피해 금액이 증가한 면이 있지만 하나의 게시물을 여러 명이 다운로드할 수 있다는 점을 고려하면 피해 금액이 더 늘 수도 있다."며 "온라인 불법 공유 사례가 줄지 않는 것은 안타까운 일"이라고 말했다. 한편 SPC는 올해 보다 정확한 피해 규모 파악을 위해 모니터링 대상 OSP 사이트를 지난해 18개보다 4개 늘어난 22개로 늘리고, 감시 대상 소프트웨어 기업 역시 18개에서 44개로 확대했다.

(3) 단속활동

1) '단속'의 의미

컴퓨터프로그램보호법 제34조는 프로그램저작권 및 기술적 보호조치를 침해

하는 프로그램 또는 기기, 장치 부품 등에 대하여 단속공무원의 수거·삭제·
폐기권한을 인정하고 있다.

흔히 컴퓨터프로그램 불법복제의 '단속'이라는 표현을 사용하지만, '단속'의
개념이 학문상 명확한 것은 아니다. 컴퓨터프로그램보호법은 이를 명시적으로
규정하고 있지는 않으며, 음반비디오물및게임물에관한법률에서 그러한 표현을
쓰고 있을 뿐이다.[125]

어의적 의미를 고려할 때 '단속'이란 개념은 이용 중인 컴퓨터프로그램 또는
소프트웨어가 정품인지 불법복제품인지 여부를 확인하기 위한 행정기관의 조사
활동 및 그에 의한 압수·수거·삭제·폐기 등 현장에서 행해지는 일련의 공권
력작용으로 이해할 수 있다. 컴퓨터프로그램보호법 제34조가 동 조 제1항 각
호상의 프로그램이나 기기 등에 대한 수거·삭제·폐기를 규정한 것을 감안하
면 이를 위한 조사활동도 전제된 것으로 볼 수 있는데, 그렇다면 일응 컴퓨터프
로그램보호법 제34조가 '단속'으로서의 조사활동의 근거조항에도 해당하게 된
다. 그러나 구체적으로 컴퓨터프로그램보호법 제34조에 의하여 허용된다고 보
이는 조사활동 및 수거 등의 조치가 무엇을 의미하는가에 대해서는 보다 세분
화된 논의가 요구된다. 이들 작용은 본질적으로 행정작용에 해당하며, 한편 컴
퓨터프로그램보호법 제46조가 프로그램저작권 침해행위 및 기술적보호조치침해
행위 등에 대한 형사 처분을 규정하고 있으므로, 행정법 및 형사법적 관점에서
검토할 필요가 있게 된다.

### 2) 불법복제 단속활동과 민간단체의 참여 필요성

현재 우리나라에서 행해지고 있는 프로그램 불법복제에 대한 단속활동 및 수
사활동의 가장 큰 어려움은, 불법복제가 급증함에 따라 이를 상시적으로 조사하

---

125) 동법 제3조(음반·비디오물 등 관련 진흥시책의 수립·시행) ① 문화관광부장관은 음반·비디오물·게임물
과 관련된 산업의 진흥을 위하여 필요한 시책(이하 '진흥시책'이라 한다.)을 수립·시행하여야 한다. ② 진흥
시책에는 음반·비디오물·게임물과 관련된 다음 각 호의 사항이 포함되어야 한다. 1. ········ 9. 위법하게
제작되거나 판매·대여·배포(이하 '유통'이라 한다.)·시청 또는 이용에 제공되는 음반·비디오물·게임물
에 대한 지도·단속 10. 위법하게 제작·유통·시청 또는 이용에 제공되는 음반·비디오물·게임물에 대한
비영리민간단체지원법 제2조의 규정에 의한 비영리민간단체(이하 '비영리민간단체'라 한다.)의 자율감시활동
의 지원 11. 그 밖에 관련 업소의 건전한 발전. 동법 제24조(등급분류 등의 통지) 위원회는 다음 각 호의 1에
해당하는 결정 또는 심의·결정 등을 음반·비디오물·게임물에 대한 지도·단속권한이 있는 행정기관과 제
43조의 규정에 의한 협회 또는 단체에 서면으로 통지하여야 하며 컴퓨터통신 등을 이용하여 이를 널리 알려
야 한다. 1. ········ 등 참조.

고 단속할 수 있는 전문지식을 갖춘 인력이 절대적으로 부족하다는 점이다. 따라서 단속대상이 되는 컴퓨터 시스템에 대하여 작동·운용을 보조해 주거나 법집행기관이 압수·수색의 대상으로 하고 있는 증거를 발견하도록 협력할 수 있는 전문가의 도움이 필요한 경우가 많다. 다만, 프로그램 불법복제 단속에 전문가의 협력이 필요함에도 이에 대한 법적 근거가 없어 민간전문인력이 단속활동에 참여하는 데 많은 문제점이 제기되고 있다. 현재 프로그램 불법복제는 더욱 지능화·다양화·신속화·대규모화하는 반면, 단속기관은 인원의 부족과 전문성의 결여로 단속의 실효성이 떨어지고 있다. 이러한 문제를 보완하기 위해 국내외 프로그램개발자 및 그 단체들이 자체적으로 단속활동을 벌이고 있는데, 이러한 자체적 단속활동은 불법의 우려가 많다. 즉, 프로그램저작권자 등에 의한 불법복제 감시활동 등은 원칙적으로 공권력에 의한 단속을 보조하는 지위에서 이루어져야 하는 것인데, 불법복제에 대한 증거를 확보하지 못한 상태에서는 단속기관을 움직여 실제의 단속에 나서게 하기 어려운 것이 실상이므로, 프로그램 저작권자 등이 증거확보의 차원에서 직접적인 단속활동을 펼치고 있는 실정이다. 실제로 저작권자·단체의 단속원들이 고객을 가장해 불법복제품을 구입하거나, 전자상가 등 불법복제의 혐의가 있는 장소를 지속적으로 감시하거나, 심지어는 통신망을 통한 불법복제의 증거를 찾기 위해 해킹행위까지 하고 있다고 한다.[126]

## ● 저작권 침해

### 판례 1

- 서울고법 2007.10.10.자 2006라1245 결정【음반복제금지등가처분】〈'소리바다 5 서비스' 가처분 사건〉[127]
- [각공 2007하, 2521]

---

126) 경건, 컴퓨터프로그램 보호를 위한 현행 법제의 문제점과 개선방안, 현행 컴퓨터프로그램보호법제의 문제점과 개선방안, 행정법이론실무학회, 2002.3.23. 121－3면 참조.
127) 소리바다에 관한 상세한 내용은 제5장 제6절 음악파일 전송 부분을 참조.

[1] '소리바다 5 서비스'의 이용자들이 다른 이용자의 컴퓨터에 접속하여 음원 파일(MP3 파일)을 자신의 컴퓨터에 다운로드하여 하드디스크에 저장하는 행위가 음반제작자의 복제권을 침해하는 행위에 해당한다고 한 사례.

[2] '소리바다 5 서비스'를 통해 개별 이용자들이 자신의 다운로드 폴더로 음원 파일을 다운로드하거나 개인적으로 보유하고 있는 음원 파일을 공유 폴더를 겸하고 있는 다운로드 폴더에 저장하는 행위가 음반제작자의 전송권을 침해하는 행위에 해당한다고 한 사례.

[3] 민법 제760조 제1항의 공동불법행위가 성립하기 위한 요건.

[4] '소리바다'라는 인터넷 사이트를 운영하면서 '소리바다 5 프로그램'을 배포하여 그 이용자들로 하여금 P2P 방식으로 MP3 형식의 음악파일을 공유하도록 하는 서비스를 제공한 회사가 위 서비스 이용자들의 저작인접권 침해행위에 대하여 협의의 공동불법행위 책임을 지지는 않는다고 한 사례.

[5] 저작권법상 복제권 또는 전송권의 침해에 있어서 과실에 의한 방조가 가능한지 여부(적극) 및 방조자에게 필요한 인식의 정도.

[6] P2P 방식에 의한 파일공유 서비스의 운영자가 그 서비스 이용자들의 저작인접권 등 침해행위에 대하여 방조책임을 부담하는 경우.

[7] '소리바다 5 프로그램'의 개발 경위 등에 비추어 '소리바다 5 서비스'의 운영자도 그 서비스 이용자들에 의한 저작인접권 침해행위가 발생하고 있다는 사정을 적어도 미필적으로나마 인식하였다고 봄이 상당하므로 저작인접권 침해행위에 대한 방조책임을 면할 수 없다고 한 사례.

[8] 저작권법 제123조 제1항에 정한 '저작권 그 밖에 이 법에 의하여 보호되는 권리를 침해하는 자'에 저작권 침해행위의 방조자도 포함되는지 여부(한정 적극).

[9] 저작인접권을 침해받고 있는 음반제작자들이 그 침해행위에 대한 방조책임을 지는 '소리바다 5 프로그램'을 기반으로 한 소리바다 서비스 운영자에 대하여 저작권법 제123조 제1항에 따른 저작인접권의 침해금지 및 침해예방을 구할 수 있다고 한 사례.

[10] 저작권법 제102조 제1항이 필요적 면책사유로 정하고 있는 '기술적으로 불가능한 경우'의 의미 및 그 판단 기준.

[11] 이용자들의 컴퓨터끼리 직접 연결되어 파일공유, 즉 복제 또는 전송이 이루어지는 P2P 방식의 서비스를 제공하는 자도 저작권법 제102조에서 말하는 '온라인서비스 제공자'에 해당하는지 여부(적극).

[12] '소리바다 5 서비스'의 운영자가 취하고 있는 '소극적 필터링 방식' 및 그 보완책으로서의 '그린파일 시스템' 등 일련의 기술적 조치들에 의하여 저작권법 제102조 제2항에서 말하는 저작인접권의 침해방지를 위한 기술적 조치를 다하였다거나, 더 이상의 저작인접권 침해를 방지·중단하는 것이 불가능하다고 볼 수 없다고 한 사례.

[13] P2P 서비스의 경우 저작권 등의 보호를 위한 기술적 조치가 '소극적 필터링 방식'을 전제로 하는지 여부(소극).

[14] 저작권 등의 보호를 위한 기술적 조치로서의 적극적 필터링 방식이 이용자제작콘텐츠 (UCC) 등 개인의 창작물이나 기타 저작권에서 자유로운 파일의 공유까지 금지시켜 과잉금지의 원칙에 반한다거나 저작권법 제103조 제3항에 정한 온라인서비스 이용자의 복제·전송 재개요구권을 배제하는 결과를 초래한다고 볼 수 없다고 한 사례.

[15] 저작권법 제103조에 정한 '복제·전송의 중단 요구'가 온라인서비스 제공자에게 저작권 침해에 대한 책임을 묻기 위한 권리행사요건 내지 온라인서비스 제공자의 복제·전송 중단의무의 발생요건인지 여부(소극).

[16] '특수한 유형의 온라인서비스 제공자'의 저작권 등의 보호를 위한 기술적 조치 의무 등을 정한 저작권법 제104조의 규정 취지.

## 판결요지

[1] '소리바다 5 서비스'의 이용자들이 다른 이용자의 컴퓨터에 접속하여 음원 파일(MP3 파일)을 자신의 컴퓨터에 다운로드하여 하드디스크에 저장하는 행위는 '음을 유형물에 고정하는 것'(저작권법 제2조 제22호)이므로 음반제작자인 신청인의 복제권을 침해하는 행위에 해당한다고 한 사례.

[2] '소리바다 5 서비스'를 통해 개별 이용자가 자신의 다운로드 폴더로 음원 파일을 다운로드하거나 개인적으로 보유하고 있는 음원 파일을 다운로드 폴더에 저장하는 행위는, '소리바다 5 프로그램'에서의 다운로드 폴더는 공유 폴더를 겸하고 있어 그 이용자가 '소리바다 5 서비스'의 접속을 유지하고 있는 한 다른 이용자들은 이미 해당 파일을 다운로드할 수 있는 상태에 놓이게 되므로, 위 서비스에 접속하고 있는 다른 이용자들이 개별적으로 선택한 시간과 장소에서 접근할 수 있도록 저작물을 이용에 제공하는 것이어서(저작권법 제2조 제10호) 음반제작자인 신청인들의 전송권을 침해하는 행위에 해당한다고 한 사례.

[3] 민법 제760조 제1항의 공동불법행위가 성립하려면, 행위자 사이에 의사의 공통이나 행위 공동의 인식까지 필요한 것은 아니지만, 객관적으로 보아 피해자에 대한 권리침해가 공동으로 행하여지고 그 행위가 손해발생에 공통의 원인이 되었다고 인정되는 경우라야 하고, 또한 그 각 행위는 독립적으로 불법행위에 해당하여야 한다.

[4] '소리바다(www.soribada.com)'라는 인터넷 사이트를 운영하면서 그 이용자들로 하여금 P2P(peer to peer) 방식으로 MP3(MPEG-1 Audio Layer-3) 형식의 음악파일을 공유하도록 하는 소프트웨어인 '소리바다 5 프로그램'을 배포한 후, 이 프로그램을 다운로드하여 개인 컴퓨터에 설치한 이용자들 사이에 P2P 방식으로 MP3 형식의 음악파일을 공유하도록 하는 서비스를 제공한 회사는, 그 서비스를 제공함에 있어 독자적으로 음반제작자들의 복제권 또는 전송권을 침해하였다거나 이용자들과 함께 협의의 공동불법행위 책

임을 질 정도로 이용자들의 저작인접권 침해행위에 직접적이고 밀접한 기여를 하였다고 평가하기 어려워, 위 서비스 이용자들의 저작인접권 침해행위에 대하여 협의의 공동불법 행위 책임을 지지는 않는다고 한 사례.

[5] 저작권법이 보호하는 복제권의 침해를 방조하는 행위는 타인의 복제권 침해를 용이하게 해 주는 직접·간접의 모든 행위를 가리키는 것으로서, 복제권 침해행위를 미필적으로만 인식하는 방조도 가능함은 물론 과실에 의한 방조도 가능한데, 과실에 의한 방조에 있어 서 그 과실의 내용은 복제권 침해행위에 도움을 주지 않아야 할 주의의무가 있음을 전제 로 하여 이 의무에 위반하는 것을 말하는 것이고, 위와 같은 침해의 방조행위에 있어서 방조자는 실제 복제권 침해행위가 실행되는 일시나 장소, 복제의 객체 등을 구체적으로 인식할 필요가 없으며 실제 복제행위를 실행하는 자가 누구인지 확정적으로 인식할 필요 도 없고, 이와 같은 법리는 전송권의 침해를 방조하는 행위에 대해서도 그대로 적용된다.

[6] 일반적으로 P2P 방식에 의한 파일공유 시스템은 해당 P2P 서비스에 접속하고 있는 수 천, 수만의 불특정 다수의 이용자들 전부를 그 대상으로 하고 있으며, 파일의 제공행위, 즉 파일의 업로드는 해당 파일을 보유하고 있는 이용자가 P2P 서비스에 접속하는 것만으 로 자연스럽게 이루어지고, 파일의 수령행위, 즉 파일의 다운로드는 인터넷의 특성상 그 다운로드를 요청한 다수의 모든 이용자에게 순간적으로 동시에 이루어진다는 점에서, 이 용자들이 디지털 형태의 저작복제물을 무단 유통함에 따른 저작인접권의 침해가능성은 항 상 열려 있다고 할 것이나, 그렇다 하더라도 모든 형태의 P2P 시스템과 그 운영자들이 획일적으로 이용자들의 저작인접권 등 침해행위에 대한 방조책임을 부담한다고 할 수는 없고, 운영자가 P2P 서비스를 제공하는 과정에서 이용자들의 파일공유 및 교환 행위에 관여할 수 있는지의 여부와 그 방식 및 정도, 저작인접권 등의 침해행위에 대한 운영자의 인식 여부 및 그에 따른 P2P 시스템에서의 권리보호조치의 내용과 그 정책, P2P 시스템 이 파일공유 기능 외에 이용자들의 저작인접권 등 침해행위를 용이하게 할 수 있는 다른 기능을 제공하고 있는지 여부, 운영자가 이용자들의 저작인접권 침해행위로부터 이익을 얻을 목적이 있거나 향후 이익을 얻을 가능성의 정도 등 구체적 사정을 살펴보아, 운영자 가 이용자들의 파일공유 등으로 인한 저작인접권 등 침해행위를 미필적으로나마 인식하고 있으면서도 이를 용이하게 할 수 있도록 도와주거나, 이러한 침해행위에 도움을 주지 않 아야 할 주의의무가 있음에도 이를 위반하는 경우라고 평가되는 경우에만 방조책임이 인 정된다.

[7] 비록 '소리바다 5 프로그램'이 종전의 소리바다 1, 2, 3에 비하여 저작인접권자 등의 권리보호를 위한 기술적 조치와 시스템을 갖추고 있기는 하나, 현재 '소리바다 5 서비스' 운영자가 취하고 있는 '소극적 필터링 방식(저작인접권자 등 권리자들로부터 필터링(공유 금지)을 요청받거나 이미 위 운영자가 공유금지로 설정하여 놓은 음원 파일들에 대하여만 필터링을 실시하는 방식)'의 내재적 한계상 음반제작자들의 음원에 대한 저작인접권의 침

해행위는 계속되어 왔고, 앞으로도 그와 같은 침해행위의 발생은 불가피할 것으로 보이며, 나아가 위 운영자가 그 보완책으로 들고 있는 '그린파일 시스템(저작인접권자 등 권리자들이 위 서비스 운영자에게 자신들의 음원 정보를 제공하여 필터링을 요청한 후, 위 운영자의 승인절차를 거쳐 파일공유를 금지하는 시스템)'만으로는 그와 같은 권리침해를 제때 방지하거나 중단시킬 수 있을 것으로도 보기 어렵고, '소리바다 5 프로그램'의 개발 경위 등에 비추어 위 운영자 역시 음반제작자들의 음원에 대한 저작인접권의 침해행위가 발생하고 있다는 사정을 적어도 미필적으로나마 인식하였다고 봄이 상당하므로, '소리바다 5 서비스'의 운영자는 그 이용자들의 저작인접권 침해행위에 대한 방조책임을 면할 수 없다고 한 사례.

[8] 저작권법 제123조 제1항은 침해정지청구의 상대방을 '저작권 그 밖에 이 법에 의하여 보호되는 권리를 침해하는 자'로 규정하고 있는데, 저작권 침해행위를 방조하는 경우에도 방조행위의 내용·성질, 방조자의 관리·지배의 정도, 방조자에게 발생하는 이익 등을 종합하여, 방조행위가 당해 저작권 침해행위에 밀접한 관련이 있고, 방조자가 저작권 침해행위를 미필적으로나마 인식하면서도 이를 용이하게 하거나 마땅히 취해야 할 금지조치를 취하지 아니하였으며, 방조행위를 중지시킴으로써 저작권 침해상태를 제거할 수 있는 경우에는 당해 방조자를 침해 주체에 준하여 '저작권 그 밖에 이 법에 의하여 보호되는 권리를 침해하는 자'에 해당한다고 봄이 상당하다.

[9] '소리바다 5 프로그램'을 기반으로 한 소리바다 서비스의 내용과 이용자들의 저작인접권 침해행위에 대한 통제가능성 등 제반 사정에 비추어, 저작인접권을 침해받고 있는 음반제작자들이 그 침해행위에 대한 방조책임을 지는 위 서비스 운영자에 대하여 저작권법 제123조 제1항에 따른 저작인접권의 침해금지 및 침해예방을 구할 수 있다고 한 사례.

[10] 저작권법 제102조 제1항이 필요적 면책사유로 정하고 있는 '기술적으로 불가능한 경우'는, 온라인서비스 자체는 이를 유지하는 것을 전제로 이용자들의 복제·전송행위 중 저작권 등의 침해행위가 되는 복제·전송을 선별하여 방지하거나 중단하는 것이 기술적으로 불가능한 경우를 말하는 것이고, 따라서 비록 온라인서비스 이용자들이 해당 온라인서비스를 이용하여 저작물 등을 복제·전송함으로써 그 저작권 등을 침해하였다고 하더라도, 온라인서비스 제공자가 그와 같은 침해사실을 알고 저작권 등의 침해가 되는 복제·전송을 선별하여 이를 방지하거나 중단하는 기술적 조치를 다하였다고 인정되는 경우에는, 온라인서비스 제공자는 해당 침해행위에 대한 책임을 면하게 된다.

[11] 저작권법 제102조에서 말하는 온라인서비스 제공자는 '다른 사람들이 저작물이나 실연·음반·방송 또는 데이터베이스를 정보통신망을 통하여 복제 또는 전송할 수 있도록 하는 서비스를 제공하는 자'이며(저작권법 제2조 제30호), 여기서 말하는 정보통신망은 해당 서비스 제공자 '자신의' 정보통신망에 국한되지 않음이 그 문언상 명백하므로, 이용자들의 컴퓨터끼리 직접 연결되어 파일공유, 즉 복제 또는 전송이 이루어지는 P2P 방식의

서비스를 제공하는 경우에도 역시 위 규정에서 말하는 온라인서비스 제공자에 해당한다.

[12] '소리바다 5 서비스'의 운영자가 취하고 있는 '소극적 필터링 방식' 및 그 보완책으로서의 '그린파일 시스템' 등 일련의 기술적 조치들에 의하여 저작권법 제102조 제2항에서 말하는 저작인접권의 침해방지를 위한 기술적 조치를 다하였다거나, 더 이상의 저작인접권 침해를 방지·중단하는 것이 불가능하다고 볼 수 없다고 한 사례.

[13] P2P 서비스에 있어서 저작권 등의 보호를 위한 기술적 조치가 반드시 소극적 필터링 방식이어야 한다고는 보기 어려운데다(실제로 적극적 필터링 방식(권리자들로부터 이용허락을 받은 음원의 파일에 대하여만 파일공유를 허용하는 방식)에 의한 저작권 등 침해방지 조치를 취하고 있는 P2P 서비스가 이미 상용화되어 있다.), 저작인접권 등을 침해하는 파일공유 행위가 서비스 제공자의 관여 없이 이용자들 사이에 이루어진다는 사정을 고려하여 저작권법에서 정하고 있는 바와 같이 일정한 요건하에 P2P 서비스 제공자들의 책임을 감면해 주는 것은 별론으로 하고, P2P 서비스에 있어서 저작인접권 등 법에서 정하는 권리에 대한 보호의 정도를 달리할 것은 아니므로, P2P 서비스에 있어서는 개념논리적으로 저작권 등의 보호를 위한 기술적 조치로는 '소극적 필터링 방식'을 전제로 한다고 볼 수 없다.

[14] 저작권 등의 보호를 위한 기술적 조치로서의 적극적 필터링 방식이 이용자제작콘텐츠(UCC) 등 개인의 창작물이나 기타 저작권에서 자유로운 파일의 공유까지 금지시켜 과잉금지의 원칙에 반한다거나 저작권법 제103조 제3항에 정한 온라인서비스 이용자의 복제·전송 재개요구권을 배제하는 결과를 초래한다고 볼 수 없다고 한 사례.

[15] 저작권법 제103조에서 말하는 '복제·전송의 중단 요구'는 온라인서비스를 이용한 저작물 등의 복사·전송으로 인하여 자신의 권리가 침해된 권리자가 위 제103조에서 정하고 있는, 재판을 거치지 않고 온라인서비스 제공자에게 직접 저작물 등의 복제·중단을 요청하는 신속하고 간이한 권리구제절차를 이용하기 위한 요건일 뿐이지, 이와 같은 복제·전송의 중단 요구 즉 '권리보호요청'이 권리자가 온라인서비스 제공자에 대하여 온라인서비스를 이용한 저작권 등의 침해에 대한 책임을 묻기 위하여 필요한 권리행사요건이나 온라인서비스 제공자가 복제·전송을 중단하여야 할 의무의 발생요건은 아니다.

[16] 저작권법 제104조 역시 제103조와 마찬가지로, '특수한 유형의 온라인서비스 제공자'의 책임 제한이나 특수한 유형의 온라인서비스 제공자의 책임을 묻기 위한 권리행사요건을 정하고 있는 규정이 아님이 그 내용상 명백할 뿐 아니라, 온라인서비스 제공자의 책임 제한을 규정하고 있는 제102조와의 관계나 저작권자 등의 권리침해방지를 강화하려 한 저작권법의 개정 취지에 비추어 보더라도, 특히 저작권 등에 대한 침해행위가 상대적으로 많이 발생할 가능성이 큰 '다른 사람들 상호간에 저작물 등의 전송을 주목적으로 하는 온라인서비스'를 별도로 분류하여, 그와 같은 특수한 유형의 온라인서비스 제공자에 대하여 권리자들이 위 제104조 제1항과 이를 구체화한 저작권법 시행령 제45조에서 정한 요건

을 갖춘 권리보호요청을 한 경우에는 법원의 재판을 거치지 아니하더라도 바로 같은 시행령 제46조에서 정한 조치를 할 의무를 법정화하고, 나아가 이와 같은 조치를 취하지 아니할 경우에는 3,000만 원 이하의 과태료에 처하도록 하여 그 이행을 담보함으로써 다른 온라인서비스 제공자에 비하여 가중된 의무를 추가로 부과한 것으로 해석함이 상당하다 (저작권법 제142조).

### 판례 2

- 서울중앙지법 2006.7.21. 선고 2004가합76058 판결 【손해배상(기)】 : 항소
- [각공 2006.9.10.(37), 1913]

### 판시사항

[1] 온라인서비스 이용자의 개별적인 저작권 침해행위에 대하여 온라인서비스 제공자에게 방조책임이 인정되기 위한 요건.

[2] 온라인서비스 제공자가 자신의 웹사이트에 개설한 개방형 커뮤니티 서비스 게시판에 서비스 이용자들이 인터넷 미디어사업자들의 기사 및 사진을 허락 없이 게재한 경우에, 온라인서비스 제공자에게 서비스 이용자들의 저작권 침해행위에 대한 방조책임을 부정한 사례.

[3] 온라인서비스 제공자가 자신의 회원들이 많이 찾는 뉴스기사에 관한 목록 및 정보를 안내하는 서비스를 제공하면서 인터넷 미디어사업자들이 저작권을 가지는 뉴스기사 사진을 작은 크기로 축소하여 게시한 행위가 저작권법 제25조에서 규정하고 있는 '공표된 저작물의 인용'에 해당한다고 한 사례.

### 판결요지

[1] 온라인서비스 이용자의 개별적인 저작권 침해행위에 대하여 온라인서비스 제공자에게 방조책임이 있다고 인정하려면, 온라인서비스 제공자가 이용자의 저작권 침해행위를 직접 확인하거나 적어도 미필적으로 이를 인식하였음에도 불구하고 이를 용이하게 도와주거나, 이러한 침해행위에 도움을 주지 않아야 할 주의의무가 있음에도 이를 위반하였다고 평가될 수 있어야 한다.

[2] 온라인서비스 제공자가 자신의 웹사이트에 개설한 개방형 커뮤니티 서비스 게시판에 서비스 이용자들이 인터넷 미디어사업자들의 기사 및 사진을 허락 없이 게재하였는데, 위서비스가 무단복제 게시물의 공유를 주된 목적으로 하고 있지 않고, 게시판 기능 외에 저작권 침해를 용이하게 할 특별한 기능을 제공하지 않는 점, 온라인서비스 제공자가 이용자들의 저작권 침해행위에 간접적으로라도 관여하고 있다고 볼 만한 사정이 없고, 매일

만여 건 이상의 새로운 게시물이 게시되어 그 저작권 침해 여부를 일일이 파악하는 것이 어려운 점, 온라인서비스 제공자가 인터넷 미디어사업자들의 문제 제기를 받고 스스로 위 서비스를 중단한 점 등에 비추어, 온라인서비스 제공자에게 서비스 이용자들의 저작권 침해행위에 대한 방조책임을 인정하기 어렵다고 한 사례.

[3] 온라인서비스 제공자가 자신의 회원들이 많이 찾는 뉴스기사에 관한 목록 및 정보를 안내하는 서비스를 제공하면서 인터넷 미디어사업자들이 저작권을 가지는 뉴스기사 사진을 허락 없이 작은 크기로 축소하여 게시하였으나, 이는 온라인서비스 제공자가 자신의 웹사이트에 해당 뉴스기사 및 사진을 게시한 웹페이지를 직접 연결(deep link)하면서 이용자들에게 그 웹페이지의 내용에 관한 정보를 제공하기 위한 것으로, 이용자가 축소 사진을 선택(click)하면 해당 웹페이지로 직접 연결되어 독립된 창을 통해 해당 웹페이지에 게시된 원래의 사진을 보게 되는 점, 위 서비스는 인터넷을 통하여 제공되는 방대한 양의 정보 중 이용자가 많은 관심을 갖는 정보에 대한 쉽고 빠른 접근을 제공하므로 그 공공성을 인정할 수 있는 점, 위 서비스가 제공되는 웹페이지에는 광고가 게재되지 않아 온라인서비스 제공자가 위 서비스를 명백히 상업적으로 이용하였다고 보기 어려운 점 등에 비추어, 위와 같이 축소 사진을 게시한 행위가 저작권법 제25조에서 규정하고 있는 공표된 저작물을 정당한 범위 안에서 공정한 관행에 합치되게 인용한 경우에 해당한다고 하여 손해배상책임을 부정한 사례.

## 판례 3

- 서울중앙지법 2005.7.22. 선고 2005나3518 판결 【손해배상(기)】 확정
- [각공 2005.9.10.(25), 1447]

### 판시사항

[1] 프리랜서 사진작가가 홍보목적으로 인터넷 사이트상에 게시한 풍경사진이 저작권법에 의해 보호되는 저작물이라고 한 사례.

[2] 홍보목적으로 인터넷 사이트에 게시된 프리랜서 사진작가의 풍경사진 중 13장을 복제하여 이를 '내저장함'이라는 디렉터리 내에 저장해 둔 경우, 저작권 침해행위에 해당한다고 한 사례.

[3] 인터넷 사이트상에 게시된 풍경사진을 복제한 저작권 침해행위로 인한 손해액을 게시자가 인터넷 사이트상에 제시한 사진의 사용가격과 달리 산정한 사례.

[1] 프리랜서 사진작가가 홍보목적으로 인터넷 사이트상에 게시해 놓은 사진들은, 피사체의 선정, 구도의 설정, 빛의 방향과 양의 조절, 카메라 각도의 설정, 셔터의 속도, 셔터찬스의 포착 등과 같은 촬영방법과 현상 및 인화 등의 과정에서 촬영자인 사진작가의 개성과 창조성이 뚜렷이 반영되어 있어 예술적 창작성이 인정되므로 저작권법에 의하여 보호되는 저작물에 해당된다고 한 사례.

[2] 홍보목적으로 인터넷 사이트에 게시된 프리랜서 사진작가의 풍경사진 중 13장을 복제하여 이를 '내저장함'이라는 디렉토리 내에 저장해 둔 경우, 저작권 침해행위에 해당한다고 한 사례.

[3] 인터넷 사이트상에 게시된 풍경사진을 복제한 저작권 침해행위로 인한 손해액을 게시자가 인터넷 사이트상에 제시한 사진의 사용가격과 달리 산정한 사례.

## 제4절  인터넷법학의 미래와 인터넷윤리예절

### I  인터넷법학의 미래

정보력이 국가경쟁력을 좌우하는 인터넷시대를 맞이하여 사회 각 분야에서는 새로운 정보환경과 인터넷을 매개로 한 사회변화에 적응하기 위한 기반조성에 많은 노력을 기울이고 있다. 이러한 노력의 결과 인터넷 이용인구가 1천만 명을 넘어섰고 인터넷을 이용한 전자상거래의 규모도 폭발적으로 증가하는 등 '인터넷'은 우리 사회를 규정짓는 새로운 언어로 자리를 잡아 가고 있다. 그러나 이미 잘 알고 있는 것처럼, 이 새로운 언어는 우리에게 많은 과제를 부여하고 있으며 이에 대한 법적인 대응이 시급한 실정이다. 이에 대하여 학계와 실무계에서 많은 노력을 기울여 왔지만, 더욱 체계적이고 조직적인 연구가 이루어져야 한다고 생각한다.

또한 인터넷에 대한 법적 문제는 기존의 그것과는 달리 거의 모든 법 분야와 관련되어 있다. 전공과 업무영역을 초월한 공동작업이 필요한 이유가 바로 여기에 있다. 그리고 인터넷에 대한 법률문제를 입법화하는 때에도 각계의 의견을 다양하게 수렴할 것이 필요하다. 한 가지 예를 들면, 형법상의 컴퓨터등사용사기죄는 1995년 형법을 부분 개정할 때 컴퓨터 자료의 부정조작, 컴퓨터 파괴, 컴퓨터 비밀 침해행위 등에 대한 처벌 규정과 함께 신설된 것이다. 당시 법무부는 이 조항을 독일의 형법에서 계수하였는데 '컴퓨터 등 정보처리장치에 허위의 정보 또는 부정한 명령을 입력하는 행위'만을 규정하고 '데이터의 무권한 사용이나 기타 무권한 변경 행위'는 그 구성요건에서 누락시키는 우를 범하였다. 뿐만 아니라 형법 제347조의 2에 컴퓨터등사용사기죄를 신설하면서, 그 전제가 되는 형법 제347조의 사기죄가 그 객체로서 '재물'과 '재산상의 이익'을 함께 규정하고 있다는 사실을 간과하고 동죄의 객체를 단순히 재산상의 이익으로만 규정하는 실수를 범하였다. 그 결과 타인의 신용카드를 이용하여 비밀번호를 입력한 후 다른 계좌로 이체하거나 현금을 무단 인출하는 범법행위에 제재를 가할 수 없거나, 형법상의 절도죄로 처벌하는 상황이 초래되었다. 왜냐하면 현금의 인출은 '재물'의 취득이지 '재산상의 이익'의 취득이 아니라고 하는 것이 형법학계의 해석이기 때문이다. 이러한 문제점을 해결하기 위하여 과거 누락시켰던 부분을 구성요건으로 추가하는 형법개정안이 국회에 제출되어 2001년 12월 6일에 본회의에서 가결되었지만, 이번 개정에서도 1995년 개정 당시 누락되었던 '재물'을 우습게도 다시 누락시키는 졸속을 범한 것이다. 인터넷법학에서는 그 입법이나 해석에 있어서 각계각층의 다양한 의견이 반영될 것이 불가결의 요소인 점을 보여 주는 한 단면인 것이다. 인터넷법학은 아직 미지의 법학분야라는 사실을 다시 한번 되새겨 보아야 할 때이다.

## Ⅱ 우리가 준수할 인터넷윤리

우리가 컴퓨터 통신을 한다는 것은 이미 나 자신을 떠나서 어떤 다른 사람들과 관계를 맺는다는 것을 의미하므로 사회적 압력이나 규범으로부터 자유롭거나 초연해질 수 없는 특성을 지니게 된다. 특히 컴퓨터 통신에서는 남들이 나를 전혀 알아보지 못할 것이라는 익명성을 과신한 나머지 다른 사람들의 감정을 해치거나 인격을 모독하는 등의 부정적인 모습들이 쉽게 나타날 수 있다. 올바른 정보문화를 정립하기 위해서는 컴퓨터 통신 이용자들이 성숙한 윤리의식을 바탕으로 자율적으로 네티켓을 지켜 나가는 노력을 해야 한다.[128]

대부분의 PC 통신망은 서로 글을 쓰고 읽는 '게시판', 다른 사람과 실시간으로 이야기를 나누는 '대화방', 공개 소프트웨어를 전파시키는 '자료실' 등으로 구성되어 있다. 각각의 공간에서는 그 목적에 맞는 행위를 해야 하며, 항상 다른 사용자를 배려하는 마음을 가져야 한다.

## 1. 사용자명과 암호 관리

첫째, 모든 통신망 접속은 사용자명과 암호의 입력으로 이루진다. 암호 입력은 아직까지 사용자의 신분을 확인할 수 있는 유일한 장치이다. 사용자는 자신의 사용자명으로 이루어진 모든 행위와 그 결과에 책임을 져야만 한다. 자신의 암호가 유출되면 다른 사람이 자신의 사용자명으로 접속하여 각종 정보를 이용할 수 있을 뿐만 아니라, 타인에 대하여 욕설이나 인신공격, 불건전 자료 유포 등을 할 수 있기 때문에, 자신은 물론 전체 사용자들에게도 큰 피해를 입힐 수 있다. 따라서 모든 사용자들은 자신의 암호를 타인이 알 수 없도록 철저하게 관리해야만 한다.

둘째, 이를 위해서는 암호에 사용자명을 그대로 입력하거나, 자기 이름, 전화번호, 생년월일 등을 입력하지 않도록 주의하며, 남들이 쉽게 추측할 수 없도록 숫자, 문자, 특수 기호 등을 조합하여 복잡한 암호를 정하는 것이 좋다.

셋째, 한 사용자가 여러 통신망에 가입하고 있다면, 각각의 통신망에서마다 사용자명과 암호를 다르게 지정하는 것도 매우 중요하다.

넷째, 현재 일부 통신 소프트웨어에서는 사용자의 접속을 편리하게 할 목적으로 사용자명과 암호를 컴퓨터 안에 저장하여 간단한 아이콘 클릭만으로 해당 통신망에 자동 접속할 수 있도록 하는 기능을 두고 있다. 그러나 이 경우에는 다른 사람도 그 컴퓨터를 사용하면 얼마든지 원래 사용자의 사용자명과 암호로 접속이 가능하다는 취약점을 가지고 있다.

---

128) 본 내용은 정보통신윤리위원회에서 제시하는 넷티켓(인터넷윤리)이다.

## 2. 건전한 통신활동

통신망은 모든 사람들이 함께 사용하는 공공장소이며, 그곳에 있는 모든 정보는 공동 자원이다. 따라서 어느 한 사람이라도 통신망에서 불건전한 행위를 하면 그 피해는 모든 사람에게 돌아갈 수 있다. 여기서 말하는 불건전한 행위는 게시판 또는 대화방에서 함부로 욕설, 인신공격, 음담패설을 하는 행위, 자료실에 상용 프로그램이나 바이러스가 감염되어 있는 프로그램을 올려놓는 행위, 자신의 기술을 사용하여 다른 사용자들의 사용자명과 암호를 알아내거나 통신 시스템을 망가뜨리는 행위(cracking) 등이 있다.

통신망에서는 얼굴이 직접 보이지도 않고, 자신의 행위 때문에 고통받는 다른 사람의 모습을 볼 수도 없기 때문에, 어떤 행위를 하더라고 실제 공간에서의 불건전한 행위에 비해 양심의 가책을 덜 느낀다는 점이 불건전한 행위를 하고 싶은 욕망을 더욱 부추기고 있다. 그러나 불건전한 행위를 할 경우 자신의 명예가 실추됨은 물론, 운영자 또는 다른 사용자들에게 적발되어 통신망에서 추방당할 수도 있다. 심한 경우에는 형사 고발되어 법의 심판을 받기도 한다. 그러나 이런 외부적인 제재를 받기 이전에 바람직한 통신공간은 자신의 노력으로 만들 수 있다는 점을 깨닫고 스스로 불건전한 행위를 하지 않으려는 자세를 가져야 한다.

## 3. 상대방의 배려와 사용자들 사이의 인격 존중

통신공간에서 활동하는 사람들은 어린이에서부터 노인에 이르기까지 다양하며, 사회계층이나 거주 지역에 있어서도 차이가 많이 날 수 있다. 특별히 절친한 사이가 아니라면, 나이가 어리다고 함부로 반말을 하거나 해서 기분을 상하지 않도록 해야 한다. 통신공간에서는 대개 상대방을 부를 때 '-님'이라는 호칭을 쓰는 것이 일반화되어 있다. 또, 자신의 능력이나 신분을 과시하거나 지역차이를 드러내는 발언, 사투리 등을 사용하지 않도록 하고 있다. 그리고 게시판이나 대화방, 편지 등에서 타인에 대한 신상 자료를 함부로 공개하지 않도록 해야 한다. 당사자가 그런 일에 신경을 쓰지 않는다고 하더라도 개인의 사생활은 보호되어야 하기 때문이다. 또, 상대방으로부터 받은 편지를 그 사람의 동의 없이 제3자에게 전달하여 개인 신상에 관한 정보들이 유출되는 일에 대해서도 신경을 써야만 한다. 또한 통신공간의 모든 정보는 전체 사용자들에게 공유될 수 있다. 그러나 다른 사람이 제공한 글이나 정보 파일을 다른 통신망 또는 다른 게시판이나 자료실에 제공할 경우, 원저작자에게 동의를 얻어야 하며, 그 정보들의 제공자를 반드시 밝히도록 해야 한다. 이런 절차 없이 다른 사람의 노력의 산물을 무단으로 복제하는 행위는 저작권 침해에 해당하게 된다.

통신망 사용자는 가정에서 자신의 컴퓨터를 가지고 통신활동을 할 수도 있지만, 학교나 직장 등에서 여러 사람들과 공동으로 컴퓨터를 사용해야 할 경우도 있다. 이럴 경우에는 개인적으로 컴퓨터를 사용할 때의 예절은 물론 다른 사람의 편의를 배려하는 자세도 함께 필요하다.

일부 통신 프로그램에서는 사용자의 편의를 위해 사용자명과 암호를 미리 입력시켜 두도록 하고 있다. 그러나 여러 사람이 함께 쓰는 공용 컴퓨터에서 자신의 사용자명과 암호를 컴퓨터에 남겨 두면 다른 사람들이 자신의 사용자명과 암호를 가지고 통신망에 접속할 수 있다. 이 경우에 사용자 자신에게도 경제적, 시간적 피해가 있겠지만, 자신의 사용자명으로 접속한 사람이 통신망에서 어떤 불건전한 행위를 할지는 예측할 수 없다. 또, 자신이 통신망을 통해서 제공받은 정보들 가운데 타인에게 알려지면 곤란한 기업 비밀이나 사생활 비밀, 상용 소프트웨어, 성인용 자료들이 공용 컴퓨터에 남아 있다면 그것이 널리 유포되는 것을 막을 수 없다. 따라서 공용 컴퓨터를 사용한 후에는 자신의 사용자명, 암호, 개인정보 자료 등을 철저히 삭제하여야 한다.

통신공간을 건전하게 유지하는 것은 일차적으로 모든 사용자들의 양심에 달려 있다. 그러나 통신망의 운영자 역시 다수의 사용자들이 안심하고 통신활동을 할 수 있도록 시스템의 유지와 관리, 보수에 신경을 써야 한다. 이것은 하드웨어의 관리와 보수뿐만 아니라, 통신망 내부에 있는 각종 정보들에 대한 관리, 사용자들의 활동에 대한 관리를 포함한다.

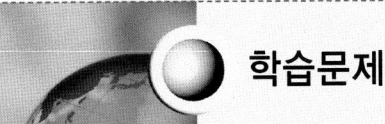
## 학습문제

1. 인터넷윤리에 대하여 논하시오.

2. 인터넷과 해킹에 대하여 논하시오.

**3.** 인터넷과 범죄행위에 대하여 논하시오.

# Chapter 02
# 사이버범죄와 형법

## I  서설

　인터넷에서 명예훼손과 사기 같은 전통적인 범죄나 인터넷에서의 해킹, 바이러스 등 새로운 범죄유형이 인터넷이라는 온라인 공간에서 급격히 증가하고 있다. 1953년 형법 제정 이래 정치·경제·사회 등 모든 영역의 발전과 윤리의식의 변화로 발생한 법규범과 현실과의 괴리를 해소하고, 우리 사회의 산업화·정보화의 추세에 따른 컴퓨터범죄 등 신종범죄에 효율적으로 대처하여 국민생활의 안정을 도모함과 아울러 1995년 이전의 형법규정의 시행상 나타난 일부 미비점을 개선·보완하기 위하여 다음과 같이 형법을 개정하였다. 컴퓨터 등 정보처리장치를 이용한 사기, 업무방해, 비밀침해, 공·사전자기록의 위작·변작 및 동행사 등 컴퓨터 관련 범죄를 신설하였고, 재물손괴죄 등에 전자기록 등 특수매체기록을 행위의 객체로 추가하였다. 전자복사기, 모사전송기 등을 이용하여 복사한 문서 또는 사본도 문서 또는 도화로 보는 규정을 신설하였다. 이하에서는 인터넷 범죄 중에 대표적인 유형을 간단히 알아보고자 한다.

# Ⅱ 인터넷 범죄의 유형

최근 인터넷 범죄의 유형이 다양화되는 추세에 있다.

## 1. 전자적 침해

정보화 시대에 있어서 전자적 침해[129]인 컴퓨터 바이러스, 스팸(SPAM)메일, 시스템 파괴 해킹 등은 인터넷시대에 정보화 사회가 만들어 낸 범죄이다. 최근에는 초고속 인터넷 망을 통해 컴퓨터들이 서로 연결돼 공공기관과 기업은 물론 개인용 컴퓨터까지 무차별로 해킹당하고 있다. 한국정보보호진흥원이 조사한 지난해 해킹사고 현황에 따르면 월평균 162건이 발생했다. 특히 2001년 7월에서 9월은 각각 278건, 239건, 237건으로 다른 달보다 높아 연중 평균치의 2배 이상을 기록했다. 2001년 4월 537건, 5월 658건의 사고가 접수됐고 5월 말 현재까지 월평균 405건의 사고가 접수되는 등 갈수록 피해는 증가하고 있다. 또 해킹피해는 97년 64건, 98년 158건, 99년 572건, 지난해 1,858건으로 매년 300% 정도씩 급증하고 있다. 피해기관별로는 99년 대학에 대한 해킹이 45.8%로 가장 높았다면 지난해에는 일반기업에 대한 해킹이 43%로 가장 높았고 올해도 월평균 50%가 넘어갈수록 기업들의 해킹피해가 늘고 있다. 개별 사례별로는 정보수집 등을 이용한 시스템 침입시도가 가장 많았으며 홈페이지를 변조한

---

129) 정보통신기반보호법 제2조 제2호에서 규정한 '전자적 침해행위'라 함은 정보통신기반시설을 대상으로 해킹, 컴퓨터바이러스, 논리·메일폭탄, 서비스 거부 또는 고출력 전자기파 등에 의하여 정보통신기반시설을 공격하는 행위를 말한다. 여기에서는 특히 문제가 되는 행위들만 간단히 알아본다. 해킹이란 컴퓨터 통신망을 통하여 다른 사람의 컴퓨터 시스템에 침입하는 행위는 물론, 침입하지 않고도 그곳의 시스템 운영을 정지시키거나 그곳의 파일에 담긴 정보들을 절취, 파괴하는 등의 침해행위까지도 포함하는 개념으로 이해된다. 특히 동법에서는 무권한자가 인터넷 등을 통해 주요정보통신기반시설의 컴퓨터에 침입하여 그 운영을 침해하는 행위를 말한다. 그리고 컴퓨터바이러스란 인간의 명령 없이도 스스로 자기 자신을 복제하는 특징을 갖는 프로그램을 의미하며, 컴퓨터나 그 안에 담긴 정보를 변형시키거나 파괴하는 등의 작동을 해서 피해를 입히는 것이 대부분이다. 논리폭탄이란 특정한 시기나 일정한 조건이 충족되는 경우 프로그램이 스스로 작동하여 컴퓨터나 데이터를 침해하는 프로그램을 말한다. 바이러스와 구별되는 점은 자기복제의 기능이 없다는 점이다. 메일폭탄이란 상대방 컴퓨터의 처리 용량을 넘어서는 양의 이메일을 보내는 방법으로 컴퓨터의 정상적인 동작을 방해하는 행위를 말한다. 마지막으로 서비스 거부란 컴퓨터 간의 정보교환과정 중 신호송신, 송신자응답, 송신자신호전송 등의 인증과정에서 의도적으로 신호전송을 중단하여 상대 컴퓨터 시스템을 계속 신호 대기 상태에 있도록 하는 방법으로 일시에 다수의 컴퓨터에서 많은 신호를 보낸 후 한꺼번에 신호전송을 중단하면 신호를 받은 상대 컴퓨터는 동시에 수많은 신호 대기 상태를 한꺼번에 처리하느라 능력범위를 넘는 작업을 하게 되어 다른 작동을 멈추게 되는 것이다. 즉, 해커가 특정 컴퓨터에 침투하는 행위도 없고, 데이터를 침해하지도 않고 단지 운영만 방해하는 것이다. ―이상돈, 주요정보통신기반시설 침해해위에 대한 규제방안, 정보통신기반보호법 제정을 위한 토론회 자료, 정보통신부, 2000.7. 58―60쪽 참조.

다든가 관리자 권한(user authority)을 획득하기 위한 해킹이 주를 이루었다. 주목할 만한 부분은 개인용 컴퓨터 해킹 부분으로 지난해의 경우 전체 피해 1,858건 중 808건을 차지했다. 이 같은 사고의 대부분은 네트워크 게임이나 머그 게임, 인터넷 뱅킹을 이용하는 사용자의 아이디 및 패스워드를 도용하거나 해킹 프로그램을 사용한 공격과 사고가 많았다. 당국의 적발조치에도 불구하고 해마다 해킹 건수는 급증하고 수법은 다양화되는 상황이다. 그러나 현행법상 인터넷 해킹은 컴퓨터프로그램보호법, 저작권법, 특허법, 전기통신기본법, 전파법 그리고 최근에 제정된 정보통신기반보호법 등 10여 개 법으로 처벌하도록 돼 있어 통합된 단일 법안이 필요하다는 지적이다.

그리고 최근에는 모든 증권사들이 개인 신분을 확인하는 인증 시스템을 갖추지 않은 채 사이버증권 거래를 해 와 고객들의 ID와 비밀번호가 해킹에 무방비로 노출돼 있는 것으로 드러났다. 이에 따라 증권사들이 인터넷 홈페이지상에서의 사이버증권 거래를 전면 중단하거나 인증 시스템을 갖추는 등 사이버 보안대책을 시급히 마련해야 한다는 지적이다. 은행의 인터넷 뱅킹은 인증 프로그램을 갖추고 있으나 증권사들은 그동안 사이버상에서 본인 확인 절차를 거치는 인증 시스템을 갖출 경우 주문의 신속한 처리가 어렵다는 점 때문에 인증 시스템 없이 사이버 증권 거래를 해 왔다. 실제로 증권거래의 이 같은 보안상 허점을 이용, 해킹 프로그램으로 증권사 고객들의 ID와 비밀번호를 무더기로 빼내시세를 조작, 수천만 원을 챙긴 사건에 대해 정보통신망이용촉진및정보보호등에관한법률 위반 등 혐의로 구속영장을 신청했다. 오프라인에서 타인의 ID와 비밀번호를 알아내 증권계좌를 도용한 사건은 있었으나 사이버상의 허술한 보안시스템을 뚫고 계좌를 해킹한 것은 이번이 처음이다.


## 2. 인터넷 사기

최근 인터넷 사기가 급증하고 있는데, 예를 들어 인터넷 여행업체인 S여행사는 인터넷 포털사이트 등을 통해 5만 5천 원을 내고 유료회원으로 가입하면 동남아 무료항공권을 지급하며 추천 패키지여행상품에 대해서는 30만 원가량을 할인해 준다는 광고로 네티즌들을 솔깃하게 했다. 광고를 실은 곳이 굴지의 포털사이트들인데다 이 업체가 '여행경비 후불제'라는 프로그램으로 이미 신문 등에 소개된 적이 있던 터라 네티즌들은 별 의심 없이 5만 5천 원을 내고 유료회원으로 가입하거나 할인된 혜택을 받고 수십~수백만 원의 패키지여행 예약금을 업체에 냈다. 그러나 이 업체와 모든 연락이 끊어지고, 회사 문이 굳게 잠기고 직원들이 감쪽같이 사라진 것을 확인했다. 이러한 인터넷 사기도 형법상 사기죄에 해당한다.

## 3. 인터넷 음란물

윤락가 등 특정지역에서나 이뤄지던 매매춘이 인터넷을 통해 거래가 이뤄지고 '인터넷 포주'까지 등장하는 등 인터넷 윤락 알선이 대규모로 발생되고 있다. '인터넷 포주'란 매매춘 아르바이트를 원하는 4~5명의 여성들을 사전 확보한 뒤 인터넷 채팅을 통해 남자손님들과 시간, 장소를 정한 후 매매춘 상대를 연결시켜 주는 사람을 말하고, '인터넷 매춘'이란 인터넷 채팅 사이트에 '미녀 보내드립니다'라는 이름의 대화방을 개설, 이곳을 접속하는 남자손님들에게 1시간 25만 원, 2시간 37만 원 상당의 화대를 받고 윤락을 알선하는 것을 말한다. 이러한 인터넷 윤락은 윤락행위방지법으로 처벌할 수 있다. 이 외에 다음과 같은 행위로 인터넷 음란행위로 처벌될 수 있다. 자신들의 집에서 인터넷 화상채팅을 통해 서로 신체의 은밀한 부위를 보여 주며 음란행위를 한다든지, 아동포르노물을 인터넷상에서 판매, 게시, 방치하는 경우이다. 본 인터넷 음란물에 대해서는 다음 절에서 상세하게 다루기로 한다.

## 4. 개인정보 유출

국내 10대 인터넷 구인구직 사이트에 대하여 개인정보보호 실태를 조사한 결과, 대부분의 사이트들이 주민등록번호, 연락처, 학력, 성장과정 등 개인정보를 누구든 열람할 수 있게 돼 있어 범죄 등에 악용될 소지가 있는 것으로 나타났고, 또한 개인정보보호의 필요성을 인식하지 못하는 것으로 나타났다. 또한 회원이 등록한 구직정보 삭제나 회원 탈퇴가 제대로 이뤄지지 않고 대형 포털사이트 및 동종 사이트 간 콘텐츠 제휴로 이용자의 동의 없이 개인정보가 무단 공개되는 등 문제가 심각하지만 정부의 마땅한 규제장치조차 없다. 또한 1998년 인터넷 홈페이지를 만든 뒤 자료실에 주민등록번호 생성 프로그램을 올려놔 방문자들이 손쉽게 다운받을 수 있게 한 사이트는 이 프로그램을 이용해 만든 가짜 주민번호가 일명 '카드깡'이나 음란사이트 접속 등 사이버범죄에 이용될 소지가 크다. 성별·지역 코드 등으로 구성되는 주민번호 뒷부분 7자리를 규칙에 맞게 만들어 내는 주민번호 생성 프로그램에 대해 그동안에는 처벌조항이 없었으나 2001년 4월 개정 주민등록법이 시행되면서 처벌이 가능해졌다.

## 5. 사이버명예훼손

채팅사이트 게시판에 최근 헤어진 여자 친구 이름으로 성행위를 유혹하는 글과 전화번호를 올려 네티즌들로부터 음란성 전화를 받게 한 이 모 씨에 대해 구속영장을 신청하고 권 모 씨를 불구속 입건했다. 이번 신종 사이버 스토킹 범죄는 정보통신망이용촉진법상 '사이버 명예훼손죄'를 적용한 첫 사례로 형법상의 명예훼손죄(5년 이하 징역 또는 벌금 1,000만 원 이하)보다 강화돼 7년 이하 징역 또는 5,000만 원 이하의 벌금을 받게 되었다. 경찰은 올 들어 5월까지 모두 51건의 사이버 명예훼손 피해 사례가 접수돼 이 중 7건은 형법상의 명예훼손죄를 적용, 입건했다.

## III 인터넷 범죄의 국제공조 강화

최근 경찰청 사이버테러대응센터의 조사에 의하면 지난 2000년 1년간 3,352명의 사이버범죄자를 검거, 이 중 369명을 구속했다고 한다. 해킹이 614명으로 가장 많고 바이러스 유포 8명, 기타 2,730명으로 나타났다. 이 같은 실적은 지난 97년부터 지난해 상반기까지 3년 6개월간의 총 검거건수 2,775건보다 많은 수치다. 또 센터 측에 따르면 센터 설립 후 대표적인 사이버테러인 해킹과 바이러스유포 범죄의 적발은 4.5배나 증가했고 일반 사이버범죄자에 대한 검거실적은 2.2배나 증가했다. 최근에도 해킹, 바이러스 유포 등 사이버테러형 범죄는 물론 음란물, 인터넷 사기, 사이버 명예훼손 등 하루 평균 200여 건의 범죄신고가 접수되고 있다. 이러한 인터넷 범죄를 대처하기 위하여 빠르면 2002년부터 인터넷을 통해 컴퓨터바이러스를 감염시키는 등 각종 사이버범죄 방지가 국제적인 차원에서 다루지게 되었다. 즉, 유럽연합(EU)과 미국, 그리고 일본 등이 처음으로 사이버상의 범죄를 막기 위한 국제협정인 '사이버범죄 방지조약'을 마련, 오는 2002년부터 발효시킬 예정이다. 2001년 11월 조인을 목표로 한 이 조약은 당초 유럽연합에서 국제협정 체결을 제의하고 미국·일본·캐나다 등이 가맹을 적극 검토함으로써 세계적인 통신 네트워크 규제 수단으로 부상하게 됐다. 사이버범죄 방지조약은 사이버상의 범죄행위를 가맹국이 모두 국내법상 범죄로 인정하는 것을 골자로 하고 있는데, 컴퓨터 바이러스를 이용해 데이터를 파괴하는 행위는 물론 작성·판매·입수 등 준비 행위도 처벌한다는 내용을 담고 있다. 또 컴퓨터에 부정하게 접근하기 위한 패스워드 도용도 제재를 받는다. 국경을 넘나들며 자행되는 바이러스 공격에 대한 가맹국의 협력도 강화된다. 그 동안 각국은 바이러스를 작성·발신한 나라에서 사이버범죄 행위를 적절히 단속하지 못함은 물론 피해국에 대한 수사협력이나 피의자 인도 역시 제대로 이뤄지지 않았다. 그러나 앞으로는 가맹국 수사기관 간 협력체제를 구축, 전자 바이러스의 작성·판매·입수는 물론 부정 패스워드를 사용한 경우 강력 처벌할 방침이다. 이와 관련, 사이버범죄 방지조약에는 수사당국이 통신 네트워크를 통한 부정행위를 단속할 수 있도록 인터넷사업자에게 접속기록의 보존과 제출 의무를 명령할 수 있도록 한다는 내용이 포함되었다. 이렇게 될 경우 인터넷사업자는 인터넷접속의 보존을 위한 부담을 추가로 져야 하고, 이는 곧바로 수수료 인상으로 연결돼 E−비즈니스 산업에 적지 않은 타격을 줄 것으로 예상되고 있다. 현재 대부분의 통신 사업자는 비밀보호와 비용절감 차원에서 당장 필요한 것을 제외하고는 접속기록을 보존하고 있지 않은 경우가 많은데, 기록 보존이 의무화될 경우 비용 부담은 물론 시스템 역시 대폭 변경해야 할 것으로 보인다.

## I   서설

제1장에서 기술한 바와 같이 인터넷에 관한 범죄행위에 어떻게 대처하는가도 중요한 문제가 되고 있다. 컴퓨터의 보급에 따라 형법에 컴퓨터등사용사기죄의 신설로 이러한 행위를 처벌할 수 있도록 하고 있고, 음란물을 게시한 경우 형법상 음란물죄를 적용하여야 하지만, 인터넷상의 음란물에 대해서는 전기통신기본법을 적용해야 한다는 최신의 판례가 있고[130] 그러한 경우 제공자에 대해서는 공범의 책임을 물을 수 있는가 하는 논의가 있다. 인터넷을 이용하면 자신의 컴퓨터 앞에서 국내·외의 서버상의 홈페이지정보를 자신의 컴퓨터에서 디스플레이상에 표시하여 포르노 영상을 볼 수 있다. 한국 국내의 특정의 장소에서 국내의 일정한 프로바이더(provider)[131]의 서버상에 외설적 화상에 접근하여 무상으로 불특정 다수의 사람에게 이것을 보는 것을 가능하도록 한 자는 형법에 의해 처벌될 수 있는가가 문제로 제기된다.

## II   인터넷 음란물과 형법 제243조

### 1. 서설

음란한 사진 등을 불특정 다수의 사람에게 관람시킨 경우, 형법 제243조의 음화반포죄가 성립한다. 형법 제243조는 "음란한 문서, 도화, 필름 기타 물건을 반포, 판매 또는 임대하거나 공연히 전시 또는 상영한 자는 1년 이하의 징역 또는 500만 원 이하의 벌금에 처한다."고 규정하고 있다. 여기에서 음란성의 개념에 관해서는 그것을 만족하는 것을 전제로 음란한 영상정보가 문서, 도화 기타

---

130) 서울지법 1998.9.29. 선고 98고단206 판결 참조.

131) 이하에서 provider는 인터넷 서비스 사업자(ISP) 등을 지칭하나, 여기서는 '프로바이더'라는 용어를 사용하기로 한다.

물건인가 아닌가, 반포, 판매 또는 공연히 전시하였다고 말할 수 있는가가 문제로 제기된다. 이것이 인터넷과 음화반포죄의 문제이다.

## 2. 사이버 포르노의 제 유형

인터넷을 이용한 음란물의 반포, 판매나 공연한 전시는 실제로는 매우 다양한 형태로 발생하고 있다. 각각 다양한 논점을 전형적으로 나타내게 되는데 다만 현실로 제기되었던 사건을 소개하고자 한다.

### (1) 일본 사례

#### 1) 벡코아메사건[132]

일본에서는 인터넷상 범죄를 경찰이 처음 적발한 사건으로서 주목을 받은 사건이다. 동경도내의 회사원과 남자고교생이 개설한 카메라는 명칭의 홈페이지에 음란한 동영상을 공개하여 인터넷상에서 불특정 다수의 사람에 대하여 음란한 화상을 발송한 것으로 '음화반포죄'(일본 형법 제175조)의 혐의로 사건조사를 받았던 사건이다. 이 사건은 1996년 2월 1일에 마이니치신문 등에 보도되었다. 약 2개월의 공개기간 중에 약 10만 건이 접속되었다고 한다. 이 사건은 이 프로바이더의 이름에서 벡코아메사건으로 알려지게 되었다.

동경지방재판소는 인터넷이 가능한 퍼스널컴퓨터를 가진 불특정 다수의 이용자에게 당해 음란한 화상이 재생·열람 가능한 상황을 설정하였다고 하여 음화반포죄의 성립을 인정하였다.

이 판례에서 음란한 화상이 도화라고 하는 점에 주목하여야 한다.

#### 2) 札幌9지판[133]

이 사건의 피고인은 NTT를 이용하는 퍼스널컴퓨터 통신네트(몽키타와)를 개설·운영하고 있었고, 음란한 화상 데이터를 자택에 설치하고 상기 퍼스널 통신네트워크의 호스트컴퓨터 하드디스크 내에 기억시켜 접속하고자 하는 불특정

---

132) 동경지판 1996(평성 8) 4월 22일 일판례시보 1597호 151면.

133) 1996(평성 8)년 6월 27일 일판례집미등재, 園田壽, 「わいせつ情報の電子的存在について─サイバーポルノに關する刑法解釋論」, 關大法學論集 47卷 4號 1. 11頁以下(1997), 藤原宏高, 「サイバースペースと法規制」, 296頁(日本經濟新聞社, 1997) 參照.

다수의 회원에게 음란한 화상을 복원·열람시켜 음란한 도화를 공연하게 진열하였던 것이다. 찰황지방재판소는 음란한 화상을 일시적으로 컴퓨터의 하드디스크 내에 자기 데이터의 형태로 기억시킨 경우에 있어서도 이 데이터를 컴퓨터 처리한다면 화상의 형태로 복원할 수 있는 것인 이상 이 데이터에 불특정 또는 다수의 자가 접속하여 데이터를 수신할 수 있는 상태로 있다면, 이 행위는 음란한 도화의 공연진열에 해당하는 것이고, 더욱이 음란한 화상 데이터를 호스트컴퓨터의 서버 하드디스크에 기억시킨 시점에 음란한 음화반포죄는 성립하는 것이라고 판단하였다. 이 판례도 음란한 화상을 도화로 보고 있다.

### 3) FLMASK 사건

大阪府警은 横浜市의 회사원(30세)에 대하여 화상을 마스크 처리할 수 있는 소프트웨어를 인터넷에서 판매한 죄로 체포하였다. 회사원은 자신이 개발한 색깔을 흐리게 한 것(이하 모자이크처리라 한다.)을 지우는 FLMASK를 회사사원 2인에 대하여 무상으로 제공하였다. 이 소프트웨어의 판매용으로 개설한 홈페이지에 회사직원들의 홈페이지에 접속하기 위한 정보를 기재하여 모자이크처리를 간단하게 지우는 방법을 회사직원의 홈페이지에 게재하여서, 회사직원들의 범행을 용이하게 하였다. 이 마스크는 위법 소프트웨어는 아니다. 이 회사원이 자신의 홈페이지와 음란한 영상을 열람토록한 별도의 홈페이지를 링크시켰다.[134] 이것에 관하여 음란한 도화공연진열방조가 성립되는가가 문제 되었다.[135][136]

---

134) 朝日新聞 1997년 8월 22일자.

135) 똑같이 에프 엘 마스크라고 칭하는 화상처리소프트웨어를 사용하면 마스를 없애는 것이 가능한 음란한 화상을 서버컴퓨터에 송신하여 디스크어레이에 기억 저장시켜 수인의 인터넷 이용자에게 복원열람 가능한 상태로 둔 사건에 관해서 岡山地裁의 판결(강산지재 1997년 12월 15일 판례타임즈 972호 280면)이 있다.

136) 이 외에 신문 보도되었던 일본 사건 중에서 특징적인 사건을 소개한다면, 퍼스널컴퓨터로부터 인터넷의 조일방송의 홈페이지에 접속하여 일기예보화상의 일부를 삭제하고 음란한 영상으로 대체한 것에 의해, 정보업무제공을 방해하였던 사건(조일방송홈페이지 대체사건=일본경제신문 1997년 10월 4일 조간)이 있고, 이 사건은 1991년에 일본 형법에 추가되었던 전자계산기손괴등업무방해죄(일본 형법 제234조의 2)가 처음 적용되었으며, 음란한도화공연진열죄도 적용되었다(대판지판 1997(평성9)년 10월 3일 판례타임즈 980호 286면). 더욱이 외국의 서버를 이용하여 음란한 화상을 열람시킨 것에 미합중국의 렌탈서버에 음란화상 약 100점을 기억시켜 홈페이지에 진열 회원 약 180인에게 열람시킴 혐의가 있던 사안에 관해 일본형법의 적용을 인정하여 음란한도화공연진열죄로 기속하였던 사건도 있다(일본경제신문 1997년 2월 11일).

## (2) 한국 사건

### 1) ‘내게 거짓말을 해봐’ 사건(대법원 2000.10.27. 선고 98도679 판결)

소설 ‘내게 거짓말을 해봐’에 대하여 음란한 문서에 해당한다고 보고, 본 판결에서 형법 제243조 및 제244조 소정의 ‘음란’의 의미 및 그 판단 기준에 대하여 “형법 제243조 및 제244조에서 말하는 ‘음란’이라 함은 정상적인 성적 수치심과 선량한 성적 도의관념을 현저히 침해하기에 적합한 것을 가리킨다 할 것이고, 이를 판단함에 있어서는 그 시대의 건전한 사회통념에 따라 객관적으로 판단하되 그 사회의 평균인의 입장에서 문서 전체를 대상으로 하여 규범적으로 평가하여야 할 것이며, 문학성 내지 예술성과 음란성은 차원을 달리하는 관념이므로 어느 문학작품이나 예술작품에 문학성 내지 예술성이 있다고 하여 그 작품의 음란성이 당연히 부정되는 것은 아니라 할 것이고, 다만 그 작품의 문학적·예술적 가치, 주제와 성적 표현의 관련성 정도 등에 따라서는 그 음란성이 완화되어 결국은 형법이 처벌대상으로 삼을 수 없게 되는 경우가 있을 수 있을 뿐이다.”라고 한다.

### 2) 컴퓨터 프로그램파일사건(대법원 1999.2.24. 선고 98도3140 판결)

사건에서 대법원은 컴퓨터 프로그램파일이 형법 제243조 소정의 문서, 도화, 필름 기타 물건에 해당하는지 여부에 대하여 부정적 입장이다. 즉, “형법 제243조는 음란한 문서, 도화, 필름 기타 물건을 반포, 판매 또는 임대하거나 공연히 전시 또는 상영한 자에 대한 처벌 규정으로서 컴퓨터 프로그램파일은 위 규정에서 규정하고 있는 문서, 도화, 필름 기타 물건에 해당한다고 할 수 없으므로, 음란한 영상화면을 수록한 컴퓨터 프로그램파일을 컴퓨터 통신망을 통하여 전송하는 방법으로 판매한 행위에 대하여 전기통신기본법 제48조의 2의 규정을 적용할 수 있음은 별론으로 하고, 형법 제243조의 규정을 적용할 수 없다.”라고 한다.

### 3) 사진첩사건(대법원 1997.8.22. 선고 97도937 판결)

법원은 사진첩에 남자 모델이 전혀 등장하지 아니하고 남녀 간의 정교 장면에 관한 사진이나 여자의 국부가 완전히 노출된 사진이 수록되어 있지 않다 하더라도, 그 사진들이 음란한 도화에 해당한다고 보았고, 본 판결에서 대법원은 형법 제243조 소정의 ‘음란한 도화’의 의미 및 그 판단 기준에 대하여 “형법 제

243조에 규정된 '음란한 도화'라 함은 일반 보통인의 성욕을 자극하여 성적 흥분을 유발하고 정상적인 성적 수치심을 해하여 성적 도의관념에 반하는 것을 가리킨다고 할 것이고, 이는 당해 도화의 성에 관한 노골적이고 상세한 표현의 정도와 그 수법, 당해 도화의 구성 또는 예술성, 사상성 등에 의한 성적 자극의 완화의 정도, 이들의 관점으로부터 당해 도화를 전체로서 보았을 때 주로 독자의 호색적 흥미를 돋우는 것으로 인정되느냐의 여부 등을 검토, 종합하여 그 시대의 건전한 사회통념에 비추어 판단하여야 한다."고 본다.

## 3. 형법이론상의 문제점

이상에서 열거하였던 사건은 주로 형법 제243조의 적용가능성이 문제 되었던 것이다. 제243조의 논점에서 보자면 다음과 같다.

### (1) 음란한 '물건'의 공연전시의 의의

#### 1) 음란화상정보는 도화인가?

형법 제243조는 기술한 바처럼 음란한 문서, 도화 기타 물건을 배포, 판매 또는 공연하게 전시한 자를 처벌한다. 문서는 가독성, 가시성을 필요로 하는 물건으로 자기적 기록과는 구별된다. 이것은 의사 또는 관념의 표시인 정보를 매개물에 가독적·가시적인 형태로 기억시킨 물건이다. 도화에 관해서도 문서의 일부로 되는 것이고 동종의 요건을 구비하지 않으면 안 된다. 하드디스크에 기억시킨 전자정보는 가시성을 가진 도화라는 물건이라는 것이 가능할 것인가?

#### 2) 마스크 처리된 화상을 관람에 제공한 것은 공연전시인가?

음란한 화상부분에 마스크처리를 실시하여 모자이크를 만들어서 수정한 화상을 인터넷상의 홈페이지에 게재하여 화상의 모자이크가 화상처리소프트를 사용하는 간단한 처리에 의해 용이하게 삭제될 수 있는 경우 이 게재는 공연전시라 할 수 있는가? 또한 마스크를 없애기 위해 화상처리 소프트를 판매하는 것은 공연전시의 방조가 되는 것인가? 공연이란 불특정 또는 다수의 사람이 관람할 수 있는 상태를 말한다.

### 3) 링크를 연결하는 것은 공연전시인가?

타인의 음란한 화상이 게재된 홈페이지에 링크를 연결한 행위 즉 자기의 홈페이지에 접속한 사람이 그 타인의 홈페이지에 쉽게 접속을 가능하게 하는 행위가 음란한 도화반포죄 방조인가 어떤가의 문제가 있다. 링크를 연결하는 행위는 연결되는 쪽의 동의 없이도 가능한 경우도 있고, 물론 포괄적 동의가 있는 경우도, 개별적 동의가 있는 경우도 있다.

### (2) 음란한 도화의 반포 판매

퍼스널통신에서 불특정 다수의 사람이 유상 혹은 무상으로 음란한 화상을 송신하는 것은 음란한 도화의 판매 내지 반포에 해당하는가?

음란한 화상 자체는 정보이고 물건은 아니다. 음란물반포죄 내지 판매죄는 물건의 반포, 판매를 예정하고 있다. 일본 하급심의 판례에서는 비디오점주가 음란한 화상이 녹화된 비디오카세트에 대하여 요금을 받고 고객의 공테이프에 음란한 화상을 더빙한 행위가 음란물판매죄 내지 반포죄에 해당하는가에 관하여 견해가 나뉘어 있다. 이러한 반포 판매는 공연전시와는 어떻게 다른가?

### (3) 프로바이더의 관리책임

프로바이더는 컴퓨터 시스템을 사용하는 사용자가 이러한 범죄행위를 행한 경우 설비제공자로서 관리책임을 부담하는가? 그렇다면 사용자는 통신의 비밀에 의해 보호되는 것인가?

프러바이더는 사용자의 범죄행위가 행하여지지 아니하도록 관리 감독할 의무를 부담한다. 음란한 화상이 개재되고 있다는 것을 알고 그것을 방치한 경우 부작위에 의한 음란한 도화공연전시죄의 방조로서 처벌되는가 어떤가에 관해서는 프로바이더의 의무의 내용에 의존한다.

### (4) 해외서버의 접근과 국외범의 처벌

한국 국내에서 외국의 프로바이더의 서버에 음란한 화상을 게재하여 한국 국내의 한국인에게 관람시킨 경우 한국의 형법이 적용되는가가 문제이다. 국외범 처벌규정이 없기 때문에 한국 국내로부터 해외의 서버에 음란한 정보를 접근한 것도 불가벌이라는 견해[137]는 부당하다. 즉, 우리 형법은 속지주의를 기본으로

속인주의, 보호주의 등을 채용하고 있다. 따라서 처벌하는 것이 가능하다고 본다.

## 4. 음란물공연전시죄의 적용상의 문제점

### (1) 문서, 도화, 물건과 전자적 기록

반포라는 것은 유상 이외의 방법으로 교부하는 것이고 판매는 유상으로 교부하는 것을 말한다. 공연전시는 불특정 또는 다수의 자에게 관람하는 것이 가능한 상태에 두는 것을 말한다. 이 범죄의 객체가 되는 도서, 도화, 기타의 물건은 전부 물건 즉 유체물을 말한다. 전기디스크나 하드디스크에 기록된 정보가 문서인가 어떤가에 대하여 논쟁이 있었으나 1995년의 형법개정에 의해, 전자적 기록에 대하여 규정을 두어, 이러한 자기적 기록은 문서와는 구별된다. 이것에 의하면, 전자적 기록은 전자적 방식, 전기적 방식 이외 사람의 지각에 의해 인식할 수 없는 방식으로 작성된 기록으로 전자계산기에 의해 정보처리용으로 제공된 것을 말한다고 볼 수 있다. 1995년 형법 개정 시 음화반포죄에 관해서는 음란한 문서, 도화, 필름 기타 물건으로 되어 있고, 전자적 기록은 추가되지 아니하였다.

### (2) 음란화상, 음성의 판매, 공연전시

그래서 전술한 바와 같이 음란비디오의 더빙에 관해 화상정보만을 타인에게 반포 내지 판매한 경우에 이 범죄에 해당하는가가 문제 되었다. 비디오점의 점주가 자신이 소유하는 음란비디오의 내용을 재생기를 사용하여 고객이 소지한 공테이프카세트에 더빙하여 더빙료를 받은 사안에 관해 음란물판매죄 내지 반포죄가 문제 된 사안이다. 이에는 화상정보만이 이전하므로 물건은 이전하지 않는다는 점이 논점이다. 이 사건에 관해 일본 대판지재계지부[138]는 음란물판매죄의 성립을 인정하였다. 왜냐하면 점주가 고객과 가공청부계약을 체결하여 그것을 이행, 교부하고 음란물비디오과 공비디오카세트에 있어 주요재료는 음란비디오이고, 점주가 공급한 것이 된다. 그런 결과로 생긴 테이프의 소유권은 더빙에

---

137) 園田壽, 「メディアの變貌－わいせつ罪の新たな局面」, 中山硏一古稀祝賀論文集(第4卷), 成文堂, 1997.
138) 1979(소화54)년 6월 22일 刑月 11권 6호 584면.

의해 일단 점주에게 귀속한다. 그 후 그것을 고객에게 유상 양도한다는 구성을 하여 음란물비디오테이프는 '물건'의 판매라는 것이다. 이렇게 본다면, 팩스로 어떤 사람이 상대방의 팩스용지에 음란화상을 유상으로 기입한 경우 상대방의 팩스용지에 기입한 부분의 소유권은 가공에 의해 송신자에게 이전한다고 구성을 취하는 것도 가능하다.

퍼스널컴퓨터통신에서 신청한 특정인에게 반복, 계속적으로 유상으로 음란한 화상을 판매한 경우에는 대판지재계지부 판결과 같이 완벽한 이론구성은 곤란하다. 매수인의 하드디스크를 가공한 결과 가격이 현저히 상승하거나, 혹은 주요재료를 제공한 것은 매도인이라고 구성을 하는 것은 가능하지 않다고 생각한다. 그러나 뒤에 상술하는 바와 같이 인터넷에서 유상으로 음란한 화상을 불특정 다수의 사람에게 판매하는 경우 불특정 다수의 자에게 관람 가능한 형태로 만드는 것으로 물론 공연전시죄를 적용하는 것이 가능하다면 물건의 판매라는 구성은 불필요하게 된다.

### (3) 음란한 비디오의 전시?

공연전시죄와 고객은 문서, 도화, 기타의 물건으로, 유체성이 요구되는 것은 다르지 아니하다. 그러나 음란한 영화나 비디오를 보거나 혹은 음란한 녹음테이프를 듣는 경우, 영화는 자막상의 빛을 보고 있는 것이고, 비디오도 테이프수신기의 화면상의 브라운관사의 빛을 보고 있는 것이고 또한 음은 공기의 전동에 의한 파장이기 때문에 결과적으로 물건을 관람시키는가에 의문이 있다.

이에 관해 판례는 전시된 객체는 영상이나 음성이 아니고 필름 내지 녹음재생기 자체라고 한다. 다이얼Q2를 이용하여 특정신호로 전화하면 음란한 녹음을 듣는 것이 가능한 녹음재생기와 전화기를 연동시키는 장치를 통해 불특정 다수의 사람에게 내용을 듣게 한 경우에 디지털녹음재생기를 공연 전시하였다고 판시한 판례[139]가 있으나 우리들의 일상감각에서는 이상한 감이 있다. 이에 따르면 인터넷상에서 음란한 화상을 프로바이더의 컴퓨터 시스템 내에 접근하여 이것에 접속하는 행위는 프로바이더의 음란한 서버를 공연 전시하게 되는 것이 된다.[140]

---

139) 대판지판 1991(평성3)년 12월 2일 판례시보 1411호 128면.

## (4) 학설의 경향

### 1) 정보가 디시플레이상의 화상인가 하드디스크인가?

홈페이지에 음란화상을 게재하여 불특정 다수의 사람에게 보는 것이 가능하도록 하는 것은 음란물공연전시죄에 해당하는가에 관해 ① 음란물이 되는가의 문제로 되는 것은 정보 그 자체인가? 그렇지 않으면, ② 디스플레이상의 화상 그것인가? 또는 ③ 음란정보가 기록되어 있는 서버 내지 하드디스크인가가 문제로 제기된다.

학설에서는 ①의 견해를 채용하는 학설에 의하면 서버가 음란한 화상이라는 것을 안다는 것은 불합리하다. 예를 들자면 음란한 도화가 유료로 다운로드되는 경우 서버가 교부된 것은 아니다. 음란한 영상정보가 교부된 것이다. 뿐만 아니라 형법 제243조의 보호법익에 주목한다면 문서, 도화, 그 외의 물건이 유체물인 것은 중요하지 않다. 형법 제243조의 객체에 대해 실질적으로 파악한다면 정보를 '화체하는 물건'으로서가 아니고 화체된 정보이다.[141] 이 설의 전반의 주장은 이를 통하여 서버가 반포, 판매된 것은 아니라는 점을 명확히 하였다. 물건의 소유권의 이전은 없지만 정보 그 자체의 반포 판매는 물건의 반포 판매에 있지 아니하다. 이 주장의 후반도 입법론으로는 정확하다. 그러나 해석론으로는 형법 제243조는 문서, 도화, 물건인 것을 전제로 그것만을 예정한 규정이고 정보 그 자체를 행위객체로 하는 것은 아니다.

②의 디스플레이상의 화상이라고 하는 견해에 의하면 브라운관이나 액정에 표시되고 이러한 물건에 표시된 영상 자체가 음란물이나 도화라고 주장하는 것이 된다. 그러나 실제로 이 학설은 설득력이 없다. 왜냐하면 음란물은 어느 정도 영속성을 가진 물건일 것이 필요한데 흰색 천과 광선에 의해 일시적으로 합

---

140) 인터넷 음란물과 공연전시죄에 관한 일본 판례로는 다음과 같은 것이 있다. 퍼스널통신에 의한 음란공연전시를 긍정한 일본 판례로 ① 横浜地判 1995(평성7)년 7월 14일 일판례집미등재가 있고, ② 京都簡裁略式命令 1995(평성7)년 11월 21일 판례집미등재가 있다. 인터넷에 의한 음란한도화공연전시죄를 긍정한 것으로, ③ 東京地判 1996(평성8)년 4월 22일 일판례시보 1597호 151면 및 札幌地判 1996(평성8)년 6월 27일 판례집미등재 또한 일본 국내로부터 미국의 프로바이더를 통하여 음란화상정보를 제시하여 전시한 사안에 관한 山形地判 1998(평성10)년 3월 20일 판례집미등재가 있다. ①, ②는 음란화상이 열람 가능한 상황을 긍정하여 액세스하려는 불특정 다수자에게 데이터를 송신하여 재생 열람시킨 것을 공연전시라고 하고 ③, ④는 음란화상이 재생열람 가능한 상황을 설정한 것 자체를 공연전시라고 한 것이다.

141) 堀内捷三, 「インターネットとポルノグラフィー」, 研修 588號2, 5頁, 1997 또는 名取俊也, 「わいせつ畫像データを刑法175條の『わいせつ圖畫』と認定した事例」, 研修 596號 21頁, 1998은 이 견해를 설득력이 있다고 한다.

성된 영화스크린도, 레이저의 광선으로 합성된 홀로그램도 그 자체가 음란물로 되지 않는 것과 같이 브라운관도 액정도 그 일시적인 전자적 변화에 의해 영상을 비추는 것일 뿐 그 자체를 음란물이라고 하는 것은 가능하지 않기 때문이다.

학설은 대부분 서버 내지 하드디스크가 음란물이라고 하는 ③의 구성에 따라 사진기 녹음기, 비디오영사장치 내지 필름 테이프 등을 음란물이라고 하는 종래의 판례의 연장선상에서 행위객체를 요구하고 있다.

　2) 음란물성 부정설의 검토
① 부정설, 긍정설의 논거

우선 하드디스크가 음란물이라는 견해를 부정하는 설[142]은 음란한 데이터를 기재하고 있는 호스트 컴퓨터가 음란물이라는 것은 상식적인 용어법으로는 인정되지 아니하고 인터넷에서 서버의 음란한 데이터가 직접적으로 사용자의 디스플레이에 표시되는 것은 아니고 통상 사용자에 의해 다운로드된 캐쉬파일인 데이터가 표시된다. 정보가 일단 서버로부터 사용자에게 전달되며 그 하드디스크 내의 정보가 화상으로 표시되는 것이다. 요컨대, 사용자는 자기의 컴퓨터의 캐쉬파일 내의 정보를 보는 것이고, 따라서 서버에 접속한 자는 서버의 정보를 화체화한 물건을 보고 있는 것은 아니라고 할 것이다.

이에 대하여 확실히 서버의 하드디스크 내에 기록된 음란정보는 그것에 접속한 자가 그 데이터를 다운로드하여, 자신의 퍼스널 컴퓨터의 캐쉬에 가져온 뒤에 이것을 영상뷰어를 사용하여 스크린에 표시하는 것에 의해 인식이 가능해지게 되는 것이다. 그러나 특별히 그 과정이 자동화되고 직접적인 이상 하드디스크상의 정보에 관해서도 인식 가능한 공연전시에 해당한다고 하는 것이 좋을 것이라는 반론[143]이 있다.

② 판례에 있어서 음란성의 현재화의 용이성의 기준

판례에 있어서는 그것 자체가 그대로 직접적으로 음란도화인 것이 명백한가를 음란물건의 요건으로 보고 있는 것은 아니다.[144] 일본 판례는 음란정보의 현

---

142) 園田壽, 「インターネットとわいせつ情報」, 法律時報 69卷 7號 28頁, 1997.; 同, 「サイビバーポルノと刑法」, 法學セミナ 501號 4頁, 1996(이하 園田 刑法에서 인용), 同, 「コンピューター・ネットワークとわいせつ罪」, ジュリスト創刊總合特輯『變革期のメディア』, 1997, 168頁(이하 園田, 「わいせつ罪」, 法學教室 215號, 38頁, 1998에서 인용).

143) 山口厚, 「コンピューター・ネットワークと犯罪」, ジュリスト 1117號 73, 1997, 75頁

재화가 용이하다면 은닉되어 있는 경우에도 음란도화로서 인정한다.[145] 이에 비하여 우리나라 판결은 형법 제243조 소정의 음란한 문서 또는 도화의 의의 및 그 음란성 존부의 판단 기준에 대하여 "형법 제243조에 규정된 음란한 문서 또는 도화라 함은 성욕을 자극하여 흥분시키고 일반인의 정상적인 성적 정서와 선량한 사회풍속을 해칠 가능성이 있는 도서를 말하며 그 음란성의 존부는 작성자의 주관적 의도가 아니라 객관적으로 도서 자체에 의하여 판단되어야 한다."고 본다.[146] 이처럼 판례는 그 자체가 일응 음란물인 것이 명확하지 않아도 어떠한 보조기구를 사용하여 수단을 가하면 용이하게 음란성이 현재화되는 것에 관해서는 음란물이라고 인정하고 있다. 만약 이것을 인정하지 않는다면 간단한 처리에 의해 음란물성이 부정되어 버리고 형법 제243조의 의의를 무색하게 할 것이기 때문에 이 방향 자체는 정당하다고 말하지 않을 수 없다.

③ 소결

확실히 그 자체 가시성이 없는 전자적 정보를 화체한 하드디스크를 음란물로 보기는 어려운 점이 있다. 그러나 음란정보를 보조적인 일정작용에 의해 용이하게 현실화하는 물건을 열람하여 제공하는 것은 일률적으로 외설물의 공연 전시가 아니라고 하는 것과 같이 보조장치를 사용하여 용이하게 현실화할 수 있는 정보를 화체화한 것을 음란물전시라고 보아야 한다. 보조장치를 사용하여야만 볼 수 있다고 해도 그 자체가 음란물이라면 그것이 음란물인 것은 의심할 여지가 없다. 예컨대, 육안으로 볼 수 없는 미세한 음란도화를 전자현미경으로 보면

---

144) 판례의 동향에 대해서는 鹽見淳, 「猥藝物と猥藝情報」, 判例タイムズ 874號, 1995, 58頁. 參照

145) 일본 하급심판례에 있어서도 언뜻 보기에는 흑색과 적색의 귀신얼굴, 황갈색의 옷을 입은 승려의 그림이 그려져 있는 것에 지나지 않지만 중앙부를 나누어 접으면 남녀의 성기가 되는 손수건에 관해서, 음란도화로 인정하였다(札幌高裁 1969(소화44)년 12월 23일 일고형집 22권 6호 964면). 그리고 매직잉크에 의해 수정된 사진에 관해 칠해 바른 것을 소거하여 영상을 회복하는 것은 통상인에 있어서도 비교적 용이하게 할 수 있는 것이 명확하면 매직잉크에 의해 칠해 바른 그 자체의 상태에 있어서도 이 소거의 용이성에 비추어 음란도화라고 인정하는 것이 상당하다는 판례(동경고재 1981(소화56)년 12월 17일 일고형집 34권 4호 444면)가 있다. 미현상 필름에 있어서도 이것을 현상하여 현재화하는 것이 용이한가를 이유로 음란물로 인정한 판례도 있고(명고옥고판 1966(소화41)년 3월 10일 고형집 19권 2호 104면), 더욱이 음반테이프에 관해서 확실히 음성은 무형이지만 본건 테이프와 같이 회화, 음성 등을 테이프에 녹음·고정하여 그것을 재생시키는 것에 의해, 청각에 의해 내용을 알 수 있는 물건은 영화필름, 사진, 소설 등을 시각에 의해 내용을 인식할 수 있는 경우와 다르지 아니하므로 음란문서, 도화 기타 물건에 해당한다는 판례(동경고재 1966(소화41)년 12월 23일 고형집 24권 4호 789면)가 있다. 그 외 비디오테이프를 모텔용으로 판매한 행위가 음란물도화판매죄에 해당한다는 최고재판소의 결정(最2小決1979(소화54)년 11월 19일 판례시보 951호 13면)도 있다.

146) 대법원 1991.9.10. 선고 91도1550 판결.

볼 수 있는 경우 불특정 다수인에게 관람시킨다면 공연전시죄가 된다고 볼 수 있다. 디스플레이를 보면서 촬영하는 액정비디오카메라로 디스플레이상의 화상과 그 피사체는 일정한 시간적 격차가 생기는 형태로 복사되도록 조작된 비디오카메라를 실내의 벽의 구멍에 설치하여 불특정 다수인에게 음란한 정보를 그 디스플레이에서 보이도록 한 경우에도 음란한 인형을 공연 전시한 것이라고 할 수 있다.[147] 그 자체는 음란한 것이 아닌 물건을 이것을 통하여 보기 위한 거울이나 안경 내지 비디오영사기와 조합한다면 음란물이 되는 경우에도 피사체가 음란물인 것은 명백하다. 예컨대, 거울의 반사를 이용하여 거울과 그 물건을 조합하면 음란물 같은 것을 볼 수 있는 장치를 관람시킨 경우에도 이 물건의 전시에 해당하게 된다.

그렇다면 약간의 시간적 간격이 있다고 해도 호스트컴퓨터에 기록된 정보가 캐쉬에 기록된 물건을 보는 경우에도 간접적이긴 하지만 자동적으로 현재화되는 호스트컴퓨터 내의 정보의 화체화된 물건으로 보아야 한다.

### 3) 자기화상데이터는 도화인가 기타의 물건인가?

문서도 도화도 가시성을 요건으로 한다. 이러한 것들은 그것 자체가 가독성, 가시성을 필요로 한다. 따라서 하드디스크에 업로드된 화상데이터는 도화일 리는 없다. 학설 중에는 용이하게 음란화상이 현실화하는 비디오도 도화이고, 음란화상데이터를 집어넣은 FD나 MD, CD 등도 음란도화라고 하는 것도 있지만 부당하다. 그러나 형법 제243조에서 말하는 기타 물건은 유체물이라면 족하고 그것 자체로서 가시성을 요하지 않는다. 따라서 이 물건이 어떠한 보조장치를 사용하여 인간의 오감에 의해 지각 가능하다면 음란물이라 할 것이다. 하드디스크 내의 전기화상데이터는 디스플레이상에 표시된다면 지각 가능하고 음란물이라 할 것이다.

물론 음란화상이 들어 있는 비디오카세트, 그것만을 점포 앞에 늘어놓아 통행인에게 전시하였다 하여도 음란물공연전시죄에 해당하지 않는다. 전시는 관람할 수 있는 상태로 두는 것으로 이 사례에서는 보조장치 없이 용이하게 음란물을 관람하는 것이 가능하지 않기 때문이다. 음란한 음성이 들어 있는 카세트테이프

---

147) 山口, 前揭注 16) 76頁.

를 점포 앞에 늘어놓아 '야한 음성이 들어 있다.'라는 글이 있는 메모용지를 붙이고 주의를 환기시켰어도 공연 '전시'는 아니다.

## 5. 음란물의 반포, 판매

음란물의 반포, 판매는 객체로서 물건 자체의 유상·무상의 교부를 요건으로 하기 때문에 인터넷을 통하여 음란자기정보의 형태로 반포, 판매하는 것은 가능하지 아니하다. 그러나 불특정 다수인에게 사실상 반포, 판매하는 경우에는 그 화상이 어떠한 형태이든 디스플레이상에 표시된 때에는 열람에 공여한 것이 되므로 공연전시죄가 성립할 것이다. 화상데이터가 데이터의 형태 그대로 다운로드된 상태를 화상을 전시한 것이라고 말하는 것은 아니다. 전시한다고 하는 것은 오감으로 지각하는 것이 가능한 상태에 있는 것을 말하는 것이므로 후에 상술하는 바와 같이 영상데이터가 배분되어, 수신자의 행위의 개재에 의하여 그 디스플레이상에 표출된 때에 전시죄가 성립하는 것이다.

## 6. 마스크를 부친 음란화상의 전시

원래 음란화상에 시판의 화상수정소프트웨어를 사용하면 용이하게 풀어지는 것이 가능한 모자이크 모양의 마스크를 붙여서 홈페이지에 게재하여, 불특정 다수의 자가 이것을 풀어 본 경우에 음란물공연전시죄가 성립하는가? 이것도 음란사진의 음란부분에 용이하게 벗길 수 있는 실을 붙이고 불특정 다수의 자에게 보도록 하는 행위와 같다고 생각할 수 있을 것이다. 여기에서는 물론 용이하게 풀 수 있는가 어떤가가 기준이 된다. 그러나 예를 들어 어느 정도, 고도의 테크닉을 요해도, 이것을 푸는 것이 마니아 사이에서는 불특정 다수의 사람에게 가능하다면 용이하게 푸는 것이 가능하다고 하여야 할 것이다. 여기에서 중요한 것은 공연 전시된 음란물이 마스크를 푸는 것을 예정한 형태로 전시되었는가이다. 그 자체 음란한 인형에게 옷을 입혀 전시하여도, 통상 누구도 그 인형의 의복의 안을 볼 수 없는 형태로 전시된다면 음란물의 공연전시가 아니라는 것은 당연하다. 그러나 그 인형 앞에 '인형의 의복 안을 보아주세요'라는 쪽지를 나누어 주고 전시한 경우에는 공연전시죄가 성립하는 것은 말할 필요도 없다. 전시보다 시간적으로 선행하여 쪽지를 나누어 주고 나서 옷을 입힌 음란한 인형을 전시하여도 사정은 같다. 마스크처리소프트웨어가 유포되는 것을 예정하고 용이하게 풀 수 있는 마스크를 붙인 음란화상을 홈페이지에 게재하는 행위도 공연전시이다.

화상수정소프트웨어의 반포, 판매에 관해서는 공모하여, 음란화상의 게재자와 분업으로 마스크를 붙인 음란화상의 현재화를 가능하도록 한 경우, 관여의 형태에 따라 음란물공연전시죄의 공동정범 내지 방조죄가 성립할 것이다. 이 경우 특정음란화상의 현재화를 가능하도록 하는 것이 필요하며 게재자와 무관계로 일반적으로 화상처리소프트웨어를 판매만으로는 임의의 음란물공연전시에 대한 편면적 방조가 성립하는 것은 아니다.

## 7. 링크를 연결한 행위

음란한 정보를 공개하고 있는 다른 사이트로 링크를 연결한 행위가 음란물공연전시죄를 구성하는가? 링크를 연결시킨 행위는 상대방의 동의를 얻어 행한 것이므로 이 행위는 공범이 아니고 행위 자체가 공연전시죄의 정범의 가능성을 가진 것으로 고찰된다.[148] 링크가 음란화상에 직접 연결된 경우, 그 후 몇 개의 행위가 개입이 없으면 관람 가능한 상태가 되지 않는 경우도 있다. 전자의 경우만이 공연전시죄의 정범이라고 말해야만 할 것이다. 직접적으로 관람 가능한 상태로 행한 경우에는 아파트의 옆방에서 인근 사람에 의해 상시 전시되고 있는 음란화상을 방의 경계 벽에 구멍을 뚫어 자신의 방에서 보이도록 하여, 불특정 다수의 자에게 공개한 것도 같다. 이에 대하여 홈페이지에 단순히 다른 홈페이지의 URL을 참조하는 코멘트를 단 것에 지나지 않다면 실제로 이것은 어떠한 음란정보의 기술도 음란화상도 존재하지 아니하는 것이다. 링크를 연결한 것이

---

148) 우리나라 법원은 인터넷에서 음란한 파일들이 존재하는 주소를 링크시킨 행위를 전기통신기본법 제48조의 2 소정의 음란한 부호 등을 공연히 전시한 것으로 볼 수 있는지 여부에 대하여 소극적(수원지법 1999.12.10. 선고 98고단5874 판결: 항소) 입장이다. 즉, "전기통신기본법 제48조의 2는 '전기통신역무를 이용하여 음란한 부호·문언, 음향 또는 영상을 공연히 전시한 자'를 처벌하도록 규정하고 있는바, 여기서 음란한 부호 등을 공연히 전시하였다 함은 인터넷상에서는 음란한 내용의 파일들을 직접 게시하였거나 이와 동일시할 수 있는 정도의 행위 즉 음란한 내용의 파일들을 직접 링크시키는 행위 등에 한정된다고 할 것이므로, 자신이 관리하는 인터넷사이트에 음란한 내용의 파일들이 존재하는 주소를 바로 연결할 수 있도록 링크사이트를 개설한 행위는 음란한 부호 등을 전시한 것과 동일시할 수 있는 형태의 행위라고 볼 수 없다."고 한다.

음란하다면 알파벳의 나열에 지나지 아니한 음란한 홈페이지의 URL를 소개한 문서도 또한 음란문서로 인정하여야 한다는 주장도 있지만 이 주장은 링크를 행한 행위를 행한 자의 홈페이지가 음란화상이라고 이해하고 있는 것 같지만 이것을 공연전시라고 하는 것은 아니다. 홈페이지의 URL를 소개하는 문서는 자동적 직접적으로 음란화상을 현재화시키는 것은 아닌 것은 공연전시행위에 해당하지 아니하는 것은 말할 필요도 없다.

## 8. 전시의 완성시기

판례는 음란화상데이터를 서버상에 보존하여, 불특정 다수의 자가 열람 가능한 상태에 둔다면 공연 전시한 것으로 본다.[149] 이에 대하여 음란문서, 도화 등을 반포·배부하는 경우에 음란물반포·판매죄가 성립하는 것과 같이 음란물공연전시죄는 이것을 관람, 열람시키는 경우에 성립한다. 이 점에서 형법 제243조는 일종의 결과범으로서 서버상에 보존되어 있는 음란한 화상 그 자체는 불가시적이고 공연전시죄의 경우에는 가시적인 것을 필요로 하고 행위자의 현실적인 행위는 열람이 가능하도록 설정하는 행위로서 이 행위가 전시행위로서 형법상 의미를 가지는 것은 음란화상이 화면상에 재생되어 열람에 공여된 시점[150]이라는 견해가 있다.

공연전시죄에 관해 실제로 인식된 것은 필요하지 않다는 것이 종래 압도적 통설로 이 견해는 정당하다. 포르노영화를 상연하였으나 고객인 회원이 영화가 시작된 시점부터 잠이 들어 누구도 보지 못했다 하여도 공연전시이다.

그러나 전시는 인간의 오감에 작용하는 형태로 직접 관람 가능한 상태에 있는 것이 아니면 안 되기 때문에 홈페이지에 음란정보를 업로드한 것만으로는 아직 관람 가능한 상태라고는 할 수 없다. 실제로 어떤 자가 접속하여 자기의 디스플레이상에 표출할 필요가 있다. 그런데 관람 가능한 상태라는 것은 눈이나 귀 등의 인간의 오감에 의해, 직접 그 물건으로부터 발생한 정보를 접촉하는 것이 가능한 상태를 말한다. 육안으로 볼 수 없는 것 같은 미세한 음란화상을 전

---

149) 일본 동경지재 1996(평성8)년 4월 22일 판례시보 1597호 151면.

150) 堀内, 前揭注, 3), 6頁以下.

자현미경의 렌즈를 통하여 육안으로 볼 수 있는 상태에 둔 때, 옷을 입은 인형의 국부를 의복을 벗기면 볼 수 있는 상태로 둔 때 공연전시죄가 성립한다. 마스크를 붙인 상태에서 홈페이지에 게재한 경우에는 그것만으로 아직 전시라고할 수 없다. 마스크를 풀면 직접 관람할 수 있는 상태에 둘 필요가 있다. 이에의하여 전시라는 것은 행위자의 행위만으로 족하는 것은 아니고 경우에 따라서는 관람 가능한 자의 예측할 수 있는 보조행위의 개재가 있어야 비로소 완결되는 것이다.

## 9. 해외 서버로의 접근과 형법의 적용

### (1) 형법상 규정

형법 제2조는 본 법은 대한민국 영역 내에서 죄를 범한 내국인과 외국인에게적용한다고 규정한다. 이 규정은 형법의 장소적 적용범위에 관해 기본원칙을 명확히 한 것으로, 속지주의원칙에 입각한 것을 명시하고 있다. 한국 국내가 범죄지라면 우리 형법이 적용된다.

### (2) 외국에서의 업로드

그런데 미국인이나 한국인이 미국에서 인터넷상의 홈페이지에 음란영상을 공연 전시하여 한국 국내에서 그것을 다운로드하거나 혹은 자택의 디스플레이상에 표시하여 관람할 수 있게 한 경우에는 우리 형법이 적용될 수 있을까?

#### 1) 범죄지의 문제

여기에서는 범죄지가 한국 국내인가 어딘가가 문제이다. 예컨대, 미국인이 한국에서 알게 된 독일인을 살해하고자 미국에서 독을 넣은 위스키를 한국에 송부하여 독일인을 살해한 경우 한국형법이 적용되는가는 범죄지가 어디인가에의해 정해진다. 여기에서 범죄지를 결정하는 기본적인 방법은 구성요건의 일부로 되는 행위가 한국에서 행하여졌는가? 혹은 구성요건의 일부인 결과가 한국국내에서 발생한 경우에 범죄지는 한국이며 국내범으로 처벌한다고 하는 것이원칙이다. 이에 의하면 이 독살행위는 결과가 한국 국내에서 발생하고 있는 것이고 한국형법으로 처벌할 수 있다.

2) 형법 제243조의 법익과 결과

형법 제243조의 보호법익은 사회적 법익으로, 법질서 내지 건전한 성적 풍속 혹은 사회의 건전한 성적 도덕감정이라고 되어 있다. 이러한 사회적 법익이 실제로 침해되는 것은 범죄성립의 요건은 아닌 것으로 본 죄는 이른바 추상적 위험범으로 해석된다. 기수에 이르기 위해서는 판매, 반포가 이루어지는 것이 필요하지만 그것은 실제로 상대방에에 도달하는 것을 필요로 한다고 해석되는 것이다. 따라서 현실로 교부, 양도를 받은 시점에 기수가 된다. 공연전시의 결과는 전술한 바와 같이 공연전시가 행하여진 때에 발생한다. 본죄의 미수의 처벌규정이 없기 때문에 기수로 되지 아니한 각각의 행위는 처벌되지 아니하나 이러한 도달은 일종의 전시행위의 일부라고 할 수 없을 것인가?

3) 공연전시의 결과

또한 미국에서 홈페이지를 개설한 한국인이 음란화상을 공연 전시한 경우 행위지는 미국이지만 통신회선을 통하여 한국 국내에서도 이러한 전시의 결과가 발생하는 것이므로 구성요건의 일부가 한국 국내에서 발생하는 것으로 그것을 국내법이라고 할 수 있을까? 이 공연전시에 의해 한국의 사회의 건전한 성도덕감정이 위험해지기 때문에 위험결과가 국내에서 발생하는 행위로서 이것을 긍정하는 것이 가능하다고 생각한다. 그러나 여기서 행위자의 행위 자체는 미국 서버에 개재하는 것으로 사실상 종료되고, 후에 한국의 사용자로부터의 접속행위가 있어야 비로소 전시된 음란화상이 도달한다고 하는 특수성이 있다.

(3) 한국 내에서의 업로드

한국 국내로부터 해외서버로 음란화상을 업로드하여 한국 국내에 있는 자가 이것에 액세스하여 이 화상을 디스플레이상에 표시하거나 혹은 프린트 아웃한 경우 범죄지는 국내인가 어디인가? 이 경우에는 실행행위의 일부가 국내에서 행해진 것이고 결과도 국내에서 발생한 것으로 일응 한국형법이 적용될 수 있는 것이라고 생각한다.

이에 대하여 한국으로부터의 발신행위 그것 자체가 이미 설정행위의 일부라고 해석된다면 국내범으로 처벌하는 것도 가능하지만, 이것은 가능하지 않은 것으로 발신행위가 직접적으로 법익에 대한 침해의 위험을 포함하고 있지 아니한다는 견해가 있다. 이 견해에 의하면 열람에 공여된 시점에 전시로서의 실행행위를 인정하는 때에 비로소 음란물공연전시죄를 긍정할 수 있는 것이다. 그러나 공연전시행위의 실행행위는 서버에 업로드하여 한국 국내에 있는 자가 디스플레이상에 표출할 때까지의 일련의 행위라고 해석되어야만 한다.

이 의미에서 한국 국내에 음란화상정보의 원본을 갖는 한국 국내에 있는 자가 미국서버에 업로드했을 뿐이며, 미국 국내에서만 열람에 공여한 경우에는 미국 사회를 건전한 성도덕 위험에 빠트릴 뿐이지만 구성요건적 행위의 일부는 한국 국내에서 행하여지고 있는 것이라고 할 수 있다. 이 경우 국내에서의 업로드의 시점에 이미 실행의 착수가 인정된다. 그러나 한국 국내에서의 액세스가 있고 한국 국내의 컴퓨터의 디스플레이상에 관람할 수 있는 상태가 되지 않는다면 전시결과는 한국 국내에서 생기는 것은 아니다.[151] 우리나라에 있어 건전한 성 풍속을 유지하는 것이 본 조의 목적이기 때문에 판매의 목적이라는 것은 한국 국내에 있어서 판매할 목적을 말하는 것이라는 취지와 동 취지로 해석한다면 전시결과가 한국 국내에서 생기지 아니하는 한 한국의 건전한 성풍속이 침해될 위험이 발생하지는 않는다. 즉, 후에 한국 국내에서 전시결과가 발생되지 아니한 경우에는 아직도 전시는 아니고 사전에 잠재적 실행행위는 사후적으로 실행행위의 평가를 받지 않는 것이다. 이런 의미에서 한국 국내에서 전시된 것이 구성요건요소이다.

### (4) 프로바이더의 형사책임

수사기관이 음란화상을 공연 전시한 개인 사용자를 특정하여 수사, 체포 기소하는 것은 용이하지 않다. 물론 호스트컴퓨터를 관리하는 프로바이더를 유죄로 잡아넣는 것이 가능하다면 일거에 여하한 범죄 행위자에 그 음란 화상의 유포의 가능성을 박탈하고, 이러한 행위를 근절하는 것이 가능하다. 다른 한편 프로바이더의 측에서 보자면, 만약 서버이용을 인정하고 인터넷으로의 접근가능성을 제공한 것이 일부 자에게 범죄적 행위에 이용될 가능성이 있다는 것만으로 모든 사용자가 가입하는 정보를 체크하지 않으면 안 된다고 하면 그 업무수행은

---

151) 일본에서 음란물판매목적소유죄에 관해 일본 국외에서 판매할 목적으로 일본 국내에서 소지하고 있던 사안에서 이 적용을 부정한 사례(最1小判 1977(소화52)년 12월 22일 형집 31권 7호 1176면)가 있다.

불가능해진다. 왜냐하면 이러한 대량의 이용자의 대량의 정보의 내용을 신속하게 체크하는 기술적 가능성은 현재 없다고 하여야 할 것이기 때문이다. 헌법상 통신의 비밀, 검열의 금지의 관점에서도 프로바이더가 사용자의 통신을 체크하는 것은 문제이다.

최근 우리나라에서 인기가수 모 연예인의 팬클럽 회원인 갑은 H사의 전자게시판에서 모 연예인을 험담한 A 씨를 상대로 지난 99년 1월 "더 이상 이런 글을 올리면 고소하겠다." 등 자제를 요청하는 반박하는 글을 게시한 데 대해, A 씨가 오히려 "갑은 저질 스토커 경향이 다분하다. 자기 영웅적 심리에 도취, 병적 열광상태에 있다." 등 인신공격성 글을 계속 올렸다. 그러나 H사는 A 씨에게 경고메일을 보냈을 뿐 5개월 동안 A 씨의 글을 그대로 방치했다. 이에 갑은 A 씨와 H사를 상대로 각각 소송을 냈다. 원심에서 갑은 A 씨와 H사를 상대로 손해배상 소송을 내 A 씨에 대해서는 200만 원의 손해배상 확정판결을 받아냈고, H사에 대해서는 "ISP사의 책임까지 인정되지는 않는다."는 이유로[152] 패소했다. 이에 대한 원심판결에 대하여 2심 법원[153]은 판결문에서 "플라자에 게재된 소외 A의 글들은 위 정보서비스 이용약관 제21조 소정의 '다른 이용자 또는 제3자를 비방하거나 중상모략으로 명예를 손상시키는 내용인 경우'에 해당하고, H사로서는 갑과 정보통신윤리위원회의 시정조치 요구에 따라 그러한 글들이 플라자에 게재된 것을 알았거나 충분히 알 수 있었다고 할 것인데, 그럼에도 불구하고 무려 5~6개월가량이나 이를 삭제하는 등의 적절한 조치를 취하지 아니한 채 그대로 방치하여 둠으로써 갑으로 하여금 상당한 정신적 고통을 겪게 하였을 것임은 경험칙상 명백하므로, H사는 특별한 사정이 없는 한 갑에게 위와 같은 전자게시판 관리의무 위반행위로 인한 손해배상책임을 진다."고 밝혔다.[154]

본 판결은 ISP업체에 첫 배상책임을 인정한 사례로, 비방성 글이 통신망에 오른 것을 알고도 삭제하지 않은 통신회사에 대해 법원이 처음으로 손해배상 책임을 인정한 판결이다. 이 판결에서 ISP에 책임을 지우게 하기 위해서는 ISP업체가 얼마나 주의의무를 다했느냐를 보고 책임을 지우게 한다. 즉, 즉시 문제

152) 서울지방법원 동부지원 1999.8.18. 선고 99가소83281.
153) 서울지방법원 2001.4.27. 99나74113 손해배상.
154) 상세한 것은 백윤철, 표현의 자유와 인터넷상 명예훼손과 ISP업체의 책임, 고시계, 2001.8, 58~73면 참조.

된 게시물을 삭제하거나 폐쇄하는 등 적절한 조치를 취한 경우에는 주의의무를 다했다고 볼 수 있을 것이다. 또한 대법원은 더 나아가 타인을 비방하고 중상 모략하거나 명예를 훼손하는 컴퓨터통신 게시물을 삭제하거나 전용게시판 서비스를 일시 중지시킨 ISP업자의 행위가 불법행위로 되지 않는다고 본다.[155]

인터넷상의 이른바 유해한 표현 내지 음란물에 관하여 한국과 일본에서는 이것을 포괄적으로 규제하는 법률은 존재하지 않는다. 여러 외국에서도 마찬가지 문제를 안고 있으며, 독일에서는 1997년에 이른바 멀티미디어법(정보서비스 및 통신서비스를 위한 대체적인 조건의 규율을 위한 법률)이 성립되어 전자상거래와 함께 표현행위에 관해서도 규제가 이루어지게 되었다. 이에 대하여 미국에서는 품위를 잃은 표현이나 명백하게 불쾌한 표현을 청소년에게 송신하는 것을 금지하는 통신품위유지법(CDA)이 제정되었는데, 연방대법원에 의하여 표현의 자유를 보장한 수정 제1조에 반한다고 하여 무효가 되었고, 현재에는 자주규제에 의한 방향으로 향하고 있다.[156] 그리고 통신품위유지법은 ISP의 명예훼손 책임을 면제하는 근거조항을 마련했고 이에 따라 인터넷 사업자의 책임을 전면 부인한 '제란(Zeran)' 판결 등이 나왔다. 그러나 1998년 제정된 '디지털 밀레니엄 저작권법'은 저작권 침해행위를 통보할 경우 ISP는 적절한 조치를 취하도록 의무화했다.

일본에서도 우정성은 포괄적인 법 규제를 구상하여 왔는데, 통산성은 민간주도의 발전을 주장하여 관청 간에 의견이 조율되지 않았고, 결국 자주규제 노선을 취하게 되었다. 그 때문에 현재에는 업계단체인 텔레콤서비스협회가 작성한 가이드라인 등에 의한 자주규제에 크게 의존하고 있다.[157]

---

155) 대체로 타인을 비방하고 중상 모략하거나 명예를 훼손하며 불법적인 노조활동을 선동하거나 교사하는 등 사회질서를 해하는 내용과 건전한 미풍양속을 해할 염려가 많은 상스럽고 저질스러운 표현을 담고 있는, 노조활동과 관련된 컴퓨터통신 게시물을 삭제하거나 그 전용게시판 서비스를 일시 중지시킨 컴퓨터통신 사업자의 행위가 채무불이행 또는 불법행위가 되지 않는다고 본다(대법원 1998.2.13. 선고 97다37210 판결).

156) 다만, 1998년 10월에 어린이를 온라인상 보호하는 법률(COPA)이 제정되어 다시 법적 규제가 이루어지고 있다.

157) 또한 일본은 1998년에 개정된 풍속영업법은 성인 영상을 인터넷을 통하여 송신하는 것에 대하여 규제를 강화하고 있다.

(5) 프로바이더의 데이터에 대한 관리가능성

사용자에게 인터넷으로의 접근 가능성을 제공한 프로바이더에게, 사용자의 음란화상의 게재에 대한 형사책임의 문제를 논하는 것은 데이터의 내용에 대한 개입가능성을 분석하는 것이 전제된다. 개입가능성이 높은 경우가 되는 것부터 검토하여 보자

① 우선, 프로바이더 스스로 정보를 제공한 경우
② 다음 타인의 데이터를 편집·선택한 경우가 있다. 이 경우에는 프로바이더는 데이터의 현상을 파악하고 어떤 데이터를 제공할 것인가를 결정한다.
③ 더욱이 프로바이더가 타인의 데이터를 축적한 서비스를 제공하고 있는 것 (예컨대, 호스팅)이 있다. 이것은 메일서비스를 행하는 경우나 타인의 메일리스트의 작성을 위한 리스트서비스를 제공하는 경우에 과해진 기능이다.
④ 그러나 대부분의 경우에는 단지 기억매체(서버)에 접근할 수 있는 것에 의해 이미 기억된 데이터를 기술적으로 이송하는 것뿐이다. 이 경우 프로바이더의 개입가능성은 거의 없다.
⑤ 마지막으로 모든 프로바이더에게 공통의 중심적인 활동영역은 사용자를 위하여 인터넷으로의 접근을 기술적으로 준비, 실현하는 것이다. 이 경우 개입가능성은 없다. 요컨대 여기에서는 데이터의 중개자의 관리책임이 문제 된다.

(6) 부작위에 의한 방조의 가능성

1) 프로바이더의 관리가능성과 관리책임의 한계

편집 선택권을 가진 경우를 제외하고는 관리의 기술적 가능성은 없다. 기술한 1) 및 2)를 제외하고는 프로바이더는 사용자가 업로드한 정보에 관해서 관리할 기술적 가능성은 거의 없다. 프로바이더는 실제상, 자신의 서버를 제공하여, 인터넷으로의 접근을 가능하게 하는 기능을 가진 것만은 아니다. 타인이 범죄목적으로 자신의 시설, 설비, 도구 등을 무단으로 이용한 경우, 생각하자면 이 설비 등의 관리자의 관리책임, 특히 이러한 위법한 목적으로 이용된 것을 미필적 고의에 의해 알고도 방치한 것이라는 부작위책임이다. 통상 이 부작위책임을 근거 짓는 것은 위험원에 대한 관리의무이다. 물론 프로바이더가 특정행위자에게 적극적으로 음란정보의 게재를 부추기고 촉진한 경우에는 방조의 가능성이 있다

는 것은 말할 필요도 없다.

### 2) 부작위의 공범

게다가 부작위책임을 묻는 경우에도 부작위의 정범의 책임을 묻는 것은 무리일 것이다. 타인이 고의로 범죄행위를 행한 것을 고의로 방치한 것이라 해도 규범적 장해의 어떤 자를 개재시키고 있는 것은 정범이 되는 것이 아니라 기껏해야 공범이기 때문이다.

그러나 프로바이더에 의한 서버의 제공이나 인터넷으로의 접속가능성의 제공은 프로바이더의 선행행위에 근거한 관리의무도 위험원의 관리의무가 인정되지 않으며 작위의무를 근거 짓는 보증인적 지위도 인정되지 않기 때문에 부작위의 방조로서도 처벌되지 않는다고 하여야만 한다.

프로바이더에게는 서버에 축적된 타인의 데이터에 대한 개입 통제의 가능성이 없고 부작위범에 관해서 필요한 위험회피가능성(작위가능성)도 존재하지 않기 때문이다. 또한 검열의 금지, 통신의 비밀이라는 헌법상의 요청에서도 또한 이러한 서비스의 제공은 전기통신사업법에 의해 등록 내지 신고가 필요한 전기통신사업은 사회상당성이 있어 적어도 허용된 위험이 존재하며, 동법에 의해서도 통신의 검열을 금지하고, 통신의 비밀의 보호를 규정하고 있는 것에서도, 우연히 범죄목적에 사용한 자가 있는 것일 뿐 일반적으로 프로바이더에게 이러한 타인의 데이터의 내용을 통제할 권한을 인정하는 것은 가능하지 않다.

## 10. 음란의 판단기준과 최종적인 판단의 주체

형법 제243조 소정 '음란'의 판단 규준과 최종적인 판단의 주체에 대하여 대법원은 "형법 제243조 소정의 '음란'이라는 개념 자체가 사회와 시대적 변화에 따라 변동하는 상대적이고도 유동적인 것이고, 그 시대에 있어서 사회의 풍속, 윤리, 종교 등과도 밀접한 관계를 가지는 추상적인 것이므로 결국 구체적인 판단에 있어서는 사회통념상 일반 보통인의 정서를 그 판단의 규준으로 삼을 수밖에 없다고 할지라도, 이는 법관이 일정한 가치판단에 의하여 내릴 수 있는 규범적인 개념이라 할 것이어서 그 최종적인 판단의 주체는 어디까지나 당해 사건을 담당하는 법관이라 할 것이니, 음란성을 판단함에 있어 법관이 자신의 정서가 아닌 일반 보통인의 정서를 규준으로 하여 이를 판단하면 족한 것이지 법관이 일일이 일반 보통인을 상대로 과연 당해 문서나 도화 등이 그들의 성욕을 자극하여 성적 흥분을 유발하거나 정상적인 성적 수치심을 해하여 성적 도의관념에 반하는 것인지의 여부를 묻는 절차를 거쳐야만 되는 것은 아니라고 할 것이다."고 한다.[158]

# III 결론

여기서 인터넷을 통하여 음란화상의 홈페이지에의 게재가 음화반포전시죄를 구성하는가의 문제에 초점을 두고, 그 각각의 논점에 관한 형법적 평가의 관점을 정리하였다. 그 결과, 현재 음란정보를 업로드하여 관람 가능한 상황에 둔 자의 형사책임을 현행 형법 제243조의 해석이 원칙적으로 가능하다고 본다.[159]

형법상 '외설적인 문서, 도화 기타의 것'의 배포, 판매, 공연한 진열 및 판매 목적에 의한 소지를 처벌의 대상으로 하고 있다. '외설'이란 헛되이 성욕을 흥분 또는 자극하거나 또는 보통인의 정상적인 성적 수치심을 해치고 선량한 성적 도의관념에 반하는 것을 말한다. 외설문서에 해당하는지의 여부에 관한 판단은 '일반사회에 있어서 행해지고 있는 양식 즉 사회통념'에 의한다. 그리고 외설문서를 규제하는 근거로 되어 있는 것이 '성행위비공개성의 원칙'이다. 한편, 외설의 개념을 문서가 가지는 예술성·사상성과의 관계에서 상대적으로 파악해야 하는지의 여부에 관해서는 그 견해가 시대적인 관념에 따라 변천해 왔다.

인터넷의 발달에 의한 정보화 사회는 개인이 간단하게 세계의 정보를 입수하는 것을 가능하게 하는 것과 함께 개인이 간단하게 정보를 세계로 향하여 발신하는 것 또한 가능하게 한다. 이 정보내용(콘텐츠)에 관해서는 원칙적으로 그 각 개인의 자주규제에 위임되어 있다. 타인의 명예를 훼손할 것 같은 정보도 기술적으로는 용이하게 국경을 초월하여 세계로 흩뿌리질 소지가 준비되어 있다.

---

158) 대법원 1995.2.10. 선고 94도2266 판결.

159) 이에 반대하는 견해에 의하면 인터넷을 통한 화상 등 정보 전달은 민법 제98조에 의한 유체물이나 관리할 수 있는 동력이라고 할 수 없으므로 '물건'에 해당하지 아니하므로 형법 제243조를 적용할 수 없다고 한다. 대법원도 같은 견해이다(대법원 1999.2.24. 선고, 98도3140 판결).

그러나 이러한 기술의 발달에 수반한 피해에 유효하게 대처하기 위한 법 제도는 아직도 정비되었다고 볼 수 없다.

음란규제의 한계와 헌법상의 문제와는 독립하여, 청소년의 건전한 보호와 육성을 저해할 우려가 있는 음란정보는 현행법의 해석의 범위 내에 가능한 한 그 한계를 명확하게 하여, 처벌의 대상으로 하는 것은 정보화 사회에 있어 표현의 자유를 지키고, 합리적인 법적 규제의 모습에 따르도록 적절하게 확보하기 위해서도 필요할 것이다. 죄형법정주의원칙의 틀 안에서 현행법의 적정한 해석론을 제공하는 것이 형법학의 임무이다.

결론적으로 음란화상정보는 기억매체에 화체되어 있는 것에 한하여 물건이다. 확실히 문서 도화에 관해서는 그 자체의 가독성, 가시성을 요건으로 하며, 음란화상정보는 거기에 해당하지 않는다. 그러나 형법 제243조에 있어서 기타의 물건은 이러한 한정은 없다. 음란한 물건이라는 것은 그것 자체가 육안으로 음란물로 인식될 수 있는 것은 아니어도 보조용구, 보조장치와 결합되어 지각 가능하면 족하다. 불가시적인 물건으로부터 가시적인 물건으로의 현재화의 용이성이 있다면 그 자체를 음란물로 볼 수 있다. 다만 음란성을 가진 물건을 지각(시각, 청각)의 대상인 현상(화상)과의 관계는 보조장치를 사용하여 초기조건을 부여하면 자동적으로 물건의 현상이 지각 가능하게 될 필요가 있다. 이것은 마스트 처리된 음란화상정보의 전시이나 링크를 연결한 행위의 경우도 같다고 볼 수 있다.

공연전시라는 행위의 사정은 행위 자체만이 아니라 전시결과의 발생도 포함된다. 따라서 업로드한 것뿐만 아니라 이용자가 디스플레이상에 지각할 수 있는 상태에 도달한 때에 공연전시가 된다. 국내로부터 해외의 서버를 이용하여 음란화상을 업로드한 경우에 있어서도 그것이 국내의 사용자의 컴퓨터디스플레이상에 표출되는 것을 조건으로 하여 공연전시의 구성요건이 충족되는 것이라 할 수 있다. 여기에서도 전시결과가 생겨야 비로소 실행행위로 되는 것이며, 국내에서 해외의 서버에 업로드한 것뿐인 단계에서는 아직 실행행위로 평가되지 않고 실행행위의 일부를 행한 것으로 되지는 않을 것이다.

프로바이더의 형사책임에 관해서는 다수의 사용자와 관계하는 프로바이더에게 일반적으로 사용자가 제공한 범죄적 콘텐츠에 관해 관리, 감독책임을 인정하는 것은 부작위범의 이론상 인정할 수 없다.

 **학습문제**

*1.* 인터넷 범죄의 유형에 대해서 구체적으로 논하시오.

*2.* 인터넷 음란물과 형법 제243조에 대해서 논하시오.

*3.* 청소년 보호와 음란물의 법적 규제에 대하여 논하시오.

# Chapter 03
## 전자상거래의 법률문제

---

## 제1절　전자상거래란

### I 　종이미디어에서 전자미디어로

　전자적 수단을 이용한 계약의 청약유인, 청약 등의 의사표시, 계약의 성립에서 이행에 이르는 과정의 전부 또는 일부가 행해지는 거래를 전자상거래(Electronic Contract)라고 한다. 전자거래는 종이미디어를 이용하지 않는다는 점에서 종이 없는 거래(paperless transaction)의 일종인바, 이는 사무의 효율화나 보존공간의 관점에서뿐만 아니라 삼림보호라는 환경상의 요청에서도 일정한 의미를 갖는다. 그러나 종이미디어를 이용하지 않음으로써 전자거래에 사용되는 전자문서의 복제나 개변이 용이하다거나, 그 자체로써는 유일성을 확보할 수 없다거나, 경우에 따라서는 거래의 성부 등을 확인하는 것이 곤란하다는 문제점도 발생할 수 있다.

　현재 전자거래의 정의나 전자적 수단으로 이루어지는 의사표시의 법적 효력 등에 대하여 이를 총체적으로 규정하고 있는 국내의 입법례로는 전자거래기본법, 전자서명법 등이 있다. 해외에서는 후술하는 UNCITRAL의 '전자상거래모델법'(UNCITRAL MODEL Law on Electronic Commerce 1996)[160] 및 이에 근거한 싱가포르의 전자거래법(Electronic Transaction Act 1998.6.)이 알려져 있는 외에, 미국 또한 위의 모델법에 근접한 구조를 채용하고 있다. 전자상거래의 전제가 되

---

[160] UN전자상거래위원회는 전자서명에 대한 통일규칙안에 관한 논의를 1997년 2월부터 시작하여 2001년 작업반 회의에서 통일규칙 초안의 거의 대부분을 타결하였다.

는 전자서명 및 인증에 대해서는 독일의 통칭 멀티미디어법(1997년 8월 시행) 외, 싱가포르, 말레이시아, 한국에서도 잇달아 입법이 이루어지고 있다. 또한 EU 에서는 '전자서명의 공동구조에 관한 이사회지침제안'(1998년 5월)이 마련되었으며, 2001년 7월에는 UNCITRAL의 '전자서명모델법'(UNCITRAL MODEL Law on Electronic Signatures)이 확정되는 등, 입법을 위한 움직임이 가속화되고 있다.[161]

## Ⅱ  UNCITRAL 전자상거래모델법

전자상거래에 관한 법으로 가장 대표적인 것으로 국제연합국제상거래법위원회(UNCITRAL)의 전자상거래모델법[162]이 있다. 이 모델법에서는 "정보는 그것이 데이터 메시지의 형태로 되어 있다는 것만을 이유로 하여 그 법적 효력(legal effect), 유효성(validity), 또는 집행력(enforceability)이 부정되지 않는다."(제5조)고 규정하는 한편, 계약에 대해서는 "데이터 메시지의 작성자(originator)와 수신자(addressee) 사이에 의사표시 기타 진술(statement)은 그것이 데이터 메시지의 형태라는 것만을 이유로 하여 그 법적 효력, 유효성, 또는 집행력이 부정되지 않는다."(제12조)고 규정하고 있다. 서면(writing), 서명(signature) 또는 원본(original)에 관하여 그 요건을 규정함으로써 데이터 메시지에 법적 효력이 인정되기 위한 조건을 명시하는 방법을 택하고 있는바, 이는 곧 기능적 등가물(functional-equivalent) 접근방식을 채용한 것으로 볼 수 있다(동법 제6조~제8조).

이와 같은 상황을 본다면, 전자상거래에 관한 법적 과제의 검토 시 전자상거래에 관한 UNCITRAL의 모델법을 참조할 필요가 있다. UNCITRAL은 국제간의 상거래에 관하여 모델법이나 가이드라인의 형식으로 구성된 법 정책을 제안하는 국제연합의 기관이다. 여기에서 책정된 모델법은 국제적인 상거래를 직접 구속하는 것도 아니고, 동일한 내용의 국내법을 제정할 의무를 각각의 국가에 부

---

161) EU의 전자서명지침(안) COM(1998) 297 final, Proposal for a European Parliament and Council Directive on a common framework for electronic signatures, http://europa.eu.int/comm/dg15/en/media/infso/com297en.pdf.

162) 본 모델법에 대해서는 内田貴,「電子商取引と法(4)」, NBL 603호 29면(1996)을 참조. 기타 전자상거래전반에 해당하는 해설로 하여 동「電子商取引と法(1)-(4)」 NBL 600호 38면, 601호 17면, 602호 32면, 603호 28면(1996).

과하는 것도 아니지만, 각국이 이를 모델로 삼아 국내법을 정비하게 되면 국제 간의 법 정책에 있어 조화를 도모할 수 있게 되는 것이다.

전자상거래에 관한 모델법의 명칭 변화는 그간의 기술혁신과 깊은 관련이 있다. 1993년 5월 당시는 가칭으로 '전자적 데이터교환(electronic data interchange: EDI)에 관한 모델법'으로 불렸다. 이에 따라 당초에는 주로 기업 간 전자데이터의 수수에 의한 상거래를 가정한 입법의 성격을 띠고 있었다. 그렇지만 이 모델법은 그 입법과정 도중에 급성장하는 인터넷의 상업이용에 따라 특정자 간의 계속적인 거래관계를 전제로 한 규칙뿐만 아니라 온라인을 이용하는 불특정 다수인 간의 거래환경에도 적용할 수 있는 규칙의 형성을 고려하여야 할 상황을 맞이하게 되었다. 인터넷에서 수수되는 정보는 EDI와 같이 반드시 예정된 표준에 따라 교환되는 것이 아니다. 전자메일과 같이 자유로운 형식으로 수수되는 정보가 상당부분을 차지하고 있다. 그 결과 인터넷 환경하에서의 전자상거래라는 넓은 대상을 목표로 하기 위하여 최종적으로 그 제목이 현재와 같이 결정된 것이다.[163]

나아가 이 모델법의 적용범위를 개관하기로 하자. 이 법률은 '상사활동에서 이용되는 데이터 메시지 형태의 모든 종류의 정보'(제1조)에 적용된다. '모든 종류의 정보'라 함은 'EDI, 전자메일, 전보, 텔렉스 또는 텔레콤을 포함한 전자적, 광학적 또는 유사한 수단에 의하여 창출, 송신, 수신 또는 보존된 정보'(제2조 (a))를 말한다. 데이터 메시지의 정의규정에서는 전보나 텔렉스라는 매체에 의하여 교환된 정보도 포함되지만, 역시 중심은 EDI이다. EDI라 함은 "정보를 구조화하기 위하여 합의된 표준을 이용하여 이루어지는 컴퓨터 간의 정보의 전자적 이동"(제2조(b))을 의미한다. 그리고 여기에서 말하는 표준은 단적으로 비즈니스 프로토콜을 의미하고 있으므로, TCP/IP라는 통신프로토콜은 여기서 말하는 표준이 아니며, 인터넷을 이용한 전자상거래의 모든 것이 EDI에 해당하는 것이다. 다만 EDI에 해당하지 않더라도 데이터 메시지이기만 하면 본 모델법의 적용영역에 포함된다.

---

163) UNCITRAL 전자상거래모델법의 본문 및 사무국 작성의 시안은 http://www.un.or.at/uncitral/english/text/election/mi‒ec.htm에서 입수할 수 있다. 제목 변경의 경우에 대해서는 동 가이드의 B. Scope Para.8을 참조.

일반사회로의 인터넷의 보급이 그 네트워크를 매개로 한 상거래(전자상거래)에 대한 기대를 한껏 부풀리고 있다. 이에 따라 '전자상거래＝인터넷'이라는 도식이 오늘날에는 당연한 것처럼 받아들여지는 경향이 있다. 그러나 전자상거래의 역사를 살펴보면 실제로는 인터넷이 보급되기 전부터 전자상거래는 행하여지고 있었다. 그러한 인터넷 이전의 시대(pre－internet era)에서 전자상거래는 EDI라고 약칭되는 기업 간의 Electronic Data Interchange가 중심이었다.[164]

## I EDI

종래의 EDI의 특징은 계속적 거래관계에 있는 기업과 기업이 상호간에 사무절차의 시간을 줄이기 위하여 개개 자재 등의 수·발주에 대한 구매활동을 전자적이고 자동적으로 행한다고 하는 점에 있다. 이 거래에서는 대부분 상호간에 신뢰관계를 구축한 기업들 간에 폐쇄된 전용선 등의 네트워크를 사용하여 서로 간에 약속한 룰에 따라(단순한) 수·발주가 행하여졌다.[165] 즉 EDI는 기업 대 기업(B－to－B: Business－to－Business level)이라는 상호간에 신뢰관계를 가지는 자들끼리의 정형화(routine)된 단순한, 말하자면 전표처리만을 전자적으로 행하였을 뿐이었으므로 문제는 거의 발생하지 않았고, 널리 일반시민에게는 무관한 존재였다.

---

164) EDI의 정의에 대해서는 see, e.g., United Nations, UNCITRAL Model Law on Electronic Commerce with Guide to Enactment, Article 2(Definitions), available at 〈http://www.un.or.at/uncitral/en－index.htm〉(Accessed on Aug. 6, 1998)('EDI란 정보를 구성하는 합의기준을 사용하여 컴퓨터로부터 컴퓨터로 정보를 전자적으로 이동하는 것'으로 규정하고 있다.).

165) Alan N. Sutin, Web Judicata:Legal Obstacles Hinder International Trade in Cyberspace, N.Y.L.J., July 13, 1998, available at 〈http://www.ljx.com/internet/0713 roadcomm.html〉(Accessed on July 24, 1998).

## Ⅱ  폐쇄된 전자상거래의 특징

그러나 전자상거래의 오늘날의 의의는 종래의 EDI와 같이 폐쇄된(closed) 네트워크에 구속되지 않은 인터넷이라는 매체를 통하여 불특정 다수인이 다양한 거래를 하는 점에 있다.166) 먼저 인터넷이라는 매체를 보면, 그것은 세계의 사람들이 미지의 관계이더라도 용이하게 접촉(communication)할 수 있다고 하는 개방된(open) 네트워크라는 특징을 가진다.167) 이 열려진 네트워크상의 접촉세계라는 새로운 만남의 場(place)은 가상공간(cyberspace)이기는 하지만,168) 여기에서는 저렴한 비용(cost)으로169) 흥미를 같이하는 사람들끼리의 만남이 가능하다. 그래서 재화나 서비스를 파는 자와 사는 자가 만나서 거래를 교섭·성립시키는 것도 여기에서는 가능하게 된다. 이 특징과 인터넷의 일반시민사회에 대한 보급은 가상공간이라는 장을 매개로 한 상거래의 기회의 증대를 기대하게 하여 이제까지는 대기업들만의 사치품이었던 전자상거래에 중소기업이나 일반시민에게도 참가할 기회를 부여하였다.170) 그래서 많은 상인이 이 새로운 사업의 기회를 잃지 않기 위해 전자상거래의 실험에 서두르고 있는 것이다.

그와 같은 실험의 결과로부터 전자상거래에서 이익을 얻는 방법을 유형별로 나누면 예를 들어 다음의 네 종류로 분류할 수 있다고 한다.171)

(1) 기존의 제품이나 서비스를 인터넷을 통하여 판매하거나 판매를 촉진하는 경우.

(2) 선전광고의 장을 판매하는 경우.

---

166) See, e.g., European Initiative in Electronic Commerce, Communication to the European Parliament, the Council, the Economic and Social Committee and the Committee of the Regions, COM(97)157, available at 〈http://www.cordis.lu/ esprit/src/ecomcom.htm〉(Accessed on July 24, 1998)(인터넷의 발달이 전자상거래를 비약적으로 확대함과 동시에 극적인 변화를 초래하고 있다고 지적하고 있다.).

167) 인터넷의 조립, 구조 및 문화적 특징 등에 대해서는 平野晋·牧野和夫 (判例)國際インターネット法, プロスパー企劃/明文圖書, 1998, 1~36면 참조.

168) cyberspace의 어원에 대해서는 위의 책 36~39면 참조.

169) European Initiative, supra note 166(낮은 코스트에 의한 지역 간의 거래를 가능하게 한다고 지적하고 있다.).

170) Sutin, supra note 165.

171) Kate Maddox, Mitch Wagner, & Clinton Wilder, Making Money on the Web, available at 〈http://tech web.cmp.com/ia/22 issue/22 cover.html〉(Accessed on July 24, 1998). See also Emerging Digital Eco nomy, available at〈http://www.ecommerce.gov /ederept.pdf〉(Accessed on July 17, 1998)(전자상거래의 유형별 실례를 설명한 미국정부문서).

(3) 웹사이트에의 접근에 대한 요금을 징수하는 경우.

(4) 데이터베이스의 검색이나 부가적 서비스에 대하여 요금을 징수하는 경우.

한편 인터넷상의 쇼핑몰과 같이 단지 유체물을 인터넷상에서 주문하는 데 그치는, 즉 기존의 통신판매의 장을 벗어나지 못한 상거래를 간접적 전자상거래(indirect electronic commerce)라고 하고, 무체물 상품의 발송까지도 온라인으로 보내 주는 진정한 전자상거래를 직접적 전자상거래(direct electronic commerce)라고 하는 경우도 있다.[172] 현재 한국에서의 전자상거래논의는 위의 네 가지 분류 가운데 1(그것도 서비스의 판매가 아니라 오히려 유체물의 고전적인 판매) 등을 중심으로, 4의 범위까지 크게 확장되어 전자상거래가 거래의 중심적 역할을 행하고 있다.

선진적인 기업들은 이미 인터넷의 다양한 특징을 편입하여 복합적인 서비스를 제공하고 있다. 예를 들면 우리나라에서 인터파크나 삼성몰 등이 상용서비스를 개시한 사이버몰(cybermall)은 몰에서 접속한 사용자(user)들끼리의 접촉(chat)을 가능하게 하고 있어 현실세계에서의 쇼핑 이상으로 타인과의 접촉을 편하고 쉽게 한다는 부가가치를 주고 있다. 더욱이 최근에서는 인터넷 ISP업체에서 'business network'라는 가상공간도 사용자들끼리의 명함교환이나 사업기회(business chance)의 발굴·검토의 기회(각종 Forum의 제공), 나아가서는 각종 검색서비스까지도 제공하고 있기 때문에 현실세계에서의 단순한 통신판매의 범위를 이미 벗어나고 있어 가상공간(cyberspace)에 특유한 법이 활약하는 장을 제공하고 있는 것으로 보인다.

그런데 미국의 클린턴정권의 특수부서(Task Force)가 1995년에 발표한 유명한 보고서 「知的財産과 國家情報基盤」(이른바 White Paper)은 전자상거래를 다음과 같이 분류하고 있다.[173]

① 종래의 인도수단을 사용한 온라인에서의 제품판매

② 전자적인 인도수단을 사용한 온라인에서의 제품판매

③ 제품의 판매를 수반하지 않은 온라인에서의 계약

---

172) European Initiative, supra note 166.

173) Information Infrastructure Task Force, Working Group on Intellectual Property Rights, Intellectual Property and the National Information Infrastructure: The Report of the Working Group on Intellectual Property Rights, Sept. 1995, at 53~59.

④ 저작물 등의 지적 성과에 대한 온라인에서의 사용 허락

이상과 같이 전자상거래의 유형화에는 차이가 있지만, 어느 것이든지 개방된 전자상거래의 발전은 판매상인들뿐만 아니라 그 상대방인 대다수의 시민이나 사용자들(user)에 대해서도 바람직한 효용이 기대되고 있다. 인터넷을 매개로 하여 거래를 하면, 예를 들어 생산자와 최종소비자가 'end-to-end'로 직접 거래를 하므로 이론적으로는 중개업자가 필요하지 않아 그에 대한 비용을 절감하여 소비자는 낮은 가격으로 상품을 구입할 수 있다.[174) 나아가 예를 들어 자율적으로 기능하는 로봇(robot)이나 에이전트(agent) 등으로 불리는 프로그램을 사용하면 같은 상품을 보다 낮은 가격으로 판매하는 업자를 선택하여 소비자가 상품을 구입할 수 있기 때문에 가격경쟁을 촉진하여 상품가격전반을 한층 끌어내리는 데 공헌할 수 있다.[175)

그러나 불특정 다수인이 다양한 거래를 한다는 개방된 전자상거래는 문제점도 내포하고 있다. 즉 인터넷의 전자상거래는 신뢰관계가 있는 기업 간에 폐쇄된 EDI(또는 Extranet)와는 달리 개방된 'Business-to-Business'(B-to-B)나 'Business-to-Consumers'(B-to-C)와 같은 대중을 상대로 한 거래나 'Individual-to-Individual'(I-to-I)과 같은 일반시민들 간의 거래까지도 포함한다. 따라서 이제까지 신뢰관계가 없는 자들 간에도 거래를 하고, 상관습이나 상식도 다른 자들 사이에서도 국경이나 지리적 원격성에도 불구하고 거래를 한다. 따라서 이 점에서는 당사자의 의사의 불일치나 룰·법의 불일치로 인한 분쟁이 발생할 수 있다. 나아가서는 사기범이나 도둑, 마피아까지도 신분을 위장하여 거래에 참가하여 선량한 시민이나 기업에 손해를 입힐 수도 있다. 즉, 인터넷을 매개로 한 전자상거래는 한편에서는 중소기업이나 일반시민에게 효용을 주지만 다른 한편에서는 문제도 내재하고 있다.

---

174) 현실세계에서의 거래보다도 페이퍼리스(paperless)화 등에 의해서 비용이 절감된다는 지적도 있다. See Sutin, supra note 165.

175) See, e.g., J. Bradford De Long & A. Michael Froomkin, The Next Economy? at text accompanying note 10, available at 〈http://www. law.miami.edu/~froomk〉(Accessed on July 24, 1998)('ShopBots'나 'Bargain Finder'라고 하는 에이전트가 네트상의 판매자로부터 음악CD의 가격을 집중시키므로 판매자들 간에 가격경쟁을 촉진할 수 있다고 기술하고 있다.).

종래의 민법이나 상법을 전제로 한 상대적 거래와 비교하면 전자상거래는 어떠한 특징을 가지고 있는가? 또한 전자상거래가 행해지는 것에 의한 사회·경제로의 효과나 효용은 무엇인가? 법적 과제와 밀접한 관계를 가진 점을 다섯 가지로 나누어서 고찰하기로 한다.

## I 신속하고도 정확하게 대량의 정보를 취급할 수 있다

첫째, 대량의 정보수수를 신속하고도 정확하게 행할 수 있다는 특징이 있다. 컴퓨터에 의해 대량 처리하도록 정형화·표준화된 정보를 전달하는 것이 효율적이지만, 거래에 관한 정보의 대부분을 절삭하기 때문에 거래정보의 획일화라는 현상을 초래할 우려가 있다.[176] 그러나 이것만으로는 단순히 거래데이터를 컴퓨터에서 처리한 것에 지나지 않고, 종래 거래와 비교하여 큰 효과는 말할 수 없다.

## II 개별수요로의 대응(거래데이터베이스의 생성과 활용)

다음으로는 컴퓨터에서 처리 가능한 거래데이터의 집적에 의하여 작성하여 만들어진 데이터베이스를 이용하여 물류나 생산 등을 제어하는 관리정보를 수집, 가공, 분석할 수 있다는 특성이다. 이 데이터베이스를 생성한 시스템을 통하여 바로 POS(Point of Sales)를 연동시킬 수 있다. 회사판매점이나 서버에 도입되어 있는 바코드를 읽는 POS단말기에서는 구입자의 성별이나 연령층, 구입시간대 등의 소비자의 구매행동에 관한 데이터를 레지스터(컴퓨터 중앙처리장치 중 연산을 위한 데이터나 명령을 일시적으로 기억하는 장치 또는 금전출납계)로부

---

176) 전자화폐시스템이 단일화된 경우 계약자유의 원칙변용에 대해서는 夏井高人, ネットワック社會の文化と 法, 日本評論社, 1997, 104면을 참조.

터 센터의 컴퓨터에 보내고, 구입시점의 기후나 그날의 속성(휴일인지 평일인지 등) 등의 관련 정보와 조합하여 상당히 정확하게 장래의 유사한 상황에서의 판매예측을 행할 수 있다. 그 판매예측을 이용한다면, 상품재고의 출하상황을 제어하고 최종적으로는 생산라인이나 원재료 조달까지를 제어할 수 있다. 정확한 판매예측이 가능하게 되면, 재고의 감소가 가능할 뿐만 아니라 기호가 다양화된 현대의 소비자의 수요에 따른 판매전략을 입안할 수도 있다. 정보의 가공과 그 다각적인 이용은 전자상거래의 효용이라고 할 수 있다. 그러나 지금까지의 내용은 컴퓨터에서 거래정보의 처리가 가능하다는 점에서 발생하는 파생적인 효과이다.

## Ⅲ 기업활동의 BPR

세 번째의 특징은 전자상거래의 도입이 재고관리나 생산라인의 제어라는 기능에 그치지 않고 기업활동이나 비즈니스프로세스의 재구축(BPR)에 불가결한 정보기반으로 될 수 있다는 점이다. 지금까지는 전자화된 정보를 활용하여 가능한 한 1기업단위에서의 기업활동의 합리화·효율화가 목표로 된 것에 지나지 않는다. 그렇지만 기업활동이나 기업거래의 상당부분의 비즈니스프로세스를 전자화할 수 있다면 그와 같은 전자화 시스템의 구축과정에서 기업활동 그 자체를 크게 변동시키는 계기가 될 것이다. 당연한 것이지만 이러한 활동은 본점이나 지점, 공장이라는 하나의 기업 내에 그치는 것이 아니다. 전자상거래를 이용하고 있는 동업자 간의 하청거래, 그리고 이종업 간, 나아가 국경을 넘는 데이터교환의 기반이 만들어지고 이를 바탕으로 시장구조 전체의 변혁을 추구할 가능성을 지니고 있다.

## Ⅳ 수평적 신뢰사회의 실현

마지막으로는 결제수단을 수반하는 전자상거래의 경우이다. 전자적 결제수단을 수반하는 전자상거래의 시스템에서 가장 주목을 모으는 것이 전자화폐이다.

전자상거래의 구조가 네트워크에서 전자적인 금전가치에 관한 데이터의 이동을 수반하는 경우, 이미 서술한 것과는 전혀 다른 측면을 가진 상황이 발생한다. 현재 기술상황에서는 꿈일 수밖에 없지만, 궁극적으로 결제수단을 수반하는 전자상거래, 즉, 네트상에서 지불을 포함한 거래의 전체가 완결된다면, 사회나 경제상황을 크게 변화할 수 있을 것이다. 예컨대, 전자화폐가 전형적인 예가 될 것이다. 전자화폐에도 다양한 형태가 있지만, 그 금전가치를 현금과 같이 가지고, 예금통화와 같이 은행의 원장에 기재되지 아니한 익명의 가치로 독립·유통될 수 있다. 말하자면 은행 등의 금융기관, 혹은 국가나 자치체와 같은 기관이 포착할 수 없도록 금전가치가 IC카드 등의 전자지갑이나 바코드에 입력되어 있는 상태를 생각해 볼 수 있다. 자금의 이동이 이입이나 이체라는 금융기관의 구조를 통해 이용되는 경우 이동된 금전가치의 정보는 반드시 금융기관 내부의 센터를 경유하여 전달된다.

전자화폐시스템이 완결되면, 그 가치를 수수하는 데에 지폐나 동전과 같이 금융기관을 경유하는 것이 아니라 세계의 모든 사람들과 수평적으로 수수할 수 있는 구조로 되며 그것은 전 인류에 있어서 아직 경험하지 못한 구조라고 할 수 있다. 이와 같은 관점에서 전자화폐의 효과를 분석한 岩村充의 저서[177]에서는 컴퓨터가 세상을 지배하는 오웰형 관리사회와 토플러형의 신뢰사회를 대비하고, 전자화폐에 의한 금전가치의 수평적 전단의 모델이 후자의 사회를 실현하는 잠재적 가능성을 지적하고 있다. G. 오웰의 1984년이라는 소설에서는 Big brother에 의한 관리사회라는 역유토피아가 묘사되고 있다. 이에 대칭하는 토플러형의 신뢰사회상은 전자화폐의 실현에 의하여 현실화될 것인지, 아직도 그 가능성은 미지수이다.

---

177) 岩村充, 電子貨幣－入門, 日經文庫, 1996;岩村充, 新しいコンピュータ技術と法, 法とコンピュータ No. 15, 85면, 1997.

전자데이터는 그 복제나 구조가 용이한 것이므로, 일반적으로 종이매체와 같은 유일성이 담보되지 않는다는 것은 이미 살펴보았다. 예컨대, 금전가치의 축적, 전달이라는 용도를 고려하면 위조방지의 기술이 구사되고 있는 현재의 지폐와 비교하여 전자데이터는 열악하다. 또한 데이터가 작성 또는 발생된 때로부터 변경되어 있지 아니한 것을 보여 주는 기술적 수단 등이 강구되지 않는다면 증거력에 대해서도 인정할 수 없다. 그렇다면 신뢰사회로의 진입은 물론 종래 상거래에 관한 법 제도가 상정한 상대거래와 비교하여도 해결하기 곤란한 많은 문제점이 발생하게 된다.

## I  인증의 곤란

'인증'이라는 것은 다양한 의미를 가지고 있지만, 본고에서는 서명이 표상하고 있는 사람과 서명자의 동일성의 확인이라는 의미에서도 이용한다. 서명이 나타내고 있는 본인과 서명자와의 동일성을 확인한다는 의미에 한정하더라도 전자서명의 경우는 그 의미에서 인증(authentication)이 어렵다. 서명을 하더라도 디지털화된 데이터에 대한 디지털데이터의 부가에 지나지 않으므로 종이문서의 사인과 같은 인격이 스며 나오지 아니하고, 본인의 특징을 기록하는 것도 아니다. 거래 상대방이 누구인지를 확인할 수 없으므로 '……인 체'나 '……모르는 체'의 위험을 회피하기 위한 기술이 필요하게 된다.

인증 중에는 또 다른 의미에서의 인증이 있다. 이 인증은 통상 메시지인증이라 불린다. 이것은 결국 전자상거래의 수신자가 수령한 데이터가 발신자가 송부한 데이터와 동일한 것인지, 즉 일관성(integrity)의 보증에 관한 문제이다. 이를 위해서 데이터가 도중에 복사된다거나, 개작되지 않는지 어떤지, 그것을 확인할 수단이 필요하게 된다. 이 때문에 암호기술을 이용한 인증수단(디지털서명 등)이 계속해서 개발되고 있으며 이를 위한 법제화도 이루어지고 있다. 우리나라의 경우 양자의 의미에서의 인증을 위하여 전자서명법을 개정하였으며 공적 인증기관이라는 제도를 두고 있다.

## II  블랙박스(black box)

전자화폐의 예를 보면 전자지갑에 표시되는 데이터는 자기에 관한 정보가 어떻게 수수되는지, 어떠한 구조로 전달되는지를 나타내고 있는 점에서 이용자에게는 블랙박스와 같다. 이용자가 아닌, 개발자도 그 구조를 이해할 수 있기는 하지만 개별의 데이터에 대하여 역시 그 내용을 포착할 수 없다는 의미에서 블랙박스성이 있다. 이 블랙박스성이 분쟁 시 원인의 규명이 곤란하다는 점을 나타내는 것은 아니다. 예컨대, 전자화폐는 현금과 같이 '익명으로의 양도가능성'이라는 특징을 가지고 있지만, 현금과는 달리 전자화폐의 발행체가 일정시점에 누가 어느 정도의 금전가치를 가지고 있는지를 확인하는 것이 어렵다.

## III  리얼타임(real time)성

전자상거래에 수반하는 의사표시의 발신과 수신은 격지자 간에서도 거의 동시에 행해진다. 민법이나 상법이 제정될 당시 격지자 간 거래는 종이나 전보정도의 정보통신수단이 일반적이었다. 그 당시는 주문부터 상품이 송달될 때까지에 상품의 수배, 발송으로 물류 등 과정이 있으므로 시간이 걸리는 것은 당연하여, 그 거래가 성립하였는가의 여부에 대하여 즉시 확인하는 것이 가능하지 않았다. 종래 민상법 체계는 격지자 간의 거래에 관하여 일방 당사자의 의사표시로부터 계약의 성립 시까지 상당한 시간을 요한다는 것을 전제로 하는 규정(민법 제111조, 제530조, 제531조)을 두고 있다. 본 규정은 그 당시 그리고 현재에도 일응 합리적인 규정(편지 등에 의한 거래의 경우)이라고 말할 수 있을 것이다. 그렇지만 전자상거래에 있어서는 격지자 간에서 행해지더라도 대화자 간 거래와 거의 유사하다.

## Ⅳ  위험의 예견가능성이 낮음

인증의 곤란, 블랙박스성에 의한 원인규명의 곤란이라는 전자상거래의 특성을 고려하면 어떠한 분쟁이 야기되는가, 그리고 그 영향은 어떠할 것인가를 예측하기 곤란한 면이 있다. 다시 민상법의 제정 시로 거슬러 올라가면, 대화자 간의 거래에서 거래당사자는 분쟁을 어느 정도 예상할 수 있다. 물고기나 야채를 판매하는 현실의 상점에서는 대금을 회수할 수 없다거나 매물이 신선도를 잃어 고객의 건강을 손상한다는 분쟁을 가정할 수 있다. 그러한 경우 생선 · 식료품점에서는 대금을 지불할 수 있는 고객을 선택하는 것이고, 생선 · 식료품의 신선도를 보존하기 위하여 조기에 냉장설비를 구입하는 투자를 함으로써 분쟁에 휩쓸리는 위험을 회피할 수 있을 것이다. 생선 · 식료품점에서의 위험, 운송업의 위험, 보험회사의 위험 등 각각에 따른 위험과 개별업자의 부담을 계산할 수 있다. 그러나 전자상거래라는 환경에서는 개별 영업이 각각에 포함되어 있는 위험에 더하여 인증의 실패 등의 위험에서 발생하는 영향과 그 법적 책임을 예측하기 어렵다.

## Ⅴ  거래비용

IC카드형의 전자화폐를 예를 들면, 금전적 가치를 충족하기 위한 전용단말기 (reload 단말 등이라고 부른다)가 필요하다. 단말기의 설치, 단말기의 사용을 위한 지도, 판촉활동 기타 여러 가지의 비용을 고려하면, 거래환경정비에 요하는 비용이 비대하게 될 가능성이 있다. 그 비용을 누가 부담하여야 하는지는 간단한 문제가 아니다. 현재, 전자상거래를 추진하기 위하여 국가적 규모 또는 자치체 독자로 실증실험을 지원하는 자금조성을 행하고 있어 표면화되고 있지 않지만, 머지않아 이 점이 문제가 될 것이다.

나아가 이와 같은 특징은 기술적으로 해결할 수 있는 문제, 법률의 정비를 가지고 해결하여야 할 문제, 혹은 거래당사자 간의 계약에 대응하여야 할 문제로 구별할 필요성이 있다. 이미 서술한 세 가지의 과제 중에는 전자서명, 인증기관의 구축 등과 같이 기술적 환경정비에 의해 해결 가능한 문제가 있다. 그러나 기술적으로 해결의 단서를 파악한 문제에 대해서도 법률 또는 계약에 의한 대응이 불필요하다고는 할 수 없다.

---

## 제5절 전자상거래를 둘러싼 법적 문제점

이러한 분쟁을 현재의 법률에서 어디까지 해결 가능한지를 검토한다.

### I 계약청약의 효력과 계약성립의 조건

전자상거래의 하나의 모델로서, 사이버몰을 이용한 형태를 고려하여 보자. 사이버몰 가맹점은 어느 사이버몰에 상품의 전자카탈로그를 게재하고, 그것을 본 소비자(몰 회원)가 구입의 청약을 한다. 몰 회원은 송부처의 주소, 이름, 크레디트카드의 번호 등을 기재하고, 상품을 매입한다는 의사표시를 한다. 그것에 대하여 가맹점이 주문을 승낙하거나 주문내용의 확인데이터를 표시하여 거래를 진행한다.

이러한 일련의 과정 중에 상품의 매매계약은 언제 성립한다고 할 수 있는지, 사전에 계약의 성립조건에 대하여 특약이 없는 당사자 간에서는 계약성립의 조건이나 시기에 관해서는 민법과 상법이 정한 것에 의해 판단하는 것으로 된다. 격지자 간의 계약의 성립시기는 민법에 의하면 청약에 대한 승낙의 의사표시가 발신된 때이다(민법 제531조). 계약의 성립시기에 관한 이와 같은 규칙을 '발신주의'라 한다. 역으로 승낙의 통지가 상대방에게 이른 때로서 계약이 성립한 것으로 하는 규칙도 있고, 이를 '도달주의'라 한다. 발신주의를 취하고 있는 국가는 일본과 미국의 2개국 정도이며, 다른 국가에서는 도달주의를 채용하고 있다. UNCITRAL의 전자상거래모델법은 도달주의를 당연한 것으로 하여 명문의 규정을 두고 있지 않다. 발신주의와 도달주의의 각각의 제도에는 각각의 합리성이 있지만, 전자상거래로서 어느 것이 적당한지를 고려하여야 한다. 민상법 제정시로 거슬러 가면, 왜 격지가 간 의사표시의 효력에 발신주의를 취하고 있는지에 대해 볼 수 있다. 비대화자 간의 거래가 행해지는 데는 승낙의 통지가 발신과 도달에 시간차이가 있는 편지라는 수단이 일반적이었다고 생각해 보면 상품의 매매에서 주문서를 받은 매도인은 승낙의 통지로서 주문승낙서를 상대방에게 우송하게 된다. 그렇지만 주문승낙서가 상대방에게 도달하지 않은 경우 계약이 성립하지 않는다고 말할 수 있는가? 매도인의 입장에서 계약이 성립하지 않았다고 하면 배나 차량을 수배하여 상품의 출하준비를 하는 것에 주저할지도 모른다. 편지로 교환하는 경우 승낙의 통지가 상대방에게 무사히 도착하기 위해서는 확실하고 정확한 고비용의 통신수단으로 취하여야 한다. 편지로 정보의 교환을 하였던 시대에서도 거래의 신속화를 도모하기 위하여 매도인이 승낙의 통지를 발송한 시점에서 즉시 이행의 준비에 착수하도록 계약불성립의 불안으로부터 매도인을 해방시킬 필요가 있다. 물론 매도인은 계약이 성립한 것인지를 간단히 확인할 수 없다는 점을 배려한 결과이다.

그렇지만 전자상거래가 가능하다면 리얼타임성이라는 특징이 있으므로 승낙의 통지를 발송하여 도달할 때까지의 시간공백이 거의 없고, 게다가 승낙의 통지의 불도달을 발신자가 용이하게 확인할 수 있는 구조가 실현되어 있다. 이와 같은 구조를 전제로 하여도 승낙의 통지발신자에게 계약성립에 대한 불안이 있다고 할 수 있을까? 물론 청약자가 자기의 청약이 승낙되었는지 어떤지를 알기 어렵다는 불안한 입장에 서 있는 것으로 될 것이다. 그러나 이러한 사고 또한 명확히 옳다고 할 수는 없다. 전자상거래의 경우 그 사용기술의 내용에 따라 다양한 형태로 나타나기 때문이다(e－mail의 경우 일반우편과 동일한 면이 있다.). 물론 e－mail을 이용하는 경우에도 일반의 편지와는 다른 즉시성이 보장되는 측면이 있다. 따라서 전자상거래의 청약과 승낙은 그 유형에 따라 약간의 차이를 갖기는 하지만 대화자 간의 거래와 유사하므로 도달주의의 방법이 보다 좋지 않은가 한다.

## II 무권한거래의 효과의 귀속

### 1. 문제의 소재

전자적 수단에 의한 인증에 의존하는 전자상거래에서는 인증데이터의 누설이나 도용 등에 의해 무권한거래가 행해진 경우의 효과귀속이 문제 될 것이다. 전자상거래에 관련하여 무권한거래가 야기할 수 있는 사례로서 권한자로의 '가장'이 화제로 되고 있다. 전자상거래를 하고자 하는 사업자는 권한자로의 '가장' 시 인증기관 등의 서비스 제공자가 어떠한 위험을 부담하고, 또 어떠한 방법으로 위험을 회피할 수 있는지가 주된 관심사로 된다. '가장'이 문제로 되는 것은 단적으로 결제시점이므로, 조금 단순화하여 EFT(Electronic Fund Transfer, 전자적 자금이체)의 경우를 고려할 수 있다. 은행구좌로부터 100만 원을 인출하는 예를 들어 보자. 도난당한 현금카드를 사용하여 정당한 예금구좌의 명의인으로 가장하여 예금의 지급이 행해졌다면 은행이 무권한자에게 한 지급의 효과가 정당한 예금구좌의 명의인에게 귀속하고, 정당한 명의인이 예금잔고의 감소를 수인하여야 하는지가 문제로 된다.

### 2. 일본의 판례

이와 같은 사례에서 예금의 지급의 유효성이 다툼이 된 유명한 재판례(최3소판 1993(평성5)년 7월 19일 판례시보 1489호 111면)가 있으며, 결과적으로는 도난당한 현금카드에 의한 무권한자로의 지급이 유효하다고 판단하고 있다. 은행의 카드규정에는 현금자동지급기에 의하여 현금카드를 확인하고, 지급기 조작 시 사용된 암증과 신청의 암증과의 일치를 확인하고 예금을 지급한 경우, '카드 또는 암증에 대해 위조, 변조, 도용 기타 사고가 있더라도 그 때문에 생겨난 손해에 대해서는' 책임을 부담하지 않고 무권한자로의 지급을 유효한 것으로 한다는 취지의 면책적 약관이 있다. 가령 이와 같은 면책적 약관을 무효로 하고 무권한거래의 효과귀속을 인정하지 않는다고 하면, 현금카드를 도난당한 본인의 예금구좌로부터 인출된 100만 원을 은행의 부담으로 회복하여야 한다. 현금카드의 정당한 소지인으로 가장하여 은행으로부터 예금을 인출당한 피해자를 구제하기 위하여 미국의 EFT법에서는 유명한 50달러규칙[178]이 마련되어 있지만, 우리나라에는 이와 같은 법률은 없으므로 은행의 카드규정에 있어서 면책약의 유효성이 인정될 것이다. 이 판결에서는 ① 진정한 현금카드의 사용, ② 정확한 암증번호의 입력, ③ 은행에 의한 암증번호의 관리가 불충분하였다는 등의 특단의 사정이 없다고 하여 면책약관을 유효로 판단하고 있다.

나아가 이와 같이 전형적인 '가장'의 예에서 무권한거래의 본인으로의 효과귀속을 정한 계약약관의 유효성을 인정하기 위하여 보여 준 요건은 전자상거래에서 '가장'의 예에도 어느 정도 참고할 수 있을 것이다. 특히 제3의 요건에서 보여 준 암증번호의 충분한 관리에 관한 책임을 은행에 부담시킨 것처럼 상거래에서 이용되는 인증수단의 안전성의 책임을 전자상거래의 시스템구축자에게 요구하는 것도 가능할 것이다. 여기에서 주의하여야 할 것은 이 판결에서는 요구되는 안전성의 수준에 관한 고려방식이 상당히 낮다는 점이다. 현재의 현금카드는 제로암증화(현금카드 자체에는 암증번호를 기록하지 않고, CD/ATM단말로 호스트 컴퓨터의 교신에 따라 암증번호의 일치를 확인하는 방법)로 이루어지고 있지만, 이 당시 암증번호는 현금카드의 자기선(magnetic stripe)에 기재되는 것이며, 카드reader에 투입하면 여기에 기재되어 있는 암증번호를 해독할 수 있도록 되어 있다. 현금카드의 도난에 의한 암증번호의 해독가능성과 그에 따른 현금카드 보관의 중요성에 대하여 예금자에게 충분한 지식이 있었다고 할 수 있는지 의심스럽다. 그와 같은 상황에서 카드의 암증번호 관리가 적절하였는지 어떤지에 대하여 이 판결에서는 당시 기술수준이 "소론의 방법으로 암증번호를 해독하기 위해서는 컴퓨터에 관한 상응의 지식과 기술이 필요하므로 면책약관의 효력을 부정하여야 하는 정도의 안전성을 결한 것이라는 할 수 없다."고 판시하고 있다. 그 결론의 타당성에 대하여 제로암증에 이를 때까지의 "이른바 '시스템개발상의 위험'을 어떠한 잘못도 없는 고객에게 일방적으로 전가시키는 것은 재고하여야 하지 않을까" 하는 의문도 들고, "본 판결에서 말하는 '바람직한 안전성의 수준'이 미흡하다."라는 이론도 있다는 것을 지적하고 싶다.

---

178) 전자자금이체(Electronic Fund Transfer)에 있어서 소비자의 책임에 대하여 정한 유명한 50달러 규칙에서는 이하 참조.
http://www.lawcornell/uscode/15/1693g.html.

이 판결에서 의미 있는 것으로 평가되고 있는 것은 현금보관에 의한 지급시스템의 안전성을 문제 삼은 점이다. 실제로 지급의 효과귀속을 판단하는 데 있어, 현금자동지급기에 의한 지급의 구조(시스템)를 제공하고 있는 금융기관에 안전성 확보의 책임이 있다는 것을 언급한 점은 향후 전자상거래 시스템 제공자에게 일정한 안전배려를 촉진하는 효과를 가지고 있다고 할 수 있을 것이다.

## 3. 통일상법전 4A

전자적 환경에 있어서 가장에 관해 미국에서는 어떠한 고려를 하고 있을까? 우선 일본의 최고재판결과 마찬가지로 안전성의 조건을 마련하고 있는 것이 미국의 통일상법전(UCC) 4A라는 법률[179]이다. 지급의 진정성에 관한 규정(UCC4A – 202)에서 UNCITRAL의 전자상거래모델법과 같은 조건을 규정하고 있다. 그 조건으로는 ① '합의된 안전보호절차의 존재'(security procedure), ② security procedure의 상업적 합리성, ③ Good Faith에 의한 안전보호절차로의 준거라는 세 가지이다. 가장이 있다는 사실을 알고 거래를 한 자를 보호하지 않기 위한 규정이므로, Good Faith(선의)인지가 문제로 된다. 이와 관련하여 1999년 7월 29일에 채택된 미국의 Uniform Computer Information Transaction Act(UCITA, 구UCC2B)나 Uniform Electronic Transaction Act(UETA)도 초안단계에서는 동일한 사고를 답습하고 있었지만, 결국 이러한 종류의 상세한 규정은 두지 않고 효과귀속의 문제는 재판소의 판단에 일임하고 있다.

## 4. UNCITRAL 전자상거래 모델법

다음으로 UNCITRAL의 전자상거래모델법 제13조에서는 '가장'의 거래를 본인에게 귀속시키기 위한 2가지의 형태를 기재하고 있다. 엄격하게 말하면, UNCITRAL의 전자상거래모델법은 각국의 실체계약법에 근간을 두지 않는다는 원칙을 관철하기 위한 데이터메시지가 발신인으로 되는 자에게 귀속하는지의

---

179) UCC4A, UCITA 및 UETA의 조문은 이하의 URL에서 입수할 수 있다.
　　http://www.law.cornell.edu/uss/4A/overview.html
　　http://www.law.upenn.edu/bll/ulc/fnact99/1990s/ucita.html
　　http://www.law.upenn.edu/bll/ulc/fnact99/1990s/ueta.html

문제와, 그것이 계약상의 어떠한 효과를 초래하는지의 문제를 구별하고, 귀속만을 정하는 방법을 채용한 것이지만, 선례에서처럼 예금지급이 진정한 카드소지자에게 귀속한다고 인정한다면 계약상의 효과는 환급의 유효성 인정과 은행의 면책으로 귀결하게 된다.

제1의 형태는 명의인(addressee)과 발신인(originator)의 사이에서 '합의된 절차'로의 적절한 준거가 되어 있다는 점이다(제13조(3)(a)). 환언하면 명의인이 금융기관이 되고, 발신인이 예금구좌의 명의인이 되어, 이 당사자의 사이에 '사전 합의된 절차'가 있다고 할 수 있는지가 제1의 요건이다. 예를 들어 현금자동지급기에 의한 지급의 경우, 은행이 신청암증과 사용암증의 조합을 확인할 수 있다면 지급을 한다는 절차에 관한 합의의 존재와 합의된 절차에 대응된 방법으로 지급이 행해졌는지가 문제일 것이다.

제2의 형태(제13조(3)(b))는 "데이터메시지가 originator(발신인) 자체인 것을 보여 주기 때문에 그 자신에 의하여 이용되고 있는 방법으로 액세스할 수 있었던 자의 행위로 인정된다." 예금의 지급이라는 의사표시를 하기 위한 발신인 자신에 의하여 이용되고 있는 방법이라는 것은 앞의 선례에서는 현금카드에 대응하는 암증번호이다. 그 암증번호에 액세스할 수 있었던 자의 행위라면 가장의 결과는 가장된 본인에게 귀속하는 것이 인정되는 것이다.

이 UNCITRAL의 전자상거래모델법에서는 제2의 형태에 대하여 '명의인이 합리적인 주의를 기울이거나 합의된 절차를 이용한 것이라면 데이터메시지가 발신인의 것이 아닌 것을 알거나 또는 알게 된 때'에는 적용되지 않는다고 정하고, 명의인에게 악의·과실이 있는 때에 그 효과의 귀속을 부정하고 있다(제13조(4)(b)).

이와 같이 보게 되면 국경을 넘는 전자상거래에 있어서 '가장'이 행해진 경우 그 손실의 부담을 면하기 위하여 전자몰의 운영자는 거래처와의 계약에 안전보호절차와 그 법적 효과를 명시하고, 사전 합의된 안전보호절차로의 준거를 주장할 수 있는 상황을 준비하는 것이 필요할 것이다.

그렇다면 그와 같은 합의를 포함한 계약은 언제 체결하면 좋은 것일까? 불특정 다수에 개방된 전자상거래의 경우, 이 합의내용에 구속력을 인정하기 위해서는, 계약의 성립이 필요조건이다. 계약의 성립이나 유효성에 대하여 사전 합의하는 것이 곤란하다는 것도 잊어서는 안 된다. "지금까지의 폐쇄적인 네트워크를 사용하던 일정 업계 내부에서의 계약이 아니라 불특정 다수의 자에 대하여 제공을 요구하는 것 같은 전자적 수단이용의 경우에는 기본적 이해를 개별의 상대방과 그때마다 확립하여 가는 것은 실제상 불가능에 가깝고, 국가마다의 계약법에 의한 대응은 임기응변책에 지나지 않는다."라고 하여, '세계공통의 약관적 규제'를 형성할 필요성이 제기되고 있다.

## Ⅲ 사이버몰에서 출점자(tenant)의 신뢰성확보

사이버몰 등에서는 출점자의 선택이 몰 사업의 성부를 결정하는 중요한 포인트라고 한다. 출점자의 선택에 대하여 몰 운영자가 계산을 한다고 한다면 출점자의 선택이나 감독에 관한 책임이 몰 운영자에게 있다고 생각된다. 여기에서 출점자의 점포에서 어떠한 사고가 있는 때에는 사이버몰의 운영자에게 출점자의 신뢰성을 확보하여야 할 책임이 있는지 논의되고 있다.

이 문제를 논의하기 좋은 인용판례가 있다. 슈퍼의 애완동물상점에서 잉꼬를 매입하였는데, 그 잉꼬가 병원균을 가지고 있어 그 병원균 때문에 사망한 사람의 유족이 손해배상청구를 애완동물상점이 아니라 그 슈퍼에 청구한 사건이다. 이 사건에서 최고재판소(최1소판 1995(평성7)년 11월 30일 민집 49권 9호 2972면)는 슈퍼의 명의대여자책임을 근거로 손해배상의 청구를 인용하였다. 이를 전자상거래에 비추어 보면 사이버몰 등 출점자를 모집하여 공통의 구조를 이용하여 수익을 받고 있는 운영자는 적어도 출점자의 선별이 법적으로도 중요하다고 하여도 지장이 없다. 다만 사이버몰의 운영에도 다양한 형태가 있을 수 있으므로 개개의 운영자가 출점자의 책임을 어디까지 부담하여야 하는지를 판단함에 있어서는 이 판결과 동일한 상황에 있는지를 구체적으로 검토할 필요가 있으며, 반드시 이 판례의 결론이 적합하지 않는 경우도 있을 것이다.

이 판결에서는 명의대여인과 동일한 책임을 인정한 3가지 요건에 대해 ① 외관상, 다른 영업주체라는 식별가능성이 있는가, ② 명의사용의 허락이 있는지, 및 ③ 오인이 있는지의 여부를 적극적으로 검토하여야 하지만, 이 조건 중에서 논의의 핵심은 명의사용의 허락 유무일 것이다. 이 점에 대해 판결은 오인저지를 위한 적극적 조치가 취해지지 않은 것으로서 묵시의 허락이 있다고 판단하고 있다. 전자상거래에서도 영업주체의 식별이 불가능하여 몰의 운영자를 영업주체로 오인하는 거래형태가 있을 수 있다고 생각된다. 사이버몰은 일반 쇼핑몰과 동일 또는 그 이상으로, 몰 운영자와 출점자의 상호작용으로 이용자를 모집하게 된다. 결제의 안전성, 수수료의 저렴이라는 몰의 매력과 출점자의 회원이나 상품이라는 매력과의 상승효과가 없다면 이용자가 모집되지 않았을 것을 고려하면 몰과 출점자의 영업이 식별하기 어려운 상황에서는 이 사례는 다른 관계에서 명의대여자책임과 동일한 책임을 부담하게 될 가능성도 있다. 즉 출점자가 몰이나 다른 출점자의 책임을 부담할 우려도 없지 않다.

## IV 인증기관의 조건과 책임

### 1. 인증기관의 역할과 조건

종래 상거래와 비교하여 전자상거래상 인증의 곤란성을 극복하기 위한 방법으로 암호기술 등의 인증시스템을 이용한 전자인증이 필요로 된다. 이 전자인증 업무를 실시하는 주체(이른바 CA: Certification Authority)의 요건에 대해서도 논의가 이루어지고 있다.

인증이 거래당사자의 본인확인이라면 구청 등이 실시하고 있는 인감등록과 가깝기 때문에 인증기관의 주체를 공적 기관이 담당하여야 한다는 의견도 있지만, 인증의 대상으로 되는 상거래의 종류나 인증의 대상에 의해 반드시 공적 기관(이른바 인증국)이 행하는 것이 아니라, 경우에 따라서는 복수의 민간기관이 적당하다는 의견도 주장되고 있다. 여기에서는 공적 기관이지 않으면 안 된다는 주장 이유가 충분하지 못하다는 것만 지적하고 싶다.

인증기관의 조건이나 책임에 대하여 논의하기 전에 인증기관의 역할에 대하여 이해할 필요가 있다. 인증기관은 ① 등록자의 본인확인을 하고, ② 등록자의 공개 키를 등록하고, ③ 등록된 공개 키에 관한 증명서를 발행하고, ④ 공개 키의 관리, 파기를 행함과 동시에, ⑤ 공개 키의 조회에 따라, ⑥ 무효처 리스트의 발행 등을 행한다. 이와 달리 비밀 키의 생성·관리 등의 기능을 담당하는 서비스도 검토되고 있다.

인증기관이 발행하는 증명서에 기재된 사항(예를 들면, 공개 키, 유효기간 등)에 예정되어 있는 인증기관에 등록된 특정의 자의 공개 키와 당해 공개 키에 의해 개봉 가능하게 되는 데이터메시지의 발신인이 동일하다는 것을 증명하는 것이 인증기관의 역할이다. 그렇다면 인증기관의 조건은 공개 키의 보관에 필연적으로 수반하게 되는 개인정보를 안전하게 보호할 규정의 정비, 타인에게 누설되지 않도록 안전기구의 기술, 전자서명에 관한 기술을 가지지 않으면 안 된다. 나아가 증명이 오류인 경우에 그것을 신뢰하여 행동한 자를 어떻게 보호하는가에 대해 최종적으로는 손해배상이라는 해결도 필요하지만, 손해를 배상할 수 있는 상당한 경제적 기반(자력)도 필요하다. 이 때문에 인증기관에 관한 조건을 법률로 결정하여야 하는 제도설계의 문제가 생겨난다. 예컨대 인증기관으로서의 적격성을 미리 법률로 정한 조건에 따라 공적 기관이 심사하는 것에 의해 신뢰성을 확보하여야 하지 않을까 한다. 우리나라의 경우 이미 인증기관의 성립에 관한 요건을 규정하는 입법화가 이루어져 있다.

## 2. 인증사무에 관한 법적 사무

'인증기관에 의한 표시를 신뢰한 자에 대한 책임의 내용'을 어떻게 결정할 것인가도 중요한 문제이다. 민법 등의 전통적인 사법의 체계에서는 직접적으로 인증기관에 적용되는 규정이 없지만, 인증사무의 위임이라는 계약에 기인하여 계약책임이라는 구성을 취할 수 있을 것이다. 그렇다면 계약책임의 범위나 금액을 제한하는 어떠한 면책규정을 인증업무의 계약약관 등에 둔 경우, 그 면책규정을 어느 정도 유효한 것으로 할 것인지 문제다. 전자서명의 입법화로는 미국의 ABA 초안이나 유타주법(1995년), 일리노이주법(1998년), 독일의 멀티미디어법(1997년)의 디지털서명 등이 유명하지만, 국제기관으로서는 이미 서술한 EU지침안(주 1)과 별도로 UNCITRAL이 1996년부터 디지털서명(전자서명)에 관한 모델법이 검토되었다. 이 모델법은 인증기관의 역할을 상당히 한정하고 있고, 증명서에 기술하고 있는 표시내용을 신뢰한 사람을 보호하는 책임의 내용도 한정하는 방향으로 설정되어 있다.

## Ⅴ 계약에 의한 해결과 그 한계

전자상거래에서는 국경을 넘는 상거래가 빈번하게 된다. 국제간의 거래에서는 법 제도의 차이나 집행(enforcement)의 문제로 지금까지 본 문제가 한층 더 복잡하게 된다. 예를 들면 소비자보호를 위한 법 제도는 국가에 따라 크게 차이가 있다. 또한 가령 손해배상의 청구가 인정된 판결이 나온다고 하더라도 집행을 어디까지 담보할 수 있을지가 문제이다.

이러한 문제를 계약으로 해결하려는 시도가 도처에 이루어지고 있다. 우리나라의 경우 공정거래위원회가 승인한 인터넷 사이버몰 이용표준약관, 일본의 경우에는 전자상거래실증추진협의회(ECOM)가 작성한 크레디트를 사용한 전자상거래의 표준약관[180]이 그 예이다. 크레디트카드를 사용한 전자상거래의 표준약관은 2가지로 나뉘고 있다. 하나는 크레디트의 가맹점과 크레디트카드회사 간의 약정이고, 다른 하나는 카드회원과 카드회사 간의 약정이다. 이 모델약관은 크레디트카드를 이용한 제3자 간의 거래관계에 대응하여 작성되고 있다.

인터넷쇼핑과 같이 소비자와 사업자 간의 통신판매에는 방문판매법의 금지행위(방문판매법 제14조)나 계약서 작성교부의무(동법 제8조 등)가 적용되고, 나아가 크레디트카드를 이용한 할부판매에는 할부판매법이 적용된다. 컴퓨터소프트웨어의 다운로드는 할부판매법이나 방문판매법의 지정상품에 해당하지 않으므로 이러한 소비자보호법에 의한 규제의 대상 밖이라고 해석할 수 있다. 이에 대하여 일본의 표준계약약관 α판에서는 그러한 경우에도 할부판매법이나 방문판매법상 소비자보호규정의 준수의무를 가맹점의 의무로 기재하고 있으며, 카드회사는 그것이 정확하게 보호되고 있는지 조사할 권한이 있으며, 준수상황에 따라서는 권고라는 절차에 의해 제어할 수 있는 규정을 두고 있다.

전자상거래의 특색으로서 인증절차를 계약에서 어떻게 처리할지도 문제이다. 카드회사가 현재 염두에 두고 있는 프로토콜은 SET(Secured Electronic Transaction)

---

180) 厚見靖男, クレヂット 「電子商取引用標準約款」 α版の槪要, NBL 621호 19면(1997).

및 SECE(Secured Electronic Commerce Environment) 등이 있다. 계약은 기술적 중립규정으로 되어 있으며, 단순히 '크레디트회사가 지정한 것'을 사용하는 것으로 결정되어 있다.

개인정보의 관리에 대해서는 데이터보관에 관한 조항에 명기되어 있다. 표준 계약약관의 안에서는 카드회사와 가맹점과의 관계에서 가맹점의 측에 의무를 두어 그 감독권한을 크레디트회사에 인정하는 구성으로 되어 있다.

한편 카드회원의 약관에는 크레디트 거래 특유의 흥미로운 논점이 있다. 상품에 하자가 있는 경우 등 반품의 희망이 있으면, 우선 가맹점이 하자 등의 분쟁의 당사자로서 반품 여부를 결정한다. 그러나 당사자가 이에 대한 의사표시를 카드회사에 하지 아니하고, 카드회사가 가맹점에 이미 신용에서 대금을 지불한 경우, 반품이 인정되어도 카드회원은 카드회사와의 관계에서는 채무를 계속 부담하게 된다(할부거래법 제7조 제2항). 이 문제에 대해 일본의 ECOM의 α판 약관초안에서는 카드회사에 가맹점에 대한 지불거부의 항변권의 접속을 인정하고, 카드회원은 지불의무를 면하는 대신에 수수료를 환급(charge back)받지 못하고, 카드회사는 가맹점과 카드회원 간의 분쟁해결에 협력할 의무를 부담하는 제도를 두는 검토도 이루어지고 있다. 상당히 의욕적인 내용으로 평가할 수 있지만, 현실의 운용 면에서는 카드회사가 분쟁대상으로 된 상품, 용역의 내용에 대하여 충분한 정보를 가지고 있지 아니하므로, 곤란한 경우가 있을 것이다.

## VI 기타의 문제점

지금까지 주로 계약관계를 중심으로 하여 문제를 살펴보았지만, 법적 문제점은 다양하게 나타나고 있다. 1997년 7월 1일에 미국 클린턴 대통령이 '전자상거래를 위한 체제(framework)'[181]를 공표하고, 5가지의 원칙과 9가지의 과제를 시사하였다. 5가지의 원칙을 한마디로 보면, 정부는 규제를 위한 규제를 하지 않는다는 시장주도의 원칙을 천명한 것이라고 할 수 있다. 다른 한편 9가지의 과제는 모든 법적 문제점의 해결에 관계되는 것이다. 최초로 전자상거래에 관한

---

181) http://www.whitehouse.gov/WH/New/Commerce/summery.html.

비과세의 제안, 둘째로 전자결제시스템을 규제하지 않는다는 방침, 셋째로 전자상거래를 위한 표준약관에 대하여 전자공증의 유효성이나 표준적인 거래규칙에 대해 통일상법전을 정비하는 것, 네 번째로 지적재산권의 보호이다. 전자상거래의 주요한 대상으로서 저작물이 유력시되고 있다. 또 저작물이 아니라 단순한 데이터이지만 재산적 가치를 가진 것도 있다. 후자의 데이터에 대하여 유럽에서는 원본이 아닌 데이터베이스(저작권에서 보호되지 않는 것)에 대해서도 독자 입법의 지침이 나왔으며(데이터베이스의 법적 보호에 관한 유럽공동체지침), 미국에서도 일본에서도 또 국제기구의 WIPO에서도 마찬가지로 보호법의 필요성에 대하여 논의되고 있다. 우리나라에서 이에 대한 논의가 이루어져 국회 과학기술정보통신위에서 2001년 12월 3일 전체회의를 열어 온라인상에서 콘텐츠를 무단으로 복제하는 경우 형사 처분을 할 수 있는 '온라인 디지털 콘텐츠 산업 발전법안'을 의결하기에까지 이르렀다. 또한 인터넷 특유의 문제로서 전자상거래의 출점 시 필요한 도메인명과 상품과의 관계를 어떻게 볼 수 있는지도 중요한 문제 중 하나이다. 다섯 번째로 개인정보의 보호에 대한 검토도 이루어지고 있다. 어린이로부터의 정보수집이 특히 문제시되고 있다. 전자적 환경에서는 퍼스컴을 조작하고 있는 사람이 어른인지 어린이인지를 식별하는 것이 거의 불가능하다.

여섯 번째는 안전성의 문제로 주로 암호정책의 문제로 귀착되고 있다. 전자서명에도 이용되고 있는 암호기술은 거래의 익명성을 확보하기 위하여 유용하지만 동시에 범죄로 이용된 경우 그 적발·수사나 범죄의 방지가 곤란하다는 우려가 있다. 범죄 등이 행해진 경우, 수사기관 등이 인증기관 등에 보관된 키에 액세스하고 암호화된 정보를 합법적으로 복호화하는 수단을 가지는 것이 필요하다는 견해가 제시되고 있다. 암호화 키로의 합법적 액세스를 인정할 필요성은 인정된다고 하여도 엄격한 요건을 부가하지 않으면 정부에 의한 프라이버시 침해의 위험이 높다. 키 복구시스템(key - recovery system)(원래는 key exlaw 시스템이라 한다. 데이터 암호화 시 암호화용 분할 키(section key)를 복구하기 위한 정보를 캡슐화(capsule)하고, 암호화된 데이터와 함께 보존하는 시스템으로 키의 분실 시 등에 데이터의 해독에 사용한다. 미국에서는 키 복구를 행하지 않는 고도의 암호제품의 수출을 인정하지 않는 정책을 취하고 있지만, 순차적으로 완화되고 있다.) 문제나 클리퍼 팁(clipper tip)(미국 정부가 개발한 암호통신용의 팁으로 조립에 의해 암호통신이 범죄에 악용된 경우에 대비하여 암호해독이 가능한 키가 정부 등에 보관되는 것을 전제하고 있다.)을 둘러싼 공방이 미국에서 논의되고 있으며, 암호정책에 대하여 시민의 관심이 높아지는 것을 실감나게 하고 있다.

일곱 번째로 수출규제의 문제가 있다. 수출규제, 특히 암호의 수출규제가 엄격하며 이에 대해 산업계에서도 반발하고 있다. 국제적 테러나 범죄에 대하여 충분히 대응할 수 있는 구조가 이루어지면서, 설명한 키 복구시스템이 수출의 규제완화의 대상이 되어 산업계와 조정의 대상이 되었다.

여덟 번째는 본질적인 측면에서는 언론의 자유 등의 기본적 인권에 관한 문제가 있지만, 유해한 콘텐츠의 규제에 관한 것이다.[182] 전통적인 통신미디어에 관한 법적 규제의 한계에 대한 것, 유해정보를 매개할 우려가 있는 전자상거래의 운영자에게 어떠한 책임을 부담시키는가 하는 문제도 이에 포함된다. 마지막으로 아홉 번째의 과제는 표준화보다도 경쟁의 촉진을 중시하는 정책을 제안하고 있다. 활발한 경쟁이 시장주도형의 전자상거래의 건전한 촉진에 불가결하다는 인식은 미국에서도 같다고 할 수 있다. 미국의 사법당국이 경쟁법의 적용에 정면으로 대응하는 마이크로소프트사에 대하여 1995년부터 해 온 대응책에서 단적으로 볼 수 있다.

전자상거래를 둘러싼 문제점의 하나하나는 전통적인 법 제도의 재검토를 수반하는 것이다. 법률의 개정을 각국이 행하고 있는 이상, 한국도 민간주도의 원칙에 따르면서, 다른 국가의 입법에 무관심해서는 안 된다. 전자상거래의 문제는 국경을 넘는 광범위한 분야의 문제로, 한 국가의 새로운 규칙이 세계의 사실상 표준(defacto standard)으로 될 가능성이 있다. 국제적 동향에 점점 눈이 떨어져서는 안 될 것이다.

기술이나 비즈니스 환경이 크게 변동하고 있는 지금, 항상 새로운 문제에 몰두하여야 한다. 문제의 새로움에 혼동되지 않고 일관된 전자상거래의 법 제도를

---

182) 위법·유해 콘텐츠에 대해 자녀들과 인간의 존엄을 보호하기 위한 산업계의 자주규제를 촉진하는 유럽이사회 권고(1998년 9월) http://europa.eu.int /eur - lex/en/lif/dat/en_398X0560.html에서 본 바와 같이 유럽이 자주규제에 의한 대응으로 일치하고 있다.

설계하기 위해서는 항상 새로운 변화에 주시할 필요가 있다.

---

## 제6절 | 사이버법의 필요성

---

### I  전자상거래에서 사이버법의 필요성

이상과 같은 종래의 전자상거래의 비즈니스 모델에 부합하는 검토에 그치지 않고 진정한 전자상거래법을 검토함에 있어서는 상거래라는 미시적 시야에서의 자유방임적인 접근방법에 한정하는 것만으로는 부족하다. 범죄나 사기적 거래에 대하여 공권력이 개입하는 것은 물론, 그 밖의 재산법이라든가 계약법과 같은 순수한 민사적 측면에서도 가상공간(cyberspace)의 특색을 이해한 후에 일반시민이나 사용자의 이익을 보호하기 위한 법이 강제적으로 개입될 필요가 있다. 더욱이 진정한 직접적 전자상거래의 대상으로 되는 정보는 이제까지의 상품과는 다른, 공공적인 특수성도 가지므로 이를 충분히 검토한 후가 아니면 적절한 전자상거래법은 구축할 수 없다. 그와 같은 주장이 미국의 사이버법학에서는 주장되고 있다. 이하에서는 한국의 전자상거래법에 있어서도 사이버법의 검토가 필요하다는 점을 이해시키기 위하여 미국의 사이버법학자의 주장을 소개하기로 한다.

### 1. Lessig 교수(하버드대학/사이버법)의 지적

대표적 사이버법학자 중 한 사람인 하버드대학의 Lawrence Lessig 교수의 유명한 강연록[183]에서 민사적 측면에도 공권력에 의한 검토의 필요성이 있다는 주장을 소개해 보기로 한다. 동 교수가 말하는 가상공간(cyberspace)은 현실세계와 달리 '0'과 '1'의 조합에 의한 디지털 프로그래밍에 의한 '규격'에 의해 질서

---

183) Lawrence Lessig, Law of the Horse, available at
   ⟨http://stlr.stanford.edu/STLR/WorkingPapers/97 Lessig 1/index.htm⟩(Accessed on Jan. 22, 1998).

가 크게 규율된다. 따라서 규격은 개개인의 행동을 규제하고 법에 대신한 규제를 실행한다고 한다. 예를 들면 '저작권관리'라는 규격에 관한 제안은 저작물에 대한 접근을 완전히 통제할 수 있을 뿐만 아니라 그 저작물이 사용되는 빈도를 완전하게 기록할 수 있다. 이 규격에 의해 네트상의 저작권관리는 현실세계의 그것보다도 널리 효과적으로 행해지게 된다. 그러나 여기에서 문제는 '효과적으로' 관리할 수 있다는 규격은 저작권자에게는 좋은 조건이지만 사용자(user)·일반대중에 대해서는 불이익이 생기는 점에 있다. 즉, 현실세계에서 저작자의 권리가 인정되는 것은 공중에 의한 자유로운 저작물의 사용이라는 예외를 제외한 제한적인 부분에 대해서뿐이다. 따라서 현실세계에서는 공중이 일정한 목적을 위하여 자유롭게 저작물을 사용할 수 있다. 그러나 '저작권관리'가 제안하는 바와 같은 완전한 보호시스템에서는 공중의 자유로운 사용('fair - use'라는)의 예외를 인정하지 않는다. 즉, 규격은 저작권법이 인정하는 보호를 넘어 저작권자의 권리를 확대하고 있다. 즉, 그것은 저작권자의 권리에 대하여 법이 부과한 제한을 '규격'이 무시해 버리는 것이 된다. Lessig 교수는 이러한 '규격'을 인정할 것인가의 여부에 대해서는 결국 법이 개입하여 유효성을 결정하여야 한다고 지적한다.

지적재산권 다음으로 동 강연에서 Lessig 교수가 분석한 것은 '계약법'에 있어서 규격의 영향이다. 동 교수에 따르면, 아직 법이 완비되어 있지 않은 가상공간에서는 법이 아니라 계약이 개개인의 행동을 통제한다. 그러나 현실세계의 계약법에서 사적인 계약의 내용이 모두 완전히 법적으로 추인되는 경우는 드물다. 계약상의 권리가 집행되기 전에 법원은 계약상 권리의 유효성 판단에 개입하여 public policy에 반하는 내용에 대해서는 무효를 선언하는 것에 의해 법 목적에 합치하는 계약법을 실현하기 위해 기능한다. 그러나 가상공간에서 규격으로 된 계약은 법이 관심을 가지는 그러한 public policy를 무시하여 법원을 개입시키지 않고 계약내용을 규격을 통하여 행사해 버린다. 규격을 만드는 자는 공공복리를 무시하여 자신에게 유리한 규격을 만드는 것이다. 규격은 그것을 만드는 자의 사적인 목적에 이바지할 뿐이고, 또한 그것은 계약법의 사적인 부분을 반영하고 있을 뿐이고 공공복리를 포함한 전체로서의 계약법을 반영하고 있지는 않다고 지적한다.

이상과 같은 지적재산과 계약의 2개의 예에서 분명한 것은 가상공간에서 규제나 통치가 법으로부터 규격으로 이전하고 있다고 강연록은 거듭하여 강조하고 있다. 이러한 이전의 과정에서 잃은 것은 사적 자치에 대하여 법이 과하였던 공적인 가치관이다. 따라서 동 교수는 공적 권력이 개입할 필요성이 있다고 지적하고 있다.

이 강연내용에서도 분명한바, 가상공간에서의 상거래는 규격을 만든 판매자 측에 유리한 양식이 상관습으로 되어 사용자 측의 권리를 부당하게 감축할 우려가 있다.[184] 따라서 바람직한 전자상거래법을 검토할 때에는 단순한 자유방임적인 당사자자치에 위임할 것이 아니라(그렇게 하면 교섭상 일방의 당사자에게 현저하게 유리한 계약관습법이 전자상거래를 지배할 우려가 있다.) 공권력에 의한 개입·검토가 필요하다고 지적하고 있다.

다만 Lessig 교수의 다른 논문을 보면 그가 위로부터의(top-down) 법 규제의 강제를 권장하고 있지는 않음을 알 수 있다.[185] 오히려 그는 유연성이 있는 판례법의 집적에 의한 사이버법의 형성을 지지하고 있다.[186] 그러나 Lessig 교수가 우려하는 것은 판례법이라는 사법부에 의한 공공복리성에 대한 검토가 이루어지지 않는 규격이나 계약양식의 상관습이 전자상거래의 법으로서 권위가 부여되는 것은 아닌가 하는 점이다.[187]

---

184) See also John Perry Barlow, The New Economy of Ideas, WIRED 2.03(1994), available at 〈http://www.wired.com/wired/2.03/features/economy.ideas.html〉(Accessed on Aug. 6, 1998).

185) Lawrence Lessig, The Path of Cyberlaw, 104 YALE L. J. 1743~55(1995)(어떤 룰이 가상공간에 바람직한 것인가를 결정하기 전에 가장 많은 경험이 필요한 것이므로 판례법에 의한 집적이 바람직하다고 지적하고 있다.).

186) Id.

187) 예를 들면 소프트웨어적인 어떤 정보거래계약에 관한 상관습에 법적 효력을 부여하기 위하여 현재 미국에서 검토되고 있는 UCITA(통일컴퓨터정보거래법)의 案은 사용자의 이익에 반하는 관행을 법으로 하려고 하고 있다고 하여 소비자단체나 학설 등으로부터 강하게 비판되고 있다. See, e.g., The Consumer Project on Technology, available at 〈http://www.cptech.org/〉(Accessed on June 29, 1998); Mark A. Lemley, Intellectual Property and Shrinkwrap Licenses, 68 S. C. L. Rev. 1289(1995)(라이센스에 유리한 Shrinkwrap·License를 긍정하는 상관습법인 UCITA의 舊案을 비판하고 있다.). See also David Nimmer, Elliot Brown & Gary N. Fischling, The Metamorphosis of Contract into Expand, 87 CAl. L. Rev. 17(1999)(同旨); Julie E. Cohen, Copyright and the Jurisprudence of self-Help, 13 BERKELEY Tech. L. J. 1089(1998)(저작권관리시스템을 비판).

## 2. Tribe 교수(하버드대학/헌법)의 지적

사이버헌법상 사적 재산권의 보장이라는 관점에서도 전자상거래에 있어 적절한 정보재산권의 검토의 필요성이 주장되고 있다. 아래에서는 하버드대학의 헌법학자 로렌스 트라이브(Lawrence Tribe) 교수의 『가상공간에서의 헌법』[188] 중에서 동 교수의 주장을 예시하여 보기로 한다.

트라이브 교수가 말하는 '0'과 '1'로 구성되는 복제와 정보교환이 용이한 네트(net)상에서는 "정보는 소유되어야 하는 것이 아니라 전체가 자유"라는 리차드 스탤만(Richard Stallmann)의 '자유소프트웨어재단'과 같은 사적 재산권에 대한 도전도 있고[189] 반대로 '가상공간재산권'을 만들어 낸 인센티브(incentive)를 보장하기 위해 다양한 저작권이나 특허권에 의한 보호가 필요하다는 주장도 제기되고 있다. 어디까지가 사적 재산에 속하고, 또 어디까지가 일반의 자유로운 사용의 범위에 속하는 것인가에 대한 판단의 대부분은 정치적 결정의 문제이다. 그러나 이러한 정치적 결정에도 일정한 헌법적 제약이 부여되어야 한다고 트라이브 교수는 지적한다. 예를 들면 선거권이라도 이론적으로는 매매 가능한 것이지만, 그러한 매매는 헌법상 허용되지 않는다. 마찬가지로 기본적인 의료나 주택, 자양섭취 그리고 정확하게 컴퓨터화된 정보서비스를 모두 단순한 상품으로서 최고의 가격을 제시한 자에게만 이용 가능하게 하는 것도 곤란한 문제이다. 트라이브 교수는 그러한 문제는 공학기술로 가능한 것인가, 현실적으로 어떤 것이 강요 가능한 것인가와 같은 단순한 문제는 아니라고 주장하고 있다.

그러나 이와 함께 동 교수는 헌법상 어떤 것을 공공의 것으로 하여 그것을 필요한 자 모두에게 이용 가능하도록 하는 것까지 허용하는 것은 아니라고 지적하고 있다. 예를 들면 정부가 공용 수용권을 행사하여 인체장기를 유용한 인재를 위해 이용할 수 있도록 하는 것은 문제이다. 자신의 인체나 사상 또는 창작물에 대하여 각 개인이 가지는 권리는 단순한 비용 대 효용의 계산이나 인공대체물의 용이성이나 공학적인 실현가능성으로만 판단할 수 없는 것이라고 주

---

188) Lawrence H. Tribe, Constitution in Cyberspace, Keynote Address at the First Conference on Computer, Freedom, and Privacy(1991), available at ⟨http://www.sjgames.com/SS/tribe.html⟩(Accessed on June 3, 1998).

189) 平野晋＆牧野和夫著, (判例)國際インターネット法(プロスパー企劃/明文圖書, 1998)의 44~46면 참조 (Stall mann의 「自由소프트웨어財團」에 대하여 개설하고 있다.).

장하고 있다.

트라이브 교수가 위에서 시사한 바와 같이[190] 사적 재산권의 행사에는 공공복리에 의한 제약이 따른다. 동시에 사적 재산권에는 일정한 보장이 주어져 있다. 전자상거래에 있어서도 당연히 상술한 헌법원칙이 미치는 것은 물론이다. 그러나 필자가 강조하고 있는 것은 상거래상의 이익이나 공학기술상의 검토만을 우선하는 경향이 이제까지 지배적인 전자상거래에 관한 논의의 위험성이다. 전술한 사이버법학이 지적하는 바와 같은 한층 넓은 법률상의 시야나 배려가 전자상거래의 논의에도 필요할 것이다.

## Ⅱ 사이버법의 범위

전자상거래 논의에 사이버법학으로부터의 분석이 필요한 것은 앞에서의 설명에서 이해되었을 것으로 생각한다. 그런데 그 사이버법학이란 도대체 어떤 것인가? 우선 대표적 사이버법학자의 한 사람인 윌리엄 & 메리 대학의 하디(I. Trotter Hardy) 교수가 발표한 유명한 논문「사이버스페이스에 있어서의 적절한 법체제」[191]에서 소개하기로 한다.

하디 교수에 따르면, 사람이 행위를 규율하는 방법으로는 그 사회에서 시민이 스스로의 관습을 형성해 가는 방법도 있고, 계약(가상공간에서는 우선 인터넷서비스 제공자(ISP)가 가입자에게 체결을 요구하는 계약이 주요한 부분을 차지한다.)으로 규율하는 방법도 있다. 나아가 성문법을 제정하여 규율하거나 판례의 집적에 따른 판례법에 의해 규율하거나 또는 국제적으로 모범법을 제정하는 방법도 있다.[192] 그런데 가상공간에서의 법률문제의 해결에 있어서는 위의 방법 가운데 어느 것을 사용하는 것이 바람직한 것인가는 우선 전통적인 법을 적용할 수 있는 문제와 가상공간에 특유한 문제를 분류하여 고찰함이 전제되어야 한다고 주장한다.

---

190) 이 강연의 결론으로서 트라이브 교수는 미국헌법의 인권규정에 새로운 조문을 첨가해야 한다는 유명한 제안을 하고 있다. Tribe, supra note 188.
191) I. Trotter Hardy, The Proper Legal Regime for "Cyberspace", 55 PITT. L. Rev. 993(1994).
192) Id. at 994~995.

가상공간에 관계되는 법적 문제에는 현실세계의 법을 적용하는 것만으로 충분한 것과 그렇지 않은 새로운 문제도 존재한다. 전자상거래에서 문제가 발생하는 경우를 유형화하면, 현실세계에서도 발생하지만 가상공간에서 그 빈도가 현저하게 많이 발생하는 경우(용이하게 익명으로 메시지를 송신하는 경우 등)나 정말로 새로운 사실이 발생한 경우(예를 들면 가상공간에서는 무엇이 합리적인 행동규범인 것인가가 아직 확정되어 있지 않으므로 그것이 문제가 되는 경우나 시스템관리자의 책임문제 등)가 있다. 특히 커뮤니케이션의 중개자로서의 서비스 제공자의 역할은 서점과 같은 경우나 전화회사와 같은 운수업자(commom carrier) 또는 공공통신업자의 경우나 출판사와 같은 경우나 나아가서는 그 어느 경우도 아닌 경우도 있어 권리의무관계를 결정하는 것이 때로는 어렵다. 가상공간의 권리의무관계는 입법이나 사법에 의해 위로부터의(top－down) 규율이 가능할 수도 있고 자력구제나 계약, 단체의 규약(그것도 계약인 경우도 있다.)이나 관습의 발전에 의한 아래로부터의(bottom－up) 규율의 제정에 의해서도 가능할 수 있다.

이상과 같이 하디 교수는 먼저 가상공간에 특유한 문제와 그렇지 않은 것으로 나누고, 전자에 대해서는 가상공간에 특유한 사이버 법을 검토·적용하여야 한다고 지적하고 있다. 그때에 공학기술의 발전·변화의 유연성을 필요로 하는 가상공간에서는 하디 교수가 시사하는 바와 같이 아래로부터의(bottom－up) 규범을 제정하는 것이 하나의 지침이 될 수 있다. 그러나 동시에 계약자유의 원칙이나 사적 자치의 원칙에 대한 무차별적인 맹신이 위험하다는 것은 필자가 이미 지적한 바 있다. 이러한 지적은 그대로 전자상거래의 검토에도 해당한다고 본다.

## Ⅲ 전자상거래에 대한 사이버법의 적용(통치모델로부터의 시사)

### 1. 윤리, 교육, 업계 가이드라인에 의한 관리

하디 교수가 말한 바와 같이 가상공간(cyberspace)이라는 사회를 통치하는 룰은 위로부터의(top－down) 제정법에 의한 방법만 존재하는 것은 아니다. 관습이나 계약 또는 판례법에 의한 규범형성의 방법도 존재한다.

　제정법, 판례법, 계약 또는 관습이라는 요소 이외에도 가상공간에서 행동을 규율하는 방법은 다양하게 존재한다. 예를 들면 Lessig 교수는 앞의 강연록 소개 중에서(본서에서는 소개를 생략한 부분) 규격만이 아니라 시장원리나 사회상식에의 작용에 의해서도 행동규범 형성에 영향을 미친다고 분석하고 있다. 즉 시장원리에의 작용이란 예컨대 담배에 대한 과세를 고액으로 적용하여 담배소비를 줄이도록 하는 행동을 유인하는 것과 같이 시장원리를 매개로 하여 정책적으로 일정한 행동을 규율하는 방법이다. 이때에 입법자는 제정법을 통해 과세율을 인상하는 간접적인 방법으로 시장원리를 작용시키는 정책을 채용하고 있다. 또한 사회상식에의 작용이란 예컨대, 흡연이 해롭다고 하는 광고(프로퍼갠더 propaganda)활동에 의해 사회상식이나 윤리·예절을 변혁시켜 시민의 행동에 영향을 주는 것이다. 이때에도 입법자는 금연캠페인의 예산획득이라는 제정법을 통해 광고홍보활동을 매개로 하는 간접적인 시책을 채용하고 있다. 그리고 규격의 작용으로서는 예컨대 담배에 포함된 니코틴의 양을 아주 적은 양으로 하도록 하는 법을 제정하여 담배의 규격을 변하게 하면 니코틴에 의한 습관성을 억제하여 금연이라는 목적을 달성하게 된다. 그런데 제정법이 시장원리나 사회상식 또는 규격에 간접적으로 작용하는 것 외에, 예를 들어 공공시설 내에서 흡연한 자에게는 벌금을 과하는 방식과 같이 직접적인 시책으로 행동을 규율하는 것도 가능하다.

　하다나 레씨그의 예가 시사하는 바와 같이 사이버법학에서는 그 논제의 하나인 自治(self‒governance)의 측면에 있어서 가상공간에서 통치의 나아갈 방향이 검토되어야 하며, 가상공간에서 조직사회(community)의 법에 의한 통치에 이르기까지에는 윤리나 예절(흔히 에티켓 등으로 불린다.) 또는 사적인 계약이나 관행에 대한 자주적인 규율에 의한 통치도 존재한다고 자주 지적하고 있다. 즉, 이러한 여러 가지 요소가 가상공간에서 통치, 룰 또는 행위규범 등에 영향을 미친다고 분석하고 있다.

　그런데 필자는 이상에서와 같이 제정법 이외에도 다양한 요소들이 통치에 영향을 미친다는 사이버법학에서의 분석은 실제로는 이미 전자상거래의 룰의 바람직한 방향에 관한 논의에도 아래에서와 같이 적절하다고 생각한다.

(1) 사회상식(광고홍보·교육활동, 윤리·예절의 형성)에 의한 규제의 예

해적판 추방 캠페인에서 예산을 모아 사회상식에 작용하는 부정행위를 규제하는 방법 등은 전자상거래에 있어서 간접적인 통치의 예가 될 것이다. 다만 이 캠페인은 정부가 정책으로 한다기보다는 업계단체가 자기의 이익을 위하여 한다는 사적인 통치의 예가 현재까지는 많아 보인다. 예를 들면 미국에서는 저작권자 측의 단체가 저작권교육의 필요성을 주장하고 있다고 한다.[193] 널리 대중일반이 인터넷을 이용할 수 있으므로, '누구라도 출판사가 될 수 있으므로 누구라도 출판의 룰을 알아야만 한다.'는 의미이다.[194] 더욱이 미국에서는 지적재산권 의식을 고양시키기 위한 계몽캠페인이 행해지고 있다.[195] 일본에서도 최근의 TV 프로그램 등에서 네트상에서의 저작권 침해행위를 저지하기 위한 광고활동이 눈에 띄는 것은 저작권자 측 단체의 나름대로의 의도가 크게 영향을 미치고 있는 것이라고 할 수 있다.

(2) 시장원리(경제)에의 의도에 의한 규제의 예

디지털방식의 녹음·녹화기기를 구입하는 경우 당해 기기의 가격에 보상금이 포함되어 있고, 그 보상금은 제조업자를 통해 저작권자에게 지급된다.[196] 이것들은 저작권자가 주장하는 손실을 경제적으로 전보하는 구조를 제정법을 통해 강제하는 방법이다.

(3) 규격에의 의도에 의한 규제의 예

미국에서는 디지털녹음장치로 이루어지는 복제의 수를 감시(monitor)할 수 있는 칩(chip)을 만들어 일정 수의 복제를 초과하는 복수의 복제를 하면 복제품의 질이 자동적으로 떨어지도록 하는 규제가 제조업자에게 부과되어 있다.[197] 이것

---

193) I. Trotter Hardy, Project Looking Forward: Sketching the Future of Copyright in a Network World(May, 1998 Final Report) at 266~267.

194) Id.

195) Information Infrastructure Task Force, Working Group on Intellectual Property Rights, Intellectual Property and the National Information Infrastructure: The Report of the Working Group on Intellectual Rights(Sept. 1995).

196) 저작권법 제30조 제2항 참조.

197) See Lessig, supra note 185. See Audio Home Recording Act of 1992, Pub. L. 102~563, 106 Stat. 4237. 저작권법 제30조 제2항도 참조.

들은 제품의 규격을 제정법이 변경하는 것을 통해 간접적으로 룰을 규제하는 방법일 것이다.

### (4) 제정법·강행법규에 의한 직접적인 규제의 예

침해에 대한 형사벌을 강화하는 법 개정 등은 직접적인 행위규제의 예가 될 것이다. 인터넷상에서의 침해는 파악하기 어렵기 때문에 어떤 의미에서는 빙산의 일각과 같이 발견된 위반행위에 대해 엄격한 벌을 과하는 것으로 균형을 이루는 것이 유효하다는 법과 경제학적 분석에 의지하는 자세일지도 모른다.[198]

### (5) 이른바 지침(guideline)이나 계약에 의한 사적인 규제의 예

사이버몰(cybermall)에 관한 다양한 지침 등은 법적인 강제력은 없지만 자주적 규제의 일종으로 볼 수 있다. 그리고 가상공간에 있어서 다양한 업자들 간이나 사용자와의 약관에 의한 계약 등도 법적 구속력을 가지는 사적 약속이라는 형식에 의한 자주적 규제의 일종이다. 사이버법학에서는 이전부터 이러한 사적 계약에 의한 통치가 가상공간에서의 통치의 주류가 될 것으로 지적하고 있었다.[199] 그 예상에 따라 최근 한국에서의 전자상거래에 관한 논의에서도 지침이나 계약에 의한 자주규제의 폭이 확대되어야 할 것이다.

## 2. 당사자자치와 법률개입의 조율의 필요성

이상과 같이 전자상거래를 규율하는 요소는 단순히 제정법만이 아니라 공적인 시장원리에 의한 조종이나 사적인 광고홍보(propaganda) 활동에 이르기까지 다양하다. 그런데 사용자의 이익을 고려하고 공익에 합치하는 전자상거래를 위해서는 이러한 여러 가지 요소들이 형평을 유지하고 있는가를 검토하여야 한다.

예를 들면 사적인 홍보활동을 통해 사회상식에 간접적으로 유인하는 예를 생각해 보자. 전술한 바와 같이 미국에서는 지적재산권자단체가 스스로의 이익 보호·확대를 위해 해적판 추방 캠페인을 벌이고 있다. 또 이와 같은 교육의 필요

---

198) RICHARD A. POSNER, ECONOMIC ANALYSIS OF LAW 221~231(4th ed. 1992).

199) See, e.g., Llewellyn Joseph Gibbons, No Regulation, Government Regulation, or Self-Regulation: Social Enforcement or Social Contracting for Governance in Cyberspace, 6 CORNELL J. L. & PUB. POL'Y 475(1997).

성을 역설한다. 그러나 미국의 사이버법학자는 이러한 행동에 비판을 하고 있다. 왜냐하면 광고홍보의 내용이 반드시 공익이나 사용자의 이익에 적합한 것이라고는 한계 지을 수 없기 때문이다. 예를 들면 전술한 광고홍보·교육활동에 의한 사회상식이나 윤리·예절의 형성이라는 활동에서는 권리침해의 죄악만을 집요하게 강조하여 공유정보를 널리 공중이 사용하는 것은 적법하고 장려되어야 한다는 측면은 정확하게 소개되지 않는다. 즉, 광고홍보·교육활동에 참여하는 자가 중립성을 잃고 스스로의 이익을 위해 행동하고 있는 이상 그것에 의해 형성된 예절이나 윤리도 잘못된 것일 우려가 있다. 확실히 타인의 재물을 절취하는 것은 나쁜 것이라는 것과 같이 지적재산권을 위법하게 사용하는 것도 나쁘다는 교육을 하는 것은 옳은 일일 것이다. 그러나 본래 타인의 재물도 아니고 위법하지도 부정하지도 않은 행위까지도 부정의 표식이나 이미지를 형성시키는 광고에 대하여 사용자와 일반대중은 의심을 가질 것이다. 이와 같은 비판이 미국에서 존재한다.

더욱이 지침(guideline)이나 계약에 의한 자주규제는 아직 초기적(plottype) 발전단계에 있는 전자상거래에 장래 발생할 예측 불가능한 사태에 대한 유연한 대응이라는 의미에서는 제정법보다는 탄력성(flexibility)을 가질 필요가 있다. 그것은 이미 예시·소개한 대표적 사이버법학자인 트로터·하디 교수 등도 인정하고 있다.[200] 그러나 계약이나 지침 등의 사적 자치는 힘의 불균형으로 인해 형평성을 잃은 룰이 작용하거나, 發信力이 작은 자나 발언의 유효한 기회를 부여받지 않은 자의 목소리가 무시될 우려가 큰 것도 또한 사실이다. 따라서 이미 강조한 바와 같이 그리고 사이버법학이 지적한 바와 같이 중립적인 법의 입장에서의 전자상거래에 대한 검토가 중요하다.

---

200) Hardy, supra note 191.

전자상거래는 일반 상거래와 법적 또는 경제적 관점에 본질적인 차이가 있는 것이 아니다. 전자상거래란 개별적인 거래의 유형에 따라 재화의 매매 또는 임대, 용역의 공급 등과 같은 전통적인 상거래의 성격을 가지는 것이고, 다만 거래의 성립이 전자적인 의사교환에 의해 이루어진다는 특성이 있을 뿐이다. 따라서 일반 상거래와 마찬가지로 경제거래인 전자상거래에 대해서도 과세가 되어야 하므로, 과세관청의 입장에서는 최적의 과세를 위하여 누가, 언제, 어디서, 어떠한 거래를 얼마나 행하였는지에 대한 거래의 실태를 파악하는 것이 중요하다.[201]

그러나 전자상거래 역시 인터넷을 이용하므로 인터넷이 가지는 특성인 익명성 등을 고려할 때, 과세관청은 현재 전자상거래의 실태를 파악하기 위한 세제 및 집행적 측면에서 새로운 문제를 직면하고 있는 실정이다. 전자상거래는 세제에 있어서 긍정적인 측면과 부정적인 측면으로 나타나고 있다. 긍정적인 측면으로는 과세대상의 투명화를 들 수 있다. 대부분 전자상거래의 주된 결제수단이 신용카드 결제이고, 다음으로 인터넷 사이트에서 공개된 사업자의 구좌를 통한 무통장입금이 활용되고 있기 때문에, 과세관청은 전자상거래의 거래 자체에 대한 정보를 제외하더라도 거래의 결제와 외형에 관한 정보를 수집하는 데 큰 어려움이 없어 전자상거래가 일반상거래보다 투명화를 이룰 수 있다. 부정적인 측면으로는 우선 인터넷상에서는 상거래를 하는 자의 이름, 주소의 정보가 표시되어 있지 않는 한, 그 정보가 정확한지 확인하기 어렵고, 누가 어디에서 거래를 하고 있는지 파악하기 곤란하다. 다음으로 거래형태의 변화로 인하여 생산자와 소비자의 직접거래를 함에 따라 도매업자, 소매업자로 이어지는 복수의 거래관계자로부터의 납세신고, 정보제출, 세무조사를 통한 거래파악의 기회가 감소한다. 또한 전자상거래는 공간적 제약을 받지 않게 되어 종전의 국제간 상거래가 영세한 규모의 상인에 의해서도 가능해짐에 따라 전 세계적으로 이에 대한 대책이 시급한 실정이고, 이를 해결하지 않을 경우에는 상당수의 국가가 세수부족

---

201) 이철송, 전자상거래와 조세, 세무사 92호, 2001. 4, 51면 한편 OECD에서는 전자상거래를 '문자·소리·시각이미지를 포함하여 디지털화(digitalized)한 정보의 전송 및 처리에 기초하여 이루어지는 모든 형태의 상업적 거래'로 정의하고 있다(OECD, Measuring Electronic Commerce, DSTI/ICCP/AH(97)6/REV1).

현상에 직면하게 될 것이다.[202)

특히 전자상거래는 탈국경화, 즉 국경을 넘는 거래로 국가 간의 과세관할, 이전가격 등 새로운 국제조세문제를 일으키는 요인이 되고 있다. 대표적인 문제로는 소득의 분류로서 디지털재화(예컨대, 컴퓨터프로그램이나 데이터베이스, 책, 음악, 영상 등), 인터넷통신방송서비스, 금융서비스 등을 어떻게 분류하여 과세할 것인가이고, 다음으로는 소득의 과세배분으로서 거주지주의 또는 원천지주의 중 어느 것을 취할 것인지이다. 그리고 간접세, 예컨대 부가가치세에 있어서는 그 징수방법과 디지털재화의 거래 시 이에 대한 과세권의 관할 등을 들 수 있다. 위와 같은 국제적 과세문제를 해결하기 위해서 OECD를 중심으로 각국은 지속적인 노력을 하고 있다. 특히 각국의 이해관계가 첨예하게 대립하는 직접세와는 달리 간접세는 비교적 논의가 활발히 진행되고 있고, 상당한 진척을 보이고 있다. 따라서 종전의 OECD 등 제외국의 동향을 지켜보는 차원에서 이제 우리나라에서도 간접세에 대한 대책을 마련하여야 할 시점에 와 있다고 생각된다.[203)

---

202) 옥무석, 전자상거래와 조세문제, 상사법연구 제19권 제2호, 123면.
203) 윤현석, 전자상거래와 부가가치세, 인터넷법률 2001.11., 89－91면 참조.

## 학습문제

1. 전자상거래의 개념과 특징에 대해서 약술하시오.

2. 전자상거래와 관련된 법적 문제점은 무엇인지 쓰시오.

**3.** 전자상거래에서 사이법의 필요성에 대해서 약술하시오.

# Chapter 04

# 인터넷과 저작권법

서언

저작권법은 저작자의 권리와 이에 인접하는 권리를 보호하고 저작물의 공정한 이용을 도모함으로써 문화의 향상발전에 이바지함을 목적으로 하고 있다. 저작물이라 함은 '문학·학술 또는 예술의 범위에 속하는 창작물'(저작권법 제2조 제1호)로서, 예를 들면 소설, 음악, 미술, 영화 등이 이에 속한다. 저작물의 창작자인 저작자는 그 인격적 이익의 보호를 위한 저작인격권과 그 재산적 이익의 보호를 위한 저작재산권을 갖는다. 본 장에서는 인터넷에 의한 저작물의 유통에 관한 저작권법상의 문제를 검토하는데, 그 전에 우선 정보의 디지털화, 네트워크화가 저작권법에 미치는 영향에 관하여 검토한다.

한편, 저작권법은 저작물에 관하여 저작자의 권리와 함께 실연, 레코드, 방송 및 유선방송에 관하여 실연가, 레코드제작자, 방송사업자 및 유선방송사업자의 권리(저작인접권)도 정하고 있으나, 이에 관해서는 다루지 않는 것으로 한다.

## 제2절 디지털화, 네트워크화와 저작권법

### Ⅰ 정보의 디지털화

디지털 기술의 발달에 따라 정보의 디지털화가 급격한 속도로 진행되고 있다. 디지털정보는 아날로그정보와 비교하여 다양한 특징을 가지고 있으며, 그중 하나가 바로 동일한 품질의 복제가 무한정으로 쉽게 가능하다는 것이다. 아날로그정보의 경우 복제물은 원본보다 품질이 떨어지지만, 디지털정보의 경우에는 이를 복제하여도 품질은 떨어지지 않고, 게다가 복제는 순식간에 대량으로 이루어질 수 있다. 또한, 디지털정보는 아날로그정보에 비하여 정보의 가공, 변개가 매우 용이하다. 종래에 정보는, 예컨대 문자정보는 인쇄물, 음악은 레코드와 같이 그 종류에 따라 다른 매체에 담겨 전달되어 왔지만, 디지털 기술에 의하여 모든 정보가 디지털화되어 통합됨으로써 CD-ROM 등의 하나의 매체에 담길 수 있도록 되어 있다.

### Ⅱ 디지털화된 저작물

'디지털화'는 특정한 저작물을 디지털화하는 경우의 문제와 디지털화된 저작물 그 자체의 문제를 낳을 수 있다. 전자는 주로 아날로그 형식의 저작물을 디지털화하는 행위가 저작권법상의 복제에 해당하는가, 즉 저작권자의 복제권이 이에 미치는지 여부에 관한 것인데, 현재는 긍정적으로 이해되고 있다.

후자와 관련해서는 다음과 같이 다양한 문제점 등이 있다.

우선, 저작물의 종류에 관한 것이다. 저작권법 제4조 제1항은 저작물의 예시로서 언어의 저작물, 음악의 저작물, 미술의 저작물 등을 열거하고 있다. 저작권법에는 저작물의 종류에 따라 특정한 종류의 저작물에 관해서만 적용되는 규정 등을 두고 있다. 때문에 디지털화에 의하여 다양한 종류의 저작물이 통합된 제품에 관하여, 그에 포함되어 있는 저작물의 종류에 따라 다른 규정이 적용되는 결과, 획일적인 처리가 곤란하게 된다는 문제가 있다.

이 점과 관련하여, 종래에는 저작물의 전달매체별로 출판, 레코드, 영화, 방송과 같은 산업이 성립하였고, 저작권법에 의하여 각 산업별로 저작자와 저작물의 유통업자 및 사용자 사이의 이익을 조정하는 것이 가능하였지만, 디지털화는 이러한 산업을 융합하거나 또는 신규산업을 만들어 내기 때문에, 새로운 이익조정의 기능을 원하는 소리가 높아지고 있다.

다음으로, 디지털정보의 단위는 저작물 또는 저작물을 구성하는 단순한 정보와 반드시 일치하지도 않는다. 때문에 정보 단위의 설정에 이용되는 대상이 저작물인 경우와 그렇지 않은 경우가 발생하므로 그 구별이 불명확하게 된다는 문제가 있다. 예를 들면, 음악저작물인 경우 종래에는 레코드에 녹음·고정되어 있어서 사용자는 그 레코드를 재생하든가, 곡, 즉 저작물 단위로 복제하였으므로, 저작물 자체에 착안함으로써 창작자의 보호를 도모할 수 있었다. 그러나 이것이 디지털화되면, 곡을 구성하고 있는 '음', '리듬', '멜로디'의 정보도 그 단위별로 개별적인 소재로서 이용할 수 있고, 더군다나 이러한 정보가 경제적인 가치를 갖는 경우가 있으므로, 그 취급에 대한 검토가 필요하게 되었다.

저작자의 결정에 관한 문제 또한 발생하고 있다. 디지털 기술을 이용하는 최첨단의 제작 현장에서는 지금까지와 같은 '기획 – 제작 – 검사 – 사용자'라는 일방향의 과정으로 제품이 만들어지는 것이 아니라, '기획 – 제작 – 검사 – 사용자'가 소용돌이처럼 상호의 노하우나 기술을 구사하고, 기술적인 의미를 갖는 최소단위에서부터 그 향상을 위하여 노력한다는 스파이럴 방식으로 제품이 완성되고 있다. 2인 이상의 자가 저작물의 창작에 관여하는 경우는 공동저작물(저작권법 제2조 제13호)이나 2차적 저작물(저작권법 제5조)의 문제로 처리되는데, 이 스파이럴 방식에 의한 작성에서는 작성자 각각의 저작물에 대한 관여가 창작행위로는 인정하기 어려운 경우가 있고, 그 경우 저작자의 취급도 검토를 요한다.

## Ⅲ 정보의 네트워크화

디지털화와 함께 네트워크화도 저작권법에 커다란 영향을 미치고 있다. 네트워크의 정비에 따라 네트워크에 의하여 저작물을 유통시킬 수 있게 되었는데,

인터넷은 그 대표적인 예이다. 지금까지 저작물의 유통은 주로 저작물이 복제된 유체물(예컨대, 서적이나 레코드)의 이전에 의하여 이루어졌지만, 네트워크화의 진전에 따라 일일이 복제물을 작성하지 않고서도 저작물을 송신하고 유통시키는 것이 가능하게 되었다. 게다가 저작물의 공급은 종래 출판업자나 레코드제작자 등의 일부의 사람들이 행하고, 일반인은 제공된 저작물을 이용할 뿐이었지만, 네트워크를 매개로 함으로써 일반인도 용이하게 저작물을 발신하고 유통시킬 수 있게끔 되었다. 이하에서는 인터넷에 의한 저작물의 유통을 둘러싼 몇 가지 문제에 관하여 검토하기로 한다.

## 제3절 인터넷에 의한 저작물의 유통

### I 전 송

A가 무단으로 B의 아날로그 형식의 저작물을 디지털화하여, 이를 네트워크 제공자 C의 서버에 개설한 홈페이지에 게재한 경우를 가정하고, 누구의 어떠한 행위가 저작권법상 문제가 되는지를 생각하여 보자.

아날로그 형식의 저작물을 디지털화하는 행위는 전술한 바와 같이 복제에 해당하며, 또한 그 저작물을 서버에 축적하는 행위도 복제에 해당한다. 저작물을 무단으로 복제하여도 이것이 사적 사용을 목적으로 하는 경우에는 저작권법 제27조에 따라 저작재산권의 침해가 되지 않는다. 그러나 위와 같은 복제는 인터넷상에서의 유통을 위하여 이루어진 것이며, 사적 사용을 목적으로 하는 것이라고는 말할 수 없기 때문에 이 규정은 적용되지 않는다.

축적된 B의 저작물은 홈페이지에 액세스한 사용자에게 자동적으로 송신된다. 이러한 송신은 2000년 저작권법이 개정되기 전에는 '방송'의 개념에 포함되는 것인지의 여부가 논란의 대상이 되었다. 그러나 개정에 의하여 동시적 송신을 의미하는 방송과는 달리, 일시적이고 쌍방향적인 의미의 '전송'이라는 개념이 새롭게 신설되었다. 즉, 전송이란 일반공중이 개별적으로 선택한 시간과 장소에서 수신하거나 이용할 수 있도록 저작물을 무선 또는 유선통신의 방법에 의하여 송신하거나 이용에 제공하는 것을 말한다. 이는 1996년 12월에 채택된 WIPO저작권조약 제8조에 대응하는 의미도 함께 갖는 것으로 볼 수 있다.

한편 일본의 경우에는 1997년 저작권법의 개정으로 '공중송신', '자동공중송신', '송신가능화'라는 개념을 새로이 도입함으로써 이러한 문제를 해결하였다.[204)

## Ⅱ 네트워크 제공자의 책임

우선 디지털화는 네트워크 제공자의 관여 없이 행하여지는 것이므로, C의 책임은 문제 되지 않는다. 또한, 서버에의 축적에 관해서도, C는 서버를 관리하고 있는 것이기는 하지만, 그곳에 어떠한 정보가 복제되는지를 통제할 수 없는 경우, C가 행위주체라고 하여 그 책임을 묻는 것은 어렵다고 생각된다. 다만, C가 이러한 행위를 행하도록 A를 교사하고 있었던 경우 등에는, 공동불법행위책임을 지게 될 것이다.

전송에 관해서는 어떠할까? 어떠한 정보가 서버에 기록되었는지를 체크하지 않는 네트워크 제공자는 사용자에게 서버의 일정 영역을 제공하고 있는 데 불

---

204) '공중송신'이라 함은 일본저작권법 제2조 제1항 제7호의 2에 정의되어 있는 바와 같이, 공중에 의하여 직접 수신될 것을 목적으로 하여 무선통신 또는 유선전기통신의 송신을 행하는 것이다(일본저작권법에 있어서 '공중'에는 특정된 다수의 자도 포함된다. 동법 제2조 제5항). 공중송신으로서 가장 먼저 생각에 떠오르는 것은 무선통신의 송신인 방송과 유선전기통신의 송신인 유선방송일 것이다. 이것들은 공중에 의하여 동일한 내용의 송신이 동시에 수신될 것을 목적으로 하여 행하여지는 것인데(동법 제2조 제1항 제8호·제9호의 2), 여기에서 문제가 되고 있는, 공중으로부터의 액세스에 응하여 개별적으로 송신이 자동적으로 행하여지는 것은 '자동공중송신'이다(동법 제2조 제1항 제9호의 4). 그리고 동법 제23조 제1항은 저작자는 그 저작물에 관하여 공중송신을 행할 권리를 專有하며, 공중송신에는 자동공중송신의 경우에 있어서는 송신가능화를 포함한다는 취지를 규정하고 있다. '송신가능화'라 함은 자동공중 송신할 수 없는 상태에 있는 것을 자동공중 송신할 수 있도록 하는 행위로서, ① 네트워크에 접속된 서버에 정보를 기록·입력하는 것 또는 ② 정보가 기록·입력된 서버를 네트워크에 접속하는 것을 말한다(동법 제2조 제1항 제9호의 5). 정보를 서버의 홈페이지용 메모리에 기록하는 행위는 ①에 포함된다. ①의 기타의 예로서는 서버에 정보가 기록된 디스크를 더하거나, CD 체인 저를 접속하는 행위, 메일용의 메모리를 게시판용의 메모리로 변환하는 행위가 있으며, 또한 기록을 수반하지 않고 카메라·마이크로부터 서버에 정보를 계속하여 입력하는 행위도 ①의 송신가능화이다. 따라서 타인의 저작물을 무단으로 자동공중 송신하는 행위가 공중송신권 침해가 되는 것은 물론이지만, 송신이 입증되지 않고도 또는 아직 실제로 송신이 이루어지고 있지 않아도, 권리자는 자동공중 송신할 수 있도록 하는 행위를 공중송신권 침해로서 포착하여 그 유지를 청구할 수 있다. 한편, '송신가능화'는 자동공중송신의 경우에만 공중송신권의 내용에 포함되며, 자동공중송신의 정의에서는 방송 또는 유선방송에 해당되는 것은 제외하고 있기 때문에, 최초의 액세스에 의하여 동일한 내용을 동시에 송신할 수 있도록 하는 행위는 공중송신권을 침해하는 것은 아니다. 다만, 이러한 행위에 관해서는 실제로 송신이 행하여지는, 즉 방송 또는 유선방송이 행하여질 염려가 있으므로, 권리자는 공중송신권 침해를 예방하기 위한 유지를 청구할 수 있을 것이다.

과하다고도 말할 수 있고, 또 전송은 서버에의 축적으로부터 자동적으로 행하여지는 것이므로, 그러한 제공자가 전송을 행하고 있다고 하기에는 불합리한 면이 있다고 생각한다. 그렇지만 공중에의 송신은 자기가 관리하는 서버로부터 행하여지고 있는 것이고, 게다가 보다 중요한 것으로 제공자는 보통 축적된 정보를 인식하고, 이를 삭제한다거나 접근을 금지하여 송신되지 않도록 하는 것을 용이하게 할 수 있는 것이다. 그러한 경우에는 자기 스스로 송신을 행할 수 있는 상태에 있는 것이고, 이로써 송신을 행하고 있다고 평가할 수 있는 것은 아닐까? 다만, 전송이 가능한 상태로 두는 것은 서버에의 축적과 동시에 행하여지기 때문에, 역시 제공자가 행하였다고 보는 것은 곤란할지도 모르겠지만, 전송에 관해서는 적어도 전송이 가능한 상태를 유지하고 있다고 말할 수 있기 때문에, 제공자의 행위로 생각할 수 있을 것이다. 인터넷에서는 정보의 익명성이 높고, 누가 서버에 정보를 축적하였는지를 알 수 없는 경우가 있기 때문에, 무단송신을 배제하기 위해서는 권리자가 제공자에 대하여 정지를 청구할 수 있도록 할 필요가 있는데, 저작권법은 저작권 등을 침해하는 자 또는 침해할 염려가 있는 자에 대한 정지청구만을 규정하고 있지 않기 때문에(동법 제91조), 이 점에서도 제공자의 행위주체성을 인정하는 것이 요구될 것이다. 그리고 제공자가 무단송신을 행하여 전송권을 침해하고 있다고 하여 정지가 청구되어도, 서버에 축적된 무단복제물을 삭제하면 충분한 것이므로, 제공자에게 특별한 불이익을 초래하는 결과가 되지는 않는다. 또한, 손해배상에 관해서는 고의 또는 과실이 요건인 까닭에(민법 제750조), 침해로부터 곧바로 손해배상책임이 주어지게 되지는 않는다. 제공자는 송신되는 정보의 내용을 주체적으로 결정하지 않으며, 정보를 모두 체크하는 것은 사실상 불가능한데, 과실 여부를 판단함에 있어서 이러한 사정을 고려한다면, 제공자에게 가혹한 결과가 되지는 않을 것이다.

그러나 제공자가 용이하게 서버에 축적된 정보가 어떠한 것인지를 인식하여 삭제 등을 할 수 없는 경우에는 그 침해책임을 부담시키는 것은 가혹하며, 제공자가 정보의 송신을 행할 수 있는 상태에 있다고는 평가할 수 없을 것이므로, 그와 같은 제공자는 전송을 행하고 있지 않다고 판단되어야 하며, 이러한 경우 침해책임을 부담시키는 것은 가혹하다.

이상의 점에서, C는 용이하게 서버에 축적된 정보를 인식하고 삭제 등을 할 수 있는 경우에는 A와 함께 전송을 행하고 있고, 전송권을 침해하고 있는 것이 될 것이다.

## Ⅲ  저작자인격권

지금까지 저작재산권인 복제권, 전송권의 문제를 검토하였는데, 이제는 저작인격권인 공표권, 성명표시권 및 동일성유지권의 문제에 관하여 서술하기로 한다.

공표권이라 함은 미공표의 저작물을 공표할 것인지의 여부, 공표하는 경우에 그 시기, 방법 등을 어떻게 할 것인지를 결정할 권리이다. B의 저작물이 미공표였던 경우, A는 무단으로 그 저작물을 전송함으로써 '일반공중에 …… 제공'한 것이 되므로, 전송권과 함께 공표권도 침해하는 것이 된다. C도 전송을 하고 있다고 평가되는 경우에는 침해자가 될 것이다. 전송을 하고 있는 자만이 공표권을 침해하는 일반공중에의 제공을 행하고 있다고 해석할 필요는 없다고 생각되지만(후술 '링크' 참조), C에게 전송의 행위주체성이 인정되지 않는 경우라면, 이는 C가 송신되는 정보를 통제할 수 없다는 사실에 의하는 것이므로, 그러한 경우에는 일반공중에의 제공이 이루어지고 있다고 평가할 수도 없을 것이다.

다음으로, 성명표시권이라 함은 저작자의 성명을 표시할 것인지의 여부, 표시하는 경우 어떠한 표시를 할 것인지를 결정할 권리이다. A가 B의 저작물에서 저작자의 성명을 삭제하였다거나 다른 저작자의 성명을 표시하였다거나 한 경우, 공표권의 경우와 마찬가지로 A는 무단으로 그와 같은 저작물을 전송함으로써 일반공중에 제공한 것이 되므로, 성명표시권도 침해하는 것이 된다. C도 전송의 행위주체로 인정되는 경우에는 침해자가 될 것이다.

동일성유지권이란 저작물의 내용·형식 및 제호의 동일성을 유지할 권리이다. A가 B의 저작물을 무단으로 변경하면 그 행위는 저작자의 동일성유지권을 침해하는 행위인 점이 분명하다. C도 또한 스스로 전송행위를 하고 있다고 판단되는 경우에는 동일성유지권을 침해하는 것이 된다. '이 경우 개변행위만이 침해가 되는가, 아니면 개변된 저작물을 전송하는 것도 별도로 침해가 되는가. 동일성 유지의 경우에도 공표권이나 성명표시권과는 달라서 공중에의 제공·제시 당시 저작물의 동일성이 유지되어 있는지 여부가 중요하다고 볼 수 있으므로 법도 같은 취지에서 판단함이 타당하다.' 실제로 저작자의 인격적 이익은 개변된 자기의 저작물이 공중에 제공·제시됨으로써 개변행위 이상으로 손상된다. 따라서 동일성유지권은 공중에 제시·제공되는 저작물이 '개변을 받지 않은' 것임을 확보하는 것도 포함한다고 해석하여야 할 것이다. 그렇다고 하면, C는 A가 개변한 B의 저작물을 전송함으로써 동일성유지권의 침해자가 될 것이다. 더욱이 개변행위만이 침해행위가 되는 것으로 한정적으로 해석하게 되더라도 개변된 B의 저작물이 전송됨으로써 B의 명예·명성이 침해되는 때는 저작권법 제92조에 의하여 C는 저작인격권을 침해한 자로 할 수 있을 것으로 생각된다.

## Ⅳ 수신행위

사용자가 A의 홈페이지에 액세스하여 송신을 받는 행위 자체는 전술한 바와 같이 사용자의 송신행위는 아니므로 저작권법상의 문제는 생기지 않는다. 그러나 사용자가 그 컴퓨터 화면 위에 홈페이지의 정보를 표시하는 경우, 컴퓨터 내의 메모리(RAM: Random Access Memory)에 정보가 일시적으로 축적(전원을 끄면 소멸한다.)되기 때문에, 이 축적이 저작권법상의 복제에 해당하는지 여부가 논의되고 있다.

이러한 축적이 저작권법상의 '유형물로 다시 제작하는 것'인 점은 부정할 수 없을 것이다. 그러나 이는 정보의 송신에 수반하여 필연적으로 발생하는 것인데, 저작권법상의 복제라고 한다면, 저작물의 송수신에 있어서 송신하는 측에는 전송권이, 그리고 수신하는 측에는 복제권이 미치게 된다. 그 때문에, 적법하게 송신을 받았음에도 불구하고, 복제권의 행사에 의하여 저작물을 향유할 수 없다는 폐해가 발생할 염려가 있다. 다른 한편, 축적은 일시·임시적인 것이므로, 이것이 송신과는 다른 면에서 권리자의 경제적 이익에 영향을 미치는 경우는 거의 생각할 수 없다. '송신을 전송으로 인정하는 것만으로 권리자의 경제적 이익을 충분히 확보할 수 있을 것이므로, 송신에 수반되는 축적까지도 복제권의 내용으로 인정하여서는 안 될 것이다.' 현행법에서는 이와 같은 임시적 축적에 대하여 복제권을 제한하는 규정을 두고 있지 않기 때문에, 축적은 복제에 해당하지 않는 것으로 해석함이 타당하다.

이에 대하여, 브라우저 소프트에 의하여 자동적으로 사용자의 하드디스크 내에 축적(cashing)되는 경우가 있는데, 이 축적은 송신에 수반하여 필연적으로 발생하는 것은 아니므로, 저작권법상의 복제에 해당한다고 보아야 할 것이다. 이에 대해서 이러한 복제가 인터넷에서의 통신량 삭감을 위하여 유익한 것이며, 수신한 문서의 신속한 재열람이라는 목적만으로 사용되는 경우에는 적법한 복제라 하여야 하고, 송신자의 묵시적인 허락이 있다고 생각하여도 무방하다고 주장하는 견해가 있다. 적절한 지적이기는 하나 송신이 위법하였던 경우까지 복제가 묵시적으로 허락되어 있다고 보는 것은 무리이다. 다만, 복제가 사적 사용을 목적으로 하는 경우에는 저작권법 제27조에 의하여 허용된다.


## V 링크

인터넷에 의한 저작물의 유통에 관해서는 타인의 홈페이지에 링크를 연결시키는 행위도 문제가 되고 있다. 우선, 저작권의 문제를 생각해 보자.

X가 Y의 홈페이지에 링크를 연결함으로써, X의 홈페이지에 액세스하고 있는 자는 당해 홈페이지에 강조되어 기재된 단어 등을 링크하는 것만으로 Y의 홈페이지에 담겨 있는 정보를 수신할 수 있다. 마치 Y의 정보가 X로부터 송신되고 있는 것 같지만, X는 Y의 홈페이지의 소재를 표시하는 URL(Uniform Resource Locator)을 기재하고 있는 데 지나지 않으며, Y의 정보를 축적하고 있는 것도 아니다. 또한 송신은 실제로는 X가 아니라 Y의 홈페이지로부터 행하여지고 있는 것이므로, 링크를 연결하는 것 자체가 저작권을 침해하는 것은 아니다. Y의 홈페이지에 위법복제물이 게재되어 있고, 그곳으로부터의 송신이 저작권의 침해가 되는 경우에도 마찬가지이다. 다만, 링크를 연결함으로써 공중에의 무단송신을 확대하고 있는 것이므로 불법행위책임의 문제가 발생할 수 있다.

일부 학설은 페이지 전체가 아니라 일부에 링크되는 곳의 정보가 표시된 채로 링크가 연결되어 있는 경우에는 전송권 침해가 문제 된다고 한다. 그와 같은 형태의 송신이 허락되어 있지 않았음을 근거로 하는 것인데, 표시되는 일체의 정보와의 관계에서 페이지의 일부로서 표시되는 것이 바람직하지 않은 것이라면, 이는 저작인격권의 문제로서 대처하여도 충분할 것이며, 일부에서의 표시 그 자체가 침해를 긍정하여야만 할 정도로 권리자의 경제적 이익을 해한다고는 생각되지 않는다. 다양한 형태에서의 정보의 유통에 의하여 얻을 수 있는 공중의 편익도 감안한다면, 이와 같은 경우에도 권리의 침해는 아니라고 해석하여야 할 것이다.

다만, X가 자기의 홈페이지 일부에 Y의 정보가 표시되도록 링크를 연결할 뿐만 아니라, Y의 정보를 자기가 독자적으로 송신하고 있는 것처럼 수신자에게 알리는 형태를 취하고 있는 경우에는 전송권 침해로 보아야 할 것으로 생각된다. 왜냐하면, X가 Y와는 별개의 송신주체인 것처럼 행동하고, 그와 같이 인식되어 있음에도 불구하고, X의 행위가 허용된다고 하면, 배타적 권리인 전송권의 의의가 실제적으로는 완전히 소멸되어 버리기 때문이다. 이러한 경우, X가 독자적으로 송신하고 있다는 외관을 연출하는 것은 Y의 홈페이지 어드레스를 기재하고 있다는 사실이 아니라, Y의 정보 그 자체를 자기의 홈페이지에 편입시켜 그곳으로부터 송신하고 있는 것과 동시할 수 있다는 사실인 점에 근거하여, X가 송신주체라고 평가하는 법적 구성을 취할 수 있을 것이다.

링크에 관한 판례로서 스코틀랜드의 민사상급법원 제1심부(Court of Session, Outer House)의 Shetland Times Ltd. v. Dr. Jonathan Wills[1997] F. S. R. 604가 있다. 원고는 신문을 발행하고 있는 회사인데, 인터넷상에서 신문기사의 공표도 시작하였다. 그 최초의 페이지에는 기사의 색인이 표시되어 있었고, 액세스한 자가 이를 클릭하면 기사의 본문 페이지로 이동하게 되어 있었다. 원고는 이 정보 서비스가 알려지게 되면, 최초 페이지의 광고 스페이스를 판매할 수 있을 것으로 기대하고 있었다. 이에 대하여, 피고도 동일한 정보 서비스를 행하고 있었는데, 원고의 기사 색인도 게재하고 있었으며, 그것이 링크되면 원고의 최초 페이지를 뛰어넘어 기사의 본문으로 이동하도록 하고 있었다. 그리하여 원고가 잠정적 유지명령을 청구한바, 법원은 원고의 기사 색인이 저작물이며, 이를 피고가 자기의 홈페이지에 게재한 것은 일단 권리의 침해에 해당하는 것으로 인정할 수 있다고 하여, 원고 승소의 판결을 내렸다.

위 판결에서는 신문기사의 색인을 저작물이라고 판단한 것인데, 만약 인정되지 않았다면, 피고의 행위는 원고의 기사 본문에 링크를 연결한 데 지나지 않고, 따라서 저작권 침해의 문제는 생기지 않았을 것이다. 그러나 이를 방치하면, 원고는 예상하고 있었던 광고수입을 받을 수 없게 되고, 그 홈페이지를 폐지하여야 할지도 모른다. 피고가 행하였던 링크의 연결방법은 타인이 수집·작성한 정보로부터 얻을 수 있을 이익을 소실케 하고, 정보를 제공하는 수단을 빼앗는 것이므로, 불법행위로 판단하여 당해 타인의 손해배상청구를 인정하여야 한다는 것이다. 본건에서 피고는 그 최초 페이지에 광고를 올려놓고, 원고의 정보를 이용하여 이익을 얻고 있었던 것이며, 행위의 부당성은 한층 분명하다고 말할 수 있을 것이다.

다음으로, 저작인격권에 관해서는 X의 링크 연결방법에 의하여 X의 홈페이지에서 Y의 홈페이지로 이동한 사용자에 대하여 저작물에 표시되어 있는 저작자 명칭이 표시되지 않는 경우(예컨대, 저작자 명칭이 최초의 페이지에만 표시되어 있고, 도중의 페이지에 링크가 연결되는 경우), X는 성명표시권을 침해하고 있다고 말할 수 있을 것이다. 이 점에 관하여, 전술한 전송의 주체로 평가되는지 여부의 문제는 성명표시권 침해의 성립 여부와는 관계가 없다고 생각된다. X가 전송의 행위주체가 되지 않는 경우에도, 링크를 연결한다는 적극적인 행위를 행하고 있는 이상, 스스로 '저작물의 일반공중에의…… 제공'을 하고 있다고 말할 수 있으며, 성명표시에 관계되는 저작자의 인격적 이익이 침해되는 것은 행위주체성이 인정되는 경우와 다름이 없기 때문이다. 따라서 X는 저작자 명칭이 표시되도록 링크의 연결방법을 변경하든지 또는 자신이 저작자 명칭을 표시하도록 하여야 한다.

또한, 페이지 일부에 표시되도록 링크를 연결하는 것 등에 의하여 저작물이 사용자에게 잘못 이해되는 경우, 이는 저작물의 변경으로서 X가 변경행위를 하였다고 평가하는 것이 가능할 것이다. 게다가 변경되었다고는 인정되지 않더라도, 링크가 연결됨으로써 저작자의 명예·명성을 해치는 양태로 저작물이 표시되는 경우에는 저작권법 제92조 제2항을 적용할 수 있을 것이다.

# 제4절 기술적 보호수단의 회피

서두에 서술한 바와 같이, 디지털화·네트워크화의 진전은 저작권법에 커다란 영향을 미치고 있으며, 이러한 변화에 대응하는 새로운 제도·구조를 마련할 것이 강력히 주장되고 있다. 그러나 여기에서는 인터넷에 관련되는 문제로서 컴퓨터프로그램보호법상의 기술적 보호수단의 회피에 관계되는 규제조치에 관하여 간단히 소개하기로 한다.

정보의 디지털화가 진전되고, 고성능의 복제기기가 저가격화되어 보급됨으로써, 일반인도 품질이 열악하지 않은 복제물을 단시간에 대량으로 작성할 수 있게 되었다. 게다가 네트워크화의 진전으로 누구나 용이하게 정보를 발신할 수 있게 되었다. 그 때문에, 무단복제나 송신과 같은 침해행위가 일어나도, 이를 발견하기가 점차 곤란한 지경에 이르고 있다. 그리하여 이미 이루어진 침해행위를 포착하는 것이 아니라, 침해행위가 일어나지 않도록 저작물에 미리 일정한 기술적 보호조치를 마련할 것이 고려되고 있다. 예컨대, 음악 CD의 SCMS(Serial Copy Management System: 1세대만의 복제를 가능케 하고, 2세대 이후의 복제를 불가능하게 하는 시스템)나, DVD 소프트의 CGMS(Copy Generation Management System: 복제불가, 1세대만 가능, 복제자유의 3종의 디지털신호를 조합함으로써 복제를 통제하는 시스템), 영화 등 비디오의 의사 싱크펄스 방식(조합된 일정한 신호를 녹화기기로 식별 반응시키는 것으로, 감상에 적당하지 않은 상태로 기록되게 하거나, 전혀 기록되지 않도록 하는 시스템)이다. 침해행위를 포착하는 것이 그리 쉽지 않은 현 상태에서는 이러한 기술적 보호조치를 마련함으로써 권리자는 안심하고 저작물을 유통과정에 둘 수 있고 그 경제적 이익을 확보할 수 있으므로 그 필요성은 부정할 수 없는 바이다.

그런데 기술적 보호조치를 회피하여 그 효과를 잃게 하는 기술도 나오고 있으며, 회피에 필요한 기기 등이 시판되는 경우도 있다. 그 때문에 기술적 보호조치의 회피에 대한 규제가 세계적으로 논의되어 왔던바, WIPO 저작권조약은 제11조에 이에 관한 규정을 두었다.

이에 따라 컴퓨터프로그램보호법에서는 침해행위를 방지하거나 또는 침해행위(그 자체는 금지하지 않지만)의 결과에 현저한 장해를 발생시킴으로써 침해행위를 억지하는 수단인, 기술적 보호수단(동법 제30조)의 회피에 관계되는 규제로서, 회피를 행하는 것을 오로지 그 기능으로 하는 장치·프로그램을 공중에 양도하는 등의 행위를 형사벌로써 금지하였다(동법 제46조 제1항 제3호). 또한, 회피행위 그 자체는 원칙적으로 규제대상이 되지 않았지만, 업으로서 공중으로부터의 요구에 응하여 회피를 행하는 행위에 관해서는, 그것이 회피전용장치 등의 양도 등과 동일한 효과를 갖는 것이므로, 형사제재의 대상이 되었다(동법 제30조 제2항).

## 제5절  도메인 네임과 상표법·부정경쟁방지법

### I  도메인 네임

지금까지 논한 저작권법상의 문제 외에, 인터넷에 관계되는 지적재산권법의 문제로서 도메인 네임과 상표법·부정경쟁방지법의 관계에 관해서도 국제적으로 활발한 논의가 이루어지고 있다.

인터넷에서 네트워크에 접속된 컴퓨터 사이에 커뮤니케이션을 취하기 위해서는 서로를 인식할 필요가 있는데, 그 수단으로서 도메인 네임이라 불리는 표기방법이 사용되고 있다. 도메인 네임에는 알파벳 문자가 사용되고 있으며, 사람들이 많이 알고 있는 단어에서부터 자기의 명칭이나 상표를 도메인 네임으로 등록하는 것이 일반적이다. 특히 기업은 도메인 네임을 사람들의 기억에 남길수록 사용자로부터의 액세스를 촉발함으로써 인터넷상에서의 사업활동을 효과적으로 전개할 수 있다고 생각할 수 있기 때문에, 그러한 도메인 네임을 등록하기를 바라고 있다.

그러나 도메인 네임 등록기관(현재 ccTLD인.co.kr 등 도메인 네임의 등록은 국내 인터넷의 기능유지 및 도메인등록업무를 수행하고 있는 민간기구인 한국인터넷정보센터(KRNIC)가 담당하고 있다.)은 도메인 네임의 등록을 그와 동일한 것이 이미 등록되어 있지 않는 한 등록을 자유로이 인정하여, 등록 당시 타인의 명칭이나 상표와 동일 또는 유사한지의 여부에 관한 문제는 거의 고려하고 있지 않다. 그 때문에, 타인의 명칭이나 상표와 동일 또는 유사한 표시가 당해 타인 이외의 자의 도메인 네임으로서 등록되고, 그중에는 당해 타인에게 매도하기 위하여 등록하는 자까지 출현하고 있어서, 도메인 네임을 둘러싼 분쟁이 다발하고 있다.

이러한 상황에 대응하기 위하여, 도메인 네임 등록제도의 개혁이나 분쟁처리 절차의 확립 등이 검토되고 있다. 이하에서는 타인의 명칭이나 상표와 동일 또는 유사한 표시를 도메인 네임으로 사용하는 것이 상표법·부정경쟁방지법상의 문제가 될 수 있는 경우를 검토한다.

## Ⅱ 상표법상의 문제

우선, 어떠한 표시를 도메인 네임으로 사용하는 경우 그러한 행위가 어떻게 평가되는지를 생각하여 보자. 왜냐하면 그 표시가 '상표로서의 사용', 요컨대 누구의 상품(역무)인지 식별하는 기능을 수행하는 형태로 사용되고 있지 않으면, 상표법이 방지하고자 하는 출처 혼동이 발생하는 것은 아니므로, 상표권의 침해가 되지는 않기 때문이다.

도메인 네임은 원래 특정한 컴퓨터의 어드레스를 표시하는 것인바, 도메인 네임의 기능이 그것으로 한정되는 것이라면, 특정한 표시를 도메인 네임으로서 사용하는 행위는 상표적 사용이라 말할 수 없다. 그러나 도메인 네임은 단순한 문자의 무작위적인 집합이 아니라, 그 등록자에 의하여 의도적으로 선택된 것이며, 보통 그자의 명칭 등이 반영된 것이라는 사실을 인터넷상의 사용자들이 잘 알고 있는 것이므로, 사실상 등록자나 그 상품·역무를 식별하는 기능도 함께 가지고 있다고 생각할 수 있다.

다만, 도메인 네임이 이러한 복합적인 성질을 갖는다고 하여도, 도메인 네임으로서 사용하는 행위가 항상 등록자 등을 식별하는 기능을 실제로 수행하고 있다거나, 그것이 등록상표와 동일 또는 유사하면 출처 혼동을 낳는다거나 하는 것은 아닐 것이다. 등록자 등의 식별은 도메인 네임의 본래적인 기능은 아니므로, 인터넷의 사용자가 어떠한 경우에나 이에 구속될 수는 없을 것이다. 경우에 따라서는 등록자 등을 식별하는 기능은 배후로 후퇴하는 경우도 있는 것으로 생각된다. 예컨대, 도메인 네임의 입력에 의하여 액세스되는 홈페이지에 별개의 식별표지가 명료하게 나타나 있는 경우에는, 도메인 네임의 식별기능은 주목되지 않게 되고, 혼동이 발생하지 않는 경우도 있을 것이다. '상표법은 구체적인 혼동을 묻지 않고 등록상표와 동일 또는 유사한 것을 사용하는 것만을 침해로 하고 있는데, 혼동이 생기지 않는 도메인 네임으로서의 사용도 모두 상표적 사용으로 파악하여 침해로 보는 것은 타당하지 않다. 결국, 상표적 사용이 되는 것도 있을 수 있으나, 이는 도메인 네임의 사용 양태나 액세스되는 홈페이지의 표시내용 등에서 총합적으로 판단되어야 할 것이다.'

도메인 네임으로서의 사용이 상표적 사용으로 인정되는 경우, 타인의 등록상표와 동일 또는 유사한 도메인 네임으로 개설된 홈페이지에서 상품의 판매·역무의 제공을 행하고 있다면, 그 행위는 '상품에 관한 광고 …… 에 상표를 표시하고 전시'하는 행위(상표법 제2조 제6호 다목)에 해당하고, 따라서 상표의 '사용'이 된다고 생각할 수 있다. 그 때문에, 당해 상품이 지정상품과 동일 또는 유사한 것이면, 상표권을 침해하고 있는 것이 될 것이다(상표법 제50조·제66조). 한편, 도메인 네임의 수는 유한적이며, 또 사용자는 조금이라도 다른 도메인 네임을 입력하면 전혀 다른 홈페이지에 액세스된다는 것을 알고 있어서 상당한 주의를 기울여서 도메인 네임을 관찰할 것이므로, 등록상표와의 유사성 판단은 엄격하게 이루어져야 할 것이다.

### Ⅲ 부정경쟁방지법(부정경쟁방지및영업비밀보호에관한법률)상의 문제

부정경쟁방지법에서는 상품주체혼동행위(국내에 널리 인식된 타인의 성명·상호·상품의 기·포용장 기타 타인의 상품임을 표시한 표지(주지의 표지)와 동일 또는 유사한 것을 사용하거나 이러한 것을 사용한 상품을 판매·반포 또는 수입·수출하여 타인의 상품과 혼동을 일으키게 하는 행위) 및 영업주체혼동행위(국내에 널리 인식된 타인의 성명·상호·표장 기타 타인의 영업임을 표시하는 표지 즉 주지의 표지와 동일 또는 유사한 것을 사용하여 타인의 영업상의 시설 또는 활동과 혼동을 일으키게 하는 행위)를 부정경쟁행위로 규정하고 있다. 주지의 표지라 함은 상품 또는 영업을 표시하는 것이다. 전술한 바와 같이, 도메인 네임은 등록자나 상품·영업을 식별하는 기능도 가지고 있기 때문에, 도메인 네임으로서의 사용이 주지의 표지를 사용하는 행위에 해당하는 경우도 있을 것이다. 그리고 도메인 네임이 주지의 표지와 동일 또는 유사하고, 도메인 네임의 사용에 의하여 그 등록자의 상품·영업이 당해 타인의 상품·영업이라거나 또는 등록자와 당해 타인과의 사이에 영업상의 관련이 있다는 오인을 발생시키는 경우에는 위의 규정에 해당하게 될 것이다.

부정경쟁방지법은 상표법과는 달리 구체적인 혼동을 요건으로 하므로, 주지의 표지의 사용인지 여부를 엄밀하게 생각할 필요는 없다고 말할 수도 있다. 그러나 도메인 네임으로서의 사용을 일반적으로 주지의 표지의 사용으로 파악하여 혼동의 요건으로서 일괄적으로 논하기보다는 그 사용을 둘러싼 상황에서 혼동이 생기지 않는다고 생각되는 경우를 미리 제거하여 두는 편이 판단의 적정성을 도모할 수 있다고 생각된다. 따라서 주지의 표지의 사용이 되는지 여부에 관해서도 도메인 네임의 사용 양태나 액세스되는 홈페이지의 표시 내용 등을 고려하여 종합적으로 판단하는 편이 좋을 것이다.

또한 이 규정은 주지의 표지가 갖는 고객흡인력의 무상사용(free ride)이나 주지의 표지의 식별력의 희석화(dilution)를 방지할 것을 목적으로 하는 것인데, 무상사용은 주지의 표지가 상품 등의 표시로서 사용되고 있지 않은 경우에도 행하여질 수 있다. 그 때문에, 위 규정의 적용범위를 확대하기 위하여, 상품 등 표시의 사용을 완만하게 해석하여야 한다는 견해도 있을 수 있을 것이다. 그러나 만약 이러한 견해를 채택한다고 하여도, 그것이 단순히 도메인 네임으로서 사용되는지 상품 등 표시의 사용에 해당되는지 여부의 판단은 상표법이나 부정경쟁방지법과 동일한 방법에 의하여야 한다고 생각된다. 왜냐하면, 사용 현황 등을 판단하여 도메인 네임이 상품 등의 표시로서 사용되고 있지 않다고 인정되는 경우 사용자에게 있어서는 그 본래적 기능인 어드레스 표시로서 인식되는 데 불과하고, 무상사용은 일어날 수 없다고 생각되기 때문이다.

그런데 도메인 네임이 등록만 되어 있을 뿐이고 아직 사용되고 있지 않는 경우에는 상표의 사용이 있다고는 말할 수 없으므로 상표권침해의 문제는 생기지 않을 것이다(이 경우 어떠한 상품·영업에 관하여 사용되는 것인지도 분명하지 않다). 또한, 부정경쟁방지법에서도 주지의 표지를 사용할 것을 요건으로 삼기 때문에, 도메인 네임 등록만으로는 부정경쟁이 되지는 않을 것이다. 다만, 타인의 명칭이나 상표를 도메인 네임으로서 등록하는 것이 당해 타인의 도메인 네임 등록을 저지하거나 또는 당해 타인에게 매도할 것을 목적으로 한 것인 경우에는, 부정하게 당해 타인의 영업을 방해하는 것으로서, 불법행위가 될 수도 있다고 생각된다. 다만, 불법행위로 인정되어도, 그 구제로 도메인 네임 등록의 취소나 당해 타인에의 이전을 포함하는 것은 곤란하며, 이는 등록기관의 대응에 기대할 수밖에 없을지도 모른다.

---

### 제6절 ｜ 음악파일 전송

#### Ⅰ 미국

최근 화제가 되고 있는 MP3란 MPEG(Moving Pictures Experts Group) Audio Layer 3의 약칭으로서, 국제표준규격 MPEG의 음악압축 포맷 Audio Layer 3으로서 개발된 것이다. 음악이나 영화 소프트를 고음질·고화질 그대로 압축하여 디지털정보로 변환할 수 있는 기술로서, 인터넷상에서의 송수신이나 매체에 의한 운반을 용이하게 하는 것을 목적으로 한 기술이다. 예컨대, 영화소프트(음성＋영상)의 경우에는, 2시간의 영화소프트를 휴대용 DVD(Digital Video Disc)에 넣어 운반하는 것이 가능하다. 또한, 음악의 경우에는 CD의 데이터를 약 10분의 1로 압축하여, 인터넷상에서도 용이하게 교환을 가능하게 한 기술이다.

미국에서는 개인이 MP3의 압축기술을 사용하여, 권리자의 허가 없이 그 개인의 홈페이지에 음악소프트를 업로드하고 있는 위법사이트가 많고, 누구든지 당해 위법사이트에 접속하여 당해 음악소프트를 자기의 컴퓨터로 다운로드하여 무상으로 그 음악을 즐길 수 있는 등, 저작권법상의 커다란 문제가 되고 있는 점은 주지하는 바와 같다. 일본과 우리나라에서도 마찬가지의 위법사이트가 종종 발견되어, 저작권법상의 문제가 발생하고 있다.

## Ⅱ 네트워크상 음악파일전송의 새로운 논점:(냅스터와 그누테라)

근래 네트워크상에서 다른 회원의 컴퓨터 하드디스크에 보존되어 있는 음악파일을 찾아내서, 그것을 회원의 컴퓨터로 송신함으로써 음악파일을 회원 간에 공유하는 무료음악교환소프트인 '냅스터'가 미국에서 문제 된 바 있다. 미국레코드협회는 저작권 침해를 들어 냅스터사를 제소하였고, 2000년 7월에 미국연방지방법원에서, 그리고 2001년 7월에 항소법원에서 승소하였다.

한편, 미국에서는 냅스터 이외의 무료음악교환소프트가 급속히 보급되고 있다. 예컨대, '그누테라'라는 소프트는 퍼스컴끼리 자동적으로 교신하여 파일을 교환하는 것이며, 음악파일뿐만 아니라, 영상파일이나 문자파일도 포함되기 때문에, 저작권 침해의 위험은 냅스터보다 높다고 말할 수 있다.

2000년 7월 샌프란시스코연방지방법원은 최신음악을 무료로 다운로드하여 듣는 수단을 제공하고 있는 냅스터사에 대하여 복제의 방조를 금지하는 가처분명령을 내렸는데, 그 후 냅스터사가 가처분에 항소하였고, 연방항소제9순회법원은 다시 미국레코드협회의 승소로 판결하였다.

냅스터는 미국에서 보급되어 온 개인 간 음악파일교환기술인데, 인터넷에서 MP3라는 음악파일압축기술을 이용하여 냅스터사의 서버를 거쳐, 다른 회원의 컴퓨터 하드디스크에 보존되어 있는 음악파일을 발견하고, 이를 회원의 컴퓨터로 송신함으로써 음악파일을 회원 간에 공유하는 '음악무료교환소프트' 시스템이다. 최신음악을 CD를 구입하지 않고서 무료로 다운로드하여 들을 수 있는 점에서, 냅스터는 미국 국내, 특히 대학을 중심으로 급속히 보급되었다. 대학에 따라서는 인터넷 이용 대부분이 냅스터로부터의 음악파일 다운로드를 차지하는 경우도 있어서 냅스터 사용을 금지하는 대학도 출현하였고, 커다란 사회문제로 대두된 바 있다.

한편 미국에서는 냅스터 이외의 음악파일무료교환시스템, 예컨대 '그누테라'(영상이나 문자파일의 교환도 가능)나 '프리넷' 등이 급속히 보급되고 있다. 또한 영화파일의 무료교환서비스로는 '스카우어'(음악파일의 교환도 가능), 그리고 게임파일의 무료교환서비스로서는 '스와프'가 유명하다.

예컨대, '그누테라'의 경우에는, '냅스터'와 같이 서비스의 중심이 되는 서버나 사이트가 존재하지 않고, 퍼스컴끼리 자동적으로 교신하여 파일을 교환하는 것이다. '그누테라'는 분산형이라 불리는데, '냅스터'와 같이 중앙 서버에서 회원의 관리를 하지 않는 구조이므로, 법적으로 무료교환서비스를 강제로 정지시키는 것이 대단히 곤란할 것으로 생각된다. 이러한 점에서 '냅스터'의 업무정지는 '그누테라'나 '프리넷' 이용자를 증가시킬 뿐이고, 근본적인 문제의 해결책은 될 수 없다고 보는 것이 일반적인 견해이다.

다음으로 영화나 음악파일의 무료교환시스템으로 유명한 '스카우어' 사이트(scour.com)인데, 이것은 UCLA의 학생이 만든 비디오 및 음악 파일의 검색엔진을 모체로 하고 있다. 2000년 4월부터 이용자가 파일을 공유할 수 있는 기능의 서비스를 개시하였고, 이에 따라 이용자는 다른 이용자와의 사이에서 비디오, 영화, 음악이나 화상 등의 콘텐츠를 공유하고, 무료로 다운로드하여 이용할 수 있다.

미국영화협회에서는 scour.com의 서비스는 복제권 등 저작권의 침해라는 입장을 가지고 있는데, 사이트의 폐쇄를 법적으로 요구할 자세를 보이고 있지는 않다. 이는 이러한 서비스가 장래 유료가 되면 이러한 서비스도 영화업계의 커다란 수익원이 된다는 생각과, 인기배우그룹 등 권리자 측이 scour.com의 주요 주주로 되어 있는 점에서, 철저한 조치가 채택되기 어려운 상황도 존재한다.

한편, 게임소프트의 무료교환서비스로 유명한 '스와프' 서비스는 원래 17세의 소년이 개인적 취미로 개발한 것이다. 그 소년이 개설한 사이트로부터 무료 소프트를 다운로드하여 자기의 컴퓨터에 넣으면, 같은 소프트를 인스톨하고 있는 다른 사람과 게임소프트를 무료로 자유롭게 교환할 수 있는 구조이다.

인터넷에서의 저작권 보호는 정말로 새로운 국면을 맞이하고 있으며, 권리자 측에서는 복제방지장치 등 기술적 대책을 검토함과 동시에, 유료·무료를 불문하고, 넷상 콘텐츠이용을 위한 비즈니스모델을 신속하게 구축할 것이 요구된다고 말할 수 있다.

# Ⅲ 한국에서의 소리바다 문제

P2P[205])(peer to peer = ) 방식으로 MP3 음악파일을 공유할 수 있게 중개하는 인터넷 '소리바다(www.soribada.com)'가 법원 결정에 의하여 폐쇄되었다.[206]) 이러한 폐쇄조치에 대하여 'MP3 파일 공유는 저작권 침해'란 견해와 '인터넷상의 정보교환 자유를 막는 행위'라는 견해로 양분되어 있다.[207])

우선 인터넷상의 정보교환 자유를 막는 행위라는 견해에 의하면, 디지털 시대에도 창작에 대한 권리는 존중되어야 하나 이용자들이 책이나 음반을 서로 돌려보고 듣는 것처럼 비영리적이고 개인적인 이용까지 저작권으로 제한되어야 하는가는 신중히 검토되어야 할 문제로 보고, 정보공유라는 인터넷의 긍정적 기능을 저작권 보호라는 이름으로 위축시키는 것은 바람직하지 않다고 본다. '소리바다' 문제는 온라인 세상의 변화를 오프라인 제도가 제대로 뒷받침하지 못한 데서 기인하고, 인터넷의 가능성을 최대한 살리면서 창작자들을 보호할 수 있는 새로운 제도가 필요하다고 본다. 이에 반하여 저작권 침해라는 견해에 의하면, '소리바다'가 사용하고 있는 특별한 기술 프로그램을 일반 불특정 다수에게 무료로 제공한다면(공유) 사회적 자선행위로 받아들일 수 있지만, 타인이 그기술을 이용해 창작 음악을 계약상 동의 없이 무료로 배포시킨다면 저작자의

---

205) P2P방식이란 = Peer to Peer의 약자로 '개인대 개인'이란 뜻. 서버가 모든 데이터를 관리하고 전송하는 '클라이언트 – 서버' 방식과 달리 개인 컴퓨터가 클라이언트(고객)는 물론 서버 역할을 하며 중앙 서버를 통하지 않고 직접 정보를 교류한다. 즉, P2P방식이란 인터넷을 통해 개인 컴퓨터끼리 연결하는 기술을 의미한다.

206) 최근 저작권 침해 시비를 피하기 위해 선보인 '소리바다 2'로 과거의 명성을 되찾고 있다. '원조소리바다'는 각 이용자가 중앙 서버를 통해 다른 이용자의 MP3 파일을 검색하는 방식이었던 반면, 새로운 소리바다는 중앙 서버를 거치지 않고 다른 이용자의 음악을 직접 검색하는 '수퍼 피어' 방식을 채택하고 있다.

207)

| 소리바다에 대한 법적 규제 논쟁의 핵심 | |
|---|---|
| 규제반대 | 규제찬성 |
| 저작권법은 개인이 사적인 용도로 저작물을 복제하거나 가족·친구 등 가까운 사람끼리 복제해 이용하는 것을 '사적 복제'라 하여 허용 | MP3 파일을 타인에게 전송하는 것은 저작자만의 권리다. 또 인터넷에선 언제든 여러 사람들에게 배포될 가능성이 커 이를 '사적 복제'로 보기 어려움 |
| 소리바다는 저작권 침해 판결이 난 미국의 냅스터(www.napster.com)와 달리 음악파일을 저장하지 않고, 이용자들이 원하는 음악파일을 쉽게 찾을 수 있게 중개 역할만 함 | 법을 위반한 것은 MP3 파일을 주고받은 회원들이지만 이러한 사실을 미리 예견할 수 있으면서 적절한 조치를 하지 않은 소리바다는 방조 책임이 있음 |
| 인터넷상에서 사람과 사람을 연결해 주는 P2P 프로그램은 IT기술의 발달에 따라 필연적으로 발생 | 법은 사회 유지를 위한 최소한의 규범으로 기술의 진보가 위법적인 행동을 정당화할 수는 없음 |

저작권의 침해라는 주장이다.

이번 '소리바다'의 문제의 해결은 저작권 보호와 정보의 공유라는 문제를 모두 충족할 수 있는 해결점을 찾는 데 있다고 볼 수 있는데, 이에 대한 해결점은 다른 사람의 지적인 권리를 보호해 주면서, 정보를 공유하는 방안을 찾아야 한다는 것이다. 즉, '소리바다' 문제는 P2P 등 사이트 운영방식의 문제가 아니라 '저작권료 지불' 문제가 핵심이라고 지적하고 있으며, 일부 사이트 운영자들이 '저작권료 지불 의사'를 밝히고 있어 이번 결정을 계기로 사이트 유료화 속도가 더욱 빨라질 것으로 예상되고 있다. 그리고 이와 더불어 저작권 불법공유를 막을 새로운 기술개발이 시급하다. 또한 불법공유뿐만 아니라 저작권 보호에 관한 인식을 새로 다듬을 법령 개발과 강력한 단속이 필요하다.[208]

## IV 소결

최근 정보법학에서 가장 큰 이슈는 아마도 소리바다 문제일 것이다.[209] 소리바다란 P2P(peer to peer＝) 방식으로 MP3 음악파일을 공유할 수 있게 중개하는 인터넷사이트이다. 여기서 P2P방식은 정보검색을 위하여 중개하는 서버(중앙 서버)가 이용되는 중개서버 형태와 중개서버를 거치지 않고 이용자 간에 정보의 검색을 행하는 독립서버 형태가 있다. 여기서 중개서버 형태에는 중개서버에 MP3 음악파일을 저장하여 서비스하는 형태인 냅스터(Napster) 방식과 중개서버는 단지 중개만 하고, 각자의 PC에 저장되어 있는 MP3 음악파일을 서비스하는 소리바다 방식이 있다. 그리고 독립서버 형태의 대표적인 경우로서는 그누텔라(Gnutella)이다. 이러한 독립서버 형태인 그누텔라와 유사한 형태가 최근에 소리바다 2이다. 메인서버 없이 슈퍼피어(Super Peer)를 통한 사용자 리스트 받기 기능을 추가하고 새로운 사용자 인터페이스(UI)를 채택한 '소리바다 2'는 단

---

208) 미국의 하워드 버먼 공화당 하원 의원은 콘텐츠업체들이 자사의 영화나 음악이 인터넷 파일 교환(P2P)을 통해 오고가는 것을 기술적으로 봉쇄해도 처벌받지 않도록 하는 법안을 의회에 제출했고, 업체들이 인터넷을 감시하다가 불법복제 사용자를 발견하면 바로 인터넷 연결을 교란하는 식의 '즉결 처분'을 합법화하자는 것이다.

209) 소리바다 문제는 소리바다 1, 2, 3, 4, 5라는 버전으로 소리바다와 저작권문제를 해결하려고 했으나 서울고법 2007.10.10.자 2006라/245 결정에서 소리바다 5 서비스도 자적권의 침해라 판시하고 있다(본 책 137～143쪽 참조).

순히 서버에 접속을 하는 peer의 역할뿐만이 아니라 서버의 기능을 가지고 있는 것을 Super peer라고 하고, 이러한 Super peer들이 하나의 거대한 네트워크를 형성하는 소리바다 2는 기존의 중앙 서버에 접속하는 소리바다의 네트워크보다 훨씬 방대한 네트워크를 구성할 수 있다. 이 네트워크는 그누텔라(Gnutella)와 유사한 것이다. 이번 소리바다 2.0 출시는 법원이 소리바다 서비스 중지 가처분 결정을 내린 후 이를 해결하기 위한 것으로 보인다. 하지만 이번 소리바다 2 서비스도 메인서버는 없지만, 사용자 리스트와 이들이 보유하고 있는 음악파일을 검색할 수 있어 저작권 침해 방조 가능성이 있는지를 놓고 또다시 법정 공방이 벌어질 가능성이 있다. 한편, 소리바다는 이용자 약관에서 "소리바다 사용자들이 소유 및 공유하는 파일에 대해 어떠한 책임도 없음을 밝힌다."고 있으나, 이는 형법적(刑法的)으로 아무런 효과가 없는 약관이다.

냅스터(Napster)가 미국 법원에 의해 저작권 침해혐의로 사이트 운영 중단명령을 받은 반면 2002년 3월 네덜란드 법원은 자국 파일교환 소프트웨어 업체 카자(Kazaa)의 서비스에 대해 별문제가 없다는 판결을 내린 바 있다. 그러나 최근 일본에서는 '인터넷 파일교환은 불법'이라 하였다. 이에 따라 도쿄지방법원은 MMO재팬에 대해 인터넷 파일교환 서비스 '파일로그(File Rogue)'를 제공하지 말 것을 명령했고, 우리나라 성남지원은 '소리바다'에 대한 '음반복제 등 금지 가처분 결정'을 내림으로써 소리바다에 대하여 폐쇄조치로 이르게 했다.

우리나라의 소리바다보다 먼저 사회적 공방과 법적 문제로 번졌던 미국의 냅스터(Napster) 사건을 우선 살펴보기로 하자. 먼저 중앙 서버의 관리운영자책임에 관하여 살펴보기로 하자. 냅스터 형태의 경우에는 중앙 서버의 관리운영주체에 대하여 각 이용자의 저작권 침해행위를 지원 조장하고 있는 측면을 감안한다면, 당해 중앙 서버의 관리운영주체에 대하여, 교사 또는 방조에 의한 공동불법행위책임을 묻는 것이 가능하다고 생각된다. 미국법에서라면, 기여침해책임 또는 대위침해책임을 묻게 될 것이다. 그리고 각 이용자의 법적 책임과는 별도로, 중앙 서버의 관리운영주체는 당해 시스템을 관리 운영함으로써 각 이용자의 PC에서의 무허락의 복제물 작성을 행하고 있는 주체로서, 또는 이용자의 PC에 대하여 공중송신을 행하고 있는 주체로서, 직접적인 저작권 침해행위를 물을 가능성도 경우에 따라서는 있는 것이 아닐까 생각할 수 있다고 본다. 미국연방항소법원은 기여침해책임(contributory copyright infringement)에 관하여, 냅스터사는 구체적인 권리침해물이 당해 시스템에서 이용 가능하였던 점을 실제로 인식하고 있었다는 점, 당해 침해물에 대한 접근을 차단하는 것이 가능하였던 점, 그런데도 당해 침해물의 제거를 하지 않았던 점이 인정되며, 이용자에 의한 직접침해행위에 이바지하는 사이트설비를 제공함으로써 이용자의 침해행위에 실질적으로 기여하고 있었다고 인정하는 취지의 판결을 내렸다. 이처럼 냅스터 형태의 경우에는, 중앙 서버의 관리운영주체를 피고로 하는 법적 주장은 실제적으로 가능하다고 하여도, 그누텔라 형태에 관해서는, 중앙 서버의 관리운영주체가 존재하지 않기 때문에, 권리의 실효성을 확보하는 것이 상당히 곤란한 측면을 갖는다. 그누텔라 형태의 경우, 당해 P2P용 소프트를 공중에 배포한 주체를 명확하게 파악할 수 있는 것이라면 소송대상자로서 검토하는 것도 가능성은 있다고 생각할 수 있을 것이다.

그리고 우리나라 소리바다의 최근 폐쇄조치에 대하여 'MP3 파일 공유는 저작권 침해'란 견해와 '인터넷상의 정보교환 자유를 막는 행위'라는 견해로 양분되어 있다. 우선 인터넷상의 정보교환 자유를 막는 행위라는 견해에 의하면, 디지털 시대에도 창작에 대한 권리는 존중되어야 하나 이용자들이 책이나 음반을 서로 돌려 보고 듣는 것처럼 비영리적이고 개인적인 이용까지 저작권으로 제한되어야 하는가는 신중히 검토되어야 할 문제로 보고, 정보공유라는 인터넷의 긍정적 기능을 저작권 보호라는 이름으로 위축시키는 것은 바람직하지 않다고 본다. '소리바다' 문제는 온라인 세상의 변화를 오프라인 제도가 제대로 뒷받침하지 못한 데서 기인하고, 인터넷의 가능성을 최대한 살리면서 창작자들을 보호할 수 있는 새로운 제도가 필요하다고 본다. 이에 반하여 저작권 침해라는 견해에 의하면, '소리바다'가 사용하고 있는 특별한 기술 프로그램을 일반 불특정 다수에게 무료로 제공한다면(공유) 사회적 자선행위로 받아들일 수 있지만 타인이 그 기술을 이용해 창작 음악을 계약상 동의 없이 무료로 배포시킨다면 저작자의 저작권의 침해라는 주장이다. 이번 '소리바다'의 문제의 해결은 저작권 보호와 정보의 공유라는 문제를 충족할 수 있는 해결점을 찾는 데 있다고 볼 수 있는데, 이에 대한 해결점은 다른 사람의 지적인 권리를 보호해 주면서, 정보의 공유를 찾아야 한다. 즉, '소리바다' 문제는 P2P 등 사이트 운영방식의 문제가 아니라 '저작권료 지불' 문제가 핵심이라고 지적하고 있으며, 일부 사이트 운영자들이 '저작권료 지불 의사'를 밝히고 있어 이번 결정을 계기로 사이트 유료화 속도가 더욱 빨라질 것으로 예상되고 있다. 그리고 이와 더불어 저작권 불법공유를 막을 새로운 기술개발이 시급하다. 또한 불법공유뿐만 아니라 저작권 보호에 관한 인식을 새로 다듬을 법령 개발과 강력한 단속이 필요하다고 본다.

결론적으로 인터넷상에서 MP3파일의 문제는 기술의 발전과 그에 따르는 부수적 문제로서 저작권 침해문제인데, 이는 인터넷상에서 유용하게 배포시키는 시스템과 프로그램이 저작권법상의 문제로 제기된다. 인터넷에 의하여 이용자의 수요에 대응하여 서버로부터 정보를 송신하는 형태(클라이언트 서버)는 어떤 의미에서는 종래의 매스미디어의 연장선상에 있는 정보유통형태로서, 종래의 매스미디어와 다른 점은 일반 개개인들도 거액의 투자 없이 공중에 대한 정보의 송신주체가 될 수 있다는 측면이었다. 이러한 MP3파일의 문제는 법이 기술을 따라가지 못함으로써 발생하는 문제이다. '소리바다 폐쇄'로 인터넷상의 저작물 보호라는 논란이 촉발된 가운데 급변하는 디지털 기술시대에 콘텐츠 유통을 활성화하고, 문화개방에 적극적으로 대응하기 위해서는 지적재산권자의 권리를 보호할 수 있는 법·제도적인 보완이 필수적이라고 생각한다. 아울러 저작자와 사용자, 그리고 이를 중개할 수 있는 제3의 기관이 참여해 저작사용료를 책정하는 등 보다 현실적인 유료화 방안도 마련돼야 할 것으로 보인다. 특히 법·제도적으로는 온라인에서 유통되는 콘텐츠 전반을 포괄할 수 있는 법 제정이 필요하다고 본다. 즉, 저작권법 개정안이나 온라인디지털콘텐츠산업발전법, 컴퓨터프로그램보호법에 온라인 콘텐츠 관련 사항들이 부분적으로 포함돼 있으나 개개의 법으로는 새로 나타날 수 있는 제3의 콘텐츠를 규제하는 데 역부족일 수 있다. 따라서 이러한 취지에서 보게 되면 온라인에서 유통되는 콘텐츠를 규율하는 법 제정이 시급히 필요하다고 본다.

 학습문제

1. 인터넷에 의한 저작물의 유통에 대하여 논하시오.

2. 저작자인격권에 대해서 약술하시오.

*3.* 음악파일 전송과 소리바다에 대하여 자신의 견해를 밝히시오.

# Chapter 05
## 스팸 규제

제1절 | 서론

최근 정보통신 관련 기술의 지속적인 발전과 초고속 인터넷 보급의 확산으로 인하여 전자거래 등 인터넷을 기반으로 하는 산업이 급성장하고 있다. 또한 정보처리기술의 발달로 인해 고객 정보의 가공 및 활용이 더욱 용이해짐에 따라 고객정보를 수집·활용하여 이윤을 추구하는 기업이 증가하고 있으며,[210] 다양한 통신수단이 발달하여 대다수의 국민들이 이용하게 되면서 이들 통신수단을 통해 유통되는 광고성 정보 역시 빠르게 증가하고 있다. 그리고 이러한 광고성 정보를 전송하는 매체가 이메일뿐만 아니라 휴대전화, 인터넷 게시판, 애드웨어 등으로 다양해졌으며, 전송기법 또한 갈수록 지능화·고도화되어 가고 있는 추세이다.

일반적으로 스팸(Spam)은 이메일이나 휴대전화 등 정보통신서비스를 이용하는 이용자의 단말기로 본인이 원하지 않음에도 불구하고 일방적으로 무분별하게 전송되는 영리목적의 광고성 정보로 정의된다. 이러한 스팸은 대량으로 반복 전송되기 때문에 수신자의 짜증을 유발하고 필요한 정보 수신을 방해하며 정보통신망의 불필요한 낭비를 초래하는 등 많은 문제점을 야기하는 대표적인 정보화 역기능 중의 하나이다.[211] 특히 2004년 하반기부터는 휴대전화를 통해 전송

---

210) 대한민국정부, 『2006 정보화에 관한 연차보고서』(대한민국정부, 2006), 142면.
211) 국가정보원·정보통신부, 『2006 국가정보보호백서』(국가정보원·정보통신부, 2006), 165면.

되는 광고성 메시지가 급증함에 따라 휴대전화 스팸에 대한 신고가 이메일 스팸에 비하여 훨씬 더 많이 접수되고 있다. 이메일 스팸의 경우 자신이 인터넷에 접속하여 메일을 확인할 경우에 수신되지만 휴대전화 스팸의 경우 수신자의 의도와 관계없이 수신이 강제되기 때문에 그 피해는 더 크다.[212]

정보국가의 원하지 않는 모습으로 등장한 스팸의 범람은 그 폐해가 점차 커지고 있다. 스팸으로 인한 손실은 개인의 손실을 넘어서 사회와 국가의 손실로 이어지면서 스팸의 규제는 국가의 과제가 되었다. 인터넷 이용자나 개인용 휴대전화 단말기 소유자라면 실제 불편한 경험을 통하여 스팸의 실태가 어느 정도인지를 알 수 있다. 스팸은 또한 내용과 관계없이 그 자체가 이미 무작위 대량 발송으로 인한 문제와 함께 사회적·경제적으로도 많은 문제를 야기한다.[213]

이상에서 보듯이 스팸의 문제는 단지 정보사회로 가는 길의 우리가 치러야 할 대가가 아니다. 정보의 자유로운 영역의 확보를 통한 개인의 정보기본권의 보장은 스팸의 규제와는 별개의 문제이다. 스팸에 의하여 침해되는 법익은 인격권이나 프라이버시권뿐만 아니라, 개인의 재산권까지 확대되고 있다.[214] 오히려 스팸을 정당한 이유에 의하여 합법적으로 규제하는 것이 개인의 사생활보호와 자유를 보장하고 법치질서를 세울 수 있다고 본다.

이런 스팸메일에 대한 각국의 규제 내지 제한조치는 최근 법적·제도적으로 활발하게 진행되고 있으며, 우리나라 정부도 불법 스팸으로 인한 국민 불편을 해소하고, 건전한 통신수단 이용환경을 조성하기 위하여, 법·제도 개선, 스팸 대응을 위한 사업자 협조 강화, 스팸방지를 위한 국제네트워크 구축, 대국민 스팸 대응 인식 제고 등의 정책을 추진하고 있다. 스팸과 관련된 법·제도의 개선은 우리나라 스팸 규제방식의 큰 틀을 정한다는 점에서 다른 어떤 정책보다 중요한 부분이라 할 수 있다. 이에 정부는 날로 지능화되는 스팸을 보다 효율적으로 규제하기 위해 2004년 12월 전화 스팸에 옵트인(Opt – in)) 규제를 도입한 데

---

212) 대한민국정부, 위의 책, 169면.

213) 스팸으로 인한 사회문제에 대해서는 이미 많은 사람들이 정리하고 있다. 대표적으로 정원기 역, 「원하지 않는 전자우편에 대한 기술적·법적 접근」(David E. Sorkin, Technical and legal Approaches to Unsolicited Electronic mail, University of San Francisco Law Review, 2001).

214) 특히 미국의 경우 스팸메일은 ISP 이용자의 재산인 컴퓨터를 불법으로 침해하는 것으로 개인의 재산권침해라고 보고 있다(CompuServe. Inc. v. Cyber Promotions. Inc., 962. F. Supp. 1015. Feb. 3. 1997).

이어 2005년 12월에 다시 '정보통신망이용촉진및정보보호등에관한법률'[215]을 개정하여 스팸 전송 정보 위·변조 시 징역형 및 불법 스팸 발송을 하게 한 자에 대한 처벌 등을 신설하고, 정보통신서비스 제공자에게 불법 스팸 발송자에 대한 정보제공을 요청할 수 있는 근거를 구체화하였으며, 정보통신부 및 한국정보보호진흥원의 요청 시 스팸 발송자의 정보통신서비스를 즉시 이용 제한할 수 있도록 근거를 마련하였다.[216] 이하에서는 기술한 내용 및 문제점을 토대로 스팸에 대한 논의를 전개하고자 한다.

---

**제2절** 스팸의 의의와 상업적 스팸의 규제

---

### I  스팸(Spam)의 정의 및 특징

#### 1. 스팸의 정의

스팸[217]에 대한 정의는 수신자마다 조금씩 다르게 정의할 수 있지만 대체적으

---

215) '정보통신망이용촉진및정보보호등에관한법률'을 이하에서는 약칭하여 '정통망법'이라 한다.

216) 대한민국정부, 앞의 책, 170 - 171면.

217) 원래 '스팸(Spam)'은 1920년대부터 미국인들의 식생활에 큰 비중을 차지했던 호멜푸드사(Hormel Foods)의 돼지고기 햄통조림의 상표로서, 스팸은 미국은 물론 전 세계적인 유통망을 가진 상품이었는데, 이 상품의 홍보를 위해 호멜푸드사는 광고에 역량을 총집중했고 그 결과 엄청난 물량의 광고로 사람들을 귀찮고 짜증나게 하는 공해와 같은 현상이 발생되었다. 그때부터 일반적으로 사람들을 괴롭히는 대량의 광고를 '스팸'이라고 부르게 되었다(이동훈, 「정보화 사회와 스팸메일」, 『과학사상』 제49호(범양사, 2004.12.), 21쪽). 또한 '스팸'이라는 용어는 보고된 바에 따르면 MUSH(multi - user - shared hallucination)의 가입자가 다른 사람이 참가할 수 없도록 SPAM이라는 단어를 반복적으로 타이프하는 매크로(macro)를 만들고 이용하였던 1980년대 중반의 일화 이후에 온라인상의 활동과 관련하여 사용되기 시작하였다. 그와 같은 악의적인 행위를 한 사람은 아마도 많은 사람들이 싫어하는 고기인 스팸이 모든 음식에 담겨 있는 식당을 묘사하는 Monty Python skit을 암시하는 단어로 스팸을 선택하였을 것이다. 처음에는 스팸이라는 용어는 특정한 토론장의 방침 또는 그 밖의 관행이나 원칙들에 위반하여 유즈넷 뉴스그룹이나 그 밖의 토론장에 기재된 기사를 지칭하기 위해서 이용되었다. 이후에 스팸이라는 용어는 다양한 형태의 원하지 않는 이메일 메시지, 통상적으로 대량으로 발송된 광고를 위해서 이용되기 시작하였다. 좀 더 정확히 말하면 이메일 스팸을 의미하는 후자는 전자의 의미를 능가하게 되었다. 그리고 스팸은 또한 웹페이지상의 불필요한 단어의 반복과 페이지가 검색엔진에 의해서 검색될 가능성을 증대시키기 위해서 고안된 유사한 활동과 같은 그 밖의 온라인 현상을 위해서 이용되었다. 또한 스팸이라는 용어는 아주 널리 알려져서 원하지 않는 전화나 팩스를 설명하기 위해서도 이용되고 있다(DAVID E. SORKIN 著/金永斗 譯, 「원하지 않는 電子郵便에 대한 法的·技術的 接近」, 『인터넷법률』 통권 제7호(법무부, 2001.7), 141 - 142면 각주 2) 참조).

로 '수신자가 원하지도, 요청하지도 않았는데 유·무선 네트워크(wired/wireless network)를 통하여 어쩔 수 없이 받는 불필요한 전자메시지'로 합의할 수 있다. 위와 같이 스팸을 정의할 경우 영리 목적을 위한 스팸메일뿐만 아니라 휴대전화 스팸, 유비쿼터스 컴퓨팅(ubiq－uitous computing) 환경에서 발생할 수 있는 라우팅 경로 설정 및 유지를 위한 제어 패킷(control packet)들까지 포함할 수 있다.

기존 스팸의 유통은 유선 네트워크와 무선 네트워크 서로 다른 영역에서 전달되었지만 정보통신기술의 발달로 유·무선이 하나의 네트워크로 연동되면서 스팸이 유선에서 무선으로, 무선에서 유선으로 전달되기 때문에 스팸의 전달 매체 역시 유·무선 통합 네트워크로 확장해야 한다. 또한 유비쿼터스 컴퓨팅 환경에서 모바일 노드(mobile node)들 사이의 데이터 전달을 위하여 경로를 설정하고 유지하기 위한 제어 패킷 역시 사용자의 동의 또는 승인 없이 자신을 경유하여 전달될 경우 스팸으로 간주될 수 있다[218].

## 2. 스팸의 유형[219]

이메일, 팩스, 메신저, 팝업 등의 매체는 전송유형이 동일한 데 반해 휴대전화는 다양한 전송유형을 나타내고 있으며, 이에 이하에서는 휴대전화 스팸의 유형을 개괄한 후 스팸메일을 중심으로 기타의 유형을 살펴보도록 하겠다.

---

218) 이에 주요 국가의 스팸에 대한 법률적 정의를 살펴보면 다음과 같다. ① 미 국: 2004.1.1. 시행 중인 미연방 최초의 스팸규제 법률인 'CAN－SPAM Act of 2003(Controlling the Assault of Non－Solicited Pornography and Marking Act of 2003)'에 의하면, 우리나라와 마찬가지로 광고 표기(일반 광고물을 제외한 性的 광고물에 한함) 및 수신거부방법을 제공하도록 의무화한 후 광고발송을 허용하고, 이에 대해 '수신자가 사후적으로 수신거부 의사를 전달하면 이후의 재발송 행위를 금지'하는데 이를 위반하고 메일을 발송할 경우 스팸으로 정의한다. ② 유럽연합: 유럽연합이 2002년 개정한 '프라이버시 및 전자통신에 관한 지침(Directive 2002/ 58/EC)'에서는 '직접적인 마케팅(Direct Marketing)을 목적으로 수신자의 사전동의(prior consent) 없이 자동전화, FAX, 이메일(전자적 전송매체 포함)을 이용하는 행위'를 스팸으로 정의하여 규제하고 있다. ③ 호주: 2004년 4월부터 시행되는 'Spam Act 2003'에서는 EU지침과 유사하게 '수신자가 요청하지 않은 전자적 메시지(Unsolicited commercial electronic message, 이메일 및 전자적 전송매체 포함)를 발송하는 행위'를 스팸으로 규제하고 있다.

219) 정보통신부·한국정보보호진흥원, 『전화 스팸방지 가이드라인』(정보통신부·한국정보보호진흥원, 2005), 2－5면; 정보통신부·한국정보보호진흥원, 『개정 정보통신망법에 따른 스팸방지 가이드라인』(정보통신부·한국정보보호진흥원, 2006), 6－8면.

(1) 휴대전화 스팸의 유형

① SMS(Short Message Service) 스팸[220]

단문메시지 스팸은 이동통신 이용자가 사전에 동의하지 않았음에도 불구하고 일방적으로 전송되는 단문형태로 된 영리목적의 광고성 정보로 회신번호란 (from)에 별다른 내용 없이 이동전화 번호나 일반 전화번호만을 남겨 이용자가 호기심에 전화를 걸면 음성광고로 연결되는 형태나 사적인 메시지로 위장하여 회신번호란에 전화번호를 남기는 유형, 그리고 회신번호란에 전화번호 대신 Call-back URL을 입력하여 통화버튼을 누르면 무선인터넷에 연결되어 해당 사이트로 이동시키는 유형 등이 있다.

② MMS(Multi-media Messaging Service) 스팸[221]

MMS 스팸은 이동통신 이용자가 사전에 광고요청을 하지 않았음에도 불구하고 일방적으로 전송되는 사진/동영상/음악/그림/이미지 등의 멀티미디어 형태의 영리목적의 광고성 정보를 의미하는 것으로, 회신 시 무선인터넷에 연결되어 광고성 사진이나 동영상 등이 나오거나 전화가 연결되어 MMS를 보낸 사업자나 이용할 서비스에 대한 자동응답음성(ARS) 광고가 나오게 된다. 그리고 메시지 수신을 확인하는 동시에 자동으로 MMS에 연결되어 바로 영리목적의 광고성 사진, 그림 등이 나오는 경우도 있다.

③ 음성스팸[222]

수신자와 전화를 연결하여 일방적으로 녹음된 음성광고를 전송하는 경우로서 유선전화에 ACS를 설치하여 대량 전송을 하거나 인터넷전화로 대량 전송을 한

---

220) 이동통신 이용자가 사전에 광고를 요청하지 않았음에도 불구하고 일방적으로 전송되는 단문 형태의 영리목적의 광고성 정보로서 SMS의 회신번호에 060(전화정보) 광고번호가 나타나는 경우, SMS의 회신번호에 일반전화광고가 나타나는 경우, SMS의 회신번호를 위변조하여 일반전화 광고번호가 나타나는 경우, SMS의 본문에 060 광고번호를 기입하는 경우, SMS 회신번호 및 본문에 일반번호를 전송하고 이용자가 휴대폰으로 통화할 때 060 번호로 안내하는 경우, 이통사에 연결된 사업자가 회선번호 대신 콜백 URL을 기입하고 이용자가 통화버튼을 누르면 해당 사이트로 이동하는 경우 등이 있다.

221) 이동통신 이용자가 사전에 광고를 요청하지 않았음에도 불구하고 일방적으로 전송되는 사진, 동영상, 음악, 그림, 이미지 등의 멀티미디어 형태의 영리목적의 광고성 정보로서 이 정보를 보기 위해서는 무선인터넷에 접속하여야 한다.

222) 유선통신 및 이동통신 이용자가 사전에 광고를 요청하지 않았음에도 불구하고 일방적으로 전화를 걸어 사람이 직접 광고내용을 전달하거나 녹음된 광고내용을 전송하는 것으로서 060 사업자가 실시간 채팅 등 음란한 전화를 하는 경우, 이동전화 수신 시 맛보기식의 음성광고를 전송하고 회신번호를 060으로 알려 줘 재접속을 유도하는 경우, 전화벨이 울린 후 끊어 번호(060, 010)만 남긴 후 이용자의 호기심을 유발하여 접속을 유도하는 경우 등이 있다.

다. 그리고 번호만 남긴 후 끊어 수신자의 자발적 접속을 유도하는 경우로서 벨이 1~2번 울린 후 끊는 방식으로 수신자의 호기심을 유발하여 접속을 유도하거나[223] 특수번호를 직접 남기는 방식과 이동전화 번호나 일반번호를 남긴 후 호기심에 전화를 걸면 음성으로 광고내용과 함께 특수번호를 안내하는 2가지 방식이 있다. 그리고 사람이 직접 전화하여 부동산 등 재화 및 용역 매입을 권유하는 텔레마케팅의 경우가 있다.

### (2) 스팸메일의 유형[224]

전 세계적으로 광범위하게 확산되고 있는 스팸메일의 유형을 크게 10개로 분류할 수 있다.

① 수신거부 의사가 반송되어 옴: 발신자가 허위기재 또는 송신자와 수신자를 동일하게 설정하여 수신거부가 송신자가 아닌 수신자에게 반송.

② 수신 거부할 수 없도록 발신인 미기재 또는 헤더 은닉.

③ 스팸을 통해 광고되는 내용과 전혀 관련 없는 제3의 메일 계정을 통해 전송.

④ 다른 사람의 이메일 ID나 기업의 이메일 주소를 도용하여 스팸메일을 전송.

⑤ 수신거부나 항의 메일을 보내도 소용이 없도록 발신자를 매번 바꿔 가며 전송.

⑥ 답장으로 착각하도록 'RE: 안녕하세요'나 친한 사람으로 위장하여 '오빠, 나야', '오랜만이다. 너 왜 저번 동창회에 안 나왔어?' 등뿐만 아니라 핫이슈, 토픽으로 위장하여 '신종 바이러스 ○○의 백신을 무료로 배포한다', '촛불시위현장으로 오세요' 등 사건이나 이슈를 제목으로 전송하는 경우.

⑦ 미성년에게 음란성 이메일 전송.

⑧ 수신거부 의사에도 불구하고 동일한 광고성 정보를 반복하여 전송하는 경우.

⑨ 메일 리스트의 판매 관련 제보나 이메일 주소 추출 프로그램 제보.

⑩ 라벨링 표시 위반 등

---

223) 이러한 행위를 '원 링(one-ring)'으로 지칭하고자 한다. 이는 2003년 일본에서 유행했던 방식(일명 '원기리(ワン切り), '한 번만 울리고 끊는다.'는 일본어)으로, 이동전화 단말기의 발신번호 표시기능을 악용하여 호출음을 한 번만 울린 후에 회선을 절단, 의도적인 '불완료호'를 발생시키는 것을 가리키는 용어이다.

224) 김상훈, 「스팸메일의 양면성과 각국의 법적 대응에 대한 고찰」, 『스팸메일 근절을 위한 정책 토론회』(국회의원 조한천, 2003), 29-30면 참조.

이와 같은 스팸메일 가운데 가장 문제시되고 있는 것은 '수신을 원치 않는 메일의 무차별적인 발송'과 미성년자에 대한 '음란물'의 유통이다.

## 3. 상업적 스팸의 규제

### (1) 불건전 스팸의 규제

정보통신 분야의 비약적 발전으로 우리는 유·무선 인터넷을 통해 시간과 공간의 제약으로부터 자유롭게 되었고, 사이버 공간을 통해 보다 많은 활동을 하고 있다. 이제 인터넷 등의 정보통신망은 현실공간과 거래의 확장, 투명성 제고에서 나아가 문화와 관계의 변화까지 요구하면서 새로운 패러다임을 열어 가고 있는 것이다.

그러나 인터넷의 익명성, 신속전파성, 대중성 등을 악용한 음란·도박 등 불법·청소년유해정보와 사이버명예훼손, 성폭력 등 인권침해 사례가 급증하고 있으며, 음란정보를 비롯한 자살, 폭력, 도박 등 반사회적 불건전 정보는 사회의 기본가치를 파괴하고 사회안정을 침해하며, 청소년의 건전한 인격형성을 저해하는 등 정보통신망의 역기능을 발생시키고 있다.

정보통신윤리위원회가 심의한 불건전 정보는 2001년 25,210건, 2003년 79,134건이었고, 2005년에는 119,148건으로 급증하였는데 이는 2001년에 대비하여 472% 증가한 것이다.[225] 이렇듯 불법·청소년유해정보가 급증하게 된 주된 이유는 우리나라가 지난 10년간 꾸준히 정보화를 추진하여 인터넷 이용인구가 전 국민의 70%를 넘어서면서 인터넷 이용환경도 크게 변화하였음에도 불구하고, 이용자의 올바른 인터넷윤리의식은 성숙하지 못한 탓에 있는 것으로 파악된다.

정보통신망을 통해 유통되고 있는 음란, 명예훼손, 폭력·잔혹·혐오, 사행성 조장, 사회질서 위반 등 위반내용별 불법·청소년유해정보에 대한 심의현황을 살펴보면, 2004년도에 대비하여 2005년도 심의 및 시정요구는 현저히 증가한 것으로 나타났다. 그중에서도 음란정보가 가장 많았는데, 이러한 정보를 이용한

---

225) 정보통신부·한국정보보호진흥원, 『전화 스팸방지 가이드라인』, 정보통신부·한국정보보호진흥원, 2005. 172면.

네티즌들에게 성에 대한 그릇된 가치관을 심어 줄 수 있어서 심각한 사회문제가 되고 있다.[226] 특히, 각종 실정법을 위반하여 범죄를 목적으로 하거나 범죄를 교사·방조하는 내용의 사회질서 위반정보가 비약적으로 증가하였음을 알 수 있는데, 이는 불건전 정보가 점점 더 지능화되고 있으며, 불건전 정보 유형이 다양화되고 있다는 평가를 할 수 있다.

정보통신공간에서의 청소년 보호를 위하여 2004년 12월 정통망법을 개정함으로써 청소년 보호 책임제도 및 전화 스팸 옵트인(Opt-in)제도를 도입하여 2005년 3월 31일부터 시행 중에 있는데 현재 포털 등 45개 이상의 주요 사업자가 청소년 보호 책임자를 임명하고 있으며, 새로 시행되는 옵트인(Opt-in)제도에 대한 이해를 돕고자 정부는 '전화스팸방지가이드라인'을 제정·보급하였다.

또한 이용자보호를 위한 자율규제 강화를 유도하고 있는데, 포털사업자의 민원처리 관련 이용약관을 개선하도록 유도하고, 모바일 성인콘텐츠로부터 청소년 보호를 위해 이동통신서비스 가입신청서상 성인콘텐츠 차단신청 여부를 필수기재 항목화하도록 하는 한편 기존 가입자에 대한 홍보를 추진하고 있다.

따라서 이러한 정보통신망을 이용한 광고성 정보들 중 불건전 정보에 대한 원천적 봉쇄 특히, 청소년에 대한 정보제공의 원천적 봉쇄는 정보통신망을 이용한 광고성 정보 규제의 대상에서 예외적으로 원천봉쇄함이 건전한 사회안정을 위해서 필요한 선제조건이다.

### (2) 청소년 보호와 스팸

#### 1) 청소년과 불건전한 정보

오늘날 컴퓨터와 인터넷의 급속한 발달 및 전자상거래의 확산은 우리에게 이메일 및 휴대전화 사용의 보편화를 가져다주었고, 매우 중요한 통신수단으로 여겨지고 있다. 하지만 어느새 우리 사회는 스팸의 천국이 되어 가고 있다. 불법음란정보의 전달을 손쉽게 하고, 원하지 않는 광고의 지속적 전달을 가능케 하며, 사이버스토킹이나 사이버범죄 등을 가능케 하는 등 각종 역기능을 가지고 있다.

이러한 문제점을 지닌 청소년 스팸의 현황파악과 대응책마련이 시급한 실정

---

226) 국가정보원·정보통신부, 위의 책, 173면.

이다. 따라서 청소년의 정보통신기기 사용자로서의 권익을 향상시킬 수 있는 방안은 무엇이 있으며, 이에 대한 방지와 대응책은 무엇이 있을 수 있는지에 대하여 이하에서 논의해 보고자 한다.

스팸에 대한 선행연구의 결과를 살펴보면, 전자우편의 경우 1주일 평균 수신량과 1주일 평균 스팸메일 수신량을 비교해 보면 전체 수신되는 메일 중, 스팸메일의 수가 상당량을 차지하고 있다는 것을 짐작할 수 있으며, 이는 곧 스팸이 얼마나 많이 남용되고 있는지를 보여 주는 단적인 예라 할 수 있다. 또한 스팸메일에 대한 청소년들의 인식 정도에서는 응답자의 40%가 '스팸메일의 처리에 대한 번거로움'을 선택하였다. 이는 청소년들이 삭제 또는 신고에 있어서 '귀찮다'라는 의견을 선택한 것과 일맥상통하다.

예방책에 대한 인식도와 현재의 사용현황을 비교해 본 결과 응답자의 37%가 사용하는 것에 대해 잘 알지 못하였다. 이는 스팸에 대한 예방 홍보가 매우 시급한 상황임을 설명하는 대목이라 할 수 있겠다.

스팸의 심각성은 그 메시지를 받는 대상자가 무작위라는 것과 그 내용이 결코 건전하지 못한 내용이라는 데 있다. 이러한 환경 속에서 우리의 청소년들은 단지 이메일 계정 및 휴대전화 단말기를 가지고 있다는 이유만으로 음란하고 불건전한 광고에 노출되어 있는 것이다. 스팸으로 인한 청소년의 피해내용은 곧 청소년의 성 정체감을 해치는 특수한 피해내용까지 아주 다양하다. 이 중 청소년에 대한 음란성 스팸의 급증은 심각한 사회문제로 대두되고 있다. 국가와 기관 외에도 정보통신기기를 사용하는 청소년의 능동적이고 적극적인 대응 자세가 필요하며, 청소년들이 전자우편을 사용함에 있어 자신에게 악영향을 끼치고 있는 스팸의 심각성을 인식 못 하고, 소극적인 태도를 보이고 있으므로 청소년들이 조금 더 깨끗하고 안전한 정보통신기기를 사용하기 위해서는 스팸에 대한 그들의 적극적인 대처에 대한 교육이 요구된다.

미성년자도 국민인 이상 표현의 자유를 향수하며, 헌법상 읽고 싶은 것을 읽고, 보고 싶은 것을 볼 권리를 가지고 있다고 생각한다. 그러나 성인과 비교하여 판단능력이 미숙한 청소년에 관해서는 그 발달을 저해하는 것과 같은 표현에의 액세스를 규제하는 것도 허용되어야 한다고 생각된다. 그래서 우리나라는 청소년 보호법을 제정하여 '청소년유해매체물'을 규제하고 있다. 동법은 인터넷상에 있어서의 청소년 보호를 위하여 제정된 것이다.[227] 이 경우 형법 제243조의 음란한 표현에 해당되지 아니하여도 규제가 인정된다. 일본의 경우 각 지방단체가 청소년 보호조례를 제정하고 있고 일본최고재판소는 이러한 청소년 보호조례에 의한 유해도서의 규제는 헌법 제21조에 반한 것은 아니라고 하고 있다.[228] 인터넷상에 청소년의 건전한 육성을 저해하는 정보를 유통시킨 것으로 이 청소년보호법으로 된 사례가 발생하고 있다. 서울지법 형사11단독은 16일 인터넷 성인방송국을 개설, 음란동영상을 내보낸 혐의로 구속 기소돼 징역 2년 6월이 구형된 모 인터넷TV 대표 고 모 씨(30)에 대해 청소년 보호법 위반죄 등을 적용, 징역 1년에 집행유예 3년을 선고하고 120시간의 사회봉사명령을 내렸다. 또한 일본에서도 여성이 옷을 벗는 게임소프트에 관하여 이 플로피를 유해도서로 지정한 것을 지지하는 하급심판결[229]이 있고, 이러한 정보 그 자체에 관해서도 조례의 적용이 주장될 가능성이 있다.[230]

인터넷상의 표현에 관해서도 판단능력이 미숙한 청소년을 보호하기 위해서 일정규제를 가하는 것은 헌법 제21조에 반하지 않는다. 현재 제정되어 있는 청소년 보호법에 의해 유해도서규제에는 각종의 문제점이 있어 이것을 그대로 인터넷상에 적용하는 것은 매우 의문이다. 설사 청소년의 보호를 위하여 규제가 필요하여도, 그때 기본으로 해야 할 것은 보호자에게 결정권을 맡기는 규제를 행하여야만 한다. 예를 들자면 성인화상을 수신하는 것에 있어서 보호자가 그것을 막을 수 있는 시스템을 작성하는 것, 이를 위하여 인터넷상에서 제공되는 정보에 대상연령설정이나 과격도의 순위를 붙일 것을 요구하는 것 등이 그 예이다.

2) 청소년의 컴퓨터 이용과 인터넷
① 인터넷의 이용
잘 갖추어진 초고속인터넷망과 정보화 교육의 혜택으로 우리의 청소년은 초등학교에 입학하기 전부터 인터넷을 접하고 있다. 특히, 실시간으로 제공되는

---

227) 현재 청소년의 휴대전화 보유의 증가와 휴대전화를 통한 모바일서비스의 확대에 따라 적용범위의 확대가 적용된다.
228) 最3小判 1989.9.19. 刑集(43卷 8號), 785面.
229) 隆起地判 1994(平成 6年).1.24. 判例時報(1495號), 57面.
230) 백윤철, 『인터넷과 법학』(세영사, 2005), 32‒33면 참조.

정보를 얻고 시간과 장소에 구애받지 않고 또래 집단의 공통관심사를 나눌 수 있는 장점으로 어린이들에게 인터넷은 생활의 중요한 부분이 되어 있다.[231]

이러한 인터넷 이용에 긍정적인 측면에서는 교실수업에서 사이버 공간으로 연계된 다양한 정보이용, 온라인 학습사이트와 정보검색을 이용하여 관심 분야에 대한 지식을 높이고 모둠별 과제물 해결을 위해 정보를 나누는 과정은 좋은 친구관계 형성과 함께 협동심을 키울 수 있다. 또한 가족홈페이지를 통해 가족 간 유대관계가 돈독해진다. 그러나 부정적인 측면에서의 인터넷 이용이 장시간 컴퓨터 사용으로 인한 신체적 부작용이 생길 우려가 있고, 사이버 공간에 대한 집착으로 현실세계로부터 멀어져 정상적인 사회생활에서 문제 발생할 수도 있으며 음란, 폭력 등의 반사회적, 반인륜적 불건전 정보로 인한 가치관의 환란과 함께 모방범죄 발생우려가 있다.

② 스팸메일의 심각성

가족, 친구들과의 교류와 정보를 얻는 수단으로 사용되고 있는 정보통신매체를 통한 스팸으로 인한 피해는 매우 심각한 수준이며, 대부분의 어린이들은 본인의 의지와는 관계없는 유해정보에 시달리고 있다. 특히 초등학생의 메일함에 도착된 음란스팸메일들은 갖가지 교묘한 제목으로 아이들을 유혹하거나 아는 사람이 보낸 메일로 생각하도록 제목을 위장하고 있다. 삭제하기 위해 메일제목을 클릭한 순간에도 낯 뜨거운 장면이 화면을 가득 메우게 되어 당황하게 한다. 음란스팸메일의 경우 담고 있는 대부분의 내용들은 자극적이고 변태적이다. 이러한 화면을 처음 접했을 때는 놀라고 당혹스럽겠지만 반복하여 접하다 보면 차츰 호기심에서 행동으로 옮기고 싶은 충동도 느낄 수 있을 것이다. 심할 경우 음란정보를 모방한 성추행범, 성폭행범으로 전락될 수도 있다.

'광고'라는 글자 사이에 기호나 문자를 집어넣어 차단을 피하고 있으며 메일 수신자를 발송자로 한 음란스팸메일까지 발송하고 있다.

스팸메일로 여겨지는 메일을 삭제하는 순간에도 화면에는 낯 뜨거운 장면들이 가득 채워지고 있으며, 스팸메일을 처리하기 위해 많은 시간과 노력을 할애해야만 한다.

---

231) 아동에 대한 스팸메일에 대한 상세한 내용은 이영희, 「초등학생의 스팸메일 이용실태와 심각성」(한국통신문화재단), 1-5면 참조.

많은 포털사이트에서 제공하고 있는 웹메일서비스의 경우, 스팸메일의 심각성이 인식되면서 메일함에 스팸메일 차단기능이 추가되고 스팸메일 신고함이 만들어지고 있지만 초등학생과 성인을 가리지 않는 음란스팸메일의 공해로부터 벗어날 수는 없다. 마치 친구나 부모님에게서 온 듯한 제목으로 위장하거나 교묘한 제목으로 메일을 열어 보게끔 유도하고 있어 그 피해가 심각하다.

스팸메일 발송자에게 '수신거부' 의사를 전달할 수도 있겠지만 이렇게 할 경우 오히려 정확한 메일주소를 확인시켜 주는 결과가 되어 또 다른 스팸메일을 받게 되는 역효과를 가져올 수 있다.

## Ⅱ 휴대전화 스팸

휴대전화 스팸 메시지란 휴대전화끼리 짧은 악성 문자 내지 음성 메시지를 송수신하는 것인데,[232] 이를 'SMS'라고도 한다. 그런데 정보통신부에서 스팸수신량을 조사한 결과를 살펴보면 그간 단속과 처벌강화로 성인정보나 일반광고 스팸은 감소된 반면, 최근 사회문제화되고 있는 대출광고가 휴대전화를 통한 스팸으로 집중(휴대전화 스팸수신량의 58%)되면서 휴대전화 스팸 증가의 주범으로 나타나 이에 대한 대책 마련이 시급한 것으로 나타났다.

지속적인 단속을 비웃듯 휴대폰 스팸 문자가 끊이지 않는 이유가 있었다. 이는 해킹 때문이었다. 서울경찰청 사이버수사대는 12월 7일 해킹프로그램을 만들어 이동통신사 서버에 무단 접속해 문자메시지 서비스를 무료로 이용한 혐의(정통망법 위반)로 T동호회 운영자 김 모 씨(20) 등 인터넷 해킹동호회 2곳의 운영자와 회원 49명을 불구속 입건했다. 회원의 절반 가까운 43%가 한의대 법대 등 대학생(11명)과 중고생(11명)이었다.

경찰에 따르면 국제 채팅을 통해 만난 이들은 지난해 5월 해커동호회를 만든 뒤 SK텔레콤과 KTF, LG텔레콤 등 국내 이동통신사 3곳의 문자메시지 서버를

---

232) 일본의 경우, '특정전자메일의송신의적정화등에관한법률' 제2조에서 다음과 같이 규정하고 있다. 1. 전자메일은 특정의 사람에게 통신문 그 외의 정보를 사용하는 통신단말기기(입출력 장치를 포함한다. 차조에 대해 같다.)의 영상 면에 표시하는 것으로 이를 전달하기 위해 전기통신(전기통신 사업법(昭和 59年 법률 제816호) 제2조 제1호에 규정하는 전기통신을 말한다.)을 이용하며, 총무성령으로 정하는 통신방식을 이용하는 것을 말한다.

해킹할 수 있는 해킹프로그램 13가지를 경쟁적으로 만들어 무료 문자메시지 250만 건을 발송한 혐의다. 이들은 또 실력을 과시하기 위해 해킹프로그램을 무료로 배포했다.

그리고 정보통신부의 2006년도 상반기 1인당 일평균 스팸수신량의 조사결과에 따르면 2005년 하반기에 비해 휴대전화는 0.74통에서 0.99통으로 증가된 것으로 나타났다.

연도별 일평균 스팸수신량 조사현황

| 연도별 | 2004. 5. | 2004. 11. | 2005. 5. | 2005. 11. | 2006. 5. |
|---|---|---|---|---|---|
| 휴대전화(통) | 0.90 | 1.70 | 0.62 | 0.74 | 0.99 |

SMS가 전자메일과 달리 별도의 제목란이 존재하지 않고, 송신 가능한 문자수가 열 자 정도의 것도 있는 등, 표현 능력이 한정되어 있다 하더라도, 특정 전자메일의 표시 의무를 면제할 수는 없으며 가능한 범위 내에서 유연하게 표시토록 해야 한다.

정보통신부는 2006년도 상반기에 실시된 이메일과 휴대전화에 대한 스팸수신량 조사결과와 휴대전화 스팸에 대한 방지 대책을 지난 7월 11일 발표하였는데[233] 이를 살펴보면 휴대전화 스팸이 크게 증가되었고, 최근 사회환경으로 보다 계속 증가될 것이 예상되어 불법 스팸으로 인한 국민 불편 및 피해를 예방하기 위해 '휴대전화 스팸 방지대책'을 발표한다는 것이다. 이에 정보통신부는 먼저 휴대전화 스팸의 대부분이 문자메시지(SMS)를 통해 발송되고 있는 점을 고려하여 문자메시지(SMS) 발송량을 일정 수준으로 제한하기로 하였다. 이는 스팸 발송자들이 문자메시지 무제한 요금제나 명의도용 폰 등의 서비스 및 스팸 발송기계를 통하여 하루 최대 7만 통까지 발송하므로 '문자메시지 무제한 발송제도'가 스팸 발송용으로 악용되고 있다는 판단에 따른 것이다. 제한기준은 각 이동통신사의 문자서비스 이용실태 등을 파악하여 대부분의 가입자가 이용하는데 지장이 없는 1,000통 내외의 합리적인 수준으로 정한다는 계획이다.[234]

---

233) 정보통신부 보도자료, 「휴대전화 메시지 시(SMS) 발송량 제한한다―휴대전화 스팸 감소대책 발표―」, 2006.7.11.

234) 2006년 5월 이동통신사 문자메시지 이용실태를 분석한 결과 1일, 1,000통 이상 발송자는 428명으로 이들

그리고 불법 스팸 발송증거 수집능력과 단속능력을 확대하기 위해 '휴대전화 스팸트랩' 번호를 현재 1,000대에서 4,000대로 점차적으로 확대해 갈 방침이며, 스팸트랩으로 탐지된 스팸 발송번호에 대해서는 24시간 이내 즉시 차단할 계획이다.

---

제3절 **각국의 스팸방지 법 제도와 대책**

---

### Ⅰ 미국

미국은 연방 차원에서 2001년부터 2002년까지의 회기(107회) 중 스팸에 관한 법률을 몇 개 제출하였으나 입법화되지 못하였고, 2003년도(108회)에 다시 스팸 관련 법률이 재상정되었는바, 2003년 6월 국회에 상정된 법안은 8개 법안이다.[235] 이 중 'Wireless Telephone Spam Protection Act'는 이동통신망을 이용한 스팸을 금지하는 법안이며, 기타의 법률들은 광고 표시의무, 허위 메시지 및 허위 발신자 정보 제공행위 금지, Opt‑out 옵션 첨부, 무차별한 이메일 수집행위 금지, 'Do‑not‑email' Registry를 운용하고 동 Registry 등록자(수신거부자)에게 스팸을 발송한 자에 대해서 처벌(civil penalty)할 수 있는 권한을 FTC에 부여하는 것 등을 규정하고 있다.

그리고 미국의 주 정부 측면에서 보면, 1997년 7월 Nevada 주가 미국 주 정부 중에서 최초로 스팸 행위를 규제하는 법률을 제정한 이후 2003년 6월까지

---

이 평균 10,200통을 발송하며(4.23초당 1통), 2006년 4월 부산 소비생활센터의 '중고생 설문조사' 결과 일일 평균 71통의 SMS를 사용한다. 따라서 일반인이 수동으로 SMS를 발송할 경우 일 발송량이 720~1,450통 수준이므로 SMS 발송량 제한은 1천 통 내외 수준에서 제한하는 것이 바람직하다(1통 발송 30~60초, 12시간 기준)(정보통신부, 앞의 보도자료).

235) 108회기 중 2003년 6월까지 소개된 8개의 스팸 관련 법률은 Anti‑spam Act of 2003(H.R. 2515), Ban on Deceptive Unsolicited Bulk Electronic Mail Act of 2003(S. 1052), CAN‑SPAM Act of 2003(S. 877), Computer Owners Bill of Rights(S. 563), REDUCE Spam Act of 2003(H.R. 1933), Reduction in Distribution of Spam Act of 2003(H.R. 2214), Stop Pornography and Abusive Marketing Act(S. 1231), Wireless Telephone Spam Protection Act(H.R. 122) 등이다. 법률의 구체적인 내용은 http://www.spamlaws.com 참조.

50개 주 정부 중 33개가 스팸규제 관련 법률을 제정하였다. 그중 Delaware 주는 옵트인(Opt－in)을 채택하였으며, 그 외 주 정부 입법의 주요 내용은 연방정부 입법안과 비슷하다. 그 외에 허가 없이 제3자의 인터넷 주소나 도메인 네임을 이용하거나 허위의 라우팅 정보를 이용한 스팸행위를 금지하고 있다.

미국의 FTC는 스팸으로 인한 피해가 급증하자, 스팸에 관한 신고를 접수 처리하고 소비자 교육홍보를 확대하는 한편, 스팸에 관한 DB를 구축하고 스패머들을 추적하여 고발 조치하고 있다. 또한 FTC는 2003년 5월, 독일, 영국, 프랑스, 한국, 중국, 일본, 아르헨티나, 브라질 등 59개 국가를 대상으로 스팸의 주요 수단으로 이용되고 있는 Open Relay를 차단하기 위한 국제 공조를 요청하였다. 아울러 범국가적 Opt－out List 운용을 위한 입법도 준비하고 있다.

이러한 과정을 통해 미국에서는 2004년 1월부터 CAN－SPAM Act[236]가 시행되고 있다. 이 법률에서는, 우리나라의 정통망법과 같이 기본적으로 Opt－out 방식을 채택하고 있어, 광고 선전 메일의 송신에 대해 전자메일의 내용이 광고 또는 권유라는 것을 표시토록 하고, 수신거부가 가능하다는 사실과 이를 위한 연락처(메일주소)의 표시 의무를 부여하며, 수신자로부터 수신거부의 통지를 받은 자는 재차 송신을 할 수 없도록 금지하고 있다.

거부자에게로의 재송신 금지 이외의 금지 사항으로서는 부정하게 액세스한 컴퓨터를 통해 송신하는 것, 송신지를 은폐하기 위해서 타 메일서버를 통해 송신을 중계시키는 것, 헤더 정보를 위·변작하여 송신하는 것, 타인의 웹사이트로부터 자동 추출하여 얻은 주소로 송신하는 것, 자동 생성한 주소로 송신하는 것 등이다.

덧붙여 CAN－SPAM Act의 규정은 PC로 수신되는 전자메일을 대상으로 한 것이어서, 그 집행은 FTC(연방거래위원회)가 하고 있지만, 휴대전화로 수신되는 전자메시지에 대해서는 FCC(연방통신위원회)가 집행하는 것으로 되어 그 구체적 규제 내용을 FCC의 규칙(FCC roll)으로 정해야 한다고 동법에 규정하고 있다. 이 규정에 따라 FCC에서는 2004년 8월 12일에 FCC 규칙을 제정해 휴대전화로 수신하는 전자메시지에 대해서는 옵트인(Opt－in) 방식을 채용해 사전에

---

236) Controlling the Assault of Non－Specified Pornography and Marketing Act of 2003.

명확한 동의를 하지 않은 수신자에게 광고 선전 메시지를 송신하지 못하도록 했다.

미국 정부는 CAN – SPAM Act의 집행을 위해서 FTC가 스팸메일 송신사업자의 취약한 곳을 조사하고 있을 뿐 아니라 스팸메일 제압 작전(Operation Slam Spam)[237]에 의한 스팸메일 송신자 적발도 실시하고 있다. 또 ISP 등 민간 사업자들도 CAN – SPAM Act를 위반하는 스팸메일 송신자에 대해 손해배상청구 등의 소송을 적극적으로 제기하고 있다.

## Ⅱ 호주

호주에서는 'Spam Act 2003'이 2003년 12월에 제정되어 법 시행 이전 일정 기간 동안 스패머에게 법률내용을 홍보하는 인식제고 활동을 전개한 후 2004년 4월 10일부터 이 법이 시행되고 있다. EU회원국과 동일한 옵트인(Opt – in) 방식을 채택하고 있는 것 외에 메일주소 자동 수집 소프트웨어의 사용·판매 등이나 자동적으로 생성한 주소로의 전자메일 송신을 금지하고 있다.

호주의 'Spam Act 2003'의 주요 규제내용을 살펴보면, 사전 동의 없는 광고 전송 금지(기존 거래관계자는 예외), 발송자 정보 및 수신거부 기능 제공 의무, 전자메시지 주소 수집 SW 사용 및 이를 통한 광고 전송 금지 등이다. 또한 이메일, SMS, MMS, 메신저, 향후 출현 가능한 전자메시지 등을 대상으로 수신자의 요청 없이 전송된 상업용 전자메시지를 규제대상으로 하며, 텔레마케팅, 팩스, 인터넷 팝업 등은 적용대상에서 예외로 하고 있다.

이러한 규제에 대한 처벌내용으로서 법인의 1차 위반 확정 시에는 1일 최고 22만 달러의 벌금, 법인의 재차 위반 확정 시에는 1일 최고 110만 달러의 벌금을 부과하고, 벌금 외에 이익금 몰수 및 피해자에 대한 보상 등을 규정하고 있다. 이에 집행기관으로 2005년 7월 1일 ACMA(Australian Communications and Media Authority, 호주 통신미디어 감독원: 以前 ACA[238])이 출범하였다.

---

237) 민관 합동으로 실시하고 있는 사이버범죄 일소 작전(Operation Web Snare) 중 스팸메일 대책을 특화한 프로젝트. FTC나 민간단체 등이 협력하고 있다.

238) ACA: Australian Communications Authority.

신고접수는 ACMA 신고전용 이메일주소(reportingspam@acma.gov.au)로 전달하거나 2004년 12월부터 실행한 자동신고 프로그램[239]을 통해 신고가 가능하다.

업체가 1차 위반 시에는 시정 및 관련 법률을 교육하는 메일을 발송하며, 민원인이 정보공개를 허가한 경우 메일링리스트에서 삭제 요구한다. 그리고 재차 위반 시에는 법률에 의한 처벌을 부과한다.

호주의 'Spam Act 2003'은 법을 알지 못하여 법을 위반한 자에게는 교육을, 법률 준수 의도가 없는 악성 스패머에게는 처벌부과를 최우선 목표로 하고 있기 때문에 '교육'을 법 집행과 연계하여 비중 있게 다루고 있는 한편, 스팸이 사기나 사이버범죄의 수단으로 악용되는 사례가 증가함에 따라 연방경찰 내 호주 첨단범죄센터(AHTCC: Australian High Tech Crime Center)와 지속적 정보공유 및 공조수사를 진행하고 있으며, 공정위, 방송위 등 콘텐츠 규제단체와도 긴밀히 협조하고 있다.

## Ⅲ 일본

일본에서는 2002년 6월 스팸에 관한 두 개의 법률이 제·개정되었는바, '전자메일 통신의 적정화에 관한 법률'의 제정과 '특정 상거래법'의 개정이 그것이다. 이들 법률의 주요 내용은 발신자에게 Opt-out 옵션을 첨부하도록 하고, 수신거부 시에는 재발송을 금지하며, 광고 표시를 하도록 하여 발신자 주소를 진실하게 규정토록 하였다. 그리고 정부는 피해자의 신고를 받아 추가발송을 금지하는 명령을 할 수 있도록 한 점 등이다.

이후 일본은 2005년 11월 '특정전자메일의 송신의 적정화 등에 관한 법률'을 개정·시행하고 있다. 그 주요내용은 전자메일을 인터넷보다는 휴대전화로 송·수신하는 사례가 일반적이므로 개인 전자우편주소 → 사업용 전자우편, 일반 전자우편 → SMS 포함 등으로 보호범위를 확대하였으며, 가공주소로 송신하는 행위 금지, 악성 스팸 전송자에게 형사 처분 부과, ISP의 역무제공 거부 범

---

239) Spam MATTERS(SW업체) 및 Pacific Internet(ISP업체)가 공동 개발하여 수신자가 받은 스팸메일의 헤더정보를 ACMA에 자동 전달·분석 기능을 갖고 있으며, 신고 건이 많아질수록 분석결과가 향상되는 특징이 있다. 예컨대, DDos 공격과 같은 스팸공격은 오히려 법 집행 시 이점이 될 수 있다.

위 확대 등이다.

2005년 2월부터 (재)일본데이터통신협회에서 불법 스팸 전송자 서비스 제한 요청 시 해당 사업자가 약관에 의해 서비스 제한을 실시하는 등 민·관 협력을 통한 '스팸메일 추방 프로젝트'를 실시하고 있으며, 선택수신기능(송신자와 제목만 먼저 수신가능), 본문에 URL 링크 포함한 메일 수신거부기능 등으로 휴대전화 사업자의 차단서비스를 제공하고 있다. 또한 사업자 간 스팸 전송자 정보교환을 위한 현행법과의 적합성을 검토하고 있다.

그리고 송신도메인 인증기술(SPF, DomainKeys), 25번 포트 차단, 레퓨테이션, 필터링 등을 소개하였다. 특히, 송신도메인 인증기술 도입 여부는 국내외 동향에 따라 결정이 필요하다는 의견이 제시되었다.

이에 '특정전자메일송신의 적정화에 관한 법률'이 2005년 6월 22일 개정되었다.

위와 같은 내용과 관련하여 제2조, 제5조, 제6조, 제8조, 제11조, 제18조~28조, 제28조 2항 등의 개정이 있었다. 이 내용을 살펴보면 아래와 같다.

또한 후루야(古屋) 총무장관 정무관은 2006년 5월 5일(금) 프랑스 파리에서 '일·프랑스 법학 신 파트너십 선언'에 근거하여 ICT 분야의 협력추진을 목적으로 루소 경제·재정 산업성 기업총국장과 회담한 결과, ICT 분야의 일·프랑스법학 간 인재에 관한 협력 활동의 강화 및 스팸대책에 있어서의 일·프랑스법학 간의 협력추진에 관하여 합의·공동성명을 채택하고, 서명하였으며, 관(管) 총무성 장관은 2006년 9월 13일(수) ICT 분야에 있어서의 일·영국 관계 정부기관에서 더욱 협력추진을 강화할 목적에서 방일 중인 영국 무역 산업성 마거리트 호지 산업지역담당 장관과 회담한 결과로서 스팸 대책에 있어서의 일·영간의 협력추진에 관하여 합의하고, 공동선언을 채택·서명하였다.

그리고 시미즈(淸水) 총무심의관은 2006년 10월 2일에 캐나다 산업부를 방문하여, 스팸메일대책에 있어서의 일·캐나다 관계 정부기관 간의 협력강화에 관한 의견교환을 하고, 동시에 반스팸 정책·전략 분야에 있어서의 협력에 관한 공동성명에 서명했다.

## I  스팸규제의 법적 근거

스팸규제와 관련하여 법적 근거를 제공하는 법령에는 우선 정보 관련 법령들이 있다. 스팸메일은 현 정통망법 이전 1999년 '정보통신망이용촉진등에관한법률'을 통하여 처음으로 규제되기 시작하였다. 이후 동법은 '정보통신망이용촉진및정보보호등에관한법률'로 바뀌면서 스팸메일의 규제도 특별한 통신수단에 한정하지 않고 탄력적으로 운영하였다. 정통망법은 2002년 개정에서 스팸메일을 전자우편에만 한정하지 않고 전화, 모사전송, 컴퓨터통신 등 다른 매체에도 확대 적용하고 있다. 정통망법은 2004년 개인의 정보보호를 위하여 통신종류에 따른 차별화된 보호와 함께 청소년 보호를 위한 규정도 강화하였으며, 2005년 12월 30일 일부개정을 통하여 스팸에 대한 규제를 강화하였다. 그리고 스팸과 관련해서는 이 외에도 '공공기관의 개인정보보호에 관한 법률', '전자상거래 등에서의 소비자보호에 관한 법률', '방문판매법', '전자거래기본법과 전자서명법', '통신비밀보호법', '신용정보의 이용 및 보호에 관한 법률' 등이 법적 근거가 된다.

## II  정통망법상 스팸에 대한 대응

정통망법 제50조 제1항에서 옵트아웃(Opt – out) 방식의 규제방식을 규율하고, 동 조 제4항에서 라벨링(Labeling)을 통한 규제를 규정하고 있다. 요컨대 정통망법에서 규정하고 있는 수신자의 명시적 수신거부 의사에 반하는 이메일 광고의 발송을 금지하고 있는데, 이는 수신자가 명시적으로 수신거부 의사를 발송하지 않는 경우 계속적으로 이메일 광고 발송이 가능하다고 볼 수 있다.

<정보통신망이용촉진및정보보호등에관한법률>

제50조(영리목적의 광고성 정보전송의 제한)
① 누구든지 전자우편 그 밖에 대통령령이 정하는 매체를 이용하여 수신자의 명시적인 수신거부 의사에 반하는 영리목적의 광고성 정보를 전송하여서는 아니 된다.
④ 영리목적의 광고성 정보를 전자우편 그 밖에 대통령령이 정하는 매체를 이용하여 전송하는 자는 대통령령이 정하는 바에 따라 다음 각 호의 사항을 광고성 정보에 명시하여야 한다.
  1. 전송정보의 유형 및 주요내용
  2. 발송자의 명칭 및 연락처
  3. 전자우편주소를 수집한 출처(전자우편으로 전송하는 경우에 한한다.)
  4. 수신거부의 의사표시를 쉽게 할 수 있는 조치 및 방법에 관한 사항

기술한 정통망법상의 옵트아웃(Opt – out) 규제방식을 통하여 이메일 스팸의 절대량을 줄이기는 용이하지는 않다. 이러한 이유로 가장 사적인 통신매체라고 할 수 있는 이메일 수신함에서 사적인 내용보다는 원하지 않는 광고정보들이 범람하고 있는바, 원하지 않는 광고정보를 열람하여야 하며 이에 많은 시간을 소요하게 된다. 이메일 스팸이 범람함으로써 경우에 따라 중요한 이메일을 열람하지 못하게 하여 정보수신이 방해되는 결과가 초래되어 자기정보를 관리·통제하기 어려운 상황에 놓이게 된다. 이러한 경우, 헌법상 개인정보자기결정권의 침해여지가 더욱 커진다. 결론적으로 현행 정통망법상으로는 발송자가 수신자의 수신의사를 전혀 고려하지 않기 때문에 스팸량에 대하여 규제하기가 곤란하며, 라베링 제도도 역시 발송출처를 은폐하는 경우에는 이를 규제할 수단을 확보하기 힘들다. 따라서 이에 대한 법적 검토가 새롭게 이루어져야 하며, 조속한 시일 내에 스팸방지법의 제정이 필요하다.

## III 전자상거래등에서의소비자보호에관한법률상 스팸에 대한 대응

공정거래위원회는 '전자상거래등에서의소비자보호에관한법률'의 개정을 통하여 통신판매업자에 한하여 'NoSpam'를 도입하였다.

<전자상거래등에서의소비자보호에관한법률>

제24조의 2(구매권유광고 수신거부 의사 등록시스템 등)

① 공정거래위원회는 통신판매업자가 전화, 모사전송 또는 이메일 등을 이용하여 재화를 구매하거나 용역을 제공받도록 권유(이하 '구매권유광고'라 한다.)하는 행위로부터 소비자를 보호하기 위하여 소비자가 구매권유광고행위에 대하여 수신거부 의사를 명시적으로 표시하여 등록할 수 있는 구매권유광고 수신거부 의사 등록시스템(이하 '광고 수신거부 의사 등록시스템'이라 한다.)을 구축할 수 있다.

② 통신판매업자는 구매권유광고를 하고자 하는 경우 대통령령이 정하는 바에 따라 광고수신거부 의사 등록시스템에서 소비자의 구매권유광고 수신거부 의사 등록 여부를 확인하여 구매권유광고 수신거부 의사를 등록한 소비자에 대해서는 구매권유광고를 송신하여서는 아니 된다. 다만, 통신판매업자가 대통령령이 정하는 바에 따라 소비자로부터 개별적인 동의를 얻은 경우에는 그러하지 아니하다.

③ 공정거래위원회는 광고수신거부 의사 등록시스템의 운용을 다음 각 호의 어느 하나에 해당하는 기관 또는 단체에 위탁할 수 있으며, 광고수신거부 의사 등록시스템의 원활한 운용을 위하여 해당 기관 또는 단체에 대하여 그 운용에 필요한 비용의 전부 또는 일부를 지원할 수 있다.

1. '소비자보호법'에 따라 설립된 기관 또는 등록된 소비자단체
2. 그 밖에 제37조 또는 다른 법률에 따라 설립된 기관 또는 등록된 사업자단체

④ 제3항의 규정에 따른 광고수신거부 의사 등록시스템의 운용을 위탁받을 수 있는 대상기관 또는 단체의 선정절차 및 기준은 대통령령으로 정한다.

이러한 공정거래위원회가 채택한 옵트아웃 등록제(Opt – out registry)인 'NoSpam'은 통신판매업자에 한정하여 적용됨으로써 동일한 스팸행위를 하는 통신판매업자 외의 자와의 형평성 문제를 발생시키고 있고, 통신판매업자의 소재정보 등이 중앙화되어 있지 않고 각 시·구청으로 분산되어 있으므로 법 집행 실효성에 의문이 제기된다. 이러한 측면에서 우리나라에서도 스팸규제의 기준 및 단속기관의 통일성이 제기된다.

## I 스팸규제의 원칙과 방법

스팸으로 인한 피해나 문제점의 해결에는 수신자와 인터넷서비스사업자 등이 우선적으로 보호되어야 한다. 그렇지만 발송자 측의 권리도 고려되어야 한다는 점에서 해결이 쉽지는 않다. 스팸의 규제에 있어서는 자율적인 규제와 기술적인 규제 및 입법적 규제 방안이 검토될 수 있다. 특히 입법을 통한 스팸규제의 방법은 규제대상이 되는 사안과 관련된 자에 대하여 일정한 제약이 가해진다는 점에서 일단 목적의 정당성과 함께 최소한의 필요성으로 선택되어야 한다.[240]

스팸규제에 있어서 핵심은 수신자의 결정 여부이다. 수신자가 스팸메시지를 수신할 것인지를 결정하는 방법으로는 옵트아웃(Opt - Out) 방식과 옵트인(Opt - in) 방식의 두 가지가 있다. 옵트아웃 방식은 명시적으로 수신을 거부하지 않은 모든 수신자에게 메시지를 보낼 수 있는 방식으로 지정거부원칙 내지 항의의 원칙이 적용된다. 이 방식에서는 광고발송자가 광고메시지를 전송하였을 때 수신자가 명백히 수신을 거부하지 않는 한 광고메시지의 발송이 허용된다.[241] 이에 대응하여 옵트인(Opt - in) 방식은 사업자는 단지 명시적으로 스팸메시지를 수신한다고 표시한 수신자에게만 메시지를 송신할 수 있는 것으로 지정수신원칙 내지 동의의 원칙이 적용된다. 즉 옵트인(Opt - in) 방식을 선택하는 경우 상업성의 광고메시지는 수신자의 동의가 없는 경우 전송이 금지된다.[242]

옵트아웃 방식이나 옵트인(Opt - in) 방식 등 양자는 나름대로 문제를 갖고 있다. 우선 우리 현행법에서 원칙적으로 채택하고 있는 옵트아웃제도의 경우 전자우편을 통하여 이루어지는 광고비용이 저렴하여 인터넷산업의 활성화에 도움을 준다는 장점은 있으나 수신자의 명백한 거부의사가 있음에도 불구하고 발송자

---

240) 황상철, 「스펨메일규제를 위한 일본의 입법동향」, 『법제』 2002.8. 55면 이하 참조.

241) 2004년 당시 옵트아웃 방식을 채택하고 있는 국가는 한국, 일본, 헝가리와 미국 연방법 등이다(한국정보보호진흥원, 『해외스팸규제법령현황』, 2003. 12).

242) 2004년 당시 옵트인(Opt - in) 방식을 채택하고 있는 국가는 미국의 델라웨어 주와 캘리포니아 주, 유럽의 독일, 영국, 이탈리아, 스페인, 스웨덴, 덴마크 폴란드, 체코 및 호주 등이다. 이에 대한 자세한 내용은 한국정보보호진흥원, 『해외스팸규제법령현황』, 참조.

가 이를 무시하고 계속 송신하거나 다른 다양한 방법으로 수신자의 수신거부 의사를 회피할 수 있는 문제가 있다. 또한 메시지가 발송된 후 수신자의 수신 여부를 묻는 사후동의를 요구한다는 점에서 스팸메시지의 감소 내지 규제에 큰 영향을 미치지 못한다는 것이다.[243]

스팸규제의 필요성은 헌법적 가치질서에 대한 조화로부터 찾을 때 바람직한 법·제도적 규제의 방법을 모색할 수 있다.

앞에서 본 바와 같이 스팸에 대한 규제방식은 옵트아웃 방식과 옵트인(Opt-in) 방식이 있다. 전자는 스팸을 명시적으로 수신 거부하지 아니한 모든 수신자에게 메시지를 발송할 수 있는 반면, 후자는 명시적으로 스팸을 수신한다고 표시한 수신자에게만 메시지를 발송할 수 있다. 유럽의 국가들이 전자의 방식에 호의적인 반면 우리의 경우 현행 정통망법은 후자의 방식을 취하고 있다.

현행 옵트아웃 방식은 수신자가 수신거부의 의사를 표시하기 전에는 1회 이상은 스팸을 발송할 수 있다는 점에 문제가 있다. 물론 수신자의 부당한 비용·시간의 부담, 개인정보에 대한 노출, 스팸 발송자(스패머)의 수신거부 의사의 회피 등의 문제가 있고, 스팸 발송자(스패머)의 의사 여부에 좌우되어 감소·방지의 효과적인 규제방법이 될 수 없다는 문제점도 있다. 문제는 현행 옵트아웃 방식은 상술한 헌법적 가치질서 침해 가능성을 고스란히 안고 있다는 점이다.

따라서 스팸의 규제는 헌법상의 제 가치를 보호할 수 방법으로 개선될 필요성이 있는데, 현행의 옵트아웃 방식보다는 옵트인(Opt-in) 방식을 통해 회원제를 통한 개인의 사전 동의하에 개인정보의 수집 및 메시지발송이 이루어지도록 하는 것이 바람직하다.

## Ⅱ 스팸규제 특별법의 제정문제

현행 스팸규제에 관한 법률은 정통망법을 중심으로 하여 '전자거래소비자보호법'과 '방문판매법' 등에 산재되어 있다. 법률체계상 효율적인 스팸규제를 위

---

243) 이에 대해서는 김민중, 「스팸메일, 어떤 규제가 필요한가」, 『인터넷법연구』 제1권(한국인터넷법학회, 2002), 491면 이하; 이병준, 「2002년 개정정통망법에 의한 스팸규제의 내용과 그 한계」, 한국인터넷법학회 제8회 학술대회 발표논문집, 2003, 25면 이하 참조.

해서는 단행법률을 고려해 볼 수 있다. 이미 일본에서 제정되어 시행되고 있는 특별법의 예에서도 볼 수 있다.[244] 스팸의 규제를 위한 '특정전자메일의 송신의 적정화 등에 관한 법률'은 2002년 4월 제정되어 7월부터 시행되었다. 동법은 20개 조문과 부칙 2조항으로 구성되어 있으며 그 내용은 대량의 가공주소를 생성하는 프로그램의 금지, 대량의 가공주소를 포함한 이메일에 대한 전기통신사업자의 배송거부 및 전기통신사업자의 스팸메일 방지기술의 개발과 기술도입의무, 그리고 스팸메일의 수신에 의한 피해 등을 방지하기 위하여 상업광고 등의 표시와 송신거부를 통지한 자에 대한 재통신의 금지 등이다.[245] 그리고 앞서 설명한 것처럼 2005년 6월 개정을 통해 특정전자메일의 범위확대 및 벌칙규정을 정비하였다.

우리의 경우 산재되어 있는 관련 법규를 모아서 특별법의 제정을 고려할 수 있다. 스팸의 경우 정보사회의 발전과 함께 다양한 형태로 계속 변화하면서 확대될 것이 예상되고 있다. 이런 점에서 앞에서 언급된 내용을 모아서 단행 법률로 제정하여 운영하는 것이 더 효율적일 수 있다.

## III 입법론

이제 우리는 돌아갈 수 없는 정보사회의 중심으로 들어왔다. 스팸의 문제는 정보사회가 진행되는 가운데 단지 하나의 문제일 뿐이다. 그러나 여기서 내세우는 해결방안 내지 대책은 향후 정보사회의 아노미를 해결하기 위한 시금석이 될 수 있다. 정보사회에서 정보에 대한 개인의 자기결정권은 개인의 사생활의 보호와 함께 정보의 가치가 갖는 의미를 주관적 관점에서나 객관적 관점에서 보편타당하게 볼 수 있는 기준을 제시하는 기본권이다. 인간이 요구하는 것은 무엇인가? 우리는 스팸이 범람하는 사회에서 이를 규제해야 한다면, 타인의 권리와 이익을 고려하여 실제적 규범조화의 방법으로 해결해야 한다는 당위성을 갖고 접근해야 한다. 이것이 현대 헌법국가가 요청하는 방법이다.

---

244) 미국의 경우 연방 차원에서 스팸방지를 위한 법률안들이 제시되고 있다. 예를 들면 Burns 상원의원의 Can-Spam ACT of 2003, Dayton 상원의원에 의한 Computer Owner's Bill of Rights 등이다.
245) 이에 대한 자세한 내용은 황상철, 앞의 논문, 54면 이하 참조.

이상의 인식하에 무차별로 쏟아지는 스팸의 정도는 그 한계를 넘어섰다는 사회적 공감대가 형성되고 이를 규제하려는 사회적 합의가 이루어진 이상, 앞에서 본바와 같이 사전에 수신자의 동의를 요구하는 옵트인(Opt-in) 방법이 수용되어야 한다고 본다. 정통망법은 다시 한번 개정을 통하여 이를 수용하여야 한다. 다만 이 경우에도 옵트인(Opt-in) 방법이 갖는 과도한 제한성이 이를 긍정적으로 사용하려는 자의 또 다른 기본권인 영업의 자유를 침해하지 않는지에 대한 면밀한 검토가 이루어져야 할 것이다. 마지막으로 정보사회의 핵심은 정보의 자유로운 유통과 개인정보의 보호에 있다는 것을 전제로 하여 관련법이 정비되어야 한다.

2005. 12. 30. 개정된 정통망법은 새로이 이메일 스팸 발송자의 신원 또는 광고 발송 출처를 은폐하기 위한 각종 조치를 취하는 것을 금지하고 있으며, 위반 시 1년 이하의 징역 또는 1,000만 원 이하의 벌금에 처하도록 하는 규정이 신설되었다.[246]

또한 개정된 정통망법에서는 ISP 사업자는 행정청의 요청에 따라 법 집행을 위하여 이메일 스팸 발송자의 인적 정보를 제공할 의무가 있어야 하고, 행정청으로서는 이를 요청하고 위반 시 제재를 가할 수 있는 권한을 명시적으로 규정하고 있다.[247]

스팸 발송자에 대한 신원확인이 어렵다는 점은 전술한 바와 같다. 스팸의 문제는 발송자와 스팸 발송과 관련하여 이익을 보는 자 모두에게 그 책임이 있다 할 것이다. 2005. 12. 30. 개정된 정통망법의 큰 의미 중 하나가 스팸 발송자뿐 아니라 광고를 하게 한 자에 대한 처벌을 신설하였다는 점이다.[248]

발송 출처를 은폐하거나 이메일 헤더나 본문에 드러난 정보만으로 이메일 스팸 발송자가 특정되지 못하는 경우, OSP 사업자의 협조 없이는 행정청이 이메일 스팸 발송자에 대한 법적 처벌이 곤란할 것이다. 특히 OSP 사업자가 보유하고 있는 발송자의 인적 정보를 행정청에 제공하지 않을 경우에는 사실상 법 집행은 불가능해진다고 할 것이다. 법 집행이 용이하지 않음으로 인하여 이메일

---

246) 정통망법 제50조 제6항 4호, 제65조 제1항 4호.
247) 정통망법 제55조 제2항, 제3항, 제67조 제1항 18호.
248) 정통망법 제67조 제1항.

스팸 발송자들은 지속적으로 발송 출처를 은폐하거나 인적 정보를 배제한 채 이메일 스팸을 발송할 수 있게 되어, 결과적으로 이메일 스팸 규제의 효율성은 저하될 수밖에 없을 것이다. 이에 따라 기술한 바와 같이 현행 정통망법을 개정하여 정통부의 '단속' 권한을 부여하거나 스팸에 대한 종합적 관리를 할 수 있는 스팸방지법의 제정이 시급하다고 생각한다.

인터넷상에서 한 개인의 개인정보를 침해하거나, 스팸 등에 의해서 명예를 훼손하는 글을 게시하는 일이 없도록 하기 위해서는 사전적으로 국민에게 사이버 상에서 윤리의식에 대한 교육이 철저히 이루어져야 하고, 사후적으로는 기술한 제도와 법 정비가 필요하다고 생각한다. 또한 전기통신사업자가 취급하는 개인정보에 대해서도 전술한 가입자 정보에 더하여 통신이력 등 개인이 실제로 통신을 이용함에 의해 기록·보존되는 정보도 포함하여, 1980년의 OECD 가이드라인 등에 입각하여 정보통신부가 검토작업을 진행하고 있다. 우리나라에서도 전기통신서비스의 고도화·다양화가 더더욱 진전하여, 이동통신서비스나 인터넷접속서비스 등의 새로운 사업형태가 탄생하고 있는 것, 전기통신사업자가 이용자의 개인정보를 취급하는 상황이 다양화·복잡화하고 있는 것, 개인정보의 유출사건이 발생한 것으로부터 이를 반영하는 '정보통신망이용촉진및정보보호에관한법률', '전기통신사업법'과 '전기통신비밀보호법'이 개정되었다. 이상과 같이 정비통신 분야에 있어서 스팸을 방지할 목적으로서 정보통신부가 주도적으로 하여 스팸에 대한 방지에 대하여 정통부나 KISA에서는 정통망법 등이나 가이드라인이 제정되어 있다. 그러나 이것만으로는 스팸의 사각지대(死角地帶)가 생길 여지가 있기 때문에 스팸방지법을 포괄적으로 규제하는 스팸방지법이 필요하다고 생각한다.

그리고 스팸메일은 우리나라만의 문제가 아니다. 이를 차단하고 스팸 발송자를 추적하기 위한 국제적 공조가 없이는 그 어떤 법적 규제나 기술 지원 역시 아무 소용이 없을 것이다. 지리적인 경계에 영향을 받지 않는 이메일의 특성상 국경을 넘어 국제적으로 유통되는 스팸의 경우 더욱 공조가 필요하며, 특히 중국, 인도, 러시아 기타 개발도상국의 인터넷 접속 및 이용이 지속적으로 증가하면서 국제유통 스팸의 문제가 더욱 심각해지고 있는데 이들 국가들 간의 공조 없이 스팸 발송자의 추적은 어려울 것이다. 이러한 스팸문제의 해결을 위해서는

OECD, APEC 등의 국제기구를 통해 국제적 협력체계를 구축함은 물론, 개별 국가들과 양자 간 또는 다자간 상호협력의 추진이 필요하다. 하지만 국가별로 정보통신 환경이나 사회, 문화적 환경이 다르고 스팸규제를 위한 법 제도 역시 상이하여 국가 간에 발송되는 스팸의 양이 계속 증가함에도 불구하고 이를 차단하거나 규제하는 것이 매우 어렵다.

국내에서는 메일서비스 제공업체에서 스팸메일 차단방법과 어린이 전용 메일 서비스를 개시하고 있으며, 업체 및 시민단체, 공공단체에서는 스팸을 포함한 사이버 유해환경을 퇴치하는 캠페인 등을 전개하고 있다. 또한 민관이 공동으로 'Whois(IP 추적시스템) 정보 현행화 협의체' 및 '민관 합동 스팸메일대책위원회'를 구성하여 대대적인 스팸방지에 노력하고 있다.

스팸메일은 개인 수신자뿐 아니라 수신서버 역할을 하는 정보통신서비스 제공자에게 자산소모를 발생시키는 등 재산적 피해를 야기하는 존재이므로 법적 규제와는 별도로 자율적 규제가 요구된다.

기술한 바와 같이 지리적인 경계에 영향을 받지 않는 이메일의 특성상 국경을 넘어 국제적으로 유통되는 스팸이 증가함에 따라 스팸은 더 이상 어느 한 국가만의 개별적인 문제가 아니다. 특히 중국이나 기타 개발도상국의 인터넷 접속 및 이용이 지속적으로 증가하면서, 국제유통 스팸의 문제가 더욱 심각해지고 있다. 따라서 이러한 스팸문제의 해결을 위해서는 OECD, ITU, APEC 등의 국제기구를 통해 국제적 협력체계를 구축함은 물론, 개별 국가들과 양자 간 또는 다자간 상호협력의 추진이 필요하다.[249]

법적 규제 외에 부문별 스팸 대응방안에는 법적 규제, 기술적 대응, 민간 자율규제, 인식제고 및 국제협력이 있다. 그중 법적 규제, 민간자율규제 및 인식제고 등과 관련된 부분에 대해서는 실제로 스팸민원 업무를 담당하면서 참여하거나 직접 진행했던 사항들이 다수 포함되어 있어 실제 민원업무 처리 시 적용할 수 있었으며, 향후 이 부분에 대해서는 계속 연구하도록 할 것이다. 아울러 스팸 발송기술과 관련된 기술적 대응 부분에 대해서는 향후 기술속도의 발전도 발맞추기 위해 심도 있는 관련 연구가 지속적으로 이루어져야 하며, 이 부분에

---

249) MOU 체결은 당사국의 법·제도가 상이하더라도 관계없다.

대한 실질적인 대응방안을 도출하여 추진할 필요가 있을 것으로 보인다.

결론적으로 현재의 정통망법으로는 새로운 스팸에 대하여 대처할 수 없으리라 사료된다. 따라서 스팸규제에 관한 내용을 통합하고, 통일적으로 규율할 수 있는 스팸방지법 내지 스팸금지법의 제정의 필요성이 절실하다.

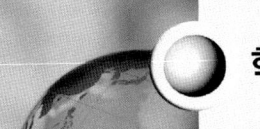 **학습문제**

*1.* 스팸의 정의의 대해여 논하시오.

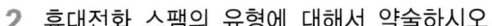

*2.* 휴대전화 스팸의 유형에 대해서 약술하시오.

*3.* 우리나라의 스팸 정책에 대하여 논하시오.

# 정보통신망이용촉진및정보보호등에관한법률

[일부개정 2008.6.13 법률 제09119호]

## 제1장 총칙

**제1조** (목적) 이 법은 정보통신망의 이용을 촉진하고 정보통신서비스를 이용하는 자의 개인정보를 보호함과 아울러 정보통신망을 건전하고 안전하게 이용할 수 있는 환경을 조성하여 국민생활의 향상과 공공복리의 증진에 이바지함을 목적으로 한다.

[전문개정 2008.6.13]

**제2조**(정의) ① 이 법에서 사용하는 용어의 뜻은 다음과 같다. <개정 2004.1.29, 2007.1.26, 2007.12.21, 2008.6.13>

1. '정보통신망'이란 '전기통신기본법' 제2조 제2호에 따른 전기통신설비를 이용하거나 전기통신설비와 컴퓨터 및 컴퓨터의 이용기술을 활용하여 정보를 수집·가공·저장·검색·송신 또는 수신하는 정보통신체제를 말한다.

2. '정보통신서비스'란 '전기통신기본법' 제2조 제7호에 따른 전기통신역무와 이를 이용하여 정보를 제공하거나 정보의 제공을 매개하는 것을 말한다.

3. '정보통신서비스 제공자'란 '전기통신사업법' 제2조 제1항 제1호에 따른 전기통신사업자와 영리를 목적으로 전기통신사업자의 전기통신역무를 이용하여 정보를 제공하거나 정보의 제공을 매개하는 자를 말한다.

4. '이용자'란 정보통신서비스 제공자가 제공하는 정보통신서비스를 이용하는 자를 말한다.

5. '전자문서'란 컴퓨터 등 정보처리능력을 가진 장치에 의하여 전자적인 형태로 작성되어 송수신되거나 저장된 문서형식의 자료로서 표준화된 것을 말한다.

6. '개인정보'란 생존하는 개인에 관한 정보로서 성명·주민등록번호 등에 의하여 특정한 개인을 알아볼 수 있는 부호·문자·음성·음향 및 영상 등의 정보(해당 정보만으로는 특정 개인을 알아볼 수 없어도 다른 정보와 쉽게 결합하여 알

아볼 수 있는 경우에는 그 정보를 포함한다.)를 말한다.

7. '침해사고'란 해킹, 컴퓨터바이러스, 논리폭탄, 메일폭탄, 서비스 거부 또는 고출력 전자기파 등의 방법으로 정보통신망 또는 이와 관련된 정보시스템을 공격하는 행위를 하여 발생한 사태를 말한다.

8. '정보보호산업'이란 정보보호제품을 개발·생산 또는 유통하는 사업이나 정보보호에 관한 컨설팅 등과 관련된 산업을 말한다.

9. '게시판'이란 그 명칭과 관계없이 정보통신망을 이용하여 일반에게 공개할 목적으로 부호·문자·음성·음향·화상·동영상 등의 정보를 이용자가 게재할 수 있는 컴퓨터 프로그램이나 기술적 장치를 말한다.

10. '통신과금서비스'란 정보통신서비스로서 다음 각 목의 업무를 말한다.

   가. 타인이 판매·제공하는 재화 또는 용역(이하 '재화 등'이라 한다.)의 대가를 자신이 제공하는 전기통신역무의 요금과 함께 청구·징수하는 업무.

   나. 타인이 판매·제공하는 재화 등의 대가가 가목의 업무를 제공하는 자의 전기통신역무의 요금과 함께 청구·징수되도록 거래정보를 전자적으로 송수신하는 것 또는 그 대가의 정산을 대행하거나 매개하는 업무.

11. '통신과금서비스 제공자'란 제53조에 따라 등록을 하고 통신과금서비스를 제공하는 자를 말한다.

12. '통신과금서비스 이용자'란 통신과금서비스 제공자로부터 통신과금서비스를 이용하여 재화 등을 구입·이용하는 자를 말한다.

② 이 법에서 사용하는 용어의 뜻은 제1항에서 정하는 것 외에는 '정보화촉진기본법'으로 정하는 바에 따른다. <개정 2008.6.13>

제3조(정보통신서비스 제공자 및 이용자의 책무) ① 정보통신서비스 제공자는 이용자의 개인정보를 보호하고 건전하고 안전한 정보통신서비스를 제공하여 이용자의 권익보호와 정보이용능력의 향상에 이바지하여야 한다.

② 이용자는 건전한 정보사회가 정착되도록 노력하여야 한다.

③ 정부는 정보통신서비스 제공자단체 또는 이용자단체의 개인정보보호 및 정보통신망에서의 청소년 보호 등을 위한 활동을 지원할 수 있다.

[전문개정 2008.6.13]

제4조(정보통신망 이용촉진 및 정보보호 등에 관한 시책의 마련) ① 행정안전부장관,

지식경제부장관 또는 방송통신위원회는 정보통신망의 이용촉진 및 안정적 관리·운영과 이용자의 개인정보보호 등(이하 '정보통신망 이용촉진 및 정보보호 등'이라 한다.)을 통하여 정보사회의 기반을 조성하기 위한 시책을 마련하여야 한다.

② 제1항에 따른 시책에는 다음 각 호의 사항이 포함되어야 한다.

1. 정보통신망에 관련된 기술의 개발·보급
2. 정보통신망의 표준화
3. 정보내용물 및 제11조에 따른 정보통신망 응용서비스의 개발 등 정보통신망의 이용 활성화
4. 정보통신망을 이용한 정보의 공동활용 촉진
5. 인터넷 이용의 활성화
6. 정보통신망을 통하여 수집·처리·보관·이용되는 개인정보의 보호 및 그와 관련된 기술의 개발·보급
7. 정보통신망에서의 청소년 보호
8. 정보통신망의 안전성 및 신뢰성 제고
9. 그 밖에 정보통신망 이용촉진 및 정보보호 등을 위하여 필요한 사항

③ 행정안전부장관, 지식경제부장관 또는 방송통신위원회는 제1항에 따른 시책을 마련할 때에는 '정보화촉진기본법' 제5조에 따른 정보화촉진기본계획과 연계되도록 하여야 한다.

[전문개정 2008.6.13]

제5조(다른 법률과의 관계) 정보통신망 이용촉진 및 정보보호 등에 관해서는 다른 법률에서 특별히 규정된 경우 외에는 이 법으로 정하는 바에 따른다. 다만, 제7장의 통신과금서비스에 관하여 이 법과 '전자금융거래법'의 적용이 경합하는 때에는 이 법을 우선 적용한다.

[전문개정 2008.6.13]


## 제2장 정보통신망의 이용촉진

제6조(기술개발의 추진 등) ① 지식경제부장관은 정보통신망과 관련된 기술 및 기기의 개발을 효율적으로 추진하기 위하여 대통령령으로 정하는 바에 따라 관련 연

구기관으로 하여금 연구개발·기술협력·기술이전 또는 기술지도 등의 사업을 하게 할 수 있다.

② 정부는 제1항에 따라 연구개발 등의 사업을 하는 연구기관에는 그 사업에 드는 비용의 전부 또는 일부를 지원할 수 있다.

③ 제2항에 따른 비용의 지급 및 관리 등에 필요한 사항은 대통령령으로 정한다.

[전문개정 2008.6.13]

제7조(기술 관련 정보의 관리 및 보급) ① 지식경제부장관은 정보통신망과 관련된 기술 및 기기에 관한 정보(이하 이 조에서 '기술 관련 정보"라 한다.)를 체계적이고 종합적으로 관리하여야 한다.

② 지식경제부장관은 기술 관련 정보를 체계적이고 종합적으로 관리하기 위하여 필요하면 관계 행정기관 및 국공립 연구기관 등에 대하여 기술 관련 정보와 관련된 자료를 요구할 수 있다. 이 경우 요구를 받은 기관의 장은 특별한 사유가 없으면 그 요구에 따라야 한다.

③ 지식경제부장관은 기술 관련 정보를 신속하고 편리하게 이용할 수 있도록 그 보급을 위한 사업을 하여야 한다.

④ 제3항에 따라 보급하려는 정보통신망과 관련된 기술 및 기기의 범위에 관하여 필요한 사항은 대통령령으로 정한다.

[전문개정 2008.6.13]

제8조(정보통신망의 표준화 및 인증) ① 지식경제부장관은 정보통신망의 이용을 촉진하기 위하여 정보통신망에 관한 표준을 정하여 고시하고, 정보통신서비스 제공자 또는 정보통신망과 관련된 제품을 제조하거나 공급하는 자에게 그 표준을 사용하도록 권고할 수 있다. 다만, '산업표준화법' 제12조에 따른 한국산업표준이 제정되어 있는 사항에 대해서는 그 표준에 따른다.

② 제1항에 따라 고시된 표준에 적합한 정보통신과 관련된 제품을 제조하거나 공급하는 자는 제9조 제1항에 따른 인증기관의 인증을 받아 그 제품이 표준에 적합한 것임을 나타내는 표시를 할 수 있다.

③ 제1항 단서에 해당하는 경우로서 '산업표준화법' 제15조에 따라 인증을 받은 경우에는 제2항에 따른 인증을 받은 것으로 본다.

④ 제2항에 따른 인증을 받은 자가 아니면 그 제품이 표준에 적합한 것임을 나타

내는 표시를 하거나 이와 비슷한 표시를 하여서는 아니 되며, 이와 비슷한 표시를 한 제품을 판매하거나 판매할 목적으로 진열하여서는 아니 된다.

⑤ 지식경제부장관은 제4항을 위반하여 제품을 판매하거나 판매할 목적으로 진열한 자에게 그 제품을 수거·반품하도록 하거나 인증을 받아 그 표시를 하도록 하는 등 필요한 시정조치를 명할 수 있다.

⑥ 제1항부터 제3항까지의 규정에 따른 표준화의 대상·방법·절차 및 인증표시, 제5항에 따른 수거·반품·시정 등에 필요한 사항은 지식경제부령으로 정한다.

[전문개정 2008.6.13]

제9조(인증기관의 지정 등) ① 지식경제부장관은 정보통신망과 관련된 제품을 제조하거나 공급하는 자의 제품이 제8조 제1항 본문에 따라 고시된 표준에 적합한 제품임을 인증하는 기관(이하 '인증기관'이라 한다.)을 지정할 수 있다.

② 지식경제부장관은 인증기관이 다음 각 호의 어느 하나에 해당하면 그 지정을 취소하거나 6개월 이내의 기간을 정하여 업무의 정지를 명할 수 있다. 다만, 제1호에 해당하는 경우에는 그 지정을 취소하여야 한다.

1. 속임수나 그 밖의 부정한 방법으로 지정을 받은 경우

2. 정당한 사유 없이 1년 이상 계속하여 인증업무를 하지 아니한 경우

3. 제3항에 따른 지정기준에 미달한 경우

③ 제1항 및 제2항에 따른 인증기관의 지정기준·지정절차, 지정취소·업무정지의 기준 등에 필요한 사항은 지식경제부령으로 정한다.

[전문개정 2008.6.13]

제10조(정보내용물의 개발 지원) 정부는 국가경쟁력을 확보하거나 공익을 증진하기 위하여 정보통신망을 통하여 유통되는 정보내용물을 개발하는 자에게 재정 및 기술 등 필요한 지원을 할 수 있다.

[전문개정 2008.6.13]

제11조(정보통신망 응용서비스의 개발 촉진 등) ① 정부는 국가기관·지방자치단체 및 공공기관이 정보통신망을 활용하여 업무를 효율화·자동화·고도화하는 응용서비스(이하 '정보통신망 응용서비스'라 한다.)를 개발·운영하는 경우 그 기관에 재정 및 기술 등 필요한 지원을 할 수 있다.

② 정부는 민간 부문에 의한 정보통신망 응용서비스의 개발을 촉진하기 위하여 재정 및 기술 등 필요한 지원을 할 수 있으며, 정보통신망 응용서비스의 개발에 필요한 기술인력을 양성하기 위하여 다음 각 호의 시책을 마련하여야 한다.

1. 각급 학교나 그 밖의 교육기관에서 시행하는 인터넷 교육에 대한 지원
2. 국민에 대한 인터넷 교육의 확대
3. 정보통신망 기술인력 양성사업에 대한 지원
4. 정보통신망 전문기술인력 양성기관의 설립·지원
5. 정보통신망 이용 교육프로그램의 개발 및 보급 지원
6. 정보통신망 관련 기술자격제도의 정착 및 전문기술인력 수급 지원
7. 그 밖에 정보통신망 관련 기술인력의 양성에 필요한 사항

[전문개정 2008.6.13]

제12조(정보의 공동활용체제 구축) ① 정부는 정보통신망을 효율적으로 활용하기 위하여 정보통신망 상호 간의 연계 운영 및 표준화 등 정보의 공동활용체제 구축을 권장할 수 있다.

② 정부는 제1항에 따른 정보의 공동활용체제를 구축하는 자에게 재정 및 기술 등 필요한 지원을 할 수 있다.

③ 제1항과 제2항에 따른 권장 및 지원에 필요한 사항은 대통령령으로 정한다.

[전문개정 2008.6.13]

제13조(정보통신망의 이용촉진 등에 관한 사업) ① 지식경제부장관은 공공, 지역, 산업, 생활 및 사회적 복지 등 각 분야의 정보통신망의 이용촉진과 정보격차의 해소를 위하여 관련 기술·기기 및 응용서비스의 효율적인 활용·보급을 촉진하기 위한 사업을 대통령령으로 정하는 바에 따라 실시할 수 있다.

② 정부는 제1항에 따른 사업에 참여하는 자에게 재정 및 기술 등 필요한 지원을 할 수 있다.

[전문개정 2008.6.13]

제14조(인터넷 이용의 확산) 정부는 인터넷 이용이 확산될 수 있도록 공공 및 민간의 인터넷 이용시설의 효율적 활용을 유도하고 인터넷 관련 교육 및 홍보 등의 인터넷 이용기반을 확충하며, 지역별·성별·연령별 인터넷 이용격차를 해소하기 위한 시책을 마련하고 추진하여야 한다.

[전문개정 2008.6.13]

제15조(인터넷 서비스의 품질 개선) ① 지식경제부장관은 인터넷 서비스 이용자의 권익을 보호하고 인터넷 서비스의 품질 향상 및 안정적 제공을 보장하기 위한 시책을 마련하여야 한다.

② 지식경제부장관은 제1항에 따른 시책을 추진하기 위하여 필요하면 정보통신서비스 제공자단체 및 이용자단체 등의 의견을 들어 인터넷 서비스 품질의 측정·평가에 관한 기준을 정하여 고시할 수 있다.

③ 정보통신서비스 제공자는 제2항에 따른 기준에 따라 자율적으로 인터넷 서비스의 품질 현황을 평가하여 그 결과를 이용자에게 알려 줄 수 있다.

[전문개정 2008.6.13]

제16조 삭제 <2004.1.29>

제17조 삭제 <2004.1.29>

## 제3장 전자문서중계자를 통한 전자문서의 활용

제18조(전자문서중계자에 의한 문서의 처리 등) ① 국가기관이나 지방자치단체의 장이 전자문서중계설비를 관리하는 자(이하 '전자문서중계자'라 한다.)를 통하여 법령에서 규정한 허가·인가·승인·등록·신고·신청 등(이하 이 조에서 '허가 등'이라 한다.)을 전자문서로 처리하려면 대통령령으로 정하는 바에 따라 대상 업무와 전자문서중계자 등 필요한 사항을 정하고 고시하여야 한다.

② 제1항에 따라 처리되는 전자문서와 그 문서상의 명의인을 표시한 문자 및 '전자서명법' 제2조 제3호에 따른 공인전자서명은 각각 해당 법령에서 정한 문서와 그 문서상의 서명날인으로 본다.

③ 제1항에 따라 허가 등을 전자문서로 처리한 경우에는 해당 법령에서 정한 절차에 따라 처리한 것으로 본다.

④ 전자문서중계자의 지정요건 및 지정절차에 필요한 사항은 대통령령으로 정한다.

[전문개정 2008.6.13]

제19조(전자문서의 송수신 시기) ① 전자문서는 작성자 외의 자 또는 작성자의 대리인 외의 자가 관리하는 컴퓨터에 입력되었을 때에 송신된 것으로 본다.

② 전자문서는 다음 각 호의 어느 하나에 해당할 때에 수신된 것으로 본다.

1. 수신자가 전자문서를 수신할 컴퓨터를 지정한 경우에는 지정한 컴퓨터에 입력되었을 때. 다만, 지정한 컴퓨터가 아닌 컴퓨터에 입력되었을 경우에는 수신자가 전자문서를 출력하였을 때를 말한다.

2. 수신자가 전자문서를 수신할 컴퓨터를 지정하지 아니한 경우에는 수신자가 관리하는 컴퓨터에 입력되었을 때.

[전문개정 2008.6.13]

제20조(전자문서 내용의 추정 등) ① 전자문서의 내용에 대하여 당사자 또는 이해관계자 사이에 다툼이 있으면 전자문서중계자의 컴퓨터의 파일에 기록된 전자문서의 내용대로 작성된 것으로 추정한다.

② 전자문서중계자는 '공공기록물 관리에 관한 법률' 제19조에 따라 전자문서를 보관하여야 한다.

[전문개정 2008.6.13]

제21조(전자문서 등의 공개 제한) 전자문서중계자는 전자문서중계설비에 의하여 처리되는 전자문서 또는 관련 기록을 적법한 절차에 따르지 아니하거나 전자문서 발신자 및 수신자의 동의 없이 공개하여서는 아니 된다.

[전문개정 2008.6.13]


## 제4장 개인정보의 보호

제1절 개인정보의 수집·이용 및 제공 등

제22조(개인정보의 수집·이용 동의 등) ① 정보통신서비스 제공자는 이용자의 개인정보를 이용하려고 수집하는 경우에는 다음 각 호의 모든 사항을 이용자에게 알리고 동의를 받아야 한다. 다음 각 호의 어느 하나의 사항을 변경하려는 경우에도 또한 같다.

1. 개인정보의 수집·이용 목적

2. 수집하는 개인정보의 항목

3. 개인정보의 보유·이용 기간

② 정보통신서비스 제공자는 다음 각 호의 어느 하나에 해당하는 경우에는 제1항에 따른 동의 없이 이용자의 개인정보를 수집·이용할 수 있다.

1. 정보통신서비스의 제공에 관한 계약을 이행하기 위하여 필요한 개인정보로서 경제적·기술적인 사유로 통상적인 동의를 받는 것이 뚜렷하게 곤란한 경우

2. 정보통신서비스의 제공에 따른 요금정산을 위하여 필요한 경우

3. 이 법 또는 다른 법률에 특별한 규정이 있는 경우

[전문개정 2008.6.13]

제23조(개인정보의 수집 제한 등) ① 정보통신서비스 제공자는 사상, 신념, 과거의 병력(병력) 등 개인의 권리·이익이나 사생활을 뚜렷하게 침해할 우려가 있는 개인정보를 수집하여서는 아니 된다. 다만, 제22조 제1항에 따른 이용자의 동의를 받거나 다른 법률에 따라 특별히 수집 대상 개인정보로 허용된 경우에는 그 개인정보를 수집할 수 있다.

② 정보통신서비스 제공자는 이용자의 개인정보를 수집하는 경우에는 정보통신서비스의 제공을 위하여 필요한 최소한의 정보를 수집하여야 하며, 필요한 최소한의 정보 외의 개인정보를 제공하지 아니한다는 이유로 그 서비스의 제공을 거부하여서는 아니 된다.

[전문개정 2008.6.13]

제23조의 2(주민등록번호 외의 회원가입 방법) ① 정보통신서비스 제공자로서 제공하는 정보통신서비스의 유형별 일일 평균 이용자 수가 대통령령으로 정하는 기준에 해당하는 자는 이용자가 정보통신망을 통하여 회원으로 가입할 경우에 주민등록번호를 사용하지 아니하고도 회원으로 가입할 수 있는 방법을 제공하여야 한다.

② 제1항에 해당하는 정보통신서비스 제공자는 주민등록번호를 사용하는 회원가입 방법을 따로 제공하여 이용자가 회원가입 방법을 선택하게 할 수 있다.

[본 조 신설 2008.6.13]

제2절 삭제 〈2007.1.26〉

제24조(개인정보의 이용 제한) 정보통신서비스 제공자는 제22조 및 제23조 제1항 단서에 따라 수집한 개인정보를 이용자로부터 동의받은 목적이나 제22조 제2항 각 호에서 정한 목적과 다른 목적으로 이용하여서는 아니 된다.

[전문개정 2008.6.13]

제24조의 2(개인정보의 제공 동의 등) ① 정보통신서비스 제공자는 이용자의 개인정보를 제3자에게 제공하려면 제22조 제2항 제2호 및 제3호에 해당하는 경우 외에는 다음 각 호의 모든 사항을 이용자에게 알리고 동의를 받아야 한다. 다음 각 호의 어느 하나의 사항이 변경되는 경우에도 또한 같다.

1. 개인정보를 제공받는 자

2. 개인정보를 제공받는 자의 개인정보 이용 목적

3. 제공하는 개인정보의 항목

4. 개인정보를 제공받는 자의 개인정보 보유 및 이용 기간

② 제1항에 따라 정보통신서비스 제공자로부터 이용자의 개인정보를 제공받은 자는 그 이용자의 동의가 있거나 다른 법률에 특별한 규정이 있는 경우 외에는 개인정보를 제3자에게 제공하거나 제공받은 목적 외의 용도로 이용하여서는 아니 된다.

[전문개정 2008.6.13]

제25조(개인정보의 취급위탁) ① 정보통신서비스 제공자와 그로부터 제24조의 2 제1항에 따라 이용자의 개인정보를 제공받은 자(이하 '정보통신서비스 제공자 등'이라 한다.)는 제3자에게 이용자의 개인정보를 수집·보관·처리·이용·제공·관리·파기 등(이하 '취급'이라 한다.)을 할 수 있도록 업무를 위탁(이하 '개인정보 취급위탁'이라 한다.)하는 경우에는 다음 각 호의 사항 모두를 이용자에게 알리고 동의를 받아야 한다. 다음 각 호의 어느 하나의 사항이 변경되는 경우에도 또한 같다.

1. 개인정보 취급위탁을 받는 자(이하 '수탁자'라 한다.)

2. 개인정보 취급위탁을 하는 업무의 내용

② 정보통신서비스 제공자 등은 정보통신서비스의 제공에 관한 계약을 이행하기 위하여 필요한 경우로서 제1항 각 호의 사항 모두를 제27조의 2 제1항에 따라 공개하거나 전자우편 등 대통령령으로 정하는 방법에 따라 이용자에게 알린 경우에는 개인정보 취급위탁에 따른 제1항의 고지절차와 동의절차를 거치지 아니할 수 있다. 제1항 각 호의 어느 하나의 사항이 변경되는 경우에도 또한 같다.

③ 정보통신서비스 제공자 등은 개인정보 취급위탁을 하는 경우에는 수탁자가 이용자의 개인정보를 취급할 수 있는 목적을 미리 정하여야 하며, 수탁자는 이 목적을 벗어나서 이용자의 개인정보를 취급하여서는 아니 된다.

④ 정보통신서비스 제공자 등은 수탁자가 이 장의 규정을 위반하지 아니하도록 관리·감독하여야 한다.

⑤ 수탁자가 개인정보 취급위탁을 받은 업무와 관련하여 이 장의 규정을 위반하여 이용자에게 손해를 발생시키면 그 수탁자를 손해배상책임에 있어서 정보통신서비스 제공자 등의 소속 직원으로 본다.

[전문개정 2008.6.13]

제26조(영업의 양수 등에 따른 개인정보의 이전) ① 정보통신서비스 제공자 등이 영업의 전부 또는 일부의 양도·합병 등으로 그 이용자의 개인정보를 타인에게 이전하는 경우에는 미리 다음 각 호의 사항 모두를 인터넷 홈페이지 게시, 전자우편 등 대통령령으로 정하는 방법에 따라 이용자에게 알려야 한다.

1. 개인정보를 이전하려는 사실

2. 개인정보를 이전받는 자(이하 '영업양수자 등'이라 한다.)의 성명(법인의 경우에는 법인의 명칭을 말한다. 이하 이 조에서 같다.)·주소·전화번호 및 그 밖의 연락처

3. 이용자가 개인정보의 이전을 원하지 아니하는 경우 그 동의를 철회할 수 있는 방법과 절차

② 영업양수자 등은 개인정보를 이전받으면 지체 없이 그 사실을 인터넷 홈페이지 게시, 전자우편 등 대통령령으로 정하는 방법에 따라 이용자에게 알려야 한다. 다만, 정보통신서비스 제공자 등이 제1항에 따라 그 이전사실을 이미 알린 경우에는 그러하지 아니하다.

③ 영업양수자 등은 정보통신서비스 제공자 등이 이용자의 개인정보를 이용하거나 제공할 수 있는 당초 목적의 범위에서만 개인정보를 이용하거나 제공할 수 있다. 다만, 이용자로부터 별도의 동의를 받은 경우에는 그러하지 아니하다.

[전문개정 2008.6.13]

제26조의 2(동의를 받는 방법) 제22조 제1항, 제23조 제1항 단서, 제24조의 2 제1항·제2항, 제25조 제1항, 제26조 제3항 단서 또는 제63조 제2항에 따른 동의(이

하 '개인정보 수집·이용·제공 등의 동의'라 한다.)를 받는 방법은 개인정보의 수집매체, 업종의 특성 및 이용자의 수 등을 고려하여 대통령령으로 정한다.

[전문개정 2008.6.13]

## 제2절 개인정보의 관리 및 파기 등 〈신설 2007.1.26〉

제27조(개인정보 관리책임자의 지정) ① 정보통신서비스 제공자 등은 이용자의 개인정보를 보호하고 개인정보와 관련한 이용자의 고충을 처리하기 위하여 개인정보 관리책임자를 지정하여야 한다. 다만, 종업원 수, 이용자 수 등이 대통령령으로 정하는 기준에 해당하는 정보통신서비스 제공자 등의 경우에는 지정하지 아니할 수 있다.

② 제1항 단서에 따른 정보통신서비스 제공자 등이 개인정보 관리책임자를 지정하지 아니하는 경우에는 그 사업주 또는 대표자가 개인정보 관리책임자가 된다.

③ 개인정보 관리책임자의 자격요건과 그 밖의 지정에 필요한 사항은 대통령령으로 정한다.

[전문개정 2008.6.13]

제27조의 2(개인정보 취급방침의 공개) ① 정보통신서비스 제공자 등은 이용자의 개인정보를 취급하는 경우에는 개인정보 취급방침을 정하여 이용자가 언제든지 쉽게 확인할 수 있도록 대통령령으로 정하는 방법에 따라 공개하여야 한다.

② 제1항에 따른 개인정보 취급방침에는 다음 각 호의 사항이 모두 포함되어야 한다.

1. 개인정보의 수집·이용 목적, 수집하는 개인정보의 항목 및 수집방법
2. 개인정보를 제3자에게 제공하는 경우 제공받는 자의 성명(법인인 경우에는 법인의 명칭을 말한다.), 제공받는 자의 이용 목적과 제공하는 개인정보의 항목
3. 개인정보의 보유 및 이용 기간, 개인정보의 파기절차 및 파기방법(제29조 각 호 외의 부분 단서에 따라 개인정보를 보존하여야 하는 경우에는 그 보존근거와 보존하는 개인정보 항목을 포함한다.)
4. 개인정보 취급위탁을 하는 업무의 내용 및 수탁자(해당되는 경우에만 취급방침에 포함한다.)
5. 이용자 및 법정대리인의 권리와 그 행사방법
6. 인터넷 접속정보파일 등 개인정보를 자동으로 수집하는 장치의 설치·운영 및

그 거부에 관한 사항

7. 개인정보 관리책임자의 성명 또는 개인정보보호 업무 및 관련 고충사항을 처리
하는 부서의 명칭과 그 전화번호 등 연락처

③ 정보통신서비스 제공자 등은 제1항에 따른 개인정보 취급방침을 변경하는 경우
에는 그 이유 및 변경내용을 대통령령으로 정하는 방법에 따라 지체 없이 공지하
고, 이용자가 언제든지 변경된 사항을 쉽게 알아볼 수 있도록 조치하여야 한다.

[전문개정 2008.6.13]

제28조(개인정보의 보호조치) ① 정보통신서비스 제공자 등이 개인정보를 취급할 때
에는 개인정보의 분실·도난·누출·변조 또는 훼손을 방지하기 위하여 대통령령
으로 정하는 기준에 따라 다음 각 호의 기술적·관리적 조치를 하여야 한다.

1. 개인정보를 안전하게 취급하기 위한 내부관리계획의 수립·시행

2. 개인정보에 대한 불법적인 접근을 차단하기 위한 침입차단시스템 등 접근 통제
장치의 설치·운영

3. 접속기록의 위조·변조 방지를 위한 조치

4. 개인정보를 안전하게 저장·전송할 수 있는 암호화 기술 등을 이용한 보안조치

5. 백신 소프트웨어의 설치·운영 등 컴퓨터바이러스에 의한 침해 방지조치

6. 그 밖에 개인정보의 안전성 확보를 위하여 필요한 보호조치

② 정보통신서비스 제공자 등은 이용자의 개인정보를 취급하는 자를 최소한으로
제한하여야 한다.

[전문개정 2008.6.13]

제28조의 2(개인정보의 누설금지) ① 이용자의 개인정보를 취급하고 있거나 취급하
였던 자는 직무상 알게 된 개인정보를 훼손·침해 또는 누설하여서는 아니 된다.

② 누구든지 그 개인정보가 누설된 사정을 알면서도 영리 또는 부정한 목적으로
개인정보를 제공받아서는 아니 된다.

[전문개정 2008.6.13]

제29조(개인정보의 파기) 정보통신서비스 제공자 등은 다음 각 호의 어느 하나에 해
당하는 경우에는 해당 개인정보를 지체 없이 파기하여야 한다. 다만, 다른 법률에
따라 개인정보를 보존하여야 하는 경우에는 그러하지 아니하다.

1. 제22조 제1항, 제23조 제1항 단서 또는 제24조의 2 제1항·제2항에 따라 동의

를 받은 개인정보의 수집·이용 목적이나 제22조 제2항 각 호에서 정한 해당 목적을 달성한 경우

2. 제22조 제1항, 제23조 제1항 단서 또는 제24조의 2 제1항·제2항에 따라 동의 를 받은 개인정보의 보유 및 이용 기간이 끝난 경우

3. 제22조 제2항에 따라 이용자의 동의를 받지 아니하고 수집·이용한 경우에는 제27조의 2 제2항 제3호에 따른 개인정보의 보유 및 이용 기간이 끝난 경우

4. 사업을 폐업하는 경우

[전문개정 2008.6.13]

## 제3절 이용자의 권리

**제30조**(이용자의 권리 등) ① 이용자는 정보통신서비스 제공자 등에 대하여 언제든 지 개인정보 수집·이용·제공 등의 동의를 철회할 수 있다.

② 이용자는 정보통신서비스 제공자 등에 대하여 본인에 관한 다음 각 호의 어느 하나의 사항에 대한 열람이나 제공을 요구할 수 있고 오류가 있는 경우에는 그 정 정을 요구할 수 있다.

1. 정보통신서비스 제공자 등이 가지고 있는 이용자의 개인정보

2. 정보통신서비스 제공자 등이 이용자의 개인정보를 이용하거나 제3자에게 제공 한 현황

3. 정보통신서비스 제공자 등에게 개인정보 수집·이용·제공 등의 동의를 한 현황

③ 정보통신서비스 제공자 등은 이용자가 제1항에 따라 동의를 철회하면 지체 없 이 수집된 개인정보를 파기하는 등 필요한 조치를 하여야 한다.

④ 정보통신서비스 제공자 등은 제2항에 따라 열람 또는 제공을 요구받으면 지체 없이 필요한 조치를 하여야 한다.

⑤ 정보통신서비스 제공자 등은 제2항에 따라 오류의 정정을 요구받으면 지체 없 이 그 오류를 정정하거나 정정하지 못하는 사유를 이용자에게 알리는 등 필요한 조치를 하여야 하고, 필요한 조치를 할 때까지는 해당 개인정보를 이용하거나 제 공하여서는 아니 된다. 다만, 다른 법률에 따라 개인정보의 제공을 요청받은 경우 에는 그 개인정보를 제공하거나 이용할 수 있다.

⑥ 정보통신서비스 제공자 등은 제1항에 따른 동의의 철회 또는 제2항에 따른 개 인정보의 열람·제공 또는 오류의 정정을 요구하는 방법을 개인정보의 수집방법

보다 쉽게 하여야 한다.

⑦ 영업양수자 등에 대해서는 제1항부터 제6항까지의 규정을 준용한다. 이 경우 '정보통신서비스 제공자 등'은 '영업양수자 등'으로 본다.

[전문개정 2008.6.13]

**제31조**(법정대리인의 권리) ① 정보통신서비스 제공자 등이 만 14세 미만의 아동으로부터 개인정보 수집·이용·제공 등의 동의를 받으려면 그 법정대리인의 동의를 받아야 한다. 이 경우 정보통신서비스 제공자는 그 아동에게 법정대리인의 동의를 받기 위하여 필요한 법정대리인의 성명 등 최소한의 정보를 요구할 수 있다.

② 법정대리인은 해당 아동의 개인정보에 대하여 제30조 제1항 및 제2항에 따른 이용자의 권리를 행사할 수 있다.

③ 제2항에 따른 법정대리인의 동의 철회, 열람 또는 오류정정의 요구에 관해서는 제30조 제3항부터 제5항까지의 규정을 준용한다.

[전문개정 2008.6.13]

**제32조**(손해배상) 이용자는 정보통신서비스 제공자 등이 이 장의 규정을 위반한 행위로 손해를 입으면 그 정보통신서비스 제공자 등에게 손해배상을 청구할 수 있다. 이 경우 해당 정보통신서비스 제공자 등은 고의 또는 과실이 없음을 입증하지 아니하면 책임을 면할 수 없다.

[전문개정 2008.6.13]

## 제4절 개인정보분쟁조정위원회

**제33조**(개인정보분쟁조정위원회의 설치 및 구성) ① 개인정보에 관한 분쟁을 조정하기 위하여 개인정보분쟁조정위원회(이하 '분쟁조정위원회'라 한다.)를 둔다.

② 분쟁조정위원회는 위원장 1명을 포함한 15명 이내의 위원으로 구성하며, 그중 1명은 상임으로 한다.

③ 위원은 다음 각 호의 어느 하나에 해당하는 자 중에서 대통령령으로 정하는 바에 따라 행정안전부장관이 임명하거나 위촉한다. 이 경우 다음 각 호의 어느 하나에 해당하는 자가 1명 이상 포함되어야 한다.

1. 대학이나 공인된 연구기관에서 부교수급 이상 또는 이에 상당하는 직에 있거나

있었던 자로서 개인정보보호 관련 분야를 전공한 자

2. 4급 이상 공무원(고위공무원단에 속하는 일반직공무원을 포함한다.) 또는 이에 상당하는 공공기관의 직에 있거나 있었던 자로서 개인정보보호 업무에 관한 경험이 있는 자

3. 판사·검사 또는 변호사의 자격이 있는 자

4. 정보통신서비스 이용자단체의 임원직에 있거나 있었던 자

5. 정보통신서비스 제공자 또는 정보통신서비스 제공자단체의 임원직에 있거나 있었던 자

6. '비영리민간단체 지원법' 제2조에 따른 비영리민간단체에서 추천한 자

④ 위원의 임기는 3년으로 하고, 연임할 수 있다.

⑤ 위원장은 위원 중에서 행정안전부장관이 임명한다.

⑥ 분쟁조정위원회의 업무를 지원하기 위하여 제52조에 따른 한국정보보호진흥원(이하 제46조의 2, 제47조, 제48조의 2, 제48조의 3 및 제49조의 2에서 '보호진흥원'이라 한다.)에 사무국을 둔다.

[전문개정 2008.6.13]

**제33조의 2(조정부)** ① 분쟁의 조정업무를 효율적으로 수행하기 위하여 분쟁조정위원회에 5명 이하의 위원으로 구성되는 조정부를 두되, 그중 1명은 변호사의 자격이 있는 자로 한다.

② 분쟁조정위원회는 필요하면 일부 분쟁을 제1항에 따른 조정부에 맡겨 조정하게 할 수 있다.

③ 제1항에 따른 조정부의 구성 및 운영에 필요한 사항은 행정안전부령으로 정한다.

[전문개정 2008.6.13]

**제34조(위원의 신분보장)** 위원은 자격정지 이상의 형을 선고받거나 심신상의 장애로 직무를 수행할 수 없는 경우 외에는 그의 의사에 반하여 면직되거나 해촉되지 아니한다.

[전문개정 2008.6.13]

**제35조(위원의 제척·기피·회피)** ① 위원은 다음 각 호의 어느 하나에 해당되면 해당 분쟁조정 청구사건(이하 이 조에서 '사건'이라 한다.)의 심의·의결에서 제척된다.

1. 위원 또는 그 배우자나 배우자였던 자가 해당 사건의 당사자가 되거나 그 사건

에 관하여 공동권리자 또는 공동의무자의 관계에 있는 경우

2. 위원이 해당 사건의 당사자와 친족관계에 있거나 있었던 경우

3. 위원이 해당 사건에 관하여 증언이나 감정을 한 경우

4. 위원이 해당 사건에 관하여 당사자의 대리인 또는 임직원으로서 관여하거나 관여하였던 경우

② 당사자는 위원에게 심의·의결의 공정을 기대하기 어려운 사정이 있으면 분쟁조정위원회에 기피신청을 할 수 있다. 이 경우 분쟁조정위원회는 기피신청이 타당하다고 인정하는 경우에는 기피의 결정을 한다.

③ 위원이 제1항 또는 제2항의 사유에 해당하면 스스로 그 사건의 심의·의결에서 회피할 수 있다.

[전문개정 2008.6.13]

제36조(분쟁의 조정) ① 개인정보와 관련한 분쟁의 조정을 원하는 자는 분쟁조정위원회에 분쟁의 조정을 신청할 수 있다.

② 제1항에 따른 분쟁의 조정신청을 받은 분쟁조정위원회는 신청을 받은 날부터 60일 이내에 심사하여 조정안을 작성하여야 한다. 다만, 부득이한 사정이 있는 경우에는 분쟁조정위원회의 의결로 그 기간을 연장할 수 있다.

③ 제2항 단서에 따라 기간을 연장한 경우에는 기간연장의 사유나 그 밖의 기간연장에 대한 사항을 신청인에게 알려야 한다.

[전문개정 2008.6.13]

제37조(자료요청 등) ① 분쟁조정위원회는 분쟁조정을 위하여 필요한 자료의 제공을 분쟁당사자에게 요청할 수 있다. 이 경우 그 분쟁당사자는 정당한 사유가 없으면 요청에 따라야 한다.

② 분쟁조정위원회는 필요하다고 인정하면 분쟁당사자나 참고인을 분쟁조정위원회에 출석하도록 하여 그 의견을 들을 수 있다.

[전문개정 2008.6.13]

제38조(조정의 효력) ① 분쟁조정위원회는 제36조 제2항에 따라 조정안을 작성하면 지체 없이 각 당사자에게 제시하여야 한다.

② 제1항에 따라 조정안을 제시받은 당사자는 제시받은 날부터 15일 이내에 조정안의 수락 여부를 분쟁조정위원회에 통보하여야 한다.

③ 당사자가 조정안을 수락하면 분쟁조정위원회는 즉시 조정서를 작성하여야 하며, 위원장 및 각 당사자는 그 조정서에 기명날인하여야 한다.

④ 당사자가 제3항에 따라 조정안을 수락하고 조정서에 기명날인을 하면 당사자 간에 조정서와 같은 내용의 합의가 성립된 것으로 본다.

[전문개정 2008.6.13]

제39조(조정의 거부 및 중지) ① 분쟁조정위원회는 분쟁의 성질상 분쟁조정위원회에서 조정하는 것이 적합하지 아니하다고 인정하거나 부정한 목적으로 신청되었다고 인정하는 경우에는 그 조정을 거부할 수 있다. 이 경우 조정거부의 사유 등을 신청인에게 알려야 한다.

② 분쟁조정위원회는 신청된 조정사건에 대한 처리절차를 진행하던 중에 한쪽 당사자가 소를 제기하면 그 조정의 처리를 중지하고 이를 당사자에게 알려야 한다.

[전문개정 2008.6.13]

제40조(조정절차 등) 제36조부터 제39조까지의 규정에서 정한 것 외에 분쟁의 조정 방법·조정절차 및 조정업무의 처리 등에 필요한 사항은 대통령령으로 정한다.

[전문개정 2008.6.13]


## 제5장 정보통신망에서의 이용자 보호 등 〈개정 2007.1.26〉

제41조(청소년 보호를 위한 시책의 마련 등) ① 방송통신위원회는 정보통신망을 통하여 유통되는 음란·폭력정보 등 청소년에게 해로운 정보(이하 '청소년유해정보'라 한다.)로부터 청소년을 보호하기 위하여 다음 각 호의 시책을 마련하여야 한다.

1. 내용 선별 소프트웨어의 개발 및 보급
2. 청소년 보호를 위한 기술의 개발 및 보급
3. 청소년 보호를 위한 교육 및 홍보
4. 그 밖에 청소년 보호를 위하여 대통령령으로 정하는 사항

② 방송통신위원회는 제1항에 따른 시책을 추진할 때에는 '방송통신위원회의 설치 및 운영에 관한 법률' 제18조에 따른 방송통신심의위원회(이하 '심의위원회'라 한다.), 정보통신서비스 제공자단체·이용자단체, 그 밖의 관련 전문기관이 실시하는 청소년 보호를 위한 활동을 지원할 수 있다.

[전문개정 2008.6.13]

제42조(청소년유해매체물의 표시) 전기통신사업자의 전기통신역무를 이용하여 일반에게 공개를 목적으로 정보를 제공하는 자(이하 '정보제공자'라 한다.) 중 '청소년 보호법' 제7조 제4호에 따른 매체물로서 같은 법 제2조 제3호에 따른 청소년유해매체물을 제공하려는 자는 대통령령으로 정하는 표시방법에 따라 그 정보가 청소년유해매체물임을 표시하여야 한다.

[전문개정 2008.6.13]

제42조의 2(청소년유해매체물의 광고금지) 누구든지 '청소년 보호법' 제7조 제4호에 따른 매체물로서 같은 법 제2조 제3호에 따른 청소년유해매체물을 광고하는 내용의 정보를 정보통신망을 이용하여 부호·문자·음성·음향·화상 또는 영상 등의 형태로 같은 법 제2조 제1호에 따른 청소년에게 전송하거나 청소년 접근을 제한하는 조치 없이 공개적으로 전시하여서는 아니 된다.

[전문개정 2008.6.13]

제42조의 3(청소년 보호 책임자의 지정 등) ① 정보통신서비스 제공자 중 일일 평균 이용자의 수, 매출액 등이 대통령령으로 정하는 기준에 해당하는 자는 정보통신망의 청소년유해정보로부터 청소년을 보호하기 위하여 청소년 보호 책임자를 지정하여야 한다.

② 청소년 보호 책임자는 해당 사업자의 임원 또는 청소년 보호와 관련된 업무를 담당하는 부서의 장에 해당하는 지위에 있는 자 중에서 지정한다.

③ 청소년 보호 책임자는 정보통신망의 청소년유해정보를 차단·관리하고, 청소년유해정보로부터의 청소년 보호계획을 수립하는 등 청소년 보호업무를 하여야 한다.

④ 제1항에 따른 청소년 보호 책임자의 지정에 필요한 사항은 대통령령으로 정한다.

[전문개정 2008.6.13]

제43조(영상 또는 음향정보 제공사업자의 보관의무) ① '청소년 보호법' 제7조 제4호에 따른 매체물로서 같은 법 제2조 제3호에 따른 청소년유해매체물을 이용자의 컴퓨터에 저장 또는 기록하지 아니하는 방식으로 제공하는 것을 영업으로 하는 정보제공자 중 대통령령으로 정하는 자는 해당 정보를 보관하여야 한다.

② 제1항에 따른 정보제공자가 해당 정보를 보관하여야 할 기간은 대통령령으로

정한다.

[전문개정 2008.6.13]

**제44조**(정보통신망에서의 권리보호) ① 이용자는 사생활 침해 또는 명예훼손 등 타인의 권리를 침해하는 정보를 정보통신망에 유통시켜서는 아니 된다.

② 정보통신서비스 제공자는 자신이 운영·관리하는 정보통신망에 제1항에 따른 정보가 유통되지 아니하도록 노력하여야 한다.

③ 방송통신위원회는 정보통신망에 유통되는 정보로 인한 사생활 침해 또는 명예훼손 등 타인에 대한 권리침해를 방지하기 위하여 기술개발·교육·홍보 등에 대한 시책을 마련하고 이를 정보통신서비스 제공자에게 권고할 수 있다.

[전문개정 2008.6.13]

**제44조의 2**(정보의 삭제요청 등) ① 정보통신망을 통하여 일반에게 공개를 목적으로 제공된 정보로 사생활 침해나 명예훼손 등 타인의 권리가 침해된 경우 그 침해를 받은 자는 해당 정보를 취급한 정보통신서비스 제공자에게 침해사실을 소명하여 그 정보의 삭제 또는 반박내용의 게재(이하 '삭제 등'이라 한다.)를 요청할 수 있다.

② 정보통신서비스 제공자는 제1항에 따른 해당 정보의 삭제 등을 요청받으면 지체 없이 삭제·임시조치 등의 필요한 조치를 하고 즉시 신청인 및 정보게재자에게 알려야 한다. 이 경우 정보통신서비스 제공자는 필요한 조치를 한 사실을 해당 게시판에 공시하는 등의 방법으로 이용자가 알 수 있도록 하여야 한다.

③ 정보통신서비스 제공자는 자신이 운영·관리하는 정보통신망에 제42조에 따른 표시방법을 지키지 아니하는 청소년유해매체물이 게재되어 있거나 제42조의 2에 따른 청소년 접근을 제한하는 조치 없이 청소년유해매체물을 광고하는 내용이 전시되어 있는 경우에는 지체 없이 그 내용을 삭제하여야 한다.

④ 정보통신서비스 제공자는 제1항에 따른 정보의 삭제요청에도 불구하고 권리의 침해 여부를 판단하기 어렵거나 이해당사자 간에 다툼이 예상되는 경우에는 해당 정보에 대한 접근을 임시적으로 차단하는 조치(이하 '임시조치'라 한다.)를 할 수 있다. 이 경우 임시조치의 기간은 30일 이내로 한다.

⑤ 정보통신서비스 제공자는 필요한 조치에 관한 내용·절차 등을 미리 약관에 구체적으로 밝혀야 한다.

⑥ 정보통신서비스 제공자는 자신이 운영·관리하는 정보통신망에 유통되는 정보

에 대하여 제2항에 따른 필요한 조치를 하면 이로 인한 배상책임을 줄이거나 면제받을 수 있다.

[전문개정 2008.6.13]

제44조의 3(임의의 임시조치) ① 정보통신서비스 제공자는 자신이 운영·관리하는 정보통신망에 유통되는 정보가 사생활 침해 또는 명예훼손 등 타인의 권리를 침해한다고 인정되면 임의로 임시조치를 할 수 있다.

② 제1항에 따른 임시조치에 관해서는 제44조의 2 제2항 후단, 제4항 후단 및 제5항을 준용한다.

[전문개정 2008.6.13]

제44조의 4(자율규제) 정보통신서비스 제공자단체는 이용자를 보호하고 안전하며 신뢰할 수 있는 정보통신서비스를 제공하기 위하여 정보통신서비스 제공자 행동강령을 정하여 시행할 수 있다.

[전문개정 2008.6.13]

제44조의 5(게시판 이용자의 본인 확인) ① 다음 각 호의 어느 하나에 해당하는 자가 게시판을 설치·운영하려면 그 게시판 이용자의 본인 확인을 위한 방법 및 절차의 마련 등 대통령령으로 정하는 필요한 조치(이하 '본인확인조치'라 한다.)를 하여야 한다.

1. 국가기관, 지방자치단체, '공공기관의 운영에 관한 법률' 제5조 제3항에 따른 공기업·준정부기관 및 '지방공기업법'에 따른 지방공사·지방공단(이하 '공공기관 등'이라 한다.)

2. 정보통신서비스 제공자로서 제공하는 정보통신서비스의 유형별 일일 평균 이용자 수가 10만 명 이상이면서 대통령령으로 정하는 기준에 해당되는 자

② 방송통신위원회는 제1항 제2호에 따른 기준에 해당되는 정보통신서비스 제공자가 본인확인조치를 하지 아니하면 본인확인조치를 하도록 명령할 수 있다.

③ 정부는 제1항에 따른 본인 확인을 위하여 안전하고 신뢰할 수 있는 시스템을 개발하기 위한 시책을 마련하여야 한다.

④ 공공기관 등 및 정보통신서비스 제공자가 선량한 관리자의 주의로써 제1항에 따른 본인확인조치를 한 경우에는 이용자의 명의가 제3자에 의하여 부정 사용됨에 따라 발생한 손해에 대한 배상책임을 줄이거나 면제받을 수 있다.

[전문개정 2008.6.13]

**제44조의 6(이용자 정보의 제공청구)** ① 특정한 이용자에 의한 정보의 게재나 유통으로 사생활 침해 또는 명예훼손 등 권리를 침해당하였다고 주장하는 자는 민·형사상의 소를 제기하기 위하여 침해사실을 소명하여 제44조의 10에 따른 명예훼손 분쟁조정부에 해당 정보통신서비스 제공자가 보유하고 있는 해당 이용자의 정보(민·형사상의 소를 제기하기 위한 성명·주소 등 대통령령으로 정하는 최소한의 정보를 말한다.)를 제공하도록 청구할 수 있다.

② 명예훼손 분쟁조정부는 제1항에 따른 청구를 받으면 해당 이용자와 연락할 수 없는 등의 특별한 사정이 있는 경우 외에는 그 이용자의 의견을 들어 정보제공 여부를 결정하여야 한다.

③ 제1항에 따라 해당 이용자의 정보를 제공받은 자는 해당 이용자의 정보를 민·형사상의 소를 제기하기 위한 목적 외의 목적으로 사용하여서는 아니 된다.

④ 그 밖의 이용자 정보 제공청구의 내용과 절차에 필요한 사항은 대통령령으로 정한다.

[전문개정 2008.6.13]

**제44조의 7(불법정보의 유통금지 등)** ① 누구든지 정보통신망을 통하여 다음 각 호의 어느 하나에 해당하는 정보를 유통하여서는 아니 된다.

1. 음란한 부호·문언·음향·화상 또는 영상을 배포·판매·임대하거나 공공연하게 전시하는 내용의 정보

2. 사람을 비방할 목적으로 공공연하게 사실이나 거짓의 사실을 드러내어 타인의 명예를 훼손하는 내용의 정보

3. 공포심이나 불안감을 유발하는 부호·문언·음향·화상 또는 영상을 반복적으로 상대방에게 도달하도록 하는 내용의 정보

4. 정당한 사유 없이 정보통신시스템, 데이터 또는 프로그램 등을 훼손·멸실·변경·위조하거나 그 운용을 방해하는 내용의 정보

5. '청소년 보호법'에 따른 청소년유해매체물로서 상대방의 연령 확인, 표시의무 등 법령에 따른 의무를 이행하지 아니하고 영리를 목적으로 제공하는 내용의 정보

6. 법령에 따라 금지되는 사행행위에 해당하는 내용의 정보

7. 법령에 따라 분류된 비밀 등 국가기밀을 누설하는 내용의 정보

8. '국가보안법'에서 금지하는 행위를 수행하는 내용의 정보

9. 그 밖에 범죄를 목적으로 하거나 교사(교사) 또는 방조하는 내용의 정보

② 방송통신위원회는 제1항 제1호부터 제6호까지의 정보에 대해서는 심의위원회의 심의를 거쳐 정보통신서비스 제공자 또는 게시판 관리·운영자로 하여금 그 취급을 거부·정지 또는 제한하도록 명할 수 있다. 다만, 제1항 제2호 및 제3호에 따른 정보의 경우에는 해당 정보로 인하여 피해를 받은 자가 구체적으로 밝힌 의사에 반하여 그 취급의 거부·정지 또는 제한을 명할 수 없다.

③ 방송통신위원회는 제1항 제7호부터 제9호까지의 정보가 다음 각 호의 모두에 해당하는 경우에는 정보통신서비스 제공자 또는 게시판 관리·운영자에게 해당 정보의 취급을 거부·정지 또는 제한하도록 명하여야 한다.

1. 관계 중앙행정기관의 장의 요청이 있었을 것

2. 제1호의 요청을 받은 날부터 7일 이내에 심의위원회의 심의를 거친 후 '방송통신위원회의 설치 및 운영에 관한 법률' 제21조 제4호에 따른 시정 요구를 하였을 것

3. 정보통신서비스 제공자나 게시판 관리·운영자가 시정 요구에 따르지 아니하였을 것

④ 방송통신위원회는 제2항 및 제3항에 따른 명령의 대상이 되는 정보통신서비스 제공자, 게시판 관리·운영자 또는 해당 이용자에게 미리 의견제출의 기회를 주어야 한다. 다만, 다음 각 호의 어느 하나에 해당하는 경우에는 의견제출의 기회를 주지 아니할 수 있다.

1. 공공의 안전 또는 복리를 위하여 긴급히 처분을 할 필요가 있는 경우

2. 의견청취가 뚜렷이 곤란하거나 명백히 불필요한 경우로서 대통령령으로 정하는 경우

3. 의견제출의 기회를 포기한다는 뜻을 명백히 표시한 경우

[전문개정 2008.6.13]

제44조의 8 삭제 <2008.2.29>

제44조의 9 삭제 <2008.2.29>

제44조의 10(명예훼손 분쟁조정부) ① 심의위원회는 정보통신망을 통하여 유통되는

정보 중 사생활의 침해 또는 명예훼손 등 타인의 권리를 침해하는 정보와 관련된 분쟁의 조정업무를 효율적으로 수행하기 위하여 5명 이하의 위원으로 구성된 명예훼손 분쟁조정부를 두되, 그중 1명 이상은 변호사의 자격이 있는 자로 한다.

② 명예훼손 분쟁조정부의 위원은 심의위원회의 위원장이 심의위원회의 동의를 받아 위촉한다.

③ 명예훼손 분쟁조정부의 분쟁조정절차 등에 관해서는 제33조의 2 제2항, 제35조부터 제39조까지의 규정을 준용한다. 이 경우 '분쟁조정위원회'는 '심의위원회'로, '개인정보와 관련한 분쟁'은 '정보통신망을 통하여 유통되는 정보 중 사생활의 침해 또는 명예훼손 등 타인의 권리를 침해하는 정보와 관련된 분쟁'으로 본다.

④ 명예훼손 분쟁조정부의 설치·운영 및 분쟁조정 등에 관하여 그 밖의 필요한 사항은 대통령령으로 정한다.

[전문개정 2008.6.13]


## 제6장 정보통신망의 안정성 확보 등

제45조(정보통신망의 안정성 확보 등) ① 정보통신서비스 제공자는 정보통신서비스의 제공에 사용되는 정보통신망의 안정성 및 정보의 신뢰성을 확보하기 위한 보호조치를 하여야 한다.

② 방송통신위원회는 제1항에 따른 보호조치의 구체적 내용을 정한 정보보호조치 및 안전진단의 방법·절차·수수료에 관한 지침(이하 '정보보호지침'이라 한다.)을 정하여 고시하고 정보통신서비스 제공자에게 이를 지키도록 권고할 수 있다.

③ 정보보호지침에는 다음 각 호의 사항이 포함되어야 한다.

1. 정당한 권한이 없는 자가 정보통신망에 접근·침입하는 것을 방지하거나 대응하기 위한 정보보호시스템의 설치·운영 등 기술적·물리적 보호조치

2. 정보의 불법 유출·변조·삭제 등을 방지하기 위한 기술적 보호조치

3. 정보통신망의 지속적인 이용이 가능한 상태를 확보하기 위한 기술적·물리적 보호조치

4. 정보통신망의 안정 및 정보보호를 위한 인력·조직·경비의 확보 및 관련 계획수립 등 관리적 보호조치

[전문개정 2008.6.13]

제45조의 2 삭제 <2007.1.26>

제46조(집적된 정보통신시설의 보호) ① 타인의 정보통신서비스 제공을 위하여 집적된 정보통신시설을 운영·관리하는 사업자(이하 '집적정보통신시설 사업자'라 한다.)는 정보통신시설을 안정적으로 운영하기 위하여 대통령령으로 정하는 바에 따른 보호조치를 하여야 한다.

② 집적정보통신시설 사업자는 집적된 정보통신시설의 멸실, 훼손, 그 밖의 운영장애로 발생한 피해를 보상하기 위하여 대통령령으로 정하는 바에 따라 보험에 가입하여야 한다.

[전문개정 2008.6.13]

제46조의 2(집적정보통신시설 사업자의 긴급대응) ① 집적정보통신시설 사업자는 다음 각 호의 어느 하나에 해당하는 경우에는 이용약관으로 정하는 바에 따라 해당 서비스의 전부 또는 일부의 제공을 중단할 수 있다.

1. 집적정보통신시설을 이용하는 자(이하 '시설이용자'라 한다.)의 정보시스템에서 발생한 이상 현상으로 다른 시설이용자의 정보통신망 또는 집적된 정보통신시설의 정보통신망에 심각한 장애를 발생시킬 우려가 있다고 판단되는 경우

2. 외부에서 발생한 침해사고로 집적된 정보통신시설에 심각한 장애가 발생할 우려가 있다고 판단되는 경우

3. 중대한 침해사고가 발생하여 방송통신위원회나 보호진흥원이 요청하는 경우

② 집적정보통신시설 사업자는 제1항에 따라 해당 서비스의 제공을 중단하는 경우에는 중단사유, 발생일시, 기간 및 내용 등을 구체적으로 밝혀 시설이용자에게 즉시 알려야 한다.

③ 집적정보통신시설 사업자는 중단사유가 없어지면 즉시 해당 서비스의 제공을 재개하여야 한다.

[전문개정 2008.6.13]

제46조의 3(정보보호 안전진단) ① 다음 각 호의 어느 하나에 해당하는 자는 방송통신위원회가 안전진단을 수행할 수 있다고 인정한 자(이하 '안전진단 수행기관'이라 한다.)로부터 자신의 정보통신망 또는 집적정보통신시설에 대하여 매년 정보보

호지침에 따른 정보보호 안전진단을 받아야 한다. 이 경우 안전진단 수행기관은 15명 이상의 정보보호 기술인력을 보유하고 최근 3년 이내에 정보보호컨설팅을 수행한 실적이 있는 법인이어야 한다.

1. '전기통신사업법' 제2조 제1항 제1호에 따른 전기통신사업자로서 전국적으로 정보통신망서비스를 제공하는 자(이하 '주요정보통신서비스 제공자'라 한다.)
2. 집적정보통신시설 사업자
3. 정보통신서비스 제공자로서 매출액, 이용자 수 등이 대통령령으로 정하는 기준에 해당하는 자

② 제1항에 따라 정보보호 안전진단을 받는 사업자는 관련 정보의 제공 및 시설·장소에의 출입 허용 등 안전진단 수행기관의 정보보호 안전진단 업무에 협력하고, 대통령령으로 정하는 바에 따라 정보보호 안전진단의 결과를 방송통신위원회에 제출하여야 한다.

③ 제1항에 따라 정보보호 안전진단을 받아야 하는 사업자가 '정보통신기반보호법' 제9조에 따라 취약점의 분석·평가를 받거나 제47조에 따른 정보보호 관리체계의 인증을 받으면 그 분석·평가를 받거나 인증을 받은 해당 연도에는 제1항에 따른 정보보호 안전진단을 받은 것으로 본다.

④ 안전진단 수행기관은 제1항에 따른 정보보호 안전진단을 받은 사업자에게 안전진단의 결과에 따라 정보보호조치의 개선을 권고할 수 있다.

⑤ 안전진단 수행기관은 제4항에 따라 정보보호조치의 개선을 권고하였으면 그 권고내용 및 처리 결과를 방송통신위원회에 통보하여야 한다.

⑥ 방송통신위원회는 제2항에 따라 제출된 정보보호 안전진단의 결과와 제5항에 따른 통보내용에 따라 필요하면 정보보호 안전진단을 받은 사업자에게 정보보호조치에 관한 개선명령을 할 수 있다.

⑦ 제1항에 따른 정보보호 안전진단의 방법·절차·수수료, 안전진단 수행기관의 인정절차, 정보보호 기술인력의 자격기준, 정보보호컨설팅 수행실적, 그 밖에 필요한 사항은 대통령령으로 정한다.

⑧ 방송통신위원회는 제1항 제3호의 요건에 해당하는지를 확인하기 위하여 필요하면 관계 행정기관, 관련 자료 보유기관 또는 정보통신서비스 제공자에 대하여 필요한 자료의 제공 또는 사실의 확인을 요청할 수 있다.

[전문개정 2008.6.13]

제47조(정보보호 관리체계의 인증) ① 정보통신망의 안정성 및 신뢰성을 확보하기 위하여 기술적·물리적 보호조치를 포함한 종합적 관리체계(이하 '정보보호 관리체계'라 한다.)를 수립·운영하고 있는 자는 정보보호 관리체계가 제2항에 따라 방송통신위원회가 고시한 기준에 적합한지에 관하여 방송통신위원회나 보호진흥원이 지정하는 기관(이하 '정보보호 관리체계 인증기관'이라 한다.)으로부터 인증을 받을 수 있다.

② 방송통신위원회는 제1항에 따른 인증에 관한 정보보호 관리기준 등 필요한 기준을 정하여 고시할 수 있다.

③ 제1항에 따라 정보보호 관리체계의 인증을 받은 자는 대통령령으로 정하는 바에 따라 인증의 내용을 표시하거나 홍보할 수 있다.

④ 제1항에 따른 인증의 방법·절차와 그 밖에 필요한 사항은 대통령령으로 정한다.

⑤ 정보보호 관리체계 인증기관 지정의 기준·절차·유효기간 등에 필요한 사항은 대통령령으로 정한다.

[전문개정 2008.6.13]

제47조의 2(정보보호 관리체계 인증기관의 지정취소 등) ① 방송통신위원회는 제47조에 따라 정보보호 관리체계 인증기관으로 지정받은 법인 또는 단체가 다음 각 호의 어느 하나에 해당하면 그 지정을 취소하거나 1년 이내의 기간을 정하여 해당 업무의 전부 또는 일부의 정지를 명할 수 있다. 다만, 제1호나 제2호에 해당하는 경우에는 그 지정을 취소하여야 한다.

1. 거짓이나 그 밖의 부정한 방법으로 정보보호 관리체계 인증기관의 지정을 받은 경우

2. 업무정지기간 중에 인증을 한 경우

3. 정당한 사유 없이 인증을 하지 아니한 경우

4. 제47조 제4항을 위반하여 인증을 한 경우

5. 제47조 제5항에 따른 지정기준에 적합하지 아니하게 된 경우

② 제1항에 따른 지정취소 및 업무정지 등에 필요한 사항은 대통령령으로 정한다.

[전문개정 2008.6.13]

제47조의 3(이용자의 정보보호) ① 정부는 이용자의 정보보호에 필요한 기준을 정하여 이용자에게 권고하고, 침해사고의 예방 및 확산 방지를 위하여 취약점 점검,

기술 지원 등 필요한 조치를 할 수 있다.

② 주요정보통신서비스 제공자는 정보통신망에 중대한 침해사고가 발생하여 자신의 서비스를 이용하는 이용자의 정보시스템 또는 정보통신망 등에 심각한 장애가 발생할 가능성이 있으면 이용약관으로 정하는 바에 따라 그 이용자에게 보호조치를 취하도록 요청하고, 이를 이행하지 아니하는 경우에는 해당 정보통신망으로의 접속을 일시적으로 제한할 수 있다.

③ '소프트웨어산업 진흥법' 제2조에 따른 소프트웨어사업자는 보안에 관한 취약점을 보완하는 프로그램을 제작하였을 때에는 보호진흥원에 알려야 하고, 그 소프트웨어 사용자에게는 제작한 날부터 1개월 이내에 2회 이상 알려야 한다.

④ 제2항에 따른 보호조치의 요청 등에 관하여 이용약관으로 정하여야 하는 구체적인 사항은 대통령령으로 정한다.

[전문개정 2008.6.13]

제48조(정보통신망 침해행위 등의 금지) ① 누구든지 정당한 접근권한 없이 또는 허용된 접근권한을 넘어 정보통신망에 침입하여서는 아니 된다.

② 누구든지 정당한 사유 없이 정보통신시스템, 데이터 또는 프로그램 등을 훼손·멸실·변경·위조하거나 그 운용을 방해할 수 있는 프로그램(이하 '악성프로그램'이라 한다.)을 전달 또는 유포하여서는 아니 된다.

③ 누구든지 정보통신망의 안정적 운영을 방해할 목적으로 대량의 신호 또는 데이터를 보내거나 부정한 명령을 처리하도록 하는 등의 방법으로 정보통신망에 장애가 발생하게 하여서는 아니 된다.

[전문개정 2008.6.13]

제48조의 2(침해사고의 대응 등) ① 방송통신위원회는 침해사고에 적절히 대응하기 위하여 다음 각 호의 업무를 수행하고, 필요하면 업무의 전부 또는 일부를 보호진흥원이 수행하도록 할 수 있다.

1. 침해사고에 관한 정보의 수집·전파
2. 침해사고의 예보·경보
3. 침해사고에 대한 긴급조치
4. 그 밖에 대통령령으로 정하는 침해사고 대응조치

② 다음 각 호의 어느 하나에 해당하는 자는 대통령령으로 정하는 바에 따라 침해

사고의 유형별 통계, 해당 정보통신망의 소통량 통계 및 접속경로별 이용 통계 등 침해사고 관련 정보를 방송통신위원회나 보호진흥원에 제공하여야 한다.

1. 주요정보통신서비스 제공자

2. 집적정보통신시설 사업자

3. 그 밖에 정보통신망을 운영하는 자로서 대통령령으로 정하는 자

③ 보호진흥원은 제2항에 따른 정보를 분석하여 방송통신위원회에 보고하여야 한다.

④ 방송통신위원회는 제2항에 따라 정보를 제공하여야 하는 사업자가 정당한 사유 없이 정보의 제공을 거부하거나 거짓 정보를 제공하면 상당한 기간을 정하여 그 사업자에게 시정을 명할 수 있다.

⑤ 방송통신위원회나 보호진흥원은 제2항에 따라 제공받은 정보를 침해사고의 대응을 위하여 필요한 범위에서만 정당하게 사용하여야 한다.

⑥ 방송통신위원회나 보호진흥원은 침해사고의 대응을 위하여 필요하면 제2항 각 호의 어느 하나에 해당하는 자에게 인력지원을 요청할 수 있다.

[전문개정 2008.6.13]

제48조의 3(침해사고의 신고 등) ① 다음 각 호의 어느 하나에 해당하는 자는 침해 사고가 발생하면 즉시 그 사실을 방송통신위원회나 보호진흥원에 신고하여야 한 다. 이 경우 '정보통신기반보호법' 제13조 제1항에 따른 통지가 있으면 전단에 따 른 신고를 한 것으로 본다.

1. 정보통신서비스 제공자

2. 집적정보통신시설 사업자

② 방송통신위원회나 보호진흥원은 제1항에 따라 침해사고의 신고를 받거나 침해 사고를 알게 되면 제48조의 2 제1항 각 호에 따른 필요한 조치를 하여야 한다.

[전문개정 2008.6.13]

제48조의 4(침해사고의 원인 분석 등) ① 정보통신서비스 제공자 등 정보통신망을 운영하는 자는 침해사고가 발생하면 침해사고의 원인을 분석하고 피해의 확산을 방지하여야 한다.

② 방송통신위원회는 정보통신서비스 제공자의 정보통신망에 중대한 침해사고가 발생하면 피해 확산 방지, 사고대응, 복구 및 재발 방지를 위하여 정보보호에 전문 성을 갖춘 민·관합동조사단을 구성하여 그 침해사고의 원인 분석을 할 수 있다.

③ 방송통신위원회는 제2항에 따른 침해사고의 원인을 분석하기 위하여 필요하다고 인정하면 정보통신서비스 제공자와 집적정보통신시설 사업자에게 정보통신망의 접속기록 등 관련 자료의 보전을 명할 수 있다.

④ 방송통신위원회는 침해사고의 원인을 분석하기 위하여 필요하면 정보통신서비스 제공자와 집적정보통신시설 사업자에게 침해사고 관련 자료의 제출을 요구할 수 있으며, 제2항에 따른 민·관합동조사단에게 관계인의 사업장에 출입하여 침해사고 원인을 조사하도록 할 수 있다. 다만, '통신비밀보호법' 제2조 제11호에 따른 통신사실 확인 자료에 해당하는 자료의 제출은 같은 법으로 정하는 바에 따른다.

⑤ 방송통신위원회나 민·관합동조사단은 제4항에 따라 제출받은 자료와 조사를 통하여 알게 된 정보를 침해사고의 원인 분석 및 대책 마련 외의 목적으로는 사용하지 못하며, 원인 분석이 끝난 후에는 즉시 파기하여야 한다.

⑥ 제2항에 따른 민·관합동조사단의 구성과 제4항에 따라 제출된 침해사고 관련 자료의 보호 등에 필요한 사항은 대통령령으로 정한다.

[전문개정 2008.6.13]

**제49조**(비밀 등의 보호) 누구든지 정보통신망에 의하여 처리·보관 또는 전송되는 타인의 정보를 훼손하거나 타인의 비밀을 침해·도용 또는 누설하여서는 아니 된다.

[전문개정 2008.6.13]

**제49조의 2**(속이는 행위에 의한 개인정보의 수집금지 등) ① 누구든지 정보통신망을 통하여 속이는 행위로 다른 사람의 정보를 수집하거나 다른 사람이 정보를 제공하도록 유인하여서는 아니 된다.

② 정보통신서비스 제공자는 제1항을 위반한 사실을 발견하면 즉시 방송통신위원회나 보호진흥원에 신고하여야 한다.

③ 방송통신위원회나 보호진흥원은 제2항에 따른 신고를 받거나 제1항을 위반한 사실을 알게 되면 다음 각 호의 필요한 조치를 하여야 한다.

1. 위반 사실에 관한 정보의 수집·전파

2. 유사 피해에 대한 예보·경보

3. 정보통신서비스 제공자에 대한 접속경로의 차단요청 등 피해 확산을 방지하기 위한 긴급조치

[전문개정 2008.6.13]

제50조(영리목적의 광고성 정보 전송 제한) ① 누구든지 전자우편이나 그 밖에 대통령령으로 정하는 매체를 이용하여 수신자의 명시적인 수신거부 의사에 반하는 영리목적의 광고성 정보를 전송하여서는 아니 된다.

② 수신자의 전화·모사전송기기에 영리목적의 광고성 정보를 전송하려는 자는 그 수신자의 사전 동의를 받아야 한다. 다만, 다음 각 호의 어느 하나에 해당하는 경우에는 사전 동의를 받지 아니한다.

1. 재화 등의 거래관계를 통하여 수신자로부터 직접 연락처를 수집한 자가 그가 취급하는 재화 등에 대한 영리목적의 광고성 정보를 전송하려는 경우

2. '전자상거래 등에서의 소비자보호에 관한 법률' 제13조 제1항에 따른 광고 및 '방문판매 등에 관한 법률' 제6조 제3항에 따른 전화권유의 경우

③ 오후 9시부터 그 다음 날 오전 8시까지의 시간에 수신자의 전화·모사전송기기에 영리목적의 광고성 정보를 전송하려는 자는 제2항에도 불구하고 그 수신자로부터 별도의 사전 동의를 받아야 한다.

④ 영리목적의 광고성 정보를 전자우편이나 그 밖에 대통령령으로 정하는 매체를 이용하여 전송하는 자는 대통령령으로 정하는 바에 따라 다음 각 호의 사항을 광고성 정보에 구체적으로 밝혀야 한다.

1. 전송정보의 유형 및 주요 내용

2. 전송자의 명칭 및 연락처

3. 전자우편주소를 수집한 출처(전자우편으로 전송하는 경우에만 해당한다.)

4. 수신거부의 의사표시를 쉽게 할 수 있는 조치 및 방법에 관한 사항

⑤ 영리목적의 광고성 정보를 수신자의 전화·모사전송기기에 전송하는 자는 대통령령으로 정하는 바에 따라 다음 각 호의 사항을 광고성 정보에 구체적으로 밝혀야 한다.

1. 전송자의 명칭 및 연락처

2. 수신동의의 철회 의사표시를 쉽게 할 수 있는 조치 및 방법에 관한 사항

⑥ 영리를 목적으로 광고를 전송하는 자는 다음 각 호의 어느 하나에 해당하는 기술적 조치를 하여서는 아니 된다.

1. 광고성 정보 수신자의 수신거부 또는 수신동의의 철회를 회피·방해하는 조치

2. 숫자·부호 또는 문자를 조합하여 전화번호·전자우편주소 등 수신자의 연락처를 자동으로 만들어 내는 조치

3. 영리목적의 광고성 정보를 전송할 목적으로 전자우편주소를 자동으로 등록하는 조치

4. 광고성 정보 전송자의 신원이나 광고 전송 출처를 감추기 위한 각종 조치

⑦ 영리목적으로 광고성 정보를 전송하는 자는 수신자가 수신거부나 수신동의의 철회를 할 때 발생하는 전화요금 등의 금전적 비용을 수신자가 부담하지 아니하도록 대통령령으로 정하는 바에 따라 필요한 조치를 하여야 한다.

[전문개정 2008.6.13]

**제50조의 2**(전자우편주소의 무단 수집행위 등 금지) ① 누구든지 인터넷 홈페이지 운영자 또는 관리자의 사전 동의 없이 인터넷 홈페이지에서 자동으로 전자우편주소를 수집하는 프로그램이나 그 밖의 기술적 장치를 이용하여 전자우편주소를 수집하여서는 아니 된다.

② 누구든지 제1항을 위반하여 수집된 전자우편주소를 판매·유통하여서는 아니 된다.

③ 누구든지 제1항과 제2항에 따라 수집·판매 및 유통이 금지된 전자우편주소임을 알면서 이를 정보 전송에 이용하여서는 아니 된다.

[전문개정 2008.6.13]

**제50조의 3**(영리목적의 광고성 정보 전송의 위탁 등) ① 영리목적의 광고성 정보의 전송을 타인에게 위탁한 자는 그 업무를 위탁받은 자가 제50조 및 제50조의 2를 위반하지 아니하도록 관리·감독하여야 한다.

② 제1항에 따라 영리목적의 광고성 정보의 전송을 위탁받은 자는 그 업무와 관련한 법을 위반하여 발생한 손해의 배상책임에 있어 정보 전송을 위탁한 자의 소속 직원으로 본다.

[전문개정 2008.6.13]

**제50조의 4**(정보 전송 역무 제공 등의 제한) ① 정보통신서비스 제공자는 다음 각 호의 어느 하나에 해당하는 경우에 해당 역무의 제공을 거부하는 조치를 할 수 있다.

1. 광고성 정보의 전송 또는 수신으로 역무의 제공에 장애가 일어나거나 일어날 우려가 있는 경우

2. 이용자가 광고성 정보의 수신을 원하지 아니하는 경우

3. 이용계약을 통하여 해당 정보통신서비스 제공자가 이용자에게 제공하는 서비스

가 불법 광고성 정보 전송에 이용되고 있는 경우

② 정보통신서비스 제공자는 제1항에 따른 거부조치를 하려면 해당 역무 제공의 거부에 관한 사항을 그 역무의 이용자와 체결하는 정보통신서비스 이용계약의 내용에 포함하여야 한다.

③ 정보통신서비스 제공자는 제1항에 따라 거부조치를 하려면 그 역무를 제공받는 이용자 등 이해관계인에게 그 사실을 알려야 한다. 다만, 미리 알리는 것이 곤란한 경우에는 거부조치를 한 후 지체 없이 알려야 한다.

[전문개정 2008.6.13]

제50조의 5(영리목적의 광고성 프로그램 등의 설치) 정보통신서비스 제공자는 영리목적의 광고성 정보가 보이도록 하거나 개인정보를 수집하는 프로그램을 이용자의 컴퓨터나 그 밖에 대통령령으로 정하는 정보처리장치에 설치하려면 이용자의 동의를 받아야 한다. 이 경우 해당 프로그램의 용도와 삭제방법을 고지하여야 한다.

[전문개정 2008.6.13]

제50조의 6(영리목적의 광고성 정보 전송차단 소프트웨어의 보급 등) ① 방송통신위원회는 수신자가 제50조를 위반하여 전송되는 영리목적의 광고성 정보를 편리하게 차단하거나 신고할 수 있는 소프트웨어나 컴퓨터프로그램을 개발하여 보급할 수 있다.

② 방송통신위원회는 제1항에 따른 전송차단, 신고 소프트웨어 또는 컴퓨터프로그램의 개발과 보급을 촉진하기 위하여 관련 공공기관·법인·단체 등에 필요한 지원을 할 수 있다.

③ 방송통신위원회는 정보통신서비스 제공자의 전기통신역무가 제50조를 위반하여 발송되는 영리목적의 광고성 정보 전송에 이용되면 수신자 보호를 위하여 기술개발·교육·홍보 등 필요한 조치를 할 것을 정보통신서비스 제공자에게 권고할 수 있다.

④ 제1항에 따른 개발·보급의 방법과 제2항에 따른 지원에 필요한 사항은 대통령령으로 정한다.

[전문개정 2008.6.13]

제50조의 7(영리목적의 광고성 정보 게시의 제한) ① 누구든지 인터넷 홈페이지 운영자 또는 관리자가 구체적으로 밝힌 거부의사에 반하여 영리목적의 광고성 정보

를 인터넷 홈페이지에 게시하여서는 아니 된다.

② 인터넷 홈페이지 운영자 또는 관리자는 제1항을 위반하여 게시된 영리목적의 광고성 정보를 삭제하는 등의 조치를 할 수 있다.

[전문개정 2008.6.13]

**제50조의 8**(불법행위를 위한 광고성 정보 전송금지) 누구든지 정보통신망을 이용하여 이 법 또는 다른 법률에서 금지하는 재화 또는 서비스에 대한 광고성 정보를 전송하여서는 아니 된다.

[전문개정 2008.6.13]

**제51조**(중요 정보의 국외유출 제한 등) ① 정부는 국내의 산업·경제 및 과학기술 등에 관한 중요 정보가 정보통신망을 통하여 국외로 유출되는 것을 방지하기 위하여 정보통신서비스 제공자 또는 이용자에게 필요한 조치를 하도록 할 수 있다.

② 제1항에 따른 중요 정보의 범위는 다음 각 호와 같다.

1. 국가안전보장과 관련된 보안정보 및 주요 정책에 관한 정보

2. 국내에서 개발된 첨단과학 기술 또는 기기의 내용에 관한 정보

③ 정부는 제2항 각 호에 따른 정보를 취급하는 정보통신서비스 제공자에게 다음 각 호의 조치를 하도록 할 수 있다.

1. 정보통신망의 부당한 이용을 방지할 수 있는 제도적·기술적 장치의 설정

2. 정보의 불법파괴 또는 불법조작을 방지할 수 있는 제도적·기술적 조치

3. 정보통신서비스 제공자가 취급 중 알게 된 중요 정보의 누출을 방지할 수 있는 조치

[전문개정 2008.6.13]

**제52조**(한국정보보호진흥원) ① 정부는 정보의 안전한 유통을 위한 정보보호에 필요한 시책을 효율적으로 추진하기 위하여 한국정보보호진흥원(이하 '보호진흥원'이라 한다.)을 설립한다.

② 보호진흥원은 법인으로 한다.

③ 보호진흥원은 다음 각 호의 사업을 한다.

1. 정보보호를 위한 정책 및 제도의 조사·연구

2. 정보화의 역기능에 대한 분석 및 대책 연구

3. 정보보호에 관한 홍보 및 교육·훈련

4. 정보보호시스템의 연구·개발 및 시험·평가

5. 정보보호시스템의 성능과 신뢰도에 관한 기준 제정 및 표준화 지원

6. 정보통신서비스 제공자 등에 대한 정보보호 안전진단의 지원

7. 정보보호를 위한 암호기술 개발

8. 개인정보보호를 위한 대책의 연구 및 보호기술의 개발·보급 지원

9. 분쟁조정위원회의 운영 지원과 개인정보 침해 신고센터의 운영

10. 불법전송광고와 관련된 고충의 상담·처리

11. 정보시스템 침해사고 처리 및 대응체계 운영

12. 침해사고의 원인 분석 지원

13. '전자서명법' 제25조 제1항에 따른 전자서명인증관리

14. 제1호부터 제13호까지의 사업에 부수되는 사업

15. 그 밖에 이 법 또는 다른 법령에 따라 보호진흥원의 업무로 정하거나 위탁한
    사업이나 행정안전부장관 또는 방송통신위원회로부터 위탁받은 사업

④ 정부는 보호진흥원이 사업을 수행하는 데에 필요한 경비를 충당하기 위하여 출
연할 수 있다.

⑤ 보호진흥원에 관하여 이 법에서 정하지 아니한 사항에 대해서는 '민법'의 재단
법인에 관한 규정을 준용한다.

⑥ 보호진흥원이 아닌 자는 한국정보보호진흥원의 명칭을 사용하지 못한다.

⑦ 보호진흥원의 운영 및 업무수행에 필요한 사항은 대통령령으로 정한다.

[전문개정 2008.6.13]


# 제7장 통신과금서비스 〈신설 2007.12.21〉

제53조(통신과금서비스 제공자의 등록 등) ① 통신과금서비스를 제공하려는 자는 대
통령령으로 정하는 바에 따라 다음 각 호의 사항을 갖추어 방송통신위원회에 등
록하여야 한다. <개정 2008.2.29>

1. 재무건전성

2. 통신과금서비스 이용자보호계획

3. 업무를 수행할 수 있는 인력과 물적 설비

4. 사업계획서

② 제1항에 따라 등록할 수 있는 자는 '상법' 제170조에 따른 회사 또는 '민법'제32조에 따른 법인으로서 자본금·출자총액 또는 기본재산이 5억 원 이상의 범위에서 대통령령으로 정하는 금액 이상이어야 한다.

③ 통신과금서비스 제공자는 '전기통신사업법' 제21조에도 불구하고 부가통신사업자의 신고를 하지 아니할 수 있다.

④ '전기통신사업법' 제22조 및 제25조부터 제27조까지의 규정은 통신과금서비스 제공자의 등록사항의 변경, 사업의 양도·양수 또는 합병·상속, 사업의 승계, 사업의 휴지·폐지·해산 등에 준용한다. 이 경우 '제19조의 규정에 의하여 별정통신사업의 등록을 한 자' 및 '별정통신사업자'는 '통신과금서비스 제공자'로 보고, '별정통신사업'은 '통신과금서비스제공업'으로 본다.

⑤ 제1항에 따른 등록의 세부요건, 절차, 그 밖에 필요한 사항은 대통령령으로 정한다.

[본 조 신설 2007.12.21]

[종전 제53조는 제62조로 이동 <2007.12.21>]

제54조(등록의 결격사유) 다음 각 호의 어느 하나에 해당하는 자는 제53조에 따른 등록을 할 수 없다. <개정 2008.2.29>

1. 제53조 제4항에 따라 사업을 폐지한 날부터 1년이 지나지 아니한 법인 및 그 사업이 폐지될 당시 그 법인의 대주주(대통령령으로 정하는 출자자를 말한다. 이하 같다.)였던 자로서 그 폐지일부터 1년이 지나지 아니한 자

2. 제55조 제1항에 따라 등록이 취소된 날부터 3년이 지나지 아니한 법인 및 그 취소 당시 그 법인의 대주주였던 자로서 그 취소가 된 날부터 3년이 지나지 아니한 자

3. '채무자 회생 및 파산에 관한 법률'에 따른 회생절차 중에 있는 법인 및 그 법인의 대주주

4. 금융거래 등 상거래에 있어서 약정한 기일 내에 채무를 변제하지 아니한 자로서 방송통신위원회가 정하는 자

5. 제1호부터 제4호까지의 규정에 해당하는 자가 대주주인 법인

[본 조 신설 2007.12.21]

[종전 제54조는 제63조로 이동 <2007.12.21>]

제55조(등록의 취소명령 등) ① 방송통신위원회는 통신과금서비스 제공자가 다음 각 호의 어느 하나에 해당하는 때에는 등록을 취소하거나 1년 이내의 기간을 정하여 사업의 정지를 명할 수 있다. 다만, 제1호에 해당하는 때에는 등록을 취소하여야 한다. <개정 2008.2.29>

1. 거짓이나 그 밖의 부정한 방법으로 등록을 한 때
2. 제53조 제1항에 따라 등록한 날부터 1년 이내에 사업을 개시하지 아니하거나 1년 이상 계속하여 휴업한 때

② 제1항에 따른 처분의 기준, 절차, 그 밖에 필요한 사항은 대통령령으로 정한다.

[본 조 신설 2007.12.21]

[종전 제55조는 제64조로 이동 <2007.12.21>]

제56조(약관의 신고 등) ① 통신과금서비스 제공자는 통신과금서비스에 관한 약관을 정하여 방송통신위원회에 신고(변경신고를 포함한다.)하여야 한다. <개정 2008.2.29>

② 방송통신위원회는 제1항에 따른 약관이 통신과금서비스 이용자의 이익을 침해할 우려가 있다고 판단되는 경우에는 통신과금서비스 제공자에게 약관의 변경을 권고할 수 있다. <개정 2008.2.29>

[본 조 신설 2007.12.21]

[종전 제56조는 제65조로 이동 <2007.12.21>]

제57조(통신과금서비스의 안전성 확보 등) ① 통신과금서비스 제공자는 통신과금서비스가 안전하게 제공될 수 있도록 선량한 관리자로서의 주의를 다하여야 한다.

② 통신과금서비스 제공자는 통신과금서비스를 통한 거래의 안전성과 신뢰성을 확보하기 위하여 대통령령으로 정하는 바에 따라 업무처리지침의 제정 및 회계처리 구분 등의 관리적 조치와 정보보호시스템 구축 등의 기술적 조치를 하여야 한다.

[본 조 신설 2007.12.21]

[종전 제57조는 제66조로 이동 <2007.12.21>]

제58조(통신과금서비스 이용자의 권리 등) ① 통신과금서비스 제공자는 재화 등의 판매·제공의 대가를 청구할 때에 통신과금서비스 이용자에게 구매·이용 내역, 이의신청 방법 등 대통령령으로 정하는 사항을 고지하여야 한다.

② 통신과금서비스 제공자는 통신과금서비스 이용자가 구매·이용 내역을 확인할

수 있는 방법을 제공하여야 하며, 통신과금서비스 이용자가 구매·이용 내역에 관한 서면(전자문서를 포함한다. 이하 같다.)을 요청하는 경우에는 그 요청을 받은 날부터 2주 이내에 이를 제공하여야 한다.

③ 통신과금서비스 이용자는 통신과금서비스가 자신의 의사에 반하여 제공되었음을 안 때에는 통신과금서비스 제공자에게 이에 대한 정정을 요구할 수 있으며(통신과금서비스 이용자의 고의 또는 중과실이 있는 경우는 제외한다.), 통신과금서비스 제공자는 그 정정 요구를 받은 날부터 2주 이내에 처리 결과를 알려 주어야 한다.

④ 통신과금서비스 제공자는 통신과금서비스에 관한 기록을 5년 이내의 범위에서 대통령령으로 정하는 기간 동안 보존하여야 한다.

⑤ 제2항에 따라 통신과금서비스 제공자가 제공하여야 하는 구매·이용 내역의 대상기간, 종류 및 범위, 제4항에 따라 통신과금서비스 제공자가 보존하여야 하는 기록의 종류 및 보존방법 등에 관한 사항은 대통령령으로 정한다.

[본 조 신설 2007.12.21]

[종전 제58조는 제67조로 이동 <2007.12.21>]

**제59조**(분쟁해결 등) ① 통신과금서비스 제공자는 통신과금서비스에 있어서 이용자의 권익을 보호하기 위하여 자율적인 분쟁해결 등을 시행하는 기관 또는 단체를 설치·운영할 수 있다.

② 통신과금서비스 제공자는 대통령령으로 정하는 바에 따라 통신과금서비스와 관련한 통신과금서비스 이용자의 이의신청 및 권리구제를 위한 절차를 마련하여야 한다.

[본 조 신설 2007.12.21]

[종전 제59조는 제68조로 이동 <2007.12.21>]

**제60조**(손해배상 등) ① 통신과금서비스 제공자는 통신과금서비스를 제공함에 있어서 통신과금서비스 이용자에게 손해가 발생한 경우에 그 손해를 배상하여야 한다. 다만, 그 손해의 발생이 통신과금서비스 이용자의 고의 또는 중과실로 인한 경우에는 그러하지 아니하다.

② 제1항에 따른 손해배상을 함에 있어서는 손해배상을 받을 자와 협의하여야 한다.

③ 제2항에 따른 손해배상에 관한 협의가 성립되지 아니하거나 협의를 할 수 없는 경우에는 당사자는 방송통신위원회에 재정을 신청할 수 있다. <개정 2008.2.29>

[본 조 신설 2007.12.21]

[종전 제60조는 제69조로 이동 <2007.12.21>]

제61조(통신과금서비스의 이용제한) 방송통신위원회는 통신과금서비스 제공자에게 다음 각 호의 어느 하나에 해당하는 자에 대한 서비스의 제공을 거부, 정지 또는 제한하도록 명할 수 있다. <개정 2008.2.29>

  1. '청소년 보호법' 제17조를 위반하여 청소년유해매체물을 청소년에게 판매·대여·제공하는 자

  2. 다음 각 목의 어느 하나에 해당하는 수단을 이용하여 통신과금서비스 이용자로 하여금 재화 등을 구매·이용하게 함으로써 통신과금서비스 이용자의 이익을 현저하게 저해하는 자

    가. 제50조를 위반한 영리목적의 광고성 정보 전송

    나. 통신과금서비스 이용자에 대한 기망 또는 부당한 유인

  3. 이 법 또는 다른 법률에서 금지하는 재화 등을 판매·제공하는 자

[본 조 신설 2007.12.21]

[종전 제61조는 제70조로 이동 <2007.12.21>]


# 제8장 국제협력 〈신설 2007.12.21〉

제62조(국제협력) 정부는 다음 각 호의 사항을 추진할 때 다른 국가 또는 국제기구와 상호 협력하여야 한다.

  1. 개인정보의 국가 간 이전 및 개인정보의 보호에 관련된 업무

  2. 정보통신망에서의 청소년 보호를 위한 업무

  3. 정보통신망의 안전성을 침해하는 행위를 방지하기 위한 업무

  4. 그 밖에 정보통신서비스의 건전하고 안전한 이용에 관한 업무

[전문개정 2008.6.13]

제63조(국외 이전 개인정보의 보호) ① 정보통신서비스 제공자 등은 이용자의 개인정보에 관하여 이 법을 위반하는 사항을 내용으로 하는 국제계약을 체결하여서는 아니 된다.

② 정보통신서비스 제공자 등은 이용자의 개인정보를 국외로 이전하려면 이용자의 동의를 받아야 한다.

③ 정보통신서비스 제공자 등은 제2항에 따른 동의를 받으려면 미리 다음 각 호의 사항 모두를 이용자에게 고지하여야 한다.

1. 이전되는 개인정보 항목

2. 개인정보가 이전되는 국가, 이전일시 및 이전방법

3. 개인정보를 이전받는 자의 성명(법인인 경우에는 그 명칭 및 정보관리책임자의 연락처를 말한다.)

4. 개인정보를 이전받는 자의 개인정보 이용목적 및 보유 · 이용 기간

④ 정보통신서비스 제공자 등은 제2항에 따른 동의를 받아 개인정보를 국외로 이전하는 경우 대통령령으로 정하는 바에 따라 보호조치를 하여야 한다.

[전문개정 2008.6.13]

# 제9장 보칙 〈신설 2007.12.21〉

제64조(자료의 제출 등) ① 행정안전부장관 또는 방송통신위원회는 다음 각 호의 어느 하나에 해당하는 경우에는 정보통신서비스 제공자 등(제67조에 따라 준용되는 자를 포함한다. 이하 이 조에서 같다.)에게 관계 물품 · 서류 등을 제출하게 할 수 있다.

1. 이 법에 위반되는 사항을 발견하거나 혐의가 있음을 알게 된 경우

2. 이 법의 위반에 대한 신고를 받거나 민원이 접수된 경우

3. 그 밖에 이용자 보호를 위하여 필요한 경우로서 대통령령으로 정하는 경우

② 방송통신위원회는 이 법을 위반하여 영리목적 광고성 정보를 전송한 자에게 다음 각 호의 조치를 하기 위하여 정보통신서비스 제공자 등에게 해당 광고성 정보 전송자의 성명 · 주소 · 주민등록번호 · 이용기간 등에 대한 자료의 열람이나 제출을 요청할 수 있다.

1. 제4항에 따른 시정조치

2. 제76조에 따른 과태료 부과

3. 그 밖에 이에 준하는 조치

③ 행정안전부장관 또는 방송통신위원회는 정보통신서비스 제공자 등이 제1항 및 제2항에 따른 자료를 제출하지 아니하거나 이 법을 위반한 사실이 있다고 인정되면 소속 공무원에게 정보통신서비스 제공자 등의 사업장에 출입하여 업무상황, 장부 또는 서류 등을 검사하도록 할 수 있다.

④ 행정안전부장관 또는 방송통신위원회는 이 법을 위반한 정보통신서비스 제공자 등에게 해당 위반행위의 중지나 시정을 위하여 필요한 시정조치를 명할 수 있고, 시정조치의 명령을 받은 정보통신서비스 제공자 등에게 시정조치의 명령을 받은 사실을 공표하도록 할 수 있다. 이 경우 공표의 방법·기준 및 절차 등에 필요한 사항은 대통령령으로 정한다.

⑤ 행정안전부장관 또는 방송통신위원회는 제4항에 따라 필요한 시정조치를 명한 경우에는 시정조치를 명한 사실을 공개할 수 있다. 이 경우 공개의 방법·기준 및 절차 등에 필요한 사항은 대통령령으로 정한다.

⑥ 행정안전부장관 또는 방송통신위원회가 제1항 및 제2항에 따라 자료 등의 제출 또는 열람을 요구할 때에는 요구사유, 법적 근거, 제출시한 또는 열람일시, 제출·열람할 자료의 내용 등을 구체적으로 밝혀 서면(전자문서를 포함한다.)으로 알려야 한다.

⑦ 제3항에 따른 검사를 하는 경우에는 검사 시작 7일 전까지 검사일시, 검사이유 및 검사내용 등에 대한 검사계획을 해당 정보통신서비스 제공자 등에게 알려야 한다. 다만, 긴급한 경우나 사전통지를 하면 증거인멸 등으로 검사목적을 달성할 수 없다고 인정하는 경우에는 그 검사계획을 알리지 아니한다.

⑧ 제3항에 따라 검사를 하는 공무원은 그 권한을 표시하는 증표를 지니고 이를 관계인에게 내보여야 하며, 출입할 때 성명·출입시간·출입목적 등이 표시된 문서를 관계인에게 내주어야 한다.

⑨ 행정안전부장관 또는 방송통신위원회는 제1항부터 제3항까지의 규정에 따라 자료 등을 제출받거나 열람 또는 검사한 경우에는 그 결과(조사결과 시정조치명령 등의 처분을 하려는 경우에는 그 처분의 내용을 포함한다.)를 해당 정보통신서비스 제공자 등에게 서면으로 알려야 한다.

⑩ 행정안전부장관 또는 방송통신위원회는 제1항부터 제4항까지의 규정에 따른 자료의 제출 요구 및 검사 등을 위하여 보호진흥원의 장에게 기술적 자문을 하거나 그 밖에 필요한 지원을 요청할 수 있다.

⑪ 제1항부터 제3항까지의 규정에 따른 자료 등의 제출 요구, 열람 및 검사 등은 이 법의 시행을 위하여 필요한 최소한의 범위에서 하여야 하며 다른 목적을 위하여 남용하여서는 아니 된다.

[전문개정 2008.6.13]

**제64조의 2(자료 등의 보호 및 폐기)** ① 행정안전부장관 또는 방송통신위원회는 정보통신서비스 제공자 등으로부터 제64조에 따라 제출되거나 수집된 서류·자료 등에 대한 보호 요구를 받으면 이를 제3자에게 제공하거나 일반에게 공개하여서는 아니 된다.

② 행정안전부장관 또는 방송통신위원회는 정보통신망을 통하여 자료의 제출 등을 받은 경우나 수집한 자료 등을 전자화한 경우에는 개인정보·영업비밀 등이 유출되지 아니하도록 제도적·기술적 보안조치를 하여야 한다.

③ 행정안전부장관 또는 방송통신위원회는 다른 법률에 특별한 규정이 있는 경우 외에 다음 각 호의 어느 하나에 해당하는 사유가 발생하면 제64조에 따라 제출되거나 수집된 서류·자료 등을 즉시 폐기하여야 한다. 제65조에 따라 행정안전부장관, 지식경제부장관 또는 방송통신위원회의 권한의 전부 또는 일부를 위임 또는 위탁받은 자도 또한 같다.

1. 제64조에 따른 자료제출 요구, 출입검사, 시정명령 등의 목적이 달성된 경우
2. 제64조 제4항에 따른 시정조치명령에 불복하여 행정심판이 청구되거나 행정소송이 제기된 경우에는 해당 행정쟁송절차가 끝난 경우
3. 제76조 제4항에 따른 과태료 처분이 있고 이에 대한 이의제기가 없는 경우에는 같은 조 제5항에 따른 이의제기기간이 끝난 경우
4. 제76조 제4항에 따른 과태료 처분에 대하여 이의제기가 있는 경우에는 해당 관할 법원에 의한 비송사건절차가 끝난 경우

[전문개정 2008.6.13]

**제64조의 3(과징금의 부과 등)** ① 방송통신위원회는 다음 각 호의 어느 하나에 해당하는 행위가 있는 경우에는 해당 전기통신사업자에게 위반행위와 관련한 매출액의 100분의 1 이하에 해당하는 금액을 과징금으로 부과할 수 있다. 다만, 제6호에 해당하는 행위가 있는 경우에는 1억 원 이하의 과징금을 부과할 수 있다.

1. 제22조 제1항을 위반하여 이용자의 동의를 받지 아니하고 개인정보를 수집한

경우

2. 제23조 제1항을 위반하여 이용자의 동의를 받지 아니하고 개인의 권리·이익이나 사생활을 뚜렷하게 침해할 우려가 있는 개인정보를 수집한 경우

3. 제24조를 위반하여 개인정보를 이용한 경우

4. 제24조의 2를 위반하여 개인정보를 제3자에게 제공한 경우

5. 제25조 제1항을 위반하여 이용자의 동의를 받지 아니하고 개인정보 취급위탁을 한 경우

6. 제28조 제1항 제2호부터 제5호까지의 조치를 하지 아니하여 이용자의 개인정보를 분실·도난·누출·변조 또는 훼손한 경우

7. 제31조 제1항을 위반하여 법정대리인의 동의를 받지 아니하고 만 14세 미만인 아동의 개인정보를 수집한 경우

② 제1항에 따른 과징금을 부과하는 경우 전기통신사업자가 매출액 산정자료의 제출을 거부하거나 거짓의 자료를 제출한 경우에는 해당 전기통신사업자와 비슷한 규모의 전기통신사업자의 재무제표 등 회계자료와 가입자 수 및 이용요금 등 영업현황 자료에 근거하여 매출액을 추정할 수 있다. 다만, 매출액이 없거나 매출액의 산정이 곤란한 경우로서 대통령령으로 정하는 경우에는 4억 원 이하의 과징금을 부과할 수 있다.

③ 방송통신위원회는 제1항에 따른 과징금을 부과하려면 다음 각 호의 사항을 고려하여야 한다.

1. 위반행위의 내용 및 정도

2. 위반행위의 기간 및 횟수

3. 위반행위로 인하여 취득한 이익의 규모

④ 제1항에 따른 과징금은 제3항을 고려하여 산정하되, 구체적인 산정기준과 산정절차는 대통령령으로 정한다.

⑤ 방송통신위원회는 제1항에 따른 과징금을 내야 할 자가 납부기한까지 이를 내지 아니하면 납부기한의 다음 날부터 내지 아니한 과징금의 연 100분의 6에 해당하는 가산금을 징수한다.

⑥ 방송통신위원회는 제1항에 따른 과징금을 내야 할 자가 납부기한까지 이를 내지 아니한 경우에는 기간을 정하여 독촉을 하고, 그 지정된 기간에 과징금과 제5항에 따른 가산금을 내지 아니하면 국세 체납처분의 예에 따라 징수한다.

⑦ 법원의 판결 등의 사유로 제1항에 따라 부과된 과징금을 환급하는 경우에는 과징금을 낸 날부터 환급하는 날까지 연 100분의 6에 해당하는 환급가산금을 지급하여야 한다.

[본 조 신설 2008.6.13]

제65조(권한의 위임·위탁) ① 이 법에 따른 행정안전부장관, 지식경제부장관 또는 방송통신위원회의 권한은 대통령령으로 정하는 바에 따라 그 일부를 그 소속 기관의 장 또는 체신청장에게 위임·위탁할 수 있다.

② 지식경제부장관은 제13조에 따른 정보통신망의 이용촉진 등에 관한 사업을 대통령령으로 정하는 바에 따라 '정보화촉진기본법' 제10조에 따른 한국정보사회진흥원에 위탁할 수 있다.

③ 행정안전부장관 또는 방송통신위원회는 제64조 제1항 및 제2항에 따른 자료의 제출 요구 및 검사에 관한 업무를 대통령령으로 정하는 바에 따라 보호진흥원에 위탁할 수 있다.

④ 제3항에 따른 보호진흥원의 직원에게는 제64조 제8항을 준용한다.

[전문개정 2008.6.13]

제65조의 2 삭제 <2005.12.30>

제66조(비밀유지 등) 다음 각 호의 어느 하나에 해당하는 업무에 종사하는 자 또는 종사하였던 자는 그 직무상 알게 된 비밀을 타인에게 누설하거나 직무 외의 목적으로 사용하여서는 아니 된다. 다만, 다른 법률에 특별한 규정이 있는 경우에는 그러하지 아니하다.

1. 제33조에 따른 분쟁조정위원회의 분쟁조정 업무
2. 제47조에 따른 정보보호 관리체계 인증 업무
3. 제52조 제3항 제4호에 따른 정보보호시스템의 평가 업무
4. 제46조의 3에 따른 정보보호 안전진단 업무
5. 제44조의10에 따른 명예훼손 분쟁조정부의 분쟁조정 업무

[전문개정 2008.6.13]

제67조(정보통신서비스 제공자 외의 자에 대한 준용) ① 정보통신서비스 제공자 외의 자로서 재화 등을 제공하는 자 중 대통령령으로 정하는 자가 자신이 제공하는 재

화 등을 제공받는 자의 개인정보를 수집·이용 또는 제공하는 경우에는 제22조, 제23조, 제23조의 2, 제24조, 제24조의 2, 제25조, 제26조, 제26조의 2, 제27조, 제27조의 2, 제28조, 제28조의 2 및 제29조부터 제32조까지의 규정을 준용한다. 이 경우 '정보통신서비스 제공자' 또는 '정보통신서비스 제공자 등'은 '재화 등을 제공하는 자'로, '이용자'는 '재화 등을 제공받는 자'로 본다.

또한 제22조, 제23조, 제23조의 2, 제24조, 제24조의 2, 제25조, 제26조, 제26조의 2, 제27조, 제27조의 2, 제28조, 제28조의 2 및 제29조부터 제32조까지의 규정을 준용하는 자에 대해서는 제27조 제1항·제3항, 제27조의 2 제1항·제3항 및 제28조 제1항에 따른 기준, 방법 등 세부사항을 행정안전부령으로 정한다.

② 제25조 제1항에 따른 수탁자에 관해서는 제22조, 제23조, 제23조의 2, 제24조, 제24조의 2, 제26조, 제26조의 2, 제27조, 제27조의 2, 제28조, 제28조의 2 및 제29조부터 제31조까지의 규정을 준용한다.

[전문개정 2008.6.13]

제68조(한국정보통신산업협회) ① 정보통신서비스 제공자 및 정보통신망과 관련된 사업을 경영하는 자는 정보통신망 이용촉진 및 정보보호 등을 위하여 대통령령으로 정하는 바에 따라 방송통신위원회의 인가를 받아 한국정보통신산업협회(이하 '협회'라 한다.)를 설립할 수 있다.

② 협회는 법인으로 한다.

③ 협회에 관하여 이 법에서 정한 것 외에는 '민법' 중 사단법인에 관한 규정을 준용한다.

④ 정부는 협회의 사업수행을 위하여 필요하면 예산의 범위에서 보조금을 지급할 수 있다.

⑤ 협회의 사업 및 감독 등에 필요한 사항은 대통령령으로 정한다.

[전문개정 2008.6.13]

제68조의 2(한국정보보호산업협회의 설립) ① 정보보호에 관련된 사업을 경영하는 자는 정보보호산업을 건전하게 발전시키고 국가산업 전반의 정보보호 수준을 높이기 위하여 지식경제부장관의 인가를 받아 한국정보보호산업협회를 설립할 수 있다.

② 한국정보보호산업협회는 법인으로 한다.

③ 한국정보보호산업협회의 인가절차·사업 및 감독 등에 필요한 사항은 대통령령으로 정한다.

④ 한국정보보호산업협회에 관하여 이 법에서 정한 것 외에는 '민법' 중 사단법인에 관한 규정을 준용한다.

[전문개정 2008.6.13]

제69조(벌칙 적용 시의 공무원 의제) 행정안전부장관, 지식경제부장관 또는 방송통신위원회가 제65조 제2항 및 제3항에 따라 위탁한 업무에 종사하는 한국정보사회진흥원과 보호진흥원의 임직원은 '형법' 제129조부터 제132조까지의 규정에 따른 벌칙을 적용할 때에는 공무원으로 본다.

[전문개정 2008.6. 13]

# 제10장 벌칙 〈신설 2007.12.21〉

제70조(벌칙) ① 사람을 비방할 목적으로 정보통신망을 통하여 공공연하게 사실을 드러내어 다른 사람의 명예를 훼손한 자는 3년 이하의 징역이나 금고 또는 2천만 원 이하의 벌금에 처한다.

② 사람을 비방할 목적으로 정보통신망을 통하여 공공연하게 거짓의 사실을 드러내어 다른 사람의 명예를 훼손한 자는 7년 이하의 징역, 10년 이하의 자격정지 또는 5천만 원 이하의 벌금에 처한다.

③ 제1항과 제2항의 죄는 피해자가 구체적으로 밝힌 의사에 반하여 공소를 제기할 수 없다.

[전문개정 2008.6.13]

제71조(벌칙) 다음 각 호의 어느 하나에 해당하는 자는 5년 이하의 징역 또는 5천만 원 이하의 벌금에 처한다.

1. 제22조 제1항(제67조에 따라 준용되는 경우를 포함한다.)을 위반하여 이용자의 동의를 받지 아니하고 개인정보를 수집한 자

2. 제23조 제1항(제67조에 따라 준용되는 경우를 포함한다.)을 위반하여 이용자의 동의를 받지 아니하고 개인의 권리·이익이나 사생활을 뚜렷하게 침해할 우려

가 있는 개인정보를 수집한 자

3. 제24조, 제24조의 2 제1항 및 제2항 또는 제26조 제3항(제67조에 따라 준용되는 경우를 포함한다.)을 위반하여 개인정보를 이용하거나 제3자에게 제공한 자 및 그 사정을 알면서도 영리 또는 부정한 목적으로 개인정보를 제공받은 자

4. 제25조 제1항(제67조에 따라 준용되는 경우를 포함한다.)을 위반하여 이용자의 동의를 받지 아니하고 개인정보 취급위탁을 한 자

5. 제28조의 2 제1항(제67조에 따라 준용되는 경우를 포함한다.)을 위반하여 이용자의 개인정보를 훼손·침해 또는 누설한 자

6. 제28조의 2 제2항을 위반하여 그 개인정보가 누설된 사정을 알면서도 영리 또는 부정한 목적으로 개인정보를 제공받은 자

7. 제30조 제5항(제30조 제7항, 제31조 제3항 및 제67조에 따라 준용되는 경우를 포함한다.)을 위반하여 필요한 조치를 하지 아니하고 개인정보를 제공하거나 이용한 자

8. 제31조 제1항(제67조에 따라 준용되는 경우를 포함한다.)을 위반하여 법정대리인의 동의를 받지 아니하고 만 14세 미만인 아동의 개인정보를 수집한 자

9. 제48조 제2항을 위반하여 악성프로그램을 전달 또는 유포한 자

10. 제48조 제3항을 위반하여 정보통신망에 장애가 발생하게 한 자

11. 제49조를 위반하여 타인의 정보를 훼손하거나 타인의 비밀을 침해·도용 또는 누설한 자

[전문개정 2008.6.13]

제72조(벌칙) ① 다음 각 호의 어느 하나에 해당하는 자는 3년 이하의 징역 또는 3천만 원 이하의 벌금에 처한다.

1. 제48조 제1항을 위반하여 정보통신망에 침입한 자

2. 제49조의 2 제1항을 위반하여 다른 사람의 개인정보를 수집한 자

3. 제53조 제1항에 따른 등록을 하지 아니하고 그 업무를 수행한 자

4. 다음 각 목의 어느 하나에 해당하는 행위를 통하여 자금을 융통하여 준 자 또는 이를 알선한 자

   가. 재화 등의 판매·제공을 가장하거나 실제 매출금액을 초과하여 통신과금서비스에 의한 거래를 하거나 이를 대행하게 하는 행위

   나. 통신과금서비스 이용자로 하여금 통신과금서비스에 의하여 재화 등을 구

매·이용하도록 한 후 통신과금서비스 이용자가 구매·이용한 재화 등을 할인하여 매입하는 행위

5. 제66조를 위반하여 직무상 알게 된 비밀을 타인에게 누설하거나 직무 외의 목적으로 사용한 자

② 제1항 제1호의 미수범은 처벌한다.

[전문개정 2008.6.13]

제73조(벌칙) 다음 각 호의 어느 하나에 해당하는 자는 2년 이하의 징역 또는 1천만 원 이하의 벌금에 처한다.

1. 제28조 제1항 제2호부터 제5호까지(제67조에 따라 준용되는 경우를 포함한다.) 의 규정에 따른 기술적·관리적 조치를 하지 아니하여 이용자의 개인정보를 분실·도난·누출·변조 또는 훼손한 자

2. 제42조를 위반하여 청소년유해매체물임을 표시하지 아니하고 영리를 목적으로 제공한 자

3. 제42조의 2를 위반하여 청소년유해매체물을 광고하는 내용의 정보를 청소년에게 전송하거나 청소년 접근을 제한하는 조치 없이 공개적으로 전시한 자

4. 제44조의 6 제3항을 위반하여 이용자의 정보를 민·형사상의 소를 제기하는 것 외의 목적으로 사용한 자

5. 제44조의 7 제2항 및 제3항에 따른 방송통신위원회의 명령을 이행하지 아니한 자

6. 제48조의 4 제3항에 따른 명령을 위반하여 관련 자료를 보전하지 아니한 자

7. 제49조의 2 제1항을 위반하여 개인정보의 제공을 유인한 자

8. 제61조에 따른 명령을 이행하지 아니한 자

[전문개정 2008.6.13]

제74조(벌칙) ① 다음 각 호의 어느 하나에 해당하는 자는 1년 이하의 징역 또는 1천만 원 이하의 벌금에 처한다.

1. 제8조 제4항을 위반하여 비슷한 표시를 한 제품을 표시·판매 또는 판매할 목적으로 진열한 자

2. 제44조의 7 제1항 제1호를 위반하여 음란한 부호·문언·음향·화상 또는 영상을 배포·판매·임대하거나 공공연하게 전시한 자

3. 제44조의 7 제1항 제3호를 위반하여 공포심이나 불안감을 유발하는 부호·문

언·음향·화상 또는 영상을 반복적으로 상대방에게 도달하게 한 자

4. 제50조 제6항을 위반하여 기술적 조치를 한 자

5. 제50조의 2를 위반하여 전자우편주소를 수집·판매·유통하거나 정보 전송에 이용한 자

6. 제50조의 8을 위반하여 광고성 정보를 전송한 자

7. 제53조 제4항을 위반하여 동록사항의 변경등록 또는 사업의 양도·양수 또는 합병·상속의 신고를 하지 아니한 자

② 제1항 제3호의 죄는 피해자가 구체적으로 밝힌 의사에 반하여 공소를 제기할 수 없다.

[전문개정 2008.6.13]

제75조(양벌규정) ① 법인의 대표자, 대리인, 사용인, 그 밖의 종업원이 그 법인의 업무에 관하여 제71조부터 제73조까지 또는 제74조 제1항의 위반행위를 하면 그 행위자를 벌할 뿐만 아니라 그 법인에게도 해당 조문의 벌금형을 과한다.

② 개인의 대리인, 사용인, 그 밖의 종업원이 그 개인의 업무에 관하여 제71조부터 제73조까지 또는 제74조 제1항의 위반행위를 하면 그 행위자를 벌할 뿐만 아니라 그 개인에게도 해당 조문의 벌금형을 과한다.

[전문개정 2008.6.13]

제76조(과태료) ① 다음 각 호의 어느 하나에 해당하는 자와 제7호부터 제11호까지의 경우에 해당하는 행위를 하도록 한 자에게는 3천만 원 이하의 과태료를 부과한다.

1. 제23조 제2항(제67조에 따라 준용되는 경우를 포함한다.)을 위반하여 서비스의 제공을 거부한 자

2. 제23조의 2를 위반하여 필요한 조치를 하지 아니한 자

3. 제28조 제1항 제1호 및 제6호(제67조에 따라 준용되는 경우를 포함한다.)에 따른 기술적·관리적 조치를 하지 아니한 자

4. 제29조 본문(제67조에 따라 준용되는 경우를 포함한다.)을 위반하여 개인정보를 파기하지 아니한 자

5. 제30조 제3항·제4항 및 제6항(제30조 제7항, 제31조 제3항 및 제67조에 따라 준용되는 경우를 포함한다.)을 위반하여 필요한 조치를 하지 아니한 자

6. 제44조의 5 제2항에 따른 방송통신위원회의 명령을 이행하지 아니한 자

7. 제50조 제1항부터 제3항까지의 규정을 위반하여 영리 목적의 광고성 정보를 전송한 자

8. 제50조 제4항 또는 제5항을 위반하여 광고성 정보를 전송할 때 밝혀야 하는 사항을 밝히지 아니하거나 거짓으로 밝힌 자

9. 제50조 제7항을 위반하여 비용을 수신자에게 부담하도록 한 자

10. 제50조의 5를 위반하여 이용자의 동의를 받지 아니하고 프로그램을 설치한 자

11. 제50조의 7 제1항을 위반하여 인터넷 홈페이지에 영리목적의 광고성 정보를 게시한 자

12. 제71조부터 제74조까지, 제1호부터 제11호까지 및 제2항의 위반행위를 하여 제64조 제4항에 따른 행정안전부장관 또는 방송통신위원회의 시정조치 명령 을 이행하지 아니한 자

② 다음 각 호의 어느 하나에 해당하는 자에게는 2천만 원 이하의 과태료를 부과 한다.

1. 제25조 제2항(제67조에 따라 준용되는 경우를 포함한다.)을 위반하여 이용자에 게 개인정보 취급위탁에 관한 사항을 공개하지 아니하거나 알리지 아니한 자

2. 제26조 제1항 및 제2항(제67조에 따라 준용되는 경우를 포함한다.)을 위반하여 이용자에게 개인정보의 이전사실을 알리지 아니한 자

3. 제27조 제1항(제67조에 따라 준용되는 경우를 포함한다.)을 위반하여 개인정보 관리책임자를 지정하지 아니한 자

4. 제27조의 2 제1항(제67조에 따라 준용되는 경우를 포함한다.)을 위반하여 개인 정보 취급방침을 공개하지 아니한 자

③ 다음 각 호의 어느 하나에 해당하는 자에게는 1천만원 이하의 과태료를 부과한다.

1. 제20조 제2항을 위반하여 전자문서를 보관하지 아니한 자

2. 제21조를 위반하여 전자문서를 공개한 자

3. 제42조의 3 제1항을 위반하여 청소년 보호 책임자를 지정하지 아니한 자

4. 제43조를 위반하여 정보를 보관하지 아니한 자

5. 제46조 제2항을 위반하여 보험에 가입하지 아니한 자

6. 제46조의 3 제1항을 위반하여 정보보호 안전진단을 받지 아니한 자

7. 제46조의 3 제2항을 위반하여 정보보호 안전진단의 결과를 제출하지 아니하거

나 거짓으로 제출한 자

8. 제46조의 3 제5항에 따른 권고 내용 또는 처리 결과를 거짓으로 통보한 자

9. 제46조의 3 제6항에 따른 개선명령을 이행하지 아니한 자

10. 제47조의 3 제3항을 위반하여 소프트웨어 사용자에게 알리지 아니한 자

11. 제48조의 2 제4항에 따른 시정명령을 이행하지 아니한 자

12. 제48조의 4 제4항에 따른 사업장 출입 및 조사를 방해하거나 거부 또는 기피한 자

13. 제52조 제6항을 위반하여 정보보호진흥원의 명칭을 사용한 자

14. 제53조 제4항을 위반하여 사업의 휴지・폐지・해산의 신고를 아니한 자

15. 제56조 제1항을 위반하여 약관을 신고하지 아니한 자

16. 제57조 제2항을 위반하여 관리적 조치 또는 기술적 조치를 하지 아니한 자

17. 제58조 제1항을 위반하여 구매・이용 내역 및 이의신청의 방법 등 대통령령으로 정하는 사항을 통신과금서비스 이용자에게 고지하지 아니한 자

18. 제58조 제2항을 위반하여 통신과금서비스 이용자가 구매・이용 내역을 확인할 수 있는 방법을 제공하지 아니하거나 통신과금서비스 이용자의 제공 요청에 응하지 아니한 자

19. 제58조 제3항을 위반하여 통신과금서비스 이용자의 요청에 대한 처리 결과를 통신과금서비스 이용자에게 알려 주지 아니한 자

20. 제58조 제4항을 위반하여 통신과금서비스에 관한 기록을 보존하지 아니한 자

21. 제59조 제2항을 위반하여 통신과금서비스 이용자의 이의신청 및 권리구제를 위한 절차를 마련하지 아니한 자

22. 제64조 제1항에 따른 관계 물품・서류 등을 제출하지 아니하거나 거짓으로 제출한 자

23. 제64조 제2항에 따른 자료의 열람・제출요청에 따르지 아니한 자

24. 제64조 제3항에 따른 출입・검사를 거부・방해 또는 기피한 자

④ 제1항부터 제3항까지의 과태료는 대통령령으로 정하는 바에 따라 행정안전부장관 또는 방송통신위원회가 부과・징수한다.

⑤ 제4항에 따른 과태료 처분에 불복하는 자는 그 처분을 고지받은 날부터 30일 이내에 행정안전부장관 또는 방송통신위원회에 이의를 제기할 수 있다.

⑥ 제4항에 따라 과태료 처분을 받은 자가 제5항에 따라 이의를 제기하면 행정안

전부장관 또는 방송통신위원회는 지체 없이 관할 법원에 그 사실을 통보하여야 하며, 그 통보를 받은 관할 법원은 '비송사건절차법'에 따른 과태료 재판을 한다.

⑦ 제5항에 따른 기간에 이의를 제기하지 아니하고 과태료를 내지 아니하면 국세 체납처분의 예에 따라 징수한다.

[전문개정 2008.6.13]

## 부칙 〈제9119호, 2008.6.13〉

① (시행일) 이 법은 공포 후 6개월이 경과한 날부터 시행한다.
② (벌칙 및 과태료의 적용에 관한 경과조치) 이 법 시행 전의 행위에 관한 벌칙 및 과태료의 적용은 종전의 규정에 따른다.

# 공공기관의 개인정보보호에 관한 법률

[일부개정 2008.2.29 법률 제08871호]


## 제1장 총칙

**제1조(목적)** 이 법은 공공기관의 컴퓨터·폐쇄회로 텔레비전 등 정보의 처리 또는 송·수신 기능을 가진 장치에 의하여 처리되는 개인정보의 보호를 위하여 그 취급에 관하여 필요한 사항을 정함으로써 공공업무의 적정한 수행을 도모함과 아울러 국민의 권리와 이익을 보호함을 목적으로 한다. <개정 2007.5.17>

**제2조(정의)** 이 법에서 사용하는 용어의 정의는 다음과 같다. <개정 2007.5.17>

1. '공공기관'이라 함은 국가행정기관·지방자치단체 그 밖의 공공단체중 대통령령이 정하는 기관을 말한다.

2. '개인정보'라 함은 생존하는 개인에 관한 정보로서 당해 정보에 포함되어 있는 성명·주민등록번호 및 화상 등의 사항에 의하여 당해 개인을 식별할 수 있는 정보(당해 정보만으로는 특정개인을 식별할 수 없더라도 다른 정보와 용이하게 결합하여 식별할 수 있는 것을 포함한다.)를 말한다.

3. '처리'라 함은 컴퓨터·폐쇄회로 텔레비전 등 정보의 처리 또는 송·수신 기능을 가진 장치(이하 '컴퓨터 등'이라 한다.)를 사용하여 정보의 입력·저장·편집·검색·삭제 및 출력 기타 이와 유사한 행위를 하는 것을 말한다. 다만, 문장만을 작성하는 등의 단순업무처리를 위한 행위로서 대통령령이 정하는 행위를 하는 것을 제외한다.

4. '개인정보파일'이라 함은 컴퓨터 등에 의하여 처리할 수 있도록 체계적으로 구성된 개인정보의 집합물로서 자기테이프·자기디스크 등 전자적인 매체에 기록된 것을 말한다.

5. '처리정보'라 함은 개인정보파일에 기록되어 있는 개인정보를 말한다.

    5의 2. '폐쇄회로 텔레비전'이라 함은 정지 또는 이동하는 사물의 순간적 영상 및 이에 따르는 음성·음향 등을 특정인이 수신할 수 있는 장치를 말한다.

6. '보유'라 함은 개인정보파일을 작성 또는 취득하거나 유지·관리하는 것(개인
정보의 처리를 다른 기관·단체 등에 위탁하는 경우를 포함하되, 다른 기관·
단체 등으로부터 위탁받은 경우를 제외한다.)을 말한다.

7. '보유기관'이라 함은 개인정보파일을 보유하는 기관을 말한다.

8. '정보주체'라 함은 처리정보에 의하여 식별되는 자로서 당해 정보의 주체가 되
는 자를 말한다.

**제3조**(다른 법률과의 관계) ① 공공기관의 컴퓨터 등에 의하여 처리되는 개인정보의
보호에 관해서는 다른 법률에 특별한 규정이 있는 경우를 제외하고는 이 법이 정
하는 바에 의한다. <개정 2007.5.17>

② 공공기관의 컴퓨터 등에 의하여 처리되는 개인정보 중 '통계법'에 의하여 수집
되는 개인정보와 국가안전보장과 관련된 정보분석을 목적으로 수집 또는 제공
요청되는 개인정보의 보호에 관해서는 이 법을 적용하지 아니한다. <개정
2007.4.27, 2007.5.17>

**제3조의 2**(개인정보보호의 원칙) ① 공공기관의 장은 개인정보를 수집하는 경우 그
목적을 명확히 하여야 하고, 목적에 필요한 최소한의 범위 안에서 적법하고 정당
하게 수집하여야 하며, 목적 외의 용도로 활용하여서는 아니 된다.

② 공공기관의 장은 처리정보의 정확성 및 최신성을 보장하고, 그 보호의 안전성을
확보하여야 한다.

③ 공공기관의 장은 개인정보관리의 책임관계를 명확히 하여야 한다.

④ 공공기관의 장은 개인정보의 수집·활용 등 개인정보의 취급에 관한 사항을 공
개하여야 하며, 개인정보처리에 있어서 처리정보의 열람청구권 등 정보주체의 권
리를 보장하여야 한다.

[본 조 신설 2007.5.17]


## 제2장 개인정보의 수집 및 처리

**제4조**(개인정보의 수집) ① 공공기관의 장은 사상·신조 등 개인의 기본적 인권을 현

저하게 침해할 우려가 있는 개인정보를 수집하여서는 아니 된다. 다만, 정보주체의 동의가 있거나 다른 법률에 수집대상 개인정보가 명시되어 있는 경우에는 그러하지 아니하다. <개정 2007.5.17>

② 공공기관의 장은 개인정보를 수집하는 경우 개인정보 수집의 법적 근거, 목적 및 이용범위, 정보주체의 권리 등에 관하여 문서('전자정부법' 제2조 제5호에 따른 전자문서를 포함한다. 이하 같다.) 또는 인터넷 홈페이지 등을 통하여 정보주체가 그 내용을 쉽게 확인할 수 있도록 안내하여야 한다. 다만, 제6조 제3항 각 호의 어느 하나에 해당하는 개인정보파일을 보유할 목적으로 개인정보를 수집하는 경우에는 그러하지 아니하다. <신설 2007.5.17>

**제4조의 2**(폐쇄회로 텔레비전의 설치 등) ① 공공기관의 장은 범죄예방 및 교통단속 등 공익을 위하여 필요한 경우에 '행정절차법' 제2조 제6호에 따른 공청회(이하 '공청회'라 한다.) 등 대통령령으로 정하는 절차를 거쳐 관련 전문가 및 이해관계인의 의견을 수렴한 후 폐쇄회로 텔레비전을 설치할 수 있다.

② 설치된 폐쇄회로 텔레비전은 설치목적 범위를 넘어 카메라를 임의로 조작하거나 다른 곳을 비추어서는 아니 되며, 녹음기능은 사용할 수 없다.

③ 공공기관의 장은 폐쇄회로 텔레비전을 설치하는 경우 정보주체가 이를 쉽게 인식할 수 있도록 다음 각 호의 사항을 기재한 안내판을 설치하는 등 필요한 조치를 취하여야 한다.

1. 설치목적 및 장소
2. 촬영범위 및 시간
3. 관리책임자 및 연락처

④ 국가안전보장과 관련된 국가중요시설 중 원자력발전소 등 대통령령으로 정하는 시설에 대해서는 제3항을 적용하지 아니할 수 있다.

⑤ 폐쇄회로 텔레비전의 설치, 안내판 설치 등에 관하여 필요한 사항은 대통령령으로 정한다.

[본 조 신설 2007.5.17]

**제4조의 3**(폐쇄회로 텔레비전의 설치 및 관리에 대한 위탁) ① 공공기관의 장은 폐쇄회로 텔레비전의 설치 및 관리에 관한 사무를 위탁할 수 있다.

② 제1항에 따른 수탁기관의 자격요건, 위탁절차 등에 관하여 필요한 사항은 대통

령령으로 정한다.

[본 조 신설 2007.5.17]

제5조(개인정보파일의 보유범위 <개정 2007.5.17>) 공공기관은 소관업무를 수행하기 위하여 필요한 범위 안에서 개인정보파일을 보유할 수 있다. <개정 2007.5.17>

제6조(개인정보파일의 보유·변경 시 사전협의 <개정 2007.5.17>) ① 공공기관의 장이 개인정보파일을 보유하고자 하는 경우(다른 공공기관으로부터 처리정보를 제공받아 보유하고자 하는 경우를 제외한다.)에는 다음 각 호의 사항을 행정안전부 장관과 협의하여야 한다. 다음 각 호의 어느 하나에 해당하는 사항을 변경하고자 하는 경우에도 또한 같다. <개정 1999.1.29, 2007.5.17, 2008.2.29>

1. 개인정보파일의 명칭

2. 개인정보파일의 보유목적

3. 보유기관의 명칭

4. 개인정보파일에 기록되는 개인 및 항목의 범위

5. 개인정보의 수집방법과 처리정보를 통상적으로 제공하는 기관이 있는 경우에는 그 기관의 명칭

6. 개인정보파일의 열람예정시기

7. 열람이 제한되는 처리정보의 범위 및 그 사유

8. 그 밖에 대통령령이 정하는 사항

② 중앙행정기관의 장이 아닌 공공기관의 장은 제1항에 따라 협의를 하고자 하는 경우에는 관계 중앙행정기관의 장을 거쳐 관련 서류를 제출하여야 한다. <신설 2007.5.17>

③ 제1항의 규정은 다음 각 호의 어느 하나에 해당하는 개인정보파일에 대해서는 이를 적용하지 아니한다. <개정 2007.5.17>

1. 국가의 안전 및 외교상의 비밀 그 밖에 국가의 중대한 이익에 관한 사항을 기록한 개인정보파일

2. 범죄의 수사, 공소의 제기 및 유지, 형의 집행, 교정처분, 보안처분과 출입국관리에 관한 사항을 기록한 개인정보파일

3. 조세범처벌법에 의한 조세범칙조사 및 관세법에 의한 관세범칙조사에 관한 사항을 기록한 개인정보파일

4. 삭제 <2007.5.17>

5. 삭제 <2007.5.17>

6. 보유기관의 내부적 업무처리만을 위하여 사용되는 개인정보파일

7. 삭제 <2007.5.17>

8. 그 밖에 이에 준하는 개인정보파일로서 대통령령이 정하는 개인정보파일

④ 다른 법률에 관계 중앙행정기관의 장으로 하여금 공공기관의 개인정보파일의 보유기준을 정하도록 규정되어 있는 경우에는 제1항에 불구하고 그 보유기준에 관한 협의로 제1항에 따른 협의를 갈음한다. 이 경우 행정안전부장관과의 협의는 관계 중앙행정기관의 장이 행한다. <신설 2007.5.17, 2008.2.29>

⑤ 행정안전부장관은 제1항 또는 제4항에 따라 협의를 하는 경우로서 개인정보의 보호를 위하여 필요하다고 인정하는 때에는 제20조에 따른 공공기관개인정보보호심의위원회에 협의사항에 관하여 심의를 요청할 수 있다. <신설 2007.5.17, 2008.2.29>

제7조(개인정보파일의 공고) 행정안전부장관은 제6조 제1항 또는 제4항에 따라 협의한 사항을 대통령령이 정하는 바에 따라 연 1회 이상 관보 또는 인터넷 홈페이지 등에 게재하여 공고하여야 한다. <개정 2008.2.29>

[전문개정 2007.5.17]

제7조의 2(개인정보보호방침) ① 보유기관의 장은 다음 각 호의 내용이 포함된 개인정보보호방침을 정하여야 한다.

1. 제6조 제1항 각 호의 사항. 다만, 같은 조 제3항 각 호의 개인정보파일에 관한 사항을 제외한다.

2. 제20조의 2에 따른 개인정보관리책임관의 성명·소속 부서·직위 및 전화번호 그 밖의 연락처

3. 인터넷 홈페이지 접속정보파일 등 인터넷 홈페이지를 통하여 수집되는 개인정보의 보호에 관한 사항

4. 그 밖에 개인정보의 보호를 위하여 필요한 사항

② 보유기관의 장은 제1항에 따라 개인정보보호방침을 정한 경우에는 그 내용을 관보 또는 인터넷 홈페이지 등에 게재하여야 한다.

[본 조 신설 2007.5.17]

제8조(개인정보파일대장의 작성) 보유기관의 장은 제6조 제3항 각 호에 따른 개인정보파일을 제외하고는 당해 기관이 보유하고 있는 개인정보파일별로 제6조 제1항 각 호에 따른 사항을 기재한 대장(이하 '개인정보파일대장'이라 한다.)을 작성하여 일반인이 열람할 수 있도록 하여야 한다.

[전문개정 2007.5.17]

제9조(개인정보의 안전성 확보 등) ① 공공기관의 장은 개인정보를 처리하거나 개인정보파일을 '전자정부법' 제2조 제7호에 따른 정보통신망(이하 '정보통신망'이라 한다.)에 의하여 송·수신하는 경우 개인정보가 분실·도난·누출·변조 또는 훼손되지 아니하도록 안전성 확보에 필요한 조치를 강구하여야 한다. <개정 2007.5.17>

② 공공기관의 장은 개인정보의 처리에 관한 사무를 다른 공공기관 또는 관련 전문기관에 위탁할 수 있으며, 이 경우 개인정보가 분실·도난·유출·변조 또는 훼손되지 아니하도록 안전성 확보에 필요한 조치를 취하여야 한다. <신설 2007.5.17>

③ 제2항에 따른 위탁 방법·절차 등에 관하여 필요한 사항은 대통령령으로 정한다. <신설 2007.5.17>

④ 공공기관의 장은 제2항에 따라 개인정보의 처리에 관한 사무를 위탁하고자 하는 경우에는 관보 또는 인터넷 홈페이지 등을 통하여 미리 그 사실을 공개하여야 한다. <개정 2007.5.17>

⑤ 공공기관으로부터 개인정보의 처리를 위탁받은 자에 대해서도 제1항의 규정을 준용한다. <개정 2007.5.17>

제9조의 2(인터넷상의 본인확인) ① 공공기관의 장은 인터넷상의 본인확인 과정에서 주민등록번호, 성명 등의 개인정보가 변조·유출 또는 도용되지 아니하도록 안전성 확보에 필요한 조치를 강구하여야 한다.

② 행정안전부장관은 제1항에 따른 안전성 확보에 필요한 조치를 지원하기 위하여 관련 법령의 정비, 계획의 수립, 필요한 시설 및 시스템의 구축 등 제반 조치를 마련할 수 있다. <개정 2008.2.29>

③ 행정안전부장관은 제2항에 따른 제반 조치를 추진함에 있어서 관련 공공기관의 장에게 협조를 요청을 할 수 있고, 그 요청을 받은 공공기관의 장은 특별한 사유가 없는 한 이에 응하여야 한다. <개정 2008.2.29>

[본 조 신설 2007.5.17]

제10조(처리정보의 이용 및 제공의 제한) ① 보유기관의 장은 다른 법률에 따라 보유기관 내부 또는 보유기관 외의 자에 대하여 이용하게 하거나 제공하는 경우를 제외하고는 당해 개인정보파일의 보유목적 외의 목적으로 처리정보를 이용하게 하거나 제공하여서는 아니 된다. <개정 2007.5.17>

② 보유기관의 장은 보유목적에 따라 처리정보를 이용하게 하거나 제공하는 경우에도 업무수행에 필요한 최소한의 범위로 그 이용 또는 제공을 제한하여야 한다. <신설 2007.5.17>

③ 보유기관의 장은 제1항의 규정에 불구하고 다음 각 호의 어느 하나에 해당하는 경우에는 당해 개인정보파일의 보유목적 외의 목적으로 처리정보를 이용하게 하거나 제공할 수 있다. 다만, 다음 각 호의 어느 하나에 해당하는 경우에도 정보주체 또는 제3자의 권리와 이익을 부당하게 침해할 우려가 있다고 인정되는 때에는 그러하지 아니하다. <개정 1999.1.29, 2007.5.17>

1. 정보주체의 동의가 있거나 정보주체에게 제공하는 경우
2. 처리정보를 보유목적 외의 목적으로 이용하게 하거나 제공하지 아니하면 다른 법률에서 정하는 소관 업무를 수행할 수 없는 경우로서 제20조에 따른 공공기관개인정보보호심의위원회의 심의를 거친 경우
3. 조약 기타 국제협정의 이행을 위하여 외국정부 또는 국제기구에 제공하는 경우
4. 통계작성 및 학술연구 등의 목적을 위한 경우로서 특정개인을 식별할 수 없는 형태로 제공하는 경우
5. 정보주체 또는 그 법정대리인이 의사표시를 할 수 없는 상태에 있거나 주소불명 등으로 동의를 할 수 없는 경우로서 정보주체 외의 자에게 이용하게 하거나 제공하는 것이 명백히 정보주체에게 이익이 된다고 인정되는 경우
6. 범죄의 수사와 공소의 제기 및 유지에 필요한 경우
7. 법원의 재판업무수행을 위하여 필요한 경우
8. 삭제 <2007.5.17>

④ 보유기관의 장은 제3항 제2호 내지 제7호의 규정에 의하여 처리정보를 정보주체 외의 자에게 이용하게 하거나 제공하는 때에는 처리정보를 수령한 자에 대하여 사용목적·사용방법 기타 필요한 사항에 대하여 제한을 하거나 처리정보의 안전성 확보를 위하여 필요한 조치를 강구하도록 요청하여야 하며, 이러한 요청을

받은 정보수령자는 처리정보의 안전성 확보를 위한 조치를 취하여야 한다. <개정 2007.5.17>

⑤ 보유기관으로부터 처리정보를 제공받은 자는 보유기관의 동의 없이 당해 처리정보를 제3자에게 이용하게 하거나 제공하여서는 아니 된다. <개정 2007.5.17>

⑥ 보유기관의 장은 제3항 제2호 내지 제5호 및 제7호에 따라 보유목적 외의 목적으로 이용하게 하거나 제공하는 경우에는 그 이용 또는 제공의 법적 근거·목적 및 범위 등에 관하여 필요한 사항을 정보주체가 쉽게 확인할 수 있도록 관보 또는 인터넷 홈페이지 등에 게재하여야 한다. <개정 2007.5.17>

제10조의 2(개인정보파일의 파기) ① 보유기관의 장은 개인정보파일의 보유목적 달성 등 당해 개인정보파일의 보유가 불필요하게 된 경우에는 당해 개인정보파일을 지체 없이 파기하여야 한다. 다만, 다른 법률에 따라 보존하여야 하는 경우에는 그러하지 아니하다.

② 제1항에 따라 개인정보파일을 파기한 경우 보유기관의 장은 개인정보파일을 파기한 사실을 관보 또는 인터넷 홈페이지 등에 공고하여야 한다. 다만, 파기한 개인정보파일이 제6조 제3항 각 호의 어느 하나에 해당하는 경우에는 그러하지 아니하다.

③ 개인정보파일의 파기방법, 절차 등에 관하여 필요한 사항은 대통령령으로 정한다.
[본 조 신설 2007.5.17]

제11조(개인정보취급자의 의무) 개인정보의 처리를 행하는 공공기관의 직원이나 직원이었던 자 또는 공공기관으로부터 개인정보의 처리업무를 위탁받아 그 업무에 종사하거나 종사하였던 자는 직무상 알게 된 개인정보를 누설 또는 권한 없이 처리하거나 타인의 이용에 제공하는 등 부당한 목적을 위하여 사용하여서는 아니 된다.


## 제3장 처리정보의 열람·정정 등

제12조(처리정보의 열람) ① 정보주체는 개인정보파일대장에 기재된 범위 안에서 문서로 본인에 관한 처리정보의 열람(문서에 의한 사본의 수령을 포함한다. 이하 같다.)을 보유기관의 장에게 청구할 수 있다. <개정 2007.5.17>

② 보유기관의 장은 제1항의 규정에 의한 열람청구를 받은 때에는 제13조 각 호의 어느 하나에 해당하는 경우를 제외하고는 청구서를 받은 날부터 10일 이내에 청구인으로 하여금 당해 처리정보를 열람할 수 있도록 하여야 한다. 이 경우 10일 이내에 열람하게 할 수 없는 정당한 사유가 있는 때에는 청구인에게 그 사유를 통지하고 열람을 연기할 수 있으며, 그 사유가 소멸한 때에는 지체 없이 열람하게 하여야 한다. <개정 1999.1.29, 2007.5.17>

제13조(처리정보의 열람제한) 보유기관의 장은 제12조의 규정에 의하여 열람을 청구한 청구인으로 하여금 당해 처리정보를 열람하도록 하는 것이 다음 각 호의 어느 하나에 해당하는 경우에는 그 사유를 통지하고 당해 처리정보의 열람을 제한할 수 있다. <개정 1999.1.29, 2007.5.17>

1. 다음 각 목의 어느 하나에 해당하는 업무로서 당해 업무의 수행에 중대한 지장을 초래하는 경우
   가. 조세의 부과·징수 또는 환급에 관한 업무
   나. '초·중등교육법' 및 '고등교육법'에 따른 각급 학교와 '평생교육법'에 따른 평생교육시설에서의 성적의 평가 또는 입학자의 선발에 관한 업무
   다. 학력·기능 및 채용에 관한 시험, 자격의 심사, 보상금·급부금의 산정 등 평가 또는 판단에 관한 업무
   라. 다른 법률에 의한 감사 및 조사에 관한 업무
   마. 삭제 <1999.1.29>
   바. 그 밖에 가목 내지 라목에 준하는 업무로서 대통령령이 정하는 업무
2. 개인의 생명·신체를 해할 우려가 있거나 개인의 재산과 기타의 이익을 부당하게 침해할 우려가 있는 경우
3. 삭제 <1999.1.29>

제14조(처리정보의 정정 및 삭제 등 <개정 2007.5.17>) ① 제12조에 따라 본인의 처리정보를 열람한 정보주체는 보유기관(다른 기관으로부터 처리정보를 제공받아 보유하는 기관을 제외한다. 이하 이 조에서 같다.)의 장에게 문서로 당해 처리정보의 정정 또는 삭제를 청구할 수 있다. 다만, 다른 법률에 당해 처리정보가 수집대상으로 명시되어 있는 경우에는 그 삭제를 청구할 수 없다. <개정 2007.5.17>
② 보유기관의 장은 제1항의 규정에 의한 정정 또는 삭제청구를 받은 때에는 처리

정보의 내용의 정정 또는 삭제에 관하여 다른 법률에 특별한 절차가 규정되어 있는 경우를 제외하고는 지체 없이 이를 조사하여 필요한 조치를 한 후 그 결과를 당해 청구인에게 통지하여야 한다. <개정 2007.5.17>

③ 보유기관의 장은 제2항의 규정에 의한 조사를 함에 있어 필요한 때에는 당해 청구인으로 하여금 정정 또는 삭제청구사항의 확인에 필요한 증빙자료를 제출하게 할 수 있다. <개정 2007.5.17>

제15조(불복청구) ① 제12조 제1항 및 제14조 제1항에 따른 청구에 대하여 공공기관의 장이 행한 처분 또는 부작위로 인하여 권리 또는 이익의 침해를 받은 자는 '행정심판법'으로 정하는 바에 따라 행정심판을 청구하거나 '행정소송법'으로 정하는 바에 따라 행정소송을 제기할 수 있다.

② 제1항에 따라 행정심판을 제기하는 경우 국가행정기관 및 지방자치단체 외의 공공기관의 장의 처분 또는 부작위에 대한 감독행정기관은 관계 중앙행정기관의 장으로 한다. <개정 2008.2.29>

[전문개정 2007.5.17]

제16조(대리청구) 정보주체는 제12조 제1항 및 제14조 제1항의 규정에 의한 청구를 대통령령이 정하는 바에 따라 대리인으로 하여금 하게 할 수 있다.


## 제4장 보칙

제17조(수수료 등) 제12조 제1항 및 제14조 제1항의 규정에 의하여 열람청구 또는 정정·삭제청구를 하는 자는 대통령령이 정하는 바에 따라 수수료와 우송료(처리정보 사본의 우송을 청구하는 때에 한한다.)를 납부하여야 한다. <개정 2007.5.17>

제18조(자료제출의 요구 등) ① 행정안전부장관은 이 법의 시행을 위하여 필요하다고 인정되는 경우에는 공공기관의 장에 대하여 개인정보의 처리에 관한 자료의 제출을 요구할 수 있으며, 소속 공무원으로 하여금 실태조사를 하게 할 수 있다. <개정 1999.1.29, 2007.5.17, 2008.2.29>

② 제1항에 따라 실태조사를 하는 공무원은 그 권한을 나타내는 증표를 지니고 이를 관계인에게 내보여야 한다. <신설 2007.5.17>

제18조의 2(개인정보 침해사실의 신고 등) ① 공공기관의 장이 개인정보를 수집·처리하거나 개인정보파일을 보유함에 있어서 개인정보에 관한 권리 또는 이익의 침해를 받은 자는 행정안전부장관에게 그 침해사실을 신고할 수 있다. <개정 2008.2.29>

② 행정안전부장관은 신고된 침해사실을 확인하여 해당 공공기관의 장에게 그 확인결과를 통보할 수 있다. <개정 2008.2.29>

③ 제2항에 따라 통보를 받은 공공기관의 장은 그 처리결과를 지체 없이 행정안전부장관에게 통보하여야 하며, 행정안전부장관은 통보받은 처리결과를 제1항에 따른 신고인에게 통지하여야 한다. <개정 2008.2.29>

[본 조 신설 2007.5.17]

제19조(의견제시 및 권고) 행정안전부장관은 이 법의 목적을 달성하기 위하여 필요하다고 인정되는 경우에는 공공기관의 장에게 개인정보의 보호에 관하여 의견을 제시하거나 권고를 할 수 있다. <개정 1999.1.29, 2008.2.29>

제20조(공공기관개인정보보호심의위원회 <개정 2007.5.17>) ① 공공기관의 컴퓨터 등에 의하여 처리되는 개인정보의 보호에 관한 사항을 심의하기 위하여 국무총리 소속하에 공공기관개인정보보호심의위원회(이하 '위원회'라 한다.)를 둔다. <개정 2007.5.17>

② 위원회는 다음 각 호의 사항을 심의한다. <개정 2007.5.17>

  1. 개인정보보호에 관한 정책 및 제도 개선에 관한 사항
  2. 처리정보의 이용 및 제공에 대한 공공기관 간의 의견조정에 관한 사항
  3. 제6조 제5항에 따라 심의요청을 받은 사항
  4. 제10조 제3항 제2호에 따른 처리정보의 이용 또는 제공에 관한 사항
  5. 그 밖에 개인정보의 보호에 관하여 대통령령으로 정하는 사항

③ 위원회는 위원장 1인을 포함한 10인 이내의 위원으로 구성한다. <신설 2007.5.17>

④ 위원장은 행정안전부차관으로 하고, 위원은 공공기관의 소속 직원과 개인정보에 관한 학식과 경험이 풍부한 자 중에서 위원장의 추천으로 국무총리가 임명 또는 위촉한다. <신설 2007.5.17, 2008.2.29>

⑤ 위원의 임기는 2년으로 한다. 다만, 공공기관의 소속 직원인 위원은 그 직에 있

는 동안 재임한다. <신설 2007.5.17>

⑥ 그 밖에 위원회의 조직 및 운영에 관하여 필요한 사항은 대통령령으로 정한다. <개정 2007.5.17>

제20조의 2(개인정보관리책임관의 지정) ① 공공기관의 장은 소관 처리정보의 보호 및 관리를 위하여 개인정보관리책임관을 지정하여야 한다.

② 개인정보관리책임관의 자격요건·지정 및 운영 등에 관하여 필요한 사항은 대통령령으로 정한다.

[본 조 신설 2007.5.17]

제21조(국가·지방자치단체 외의 공공기관 등에 대한 지도·감독 <개정 2007.5.17>) 관계중앙행정기관의 장은 컴퓨터 등에 의하여 처리되는 개인정보의 보호를 위하여 필요한 때에는 국가행정기관 및 지방자치단체외의 공공기관에 대하여 개인정보의 보호에 관하여 의견을 제시하거나 지도·점검 등을 할 수 있다. <개정 2007.5.17>

제22조(공공기관외의 개인 또는 단체의 개인정보보호) 공공기관 외의 개인 또는 단체는 컴퓨터 등을 사용하여 개인정보를 처리함에 있어 공공기관의 예에 준하여 개인정보의 보호를 위한 조치를 강구하여야 하며, 관계중앙행정기관의 장은 개인정보의 보호를 위하여 필요한 때에는 공공기관외의 개인 또는 단체에 대하여 개인정보의 보호에 관하여 의견을 제시하거나 권고를 할 수 있다. <개정 2007.5.17>

## 제5장 벌칙

제23조(벌칙) ① 공공기관의 개인정보처리업무를 방해할 목적으로 공공기관에서 처리하고 있는 개인정보를 변경 또는 말소한 자는 10년 이하의 징역에 처한다.

② 제11조의 규정을 위반하여 개인정보를 누설 또는 권한 없이 처리하거나 타인의 이용에 제공하는 등 부당한 목적으로 사용한 자는 3년 이하의 징역 또는 1천만원 이하의 벌금에 처한다.

③ 부정한 목적으로 제4조의 2 제2항을 위반하여 폐쇄회로 텔레비전의 설치목적 범위를 넘어 카메라를 임의로 조작하거나 다른 곳을 비추는 자 또는 녹음기능을

사용한 자와 거짓 그 밖의 부정한 방법으로 공공기관으로부터 처리정보를 열람 또는 제공받은 자는 2년 이하의 징역 또는 700만 원 이하의 벌금에 처한다. <개정 2007.5.17>

제24조(양벌규정) 법인의 대표자 또는 법인이나 개인의 대리인·사용인 그 밖의 종업원이 그 법인이나 개인의 업무에 관하여 제23조 제2항 및 제3항의 위반행위를 한 때에는 행위자를 벌하는 외에 그 법인 또는 개인에 대해서도 동 조의 벌금형을 과한다. <개정 2007.5.17>

제25조(벌칙 적용에서의 공무원 의제 <개정 2007.5.17>) 이 법에 의한 개인정보의 보유기관 및 개인정보를 위탁받아 처리하는 기관의 종사자 중 공무원이 아닌 자는 형법 제129조 내지 제132조의 적용에 있어서는 이를 공무원으로 본다.

부칙(행정심판법) <제8871호, 2008.2.29>

제1조(시행일) 이 법은 공포한 날부터 시행한다.
제2조부터 제4조까지 생략

제5조(다른 법률의 개정) ① 공공기관의 개인정보보호에 관한 법률 일부를 다음과 같이 개정한다.

제15조 제2항 중 '재결청'을 '감독행정기관'으로 한다.
②부터 ⑤까지 생략

# 전기통신사업법

[일부개정 2008.2.29 법률 제08867호]

## 제1장 총칙

제1조(목적) 이 법은 전기통신사업의 운영을 적정하게 하여 전기통신사업의 건전한 발전을 기하고 이용자의 편의를 도모함으로써 공공복리의 증진에 이바지함을 목적으로 한다.

제2조(정의) ① 이 법에서 사용하는 용어의 정의는 다음과 같다. <개정 1995.1.5, 1997.8.28, 1998.9.17>

1. '전기통신사업자'라 함은 이 법에 의한 허가를 받거나 등록 또는 신고를 하고 전기통신역무를 제공하는 자를 말한다.

2. '이용자'라 함은 전기통신역무를 제공받기 위하여 전기통신사업자와 전기통신역무의 이용에 관한 계약을 체결한 자를 말한다.

3. '보편적 역무'라 함은 모든 이용자가 언제 어디서나 적정한 요금으로 제공받을 수 있는 기본적인 전기통신역무를 말한다.

② 이 법에서 사용하는 용어의 정의는 제1항에서 정하는 것을 제외하고는 '전기통신기본법'이 정하는 바에 의한다. <개정 2007.1.3>

제3조(역무제공의무 등) ① 전기통신사업자는 정당한 사유 없이 전기통신역무의 제공을 거부하여서는 아니 된다.

② 전기통신사업자는 그 업무처리에 있어서 공평·신속 및 정확을 기하여야 한다.

③ 전기통신역무의 요금은 전기통신사업의 원활한 발전을 도모하고 이용자가 편리하고 다양한 전기통신역무를 공평·저렴하게 제공받을 수 있도록 합리적으로 결정되어야 한다.

제3조의 2(보편적 역무) ① 모든 전기통신사업자는 보편적 역무를 제공하거나 그 제

공에 따른 손실을 보전할 의무가 있다. <개정 2001.1.8>

② 방송통신위원회는 제1항의 규정에 불구하고 전기통신역무의 특성상 제1항의 규정에 의한 의무부여가 적절하지 아니하다고 인정되는 전기통신사업자로서 대통령령이 정하는 전기통신사업자 또는 전기통신사업자의 전기통신역무의 매출액이 전기통신역무 총 매출액의 100분의 1의 범위 안에서 대통령령이 정하는 금액 이하인 전기통신사업자에 대하여 그 의무를 면제할 수 있다. <신설 2001.1.8, 2008.2.29>

③ 보편적 역무의 구체적 내용은 다음 각 호의 사항을 고려하여 대통령령으로 정한다. <개정 2007.5.11>

1. 정보통신기술의 발전 정도

2. 전기통신역무의 보급 정도

3. 공공의 이익과 안전

4. 사회복지 증진

5. 정보화 촉진

④ 방송통신위원회는 보편적 역무를 효율적이고 안정적으로 제공하기 위하여 보편적 역무의 사업규모·품질 및 요금수준과 전기통신사업자의 기술적 능력 등을 고려하여 대통령령이 정하는 기준과 절차에 따라 보편적 역무를 제공하는 전기통신사업자를 지정할 수 있다. <개정 2007.5.11, 2008.2.29>

⑤ 방송통신위원회는 보편적 역무의 제공에 따른 손실에 대하여 대통령령이 정하는 방법과 절차에 따라 전기통신사업자에게 그 매출액을 기준으로 분담시킬 수 있다. <신설 2007.5.11, 2008.2.29>

[본 조 신설 1998.9.17]


## 제2장 전기통신사업

### 제1절 총칙

**제4조**(전기통신사업의 구분 등) ① 전기통신사업은 기간통신사업, 별정통신사업 및 부가통신사업으로 구분한다. <개정 1997.8.28>

② 기간통신사업은 전기통신회선설비를 설치하고, 이를 이용하여 공공의 이익과 국

가산업에 미치는 영향, 역무의 안정적 제공의 필요성 등을 참작하여 전신·전화역무 등 대통령령이 정하는 종류와 내용의 전기통신역무(이하 '기간통신역무'라 한다.)를 제공하는 사업으로 한다. <개정 1996.12.30, 2008.2.29>

③ 별정통신사업은 다음 각 호의 1에 해당하는 사업으로 한다. <신설 1997.8.28, 2008.2.29>

1. 제5조의 규정에 의한 기간통신사업의 허가를 받은 자(이하 '기간통신사업자'라 한다.)의 전기통신회선설비 등을 이용하여 기간통신역무를 제공하는 사업

2. 대통령령이 정하는 구내에 전기통신설비를 설치하거나 이를 이용하여 그 구내에서 전기통신역무를 제공하는 사업

④ 부가통신사업은 기간통신사업자로부터 전기통신회선설비를 임차하여 제2항의 규정에 의한 기간통신역무 외의 전기통신역무(이하 '부가통신역무'라 한다.)를 제공하는 사업으로 한다. <개정 1996.12.30, 1997.8.28>

[전문개정 1995.1.5]


## 제2절 기간통신사업

**제5조**(기간통신사업자의 허가 등) ① 기간통신사업을 경영하고자 하는 자는 방송통신위원회의 허가를 받아야 한다. <개정 1996.12.30, 2008.2.29>

② 방송통신위원회는 제1항의 규정에 의한 허가를 하고자 하는 경우에는 '전기통신기본법' 제44조의 2의 규정에 의한 정보통신정책심의위원회의 심의를 거쳐야 한다. 다만, 대통령령이 정하는 경미한 사업의 허가의 경우에는 그러하지 아니하다. <개정 1996.12.30, 2007.1.3, 2008.2.29>

③ 방송통신위원회가 제1항의 규정에 의한 허가를 함에 있어서는 다음 각 호의 사항을 종합적으로 심사하여야 한다. <개정 1996.12.30, 2008.2.29>

1. 기간통신역무 제공계획의 타당성
2. 전기통신설비의 규모의 적정성
3. 재정 및 기술적 능력
4. 제공하고자 하는 기간통신역무와 관련된 기술개발 실적
5. 기간통신역무와 관련된 기술개발계획
6. 전기통신발전을 위한 기술개발 지원계획
7. 기타 사업수행에 필요한 사항

④ 방송통신위원회는 제3항의 규정에 의한 심사사항별 세부심사기준과 허가의 시기 및 허가신청요령을 정하여 고시한다. <개정 1996.12.30, 2008.2.29>

⑤ 방송통신위원회는 제1항에 따라 기간통신사업을 허가하는 경우에는 공정경쟁 촉진, 이용자 보호, 서비스 품질 개선, 정보통신자원의 효율적 활용 등에 필요한 조건을 붙일 수 있다. <개정 1996.12.30, 2007.5.11, 2008.2.29>

⑥ 제1항의 규정에 의한 허가의 대상자는 법인에 한한다.

⑦ 제1항의 규정에 의한 허가의 절차 기타 필요한 사항은 대통령령으로 정한다. <개정 1996.12.30, 2008.2.29>

[전문개정 1995.1.5]

**제5조의 2**(허가의 결격사유) 다음 각 호의 1에 해당하는 자는 제5조의 규정에 의한 기간통신사업의 허가를 받을 수 없다.

1. 국가 또는 지방자치단체
2. 외국정부 또는 외국법인
3. 외국정부 또는 외국인이 제6조 제1항의 규정에 의한 주식소유 제한을 초과하여 주식을 소유하고 있는 법인

[본 조 신설 2004.2.9]

**제6조**(외국정부 또는 외국인의 주식소유 제한) ① 기간통신사업자의 주식(의결권 있는 주식에 한하며 주식예탁증서 등 의결권을 가진 주식의 등가물 및 출자지분을 포함한다. 이하 같다.)은 외국정부 또는 외국인 모두가 합하여 그 발행주식 총수의 100분의 49를 초과하여 소유하지 못한다.

② 외국정부 또는 외국인('증권거래법' 제36조 제3호의 규정에 의한 특수관계인을 포함한다. 이하 같다.)이 최대주주인 법인으로서 발행주식 총수의 100분의 15 이상을 그 외국정부 또는 외국인이 소유하고 있는 법인(이하 '외국인의제법인'이라 한다.)은 외국인으로 본다. <개정 2007.1.3>

③ 기간통신사업자의 발행주식 총수의 100분의 1 미만을 소유한 법인은 제2항의 요건을 갖춘 경우에도 외국인으로 보지 아니한다.

[전문개정 2004.2.9]

**제6조**(외국정부 또는 외국인의 주식소유 제한) ① 기간통신사업자의 주식(의결권 있는 주식에 한하며 주식예탁증서 등 의결권을 가진 주식의 등가물 및 출자지분을

포함한다. 이하 같다.)은 외국정부 또는 외국인 모두가 합하여 그 발행주식 총수의 100분의 49를 초과하여 소유하지 못한다.

② 외국정부 또는 외국인('자본시장과 금융투자업에 관한 법률' 제9조 제1항 제1호에 따른 특수관계인을 포함한다. 이하 같다.)이 최대주주인 법인으로서 발행주식 총수의 100분의 15 이상을 그 외국정부 또는 외국인이 소유하고 있는 법인(이하 '외국인의제법인'이라 한다.)은 외국인으로 본다. <개정 2007.1.3, 2007.8.3>

③ 기간통신사업자의 발행주식 총수의 100분의 1 미만을 소유한 법인은 제2항의 요건을 갖춘 경우에도 외국인으로 보지 아니한다.

[전문개정 2004.2.9][시행일: 2009.2.4]

제6조의 2(임원의 결격사유) ① 다음 각 호의 1에 해당하는 자는 기간통신사업자의 임원이 될 수 없다. <개정 2005.3.31, 2007.1.3>

1. 미성년자·금치산자 또는 한정치산자

2. 파산선고를 받은 자로서 복권되지 아니한 자

3. 이 법, '전기통신기본법', '전파법' 또는 '정보통신망이용촉진및정보보호등에관한법률'을 위반하여 금고 이상의 실형을 선고받고 그 집행이 종료(집행이 종료된 것으로 보는 경우를 포함한다.)되거나 집행이 면제된 날부터 3년이 경과되지 아니한 자

4. 이 법, '전기통신기본법', '전파법' 또는 '정보통신망이용촉진및정보보호등에관한법률'을 위반하여 금고 이상의 형의 집행유예를 선고받고 그 유예기간 중에 있는 자

5. 이 법, '전기통신기본법', '전파법' 또는 '정보통신망이용촉진및정보보호등에관한법률'을 위반하여 벌금형을 선고받고 3년이 경과되지 아니한 자

6. 제15조 제1항의 규정에 의한 허가의 취소처분, 제28조 제1항의 규정에 의한 등록의 취소처분 또는 동 조 제2항의 규정에 의한 사업의 폐지명령을 받은 후 3년이 경과되지 아니한 자. 이 경우 법인인 때에는 허가취소, 등록취소 또는 사업폐지명령의 원인이 된 행위를 한 자와 그 대표자를 말한다.

② 임원이 제1항 각 호의 1에 해당하게 되거나 선임 당시 그에 해당하는 자임이 판명된 때에는 당연히 퇴직된다.

③ 제2항의 규정에 의하여 퇴직된 임원이 퇴직 전에 관여한 행위는 그 효력을 잃지 아니한다.

**제6조의 3**(기간통신사업자의 주식취득 등에 관한 공익성 심사) ① 다음 각 호의 1에 해당하는 것이 국가안전보장, 공공의 안녕·질서의 유지 등 대통령령이 정하는 공공의 이익을 저해하는지 여부를 심사(이하 '공익성심사'라 한다.)하기 위하여 정보통신부에 공익성심사위원회(이하 '위원회'라 한다.)를 둔다. <개정 2007.1.3>

1. 본인이 '증권거래법' 제36조 제3호의 규정에 의한 특수관계인(이하 '특수관계인'이라 한다.)과 합하여 기간통신사업자의 발행주식 총수의 100분의 15 이상을 소유하게 되는 경우

2. 기간통신사업자의 최대주주가 변경되는 경우

3. 기간통신사업자 또는 기간통신사업자의 주주가 외국정부 또는 외국인과 당해 기간통신사업자의 임원의 임면, 영업의 양도·양수 등 대통령령이 정하는 중요 경영사항에 대한 계약을 체결하는 경우

4. 그 밖에 기간통신사업자의 경영권을 사실상 가지고 있는 주주의 변경이 있는 경우로서 대통령령이 정하는 경우

② 기간통신사업자 또는 기간통신사업자의 주주는 제1항 각 호의 1에 해당하게 된 경우에는 그 사실이 발생한 때부터 7일 이내에 그 사실을 정보통신부장관에게 신고하여야 한다.

③ 기간통신사업자 또는 기간통신사업자의 주주는 제1항 각 호의 1에 해당하게 될 경우에는 그 전에 정보통신부장관에게 제1항의 규정에 의한 심사를 요청할 수 있다.

④ 제2항의 규정에 의한 신고를 받거나 제3항의 규정에 의한 심사요청을 받은 경우에 정보통신부장관은 위원회에 이를 회부하여야 한다.

⑤ 제1항의 규정에 의하여 심사한 결과에 따라 정보통신부장관은 제1항 각 호의 경우가 공공의 이익을 저해할 위험이 있다고 판단되는 경우에는 계약내용의 변경 및 그 실행의 중지, 의결권 행사의 정지 또는 당해 주식의 매각을 명할 수 있다.

⑥ 제2항 또는 제3항의 규정에 의한 신고 또는 심사하여야 할 기간통신사업자의 범위와 신고 및 심사의 절차 그 밖에 필요한 사항은 정보통신부령으로 정한다.

[본 조 신설 2004.2.9]

**제6조의 3**(기간통신사업자의 주식취득 등에 관한 공익성 심사) ① 다음 각 호의 1에 해당하는 것이 국가안전보장, 공공의 안녕·질서의 유지 등 대통령령이 정하는 공

공의 이익을 저해하는지 여부를 심사(이하 '공익성심사'라 한다.)하기 위하여 방송통신위원회에 공익성심사위원회(이하 '위원회'라 한다.)를 둔다. <개정 2007.1.3, 2007.8.3, 2008.2.29>

1. 본인이 '자본시장과 금융투자업에 관한 법률' 제9조 제1항 제1호에 따른 특수관계인(이하 '특수관계인'이라 한다.)과 합하여 기간통신사업자의 발행주식 총수의 100분의 15 이상을 소유하게 되는 경우

2. 기간통신사업자의 최대주주가 변경되는 경우

3. 기간통신사업자 또는 기간통신사업자의 주주가 외국정부 또는 외국인과 당해 기간통신사업자의 임원의 임면, 영업의 양도·양수 등 대통령령이 정하는 중요 경영사항에 대한 계약을 체결하는 경우

4. 그 밖에 기간통신사업자의 경영권을 사실상 가지고 있는 주주의 변경이 있는 경우로서 대통령령이 정하는 경우

② 기간통신사업자 또는 기간통신사업자의 주주는 제1항 각 호의 1에 해당하게 된 경우에는 그 사실이 발생한 때부터 7일 이내에 그 사실을 방송통신위원회에 신고하여야 한다. <개정 2008.2.29>

③ 기간통신사업자 또는 기간통신사업자의 주주는 제1항 각 호의 1에 해당하게 될 경우에는 그 전에 방송통신위원회에 제1항의 규정에 의한 심사를 요청할 수 있다. <개정 2008.2.29>

④ 제2항의 규정에 의한 신고를 받거나 제3항의 규정에 의한 심사요청을 받은 경우에 방송통신위원회는 위원회에 이를 회부하여야 한다. <개정 2008.2.29>

⑤ 제1항의 규정에 의하여 심사한 결과에 따라 방송통신위원회는 제1항 각 호의 경우가 공공의 이익을 저해할 위험이 있다고 판단되는 경우에는 계약내용의 변경 및 그 실행의 중지, 의결권 행사의 정지 또는 당해 주식의 매각을 명할 수 있다. <개정 2008.2.29>

⑥ 제2항 또는 제3항의 규정에 의한 신고 또는 심사하여야 할 기간통신사업자의 범위와 신고 및 심사의 절차 그 밖에 필요한 사항은 대통령령으로 정한다. <개정 2008.2.29>

[본 조 신설 2004.2.9]

[시행일: 2009.2.4]

제6조의 4(공익성심사위원회의 구성 및 운영 등) ① 위원회는 위원장 1인을 포함한 5인 이상 10인 이내의 위원으로 구성한다.

② 위원장은 방송통신위원회 부위원장이 되고, 위원은 대통령령이 정하는 관계 중앙행정기관의 3급공무원 또는 고위공무원단에 속하는 일반직공무원과 다음 각 호의 자 중에서 위원장이 위촉하는 자가 된다. <개정 2005.12.29, 2007.1.3, 2008.2.29>

1. 정보통신에 관한 학식과 경험이 풍부한 자

2. 국가의 안전보장이나 공공의 안녕·질서유지와 관련하여 정부가 출연한 연구기관에서 추천한 자

3. '비영리민간단체지원법' 제2조의 규정에 의한 비영리민간단체에서 추천한 자

4. 그 밖에 위원장이 필요하다고 인정하는 자

③ 위원회는 공익성심사를 위하여 필요한 조사를 하거나 자료의 제공을 당사자 또는 참고인에게 요청할 수 있다. 이 경우 당해 당사자 또는 참고인은 정당한 사유가 없는 한 이에 응하여야 한다.

④ 위원회는 필요하다고 인정하는 경우에는 당사자 또는 참고인으로 하여금 위원회에 출석하게 하여 그 의견을 들을 수 있다.

⑤ 위원회의 조직·운영 등에 관하여 필요한 사항은 대통령령으로 정한다.

[본 조 신설 2004.2.9]

제7조(초과소유 주주에 대한 제한 등) ① 외국정부 또는 외국인이 제6조 제1항의 규정을 위반하여 주식을 취득한 경우에는 그 초과 소유한 주식에 대하여 의결권을 행사할 수 없다.

② 방송통신위원회는 제6조 제1항의 규정을 위반하여 주식을 취득한 주주, 그 주주가 있는 기간통신사업자 또는 외국인의제법인의 주주에 대하여 6개월 이내의 범위에서 기간을 정하여 해당 사항을 시정할 것을 명할 수 있다. <개정 2008.2.29>

③ 제2항의 규정에 의하여 시정명령을 받은 자는 그 기간 이내에 해당 사항을 시정하여야 한다.

④ 기간통신사업자는 제6조 제1항의 규정을 위반한 주주에 대해서는 그 초과분에 대하여 주주명부 또는 사원명부의 개서를 거부할 수 있다.

[전문개정 2004.2.9]

제7조의 2(이행강제금) ① 방송통신위원회는 제6조의 3 제5항 또는 제7조 제2항의 규정에 의한 명령(이하 '시정명령'이라 한다.)을 받은 후 그 정한 기간 이내에 이를 이행하지 아니하는 자에 대하여 이행강제금을 부과할 수 있다. 이 경우 매 1일당 부과할 수 있는 이행강제금은 그 소유한 주식의 매입가액의 1천분의 3 이내로 하되, 주식소유와 관련되지 아니한 사항인 경우에는 1억 원 이내의 금액으로 한다. <개정 2008.2.29>

② 제1항의 규정에 의한 이행강제금의 부과대상 기간은 시정명령에서 정한 기간의 종료일 다음 날부터 시정명령을 이행하는 날까지로 한다. 이 경우 이행강제금의 부과는 특별한 사유가 있는 경우를 제외하고는 시정명령에서 정한 기간의 종료일 다음 날부터 30일 이내에 이를 하여야 한다.

③ 이행강제금의 징수에 관해서는 제37조의 2 제4항의 규정을 준용한다.

④ 이행강제금의 부과·납부·환급 등에 관하여 필요한 사항은 대통령령으로 정한다.

[본 조 신설 2004.2.9]

제8조(주식의 발행) 기간통신사업자가 주식을 발행하는 경우에는 기명식으로 하여야 한다. <개정 1995.1.5>

제9조(사업의 개시의무) ① 기간통신사업자는 방송통신위원회가 정하는 기간 내에 전기통신설비를 설치하고 사업을 개시하여야 한다. <개정 1995.1.5, 1996.12.30, 2008.2.29>

② 방송통신위원회는 천재·지변 기타 부득이한 사유로 인하여 제1항의 규정에 의한 기간 내에 사업을 개시할 수 없는 때에는 기간통신사업자의 신청에 의하여 그 기간을 1회에 한하여 연장할 수 있다. <개정 1995.1.5, 1996.12.30, 2008.2.29>

③ 삭제 <1998.9.17>

제10조(역무의 추가 및 허가의 변경) ① 기간통신사업자는 제5조에 따라 허가받은 기간통신역무 외의 다른 기간통신역무를 추가하여 제공하고자 하는 경우에는 대통령령이 정하는 요건과 절차를 갖추어 방송통신위원회의 변경허가를 받아야 한다. 다만, 전화역무를 제공하는 기간통신사업자가 기존의 설비를 이용하여 제공 중인 기간통신역무에 지장을 주지 않는 범위 안에서 대통령령이 정하는 기간통신역무를 추가하여 제공하고자 하는 경우에는 방송통신위원회에 신고하여야 한다. <개정 2007.5.11, 2008.2.29>

② 기간통신사업자는 제5조의 규정에 의하여 허가받은 사항 중 대통령령이 정하는 중요사항을 변경하고자 하는 경우에는 대통령령이 정하는 바에 의하여 방송통신위원회의 변경허가를 받아야 한다. <개정 2008.2.29>

③ 제5조 제5항 및 제9조의 규정은 제1항의 규정에 의한 변경허가에 관하여 이를 준용한다.

[전문개정 1998.9.17]

제11조(사업의 겸업) ① 기간통신사업자는 다음 각 호의 어느 하나에 해당하는 사업을 영위하고자 하는 경우에는 방송통신위원회의 승인을 얻어야 한다. 다만, 매출액이 300억 원 이하인 기간통신사업자는 그러하지 아니하다. <개정 2007.3.29, 2008.2.29>

1. 통신기기제조업

2. '정보통신공사업법' 제2조 제3호의 규정에 따른 정보통신공사업(전기통신망의 개선·통합사업을 제외한다.)

3. '정보통신공사업법' 제2조 제6호의 규정에 따른 용역업(전기통신망의 개선·통합사업을 제외한다.)

② 방송통신위원회는 기간통신사업자가 제1항의 규정에 의한 사업을 영위함으로써 전기통신사업의 운영에 지장을 초래할 우려가 없고 전기통신의 발전을 위하여 필요하다고 인정되는 경우에는 제1항의 규정에 의한 승인을 하여야 한다. <개정 1995.1.5, 1996.12.30, 2008.2.29>

제12조 삭제 <1999.5.24>

제13조(사업의 양수 및 법인의 합병 등) ① 다음 각 호의 어느 하나에 해당하는 자는 대통령령이 정하는 바에 따라 방송통신위원회의 인가를 받아야 한다. 다만, 대통령령이 정하는 주요한 전기통신회선설비를 제외한 전기통신회선설비를 매각하는 경우에는 대통령령이 정하는 바에 따라 방송통신위원회에 신고하여야 한다. <개정 2007.1.3, 2007.5.11, 2008.2.29>

1. 기간통신사업자의 사업의 전부 또는 일부를 양수(양수)하고자 하는 자

2. 기간통신사업자인 법인을 합병하고자 하는 자

3. 허가받은 기간통신역무의 제공에 필요한 전기통신회선설비를 매각하고자 하는 기간통신사업자

4. 특수관계인과 합하여 기간통신사업자의 발행주식 총수의 100분의 15 이상을 소유하고자 하는 자 또는 기간통신사업자의 최대주주가 되고자 하는 자

② 기간통신사업자가 허가받은 복수의 기간통신역무 중 일부의 기간통신역무를 제공하기 위하여 법인을 설립하고자 하는 경우에는 대통령령이 정하는 바에 의하여 방송통신위원회의 승인을 얻어야 한다. <개정 2008.2.29>

③ 방송통신위원회는 제1항 또는 제2항에 따른 인가 또는 승인을 하고자 하는 경우에는 다음 각 호의 사항을 종합적으로 심사하여야 한다. <신설 2000.1.28, 2007.5.11, 2008.2.29>

1. 재정 및 기술적 능력과 사업운용 능력의 적정성
2. 주파수 및 전기통신번호 등 정보통신자원 관리의 적정성
3. 기간통신사업의 경쟁에 미치는 영향
4. 이용자 보호
5. 전기통신설비 및 통신망의 활용, 연구 개발의 효율성, 통신산업의 국제 경쟁력 등 공익에 미치는 영향

④ 제3항의 규정에 의한 심사사항별 세부심사기준 및 심사절차 등에 관하여 필요한 사항은 방송통신위원회가 정하여 고시한다. <신설 2000.1.28, 2008.2.29>

⑤ 제1항의 규정에 의하여 인가를 받아 기간통신사업자의 사업을 양수한 자 또는 합병한 경우의 합병 후 존속하는 법인이나 합병으로 설립된 법인과 제2항의 규정에 의하여 승인을 얻어 설립된 법인은 당해 기간통신사업의 허가와 관련된 지위를 승계한다.

⑥ 방송통신위원회는 제1항 또는 제2항의 규정에 의하여 인가 또는 승인을 하는 경우에는 공정경쟁 및 이용자 보호 등에 필요한 조건을 붙일 수 있다. <신설 2000.1.28, 2008.2.29>

⑦ 방송통신위원회는 제1항의 규정에 의한 인가를 하고자 하는 경우에는 '전기통신기본법' 제44조의 2의 규정에 의한 정보통신정책심의위원회의 심의 및 공정거래위원회와의 협의를 거쳐야 한다. <개정 2000.1.28, 2007.1.3, 2008.2.29>

⑧ 제5조의 2의 규정은 제1항의 규정에 의한 인가 및 제2항의 규정에 의한 승인에 관하여 이를 준용한다. <개정 2004.2.9>

⑨ 제1항 제4호에 해당하는 자가 제1항의 인가를 받지 않은 경우에는 방송통신위원회는 의결권 행사의 정지 또는 당해 주식의 매각을 명할 수 있다. <신설

2007.1.3, 2008.2.29>

⑩ 제1항 또는 제2항에 따라 인가 또는 승인을 얻으려는 자는 인가 또는 승인을 얻기 전에 통신망 통합, 임원의 임명행위 그 밖의 영업 양수·합병이나 설비매각 계약의 이행행위 또는 회사설립에 관한 후속조치를 하여서는 아니 된다. <신설 2007.5.11>

[전문개정 1998.9.17]

제14조(사업의 휴지·폐지 <개정 2007.3.29>) ① 기간통신사업자는 그가 경영하고 있는 기간통신사업의 전부 또는 일부를 휴지 또는 폐지하고자 하는 경우에는 그 휴지 또는 폐지 예정일 60일 전까지 이용자에게 통보하고, 그 휴지 또는 폐지에 대한 방송통신위원회의 승인을 얻어야 한다. <개정 2007.3.29, 2008.2.29>

② 방송통신위원회는 기간통신사업의 휴지·폐지로 인하여 별도의 이용자 보호가 필요하다고 판단하는 경우에는 해당 기간통신사업자에게 가입전환 대행 및 비용 부담, 가입해지 등 이용자 보호에 필요한 조치를 명할 수 있다. <개정 2007.3.29, 2008.2.29>

③ 방송통신위원회는 제1항의 규정에 따른 승인의 신청이 있는 경우 당해 사업의 휴지·폐지로 인하여 공공의 이익이 저해될 우려가 있는 경우에는 그 승인을 하여서는 아니 된다. <개정 2007.3.29, 2008.2.29>

[전문개정 1995.1.5]

제15조(허가의 취소 등) ① 방송통신위원회는 기간통신사업자가 다음 각 호의 어느 하나에 해당하는 때에는 그 허가를 취소하거나 1년 이내의 기간을 정하여 사업의 전부 또는 일부의 정지를 명할 수 있다. <개정 1995.1.5, 1996.12.30, 1998.9.17, 1999.2.8, 2000.1.28, 2001.1.16, 2006.3.24, 2007.1.3, 2007.5.11, 2008.2.29>

1. 사위 기타 부정한 방법으로 허가를 받은 때

2. 제5조 제5항 및 제13조 제6항의 규정에 의한 조건을 이행하지 아니한 때

3. 제7조 제2항의 규정에 의한 명령을 이행하지 아니한 때

4. 제9조 제1항의 규정에 의한 기간(제9조 제2항의 규정에 의한 기간의 연장을 받은 경우에는 연장된 기간) 내에 사업을 개시하지 아니한 때

5. 제29조 제1항의 규정에 의하여 인가를 받거나 신고한 이용약관을 준수하지 아니한 때

6. 제37조 제1항 또는 제65조 제1항에 따른 시정명령을 정당한 사유 없이 이행하
   지 아니한 때

② 제1항의 규정에 의한 처분의 기준 및 절차 기타 필요한 사항은 대통령령으로
   정한다. <개정 1996.12.30, 2007.3.29>

제16조 삭제 <1998.9.17>

## 제3절 삭제 〈1995.1.5〉

제17조 삭제 <1995.1.5>

제18조 삭제 <1995.1.5>

## 제4절 별정통신사업 및 부가통신사업

제19조(별정통신사업자의 등록) ① 별정통신사업을 경영하고자 하는 자는 대통령령이
   정하는 바에 따라 다음 각 호의 사항을 갖추어 방송통신위원회에 등록(정보통신망
   에 의한 등록을 포함한다.)하여야 한다. <개정 2007.1.3, 2008.2.29>

1. 재정 및 기술적 능력
2. 이용자보호계획
3. 사업계획서 등 기타 대통령령이 정하는 사항

② 방송통신위원회는 제1항에 따라 별정통신사업의 등록을 받는 경우에는 공정경
   쟁 촉진, 이용자 보호, 서비스 품질 개선, 정보통신자원의 효율적 활용 등에 필요
   한 조건을 붙일 수 있다. <개정 2007.5.11, 2008.2.29>

③ 제1항의 규정에 의한 별정통신사업 등록의 대상자는 법인에 한한다.

④ 제1항의 규정에 의한 등록의 절차, 요건 기타 필요한 사항은 대통령령으로 정한
   다. <개정 2008.2.29>

[본 조 신설 1997.8.28]

제20조 삭제 <1999.5.24>

제21조(부가통신사업자의 신고 등) 부가통신사업을 경영하고자 하는 자는 대통령령이
   정하는 요건 및 절차에 따라 방송통신위원회에 신고(정보통신망에 의한 신고를 포

함한다.)하여야 한다. 다만, 기간통신사업자가 부가통신사업을 경영하고자 하는 경우 또는 운영하는 전기통신설비의 규모 등 대통령령이 정하는 기준에 해당하는 소규모 부가통신사업의 경우에는 그러하지 아니하다. <개정 1996.12.30, 2005.3.31, 2007.1.3, 2007.5.11, 2008.2.29>

[전문개정 1995.1.5]

제22조(등록 또는 신고사항의 변경) 제19조의 규정에 의하여 별정통신사업의 등록을 한 자(이하 '별정통신사업자'라 한다.) 또는 제21조의 규정에 의하여 부가통신사업의 신고를 한 자(이하 '부가통신사업자'라 한다.)는 그 등록 또는 신고한 사항 중 대통령령이 정하는 사항을 변경하고자 하는 때에는 대통령령이 정하는 바에 따라 미리 방송통신위원회에 변경등록 또는 변경신고(정보통신망에 의한 변경등록 또는 변경신고를 포함한다.)를 하여야 한다. <개정 2007.1.3, 2008.2.29>

[전문개정 1997.8.28]

제23조 삭제 <1995.1.5>

제24조 삭제 <1999.5.24>

제24조의 2 삭제 <1999.5.24>

제25조(사업의 양도·양수 등) 별정통신사업 또는 부가통신사업의 전부 또는 일부의 양도·양수 또는 별정통신사업자 또는 부가통신사업자인 법인의 합병·상속이 있은 경우에는 당해 사업을 양수한 자, 합병 후 존속하는 법인, 합병에 의하여 설립된 법인 또는 상속인은 대통령령이 정하는 요건과 절차에 따라 방송통신위원회에 신고(정보통신망에 의한 신고를 포함한다.)하여야 한다. <개정 1996.12.30, 1997.8.28, 1998.9.17, 2007.1.3, 2007.5.11, 2008.2.29>

제26조(사업의 승계) 제25조의 규정에 의하여 별정통신사업 또는 부가통신사업의 양도·양수, 별정통신사업자 또는 부가통신사업자인 법인의 합병 또는 부가통신사업의 상속이 있은 때에는 사업을 양수한 자, 합병 후 존속하는 법인, 합병에 의하여 설립된 법인 또는 상속인은 종전의 별정통신사업자 또는 부가통신사업자의 지위를 승계한다. <개정 1995.1.5, 1997.8.28>

제27조(사업의 휴지·폐지 등) ① 별정통신사업자 또는 부가통신사업자가 그 사업의 전부 또는 일부를 휴지 또는 폐지하고자 하는 때에는 그 휴지 또는 폐지예정일 30일 전까지 그 내용을 당해 역무의 이용자에게 통보하고 방송통신위원회에 신고(정보통신망에 의한 신고를 포함한다.)하여야 한다. <개정 1996.12.30, 1997.8.28, 2007.1.3, 2008.2.29>

② 별정통신사업자 또는 부가통신사업자인 법인이 합병 외의 사유로 인하여 해산한 때에는 그 청산인(해산이 파산에 의한 경우에는 파산관재인을 말한다.)은 지체없이 이를 방송통신위원회에 신고(정보통신망에 의한 신고를 포함한다.)하여야 한다. <개정 1996.12.30, 1997.8.28, 2007.1.3, 2008.2.29>

제28조(사업의 등록취소 및 폐지명령 등) ① 방송통신위원회는 별정통신사업자가 다음 각 호의 어느 하나에 해당하는 때에는 등록을 취소하거나 1년 이내의 기간을 정하여 사업의 정지를 명할 수 있다. 다만, 제1호에 해당하는 때에는 등록을 취소하여야 한다. <신설 1997.8.28, 1998.9.17, 1999.2.8, 1999.5.24, 2000.1.28, 2001.1.16, 2006.3.24, 2007.1.3, 2007.5.11, 2008.2.29>

1. 사위 기타 부정한 방법으로 등록한 때
2. 제19조 제1항의 규정에 의하여 등록한 날부터 1년 이내에 사업을 개시하지 아니하거나 1년 이상 계속하여 휴업한 때
3. 제19조 제2항의 규정에 의한 조건을 이행하지 아니한 때
4. 삭제 <1999.5.24>
5. 제37조 제1항 또는 제65조 제1항에 따른 시정명령을 정당한 사유 없이 이행하지 아니한 때
6. 삭제 <2007.5.11>
7. 삭제 <2007.5.11>

② 방송통신위원회는 부가통신사업자가 다음 각 호의 어느 하나에 해당하는 때에는 사업의 폐지를 명하거나 1년 이내의 기간을 정하여 사업의 정지를 명할 수 있다. 다만, 제1호에 해당하는 때에는 사업의 폐지를 명하여야 한다. <개정 1995.1.5, 1996.12.30, 1998.9.17, 1999.2.8, 1999.5.24, 2000.1.28, 2001.1.16, 2006.3.24, 2007.1.3, 2007.5.11, 2008.2.29>

1. 사위 기타 부정한 방법으로 신고한 때
2. 제21조의 규정에 의하여 신고한 날부터 1년 이내에 사업을 개시하지 아니하거

나 1년 이상 휴업한 때

　3. 삭제 <1999.5.24>

　4. 제37조 제1항 또는 제65조 제1항에 따른 시정명령을 정당한 사유 없이 이행하
　　지 아니한 때

　5. 삭제 <2007.5.11>

③ 제1항 또는 제2항의 규정에 의한 처분의 기준 및 절차 기타 필요한 사항은 대
통령령으로 정한다. <개정 1996.12.30, 1997.8.28, 2007.3.29>


## 제3장 전기통신업무

제29조(이용약관의 신고 등) ① 기간통신사업자는 그가 제공하고자 하는 전기통신역
무에 관하여 그 역무별로 요금 및 이용조건(이하 '이용약관'이라 한다.)을 정하여
방송통신위원회에 신고(변경신고를 포함한다.)하여야 한다. 다만, 사업규모 및 시장
점유율 등이 대통령령으로 정하는 기준에 해당하는 기간통신역무의 경우에는 방
송통신위원회의 인가(변경인가를 포함한다.)를 받아야 한다. <개정 1995.1.5,
1996.12.30, 2008.2.29>

② 삭제 <1997.8.28>

③ 방송통신위원회는 이용약관이 다음 각 호의 기준에 적합한 때에 제1항 단서에
따라 이용약관을 인가하여야 한다. <개정 1996.12.30, 2007.5.11, 2008.2.29>

　1. 전기통신역무의 요금이 공급비용, 수익, 비용·수익의 역무별 분류, 역무제공방
　　법에 따른 비용절감, 공정한 경쟁환경에 미치는 영향 등을 합리적으로 고려하
　　여 산정되었을 것

　2. 삭제 <2007.5.11>

　3. 기간통신사업자 및 그 이용자의 책임에 관한 사항 및 전기통신설비의 설치공사
　　기타의 공사에 관한 비용부담의 방법이 부당하게 이용자에게 불리하지 아니할 것

　4. 다른 전기통신사업자 또는 이용자의 전기통신회선설비의 이용형태를 부당하게
　　제한하지 아니할 것

　5. 특정인에 대하여 부당한 차별적 취급을 하지 아니할 것

　6. 제55조에 따른 중요 통신의 확보에 관한 사항이 국가기능의 효율적 수행 등을
　　배려할 것

④ 삭제 <2007.5.11>

⑤ 별정통신사업자 또는 부가통신사업자가 기간통신사업자의 전기통신회선설비를 이용하는 경우에 그 전기통신회선설비의 이용에 대해서는 제1항의 규정에 의한 이용약관을 적용한다. <개정 1997.8.28>

⑥ 제1항의 규정에 따라 전기통신역무에 관한 이용약관의 신고(변경신고를 포함한다.)를 하거나 인가(변경인가를 포함한다.)를 받고자 하는 자는 가입비, 기본료, 사용료, 부가서비스료, 실비 등을 포함한 전기통신역무의 요금산정의 근거자료(변경할 경우에는 신·구내용대비표를 포함한다.)를 방송통신위원회에 제출하여야 한다. <신설 2007.1.3, 2008.2.29>

제30조 삭제 <2007.1.3>

제31조 삭제 <1999.5.24>

제32조(요금의 감면) 기간통신사업자는 국가안전보장, 재난구조, 사회복지, 공익상의 필요 등 대통령령이 정하는 바에 따라 전기통신역무의 요금을 감면할 수 있다. <개정 2007.5.11>

제32조의 2(타인사용의 제한) 누구든지 전기통신사업자가 제공하는 전기통신역무를 이용하여 타인의 통신을 매개하거나 타인의 통신용에 제공하여서는 아니 된다. 다만, 다음 각 호의 경우에는 그러하지 아니하다. <개정 2002.12.26>

1. 국가비상사태하에서 재해의 예방·구조, 교통·통신 및 전력공급의 확보와 질서유지를 위하여 필요한 경우
2. 전기통신사업 이외의 사업을 영위함에 있어서 고객에게 부수적으로 전기통신역무를 이용하도록 제공하는 경우
3. 전기통신역무를 이용할 수 있는 단말장치 등 전기통신설비를 개발·판매하기 위하여 시험적으로 사용하도록 하는 경우
4. 이용자가 제3자에게 반복적이지 아니한 정도로 사용하도록 하는 경우
5. 그 밖에 공공의 이익을 위하여 필요하거나 전기통신사업자의 사업경영에 지장을 초래하지 아니하는 경우로서 대통령령이 정하는 경우

[본 조 신설 1996.12.30]

제32조의 3 삭제 <2002.1.14>

제32조의 4(전송·선로설비 등의 사용 <개정 2001.1.8>) ① '방송법'에 의한 종합 유선방송사업자·전송망사업자 또는 중계유선방송사업자는 대통령령이 정하는 방법에 따라 보유하고 있는 전송·선로설비 또는 유선방송설비를 기간통신사업자에게 제공할 수 있다. <개정 2001.1.8, 2007.1.3, 2007.5.11>

② '방송법'에 의한 종합유선방송사업자·전송망사업자 또는 중계유선방송사업자가 보유하고 있는 전송·선로설비 또는 유선방송설비를 이용하여 부가통신역무를 제공하고자 하는 경우에는 제21조의 규정에 의하여 방송통신위원회에 신고하여야 한다. <개정 2001.1.8, 2007.1.3, 2008.2.29>

③ 제33조의 5 내지 제37조 및 제38조의 규정은 제1항의 규정에 의한 전송·선로설비 또는 유선방송설비의 제공에 관하여 이를 준용한다. <개정 1998.9.17, 2001.1.8>

④ '전기통신기본법' 제25조 제2항 내지 제6항의 규정은 제2항의 규정에 의한 역무의 제공에 관하여 이를 준용한다. <개정 2007.1.3>

[본 조 신설 1996.12.30]

제33조(이용자 보호) ① 삭제 <1999.5.24>

② 전기통신사업자는 전기통신역무에 관하여 이용자로부터 제기되는 정당한 의견이나 불만을 즉시 처리하여야 한다. 이 경우 즉시 처리가 곤란한 경우에는 이용자에게 그 사유와 처리일정을 통보하여야 한다.

③ 제2항의 규정에 의한 의견 또는 불만의 원인이 되는 사유의 발생과 이의 처리지연에 따른 손해의 배상은 제33조의 2의 규정에 의한다. <개정 1996.12.30>

제33조의 2(손해배상) 전기통신사업자는 전기통신역무를 제공함에 있어 이용자에게 손해를 입힌 경우에는 배상하여야 한다. 다만, 그 손해가 불가항력으로 인하여 발생한 경우 또는 그 손해의 발생이 이용자의 고의 또는 과실로 인한 경우에는 그 배상책임이 경감 또는 면제된다.

[본 조 신설 1996.12.30]

제33조의 3(손해배상의 절차 및 재정신청 <개정 2002.12.26>) ① 제33조의 2의 규정에 의한 손해배상을 함에 있어서는 손해배상을 받을 자와 협의하여야 한다. <개정 2002.12.26>

② 제1항의 규정에 의한 손해배상에 관한 협의가 성립되지 아니하거나 협의를 할

수 없는 경우에는 당사자는 방송통신위원회에 재정을 신청할 수 있다. <개정 2002.12.26, 2007.1.3, 2008.2.29>

[본 조 신설 1996.12.30]


## 제4장 전기통신사업의 경쟁촉진 등

제33조의 4(경쟁의 촉진) ① 방송통신위원회는 전기통신사업의 효율적인 경쟁체제의 구축과 공정한 경쟁환경의 조성을 위하여 노력하여야 한다. <개정 2008.2.29>

② 방송통신위원회는 제1항의 전기통신사업의 효율적인 경쟁체제의 구축과 공정한 경쟁환경의 조성을 위한 경쟁정책 수립을 위하여 매년 기간통신사업에 대한 경쟁 상황 평가를 실시하여야 한다. <개정 2008.2.29>

③ 제2항의 규정에 따른 경쟁상황 평가를 위한 구체적인 평가기준, 절차, 방법 등에 대해서는 대통령령으로 정한다. <개정 2008.2.29>

[전문개정 2007.1.3]

제33조의 5(전기통신설비의 제공) ① 기간통신사업자는 다른 기간통신사업자로부터 전기통신설비의 제공에 관한 요청이 있는 경우에는 협정을 체결하여 전기통신설 비를 제공할 수 있다.

② 다음 각 호의 1에 해당하는 기간통신사업자는 제1항의 규정에 의한 요청이 있는 경우에는 제1항의 규정에 불구하고 협정을 체결하여 전기통신설비를 제공하여 야 한다. <신설 2001.1.8, 2008.2.29>

1. 다른 전기통신사업자가 전기통신역무를 제공함에 있어 필수적인 설비를 보유한 기간통신사업자

2. 기간통신역무의 사업규모 및 시장점유율 등이 대통령령이 정하는 기준에 해당 하는 기간통신사업자

③ 방송통신위원회는 제1항 및 제2항의 규정에 의한 전기통신설비의 범위와 설비 제공의 조건·절차·방법 및 대가의 산정 등에 관한 기준을 정하여 고시한다. 이 경우 제2항의 규정에 의하여 제공하여야 하는 전기통신설비의 범위는 동 항 각 호의 1에 해당하는 기간통신사업자의 전기통신설비의 수요를 고려하여 정하여야 한다. <개정 2001.1.8, 2008.2.29>

④ 전기통신설비의 제공을 받은 기간통신사업자는 허가받은 전기통신역무의 제공을 위하여 필요한 범위 안에서 그 설비의 효율성을 높이는 장치를 부착할 수 있다.

⑤ 삭제 <2008.2.29>

[본 조 신설 1996.12.30]

제33조의 6(가입자선로의 공동활용) ① 기간통신사업자는 이용자와 직접 연결되어 있는 교환설비로부터 이용자까지의 구간에 설치한 선로(이하 이 조에서 '가입자선로'라 한다.)에 대하여 방송통신위원회가 정하여 고시하는 다른 전기통신사업자가 공동활용에 관한 요청을 하는 경우에는 이를 허용하여야 한다. <개정 2008.2.29>

② 방송통신위원회는 제1항의 규정에 의한 가입자선로의 공동활용의 범위와 조건·절차·방법 및 대가의 산정 등에 관한 기준을 정하여 고시한다. <개정 2008.2.29>

③ 삭제 <2008.2.29>

[본 조 신설 2001.1.8]

제33조의 7(무선통신시설의 공동이용) ① 기간통신사업자는 다른 기간통신사업자로부터 무선통신시설의 공동이용(이하 '공동이용'이라 한다.)에 관한 요청이 있는 경우에는 협정을 체결하여 이를 허용할 수 있다. 이 경우 방송통신위원회가 정하여 고시하는 기간통신사업자 간의 공동이용의 대가는 공정하고 타당한 방법으로 산정하여 정산하여야 한다. <개정 2008.2.29>

② 전기통신사업의 효율성을 높이고 이용자를 보호하기 위하여 방송통신위원회가 정하여 고시하는 기간통신사업자는 방송통신위원회가 정하여 고시하는 기간통신사업자로부터 공동이용에 관한 요청이 있는 경우에는 제1항의 규정에 불구하고 협정을 체결하여 이를 허용하여야 한다. <개정 2008.2.29>

③ 제1항 후단에 따른 공동이용 대가의 산정기준·절차 및 지급방법 등과 제2항에 따른 공동이용의 범위와 조건·절차·방법 및 대가의 산정 등에 관한 기준은 방송통신위원회 고시로 정한다. <개정 2007.5.11, 2008.2.29>

④ 삭제 <2007.5.11>

[본 조 신설 2001.1.8]

제34조(상호접속) ① 전기통신사업자는 다른 전기통신사업자로부터 전기통신설비의 상호접속에 관한 요청이 있는 경우에는 협정을 체결하여 상호접속을 허용할 수

있다.

② 방송통신위원회는 제1항의 규정에 의한 전기통신설비의 상호접속의 범위와 조건·절차·방법 및 대가의 산정 등에 관한 기준을 정하여 고시한다. <개정 2008.2.29>

③ 제1항 및 제2항의 규정에 불구하고 다음 각 호의 1에 해당하는 기간통신사업자는 제1항의 규정에 의한 요청이 있는 경우에는 협정을 체결하여 상호접속을 허용하여야 한다. <개정 2008.2.29>

　1. 다른 전기통신사업자가 전기통신역무를 제공함에 있어 필수적인 설비를 보유한 기간통신사업자

　2. 기간통신역무의 사업규모 및 시장점유율 등이 대통령령이 정하는 기준에 해당하는 기간통신사업자

④ 삭제 <2008.2.29>

[본 조 신설 1996.12.30]

제34조의 2(상호접속의 대가) ① 상호접속의 이용대가는 공정하고 타당한 방법으로 산정하여 상호 정산하여야 하며 구체적인 산정기준 및 절차와 지급방법은 제34조 제2항의 규정에 의한 기준에 의한다.

② 기간통신사업자는 상호접속의 방법·접속통화의 품질 또는 상호접속에 필요한 정보의 제공 등에 있어 자신의 책임 없는 사유로 불이익을 받은 경우에는 제34조 제2항의 규정에 의한 기준이 정하는 바에 의하여 접속대가를 감하여 상호 정산할 수 있다.

[본 조 신설 1996.12.30]

제34조의 3(전기통신설비의 공동사용 등) ① 기간통신사업자는 다른 전기통신사업자로부터 전기통신설비의 상호접속에 필요한 설비의 설치 또는 운영을 위하여 그 기간통신사업자의 관로·케이블·전주 또는 국사 등의 전기통신설비 또는 시설에 대한 출입 또는 공동사용을 요청받은 경우에는 협정을 체결하여 전기통신설비 또는 시설에 대한 출입 또는 공동사용을 허용할 수 있다.

② 방송통신위원회는 제1항의 규정에 의한 전기통신설비 또는 시설에 대한 출입 또는 공동사용의 범위와 조건·절차·방법 및 대가의 산정 등에 관한 기준을 정하여 고시한다. <개정 2008.2.29>

③ 제1항의 규정에 불구하고 다음 각 호의 1에 해당하는 기간통신사업자는 제1항의 규정에 의한 요청이 있는 경우에는 협정을 체결하여 제1항의 규정에 의한 전기통신설비 또는 시설에 대한 출입 또는 공동사용을 허용하여야 한다. <개정 2008.2.29>

1. 다른 전기통신사업자가 전기통신역무를 제공함에 있어 필수적인 설비를 보유한 기간통신사업자

2. 기간통신역무의 사업규모 및 시장점유율 등이 대통령령이 정하는 기준에 해당하는 기간통신사업자

④ 삭제 <2008.2.29>

[본 조 신설 1996.12.30]

제34조의 4(정보의 제공) ① 기간통신사업자는 다른 전기통신사업자로부터 전기통신설비의 제공·상호접속 또는 공동사용 등이나 요금의 부과·징수 및 전기통신번호안내를 위하여 필요한 기술적 정보 또는 이용자의 인적 사항에 관한 정보의 제공을 요청받은 경우에는 협정을 체결하여 요청받은 정보를 제공할 수 있다. <개정 1997.8.28>

② 방송통신위원회는 제1항의 규정에 의한 정보제공의 범위와 조건·절차·방법 및 대가의 산정 등에 대한 기준을 정하여 고시한다. <개정 2008.2.29>

③ 제1항의 규정에 불구하고 다음 각 호의 1에 해당하는 기간통신사업자는 제1항의 규정에 의한 요청이 있는 경우에는 협정을 체결하여 요청받은 정보를 제공하여야 한다. <개정 2008.2.29>

1. 다른 전기통신사업자가 전기통신역무를 제공함에 있어 필수적인 설비를 보유한 기간통신사업자

2. 기간통신역무의 사업규모 및 시장점유율 등이 대통령령이 정하는 기준에 해당하는 기간통신사업자

④ 제3항의 규정에 의한 기간통신사업자는 그 전기통신설비에 다른 전기통신사업자 또는 이용자가 단말기기 기타 전기통신설비를 접속하여 사용하는 데 필요한 기술적 기준과 이용 및 공급기준 기타 공정한 경쟁환경의 조성을 위하여 필요한 기준을 정하여 방송통신위원회의 승인을 얻어 이를 공시하여야 한다. <개정 2008.2.29>

⑤ 삭제 <2008.2.29>

[본 조 신설 1996.12.30]

**제34조의 5(정보유용금지)** ① 전기통신사업자가 자신의 역무제공이나 전기통신설비의 제공 또는 상호접속으로 인하여 취득한 개별 이용자에 관한 정보를 공개하여서는 아니 된다. 다만, 본인의 동의가 있거나 법률의 규정에 의한 적법한 절차에 의한 경우에는 그러하지 아니하다.

② 전기통신사업자는 제34조의 4의 규정에 의하여 제공받은 정보를 제공받은 목적에 한하여 사용하여야 하며, 다른 용도에 부당하게 사용하거나 제3자에게 제공하여서는 아니 된다.

[본 조 신설 1996.12.30]

**제34조의 6(상호접속 등 협정의 신고 등)** ① 기간통신사업자가 다른 전기통신사업자로부터 전기통신설비의 제공·공동이용·상호접속 또는 공동사용 등이나 정보제공에 관한 요청을 받은 경우에는 특별한 사유가 없는 한 90일 이내에 제33조의 5 제1항·제2항, 제33조의 7 제1항 전단, 제34조 제1항, 제34조의 3 제1항 또는 제34조의 4 제1항의 규정에 의한 협정을 체결하고 방송통신위원회에 신고하여야 한다. 협정을 변경하거나 폐지한 때에도 또한 같다. <개정 2001.1.8, 2002.12.26, 2008.2.29>

② 제1항의 규정에 불구하고 제33조의 7 제1항 후단 및 제2항, 제34조 제3항, 제34조의 3 제3항 및 제34조의 4 제3항의 규정에 의한 기간통신사업자를 당사자로 하는 협정의 경우에는 방송통신위원회의 인가를 받아야 한다. <개정 2001.1.8, 2002.12.26, 2008.2.29>

③ 제1항 및 제2항의 규정에 의한 협정은 제33조의 5 제3항, 제33조의 7 제3항, 제34조 제2항, 제34조의 3 제2항 또는 제34조의 4 제2항의 규정에 의하여 방송통신위원회가 고시한 기준에 적합하여야 한다. <개정 2001.1.8, 2008.2.29>

④ 방송통신위원회는 제2항의 규정에 의한 인가신청에 대하여 보완의 필요가 있는 경우에 기간을 정하여 그 보완을 명할 수 있다. <개정 2002.12.26, 2008.2.29>

⑤ 제34조의 3 제1항 및 제34조의 4 제1항의 규정에 의한 협정은 제34조 제1항의 규정에 의한 협정에 포함하여 체결할 수 있다.

[본 조 신설 1996.12.30]

제35조(재정신청 등) ① 전기통신사업자는 전기통신설비의 제공·공동이용·상호접속 또는 공동사용 등이나 정보의 제공에 관한 전기통신사업자 간의 협정이 제34조의 6 제1항의 규정에 의한 기간 내에 체결되지 아니하거나 체결할 수 없는 경우에는 방송통신위원회에 '전기통신기본법' 제40조의 2의 규정에 의한 재정을 신청할 수 있다. <개정 2001.1.8, 2007.1.3, 2008.2.29>

② 전기통신사업자는 다른 전기통신사업자가 전기통신설비의 제공·공동이용·상호접속 또는 공동사용 등이나 정보의 제공에 관한 협정을 이행하지 아니하여 손해가 발생하는 경우에는 방송통신위원회에 협정의 이행 또는 손해배상을 내용으로 하는 재정을 신청할 수 있다. <개정 2001.1.8, 2008.2.29>

③ 삭제 <1998.9.17>

④ 삭제 <1998.9.17>

⑤ 삭제 <1998.9.17>

[본 조 신설 1996.12.30]

제36조(전기통신번호 등) ① 방송통신위원회는 전기통신역무의 효율적 제공 및 이용자의 편익과 전기통신사업자 간의 공정한 경쟁환경의 조성 등을 위하여 전기통신번호관리계획을 수립·시행하여야 한다. <개정 2008.2.29>

② 방송통신위원회는 제1항의 규정에 의한 계획을 수립한 때에는 이를 고시하여야 한다. 수립된 계획을 변경한 때에도 또한 같다. <개정 2008.2.29>

③ 전기통신사업자는 제2항의 규정에 의하여 고시한 사항을 준수하여야 한다.

④ 삭제 <2008.2.29>

[본 조 신설 1996.12.30]

제36조의 2(회계정리) ① 기간통신사업자는 대통령령이 정하는 바에 의하여 회계를 정리하고, 매 회계연도 종료 후 3개월 이내에 전년도 영업보고서를 작성하여 통신위원회에 제출하고 관련되는 장부와 근거자료를 비치하여야 한다. <개정 2002.12.26, 2007.1.3, 2008.2.29>

② 방송통신위원회는 제1항의 규정에 의한 회계정리에 관한 사항을 정하는 경우에는 미리 기획재정부장관과의 협의를 거쳐야 한다. <개정 1998.9.17, 2008.2.29>

③ 방송통신위원회는 제1항의 규정에 의하여 제출된 기간통신사업자의 영업보고서의 내용을 검증할 수 있다. <개정 2002.12.26, 2008.2.29>

④ 방송통신위원회는 제3항의 규정에 의한 검증을 위하여 필요한 경우에 기간통신사업자에 대하여 관련 자료의 제출을 명하거나 사실확인에 필요한 검사를 할 수 있다. <개정 2002.12.26, 2008.2.29>

⑤ 방송통신위원회는 제4항의 규정에 따라 검사를 하고자 하는 경우에는 검사 7일 전까지 검사기간·이유·내용 등에 대한 검사계획을 해당 기간통신사업자에게 통지하여야 한다. <신설 2007.1.3, 2008.2.29>

⑥ 제4항의 규정에 따라 검사를 하는 자는 그 권한을 표시하는 증표를 관계인에게 내보여야 하며, 최초 출입 시 성명·출입기간·출입목적 등이 표시된 문서를 관계인에게 주어야 한다. <신설 2007.1.3>

⑦ 삭제 <2008.2.29>

[본 조 신설 1996.12.30]

제36조의 3(금지행위) ① 전기통신사업자는 공정한 경쟁 또는 이용자의 이익을 저해하거나 저해할 우려가 있는 다음 각 호의 어느 하나에 해당하는 행위(이하 '금지행위'라 한다.)를 하거나 다른 전기통신사업자 또는 제3자로 하여금 이를 행하도록 하여서는 아니 된다. <개정 1999.5.24, 2001.1.8, 2002.12.26, 2006.3.24, 2007.5.11>

1. 전기통신설비의 제공·공동활용·공동이용·상호접속 또는 공동사용 등이나 정보의 제공 등에 관하여 부당한 차별을 하거나 협정체결을 부당하게 거부하는 행위 또는 체결된 협정을 정당한 사유 없이 불이행하는 행위

2. 전기통신설비의 제공·공동활용·공동이용·상호접속 또는 공동사용 등이나 정보의 제공 등에 의하여 알게 된 다른 전기통신사업자의 정보 등을 자신의 영업활동에 부당하게 유용하는 행위

3. 비용 또는 수익을 부당하게 분류하여 전기통신역무의 이용요금이나 전기통신설비의 제공·공동활용·공동이용·상호접속 또는 공동사용 등이나 정보제공의 대가 등을 산정하는 행위

4. 이용약관(제29조 제1항에 따라 신고 또는 인가된 이용약관에 한한다.)과는 다르게 전기통신역무를 제공하거나 전기통신이용자의 이익을 현저히 저해하는 방식으로 전기통신역무를 제공하는 행위

5. 삭제 <2006.3.24>

② 전기통신사업자와의 계약에 따라 전기통신사업자와 이용자의 계약체결(체결된

계약내용을 변경하는 것을 포함한다.) 등을 대리하는 자가 제1항 제4호의 행위 또는 제36조의 4 제1항 내지 제6항의 규정을 위반한 행위를 한 때에는 전기통신사업자가 이를 행한 것으로 보아 제37조 및 제37조의 2의 규정에 한하여 이를 적용한다. 다만, 전기통신사업자가 그 행위를 방지하기 위하여 상당한 주의를 한 때에는 그러하지 아니하다. <개정 2002.12.26, 2006.3.24>

③ 제1항의 규정에 의한 금지행위의 유형 및 기준에 관하여 필요한 사항은 대통령령으로 정한다. <개정 2002.12.26>

[본 조 신설 1996.12.30]

제36조의 4(통신단말장치 구입비용의 지원 금지 등) ① 전기통신사업자는 '전파법' 제11조 또는 제12조의 규정에 따라 주파수를 할당받아 기간통신역무를 제공하는 경우 그 역무의 이용에 필요한 통신단말장치의 구입비용을 지원(구입가격보다 낮게 판매하거나 현금지급, 가입비의 보조 그 밖의 경제적 이익의 제공을 포함한다. 이하 이 조에서 '지원'이라 한다.)하여서는 아니 된다. 다만, 다음 각 호의 어느 하나에 해당하는 경우에는 그러하지 아니하다.

1. 구입비용의 지원일을 기준으로 같은 전기통신사업자가 제공하는 기간통신역무의 이용기간이 연속하여 18개월 이상인 이용자에게 지원하는 경우. 다만, 그 지원일부터 기산하여 2년 이내에 1회에 한한다.

2. 기간통신역무를 개시한 날부터 6년이 경과되지 아니한 경우 당해 전기통신사업자가 그 기간통신역무의 이용자에게 지원하는 경우

② 제1항 단서의 규정에 따라 통신단말장치의 구입비용을 지원하고자 하는 전기통신사업자는 그 지원의 기준 및 한도 등(이하 이 조에서 '지원기준'이라 한다.)을 정하여 지원기준의 시행일부터 30일 전에 방송통신위원회에 신고하고 이를 이용약관에 명시하여야 하며, 신고한 지원기준과 다르게 지원하거나 신고한 날부터 30일이 경과하기 전에 시행하여서는 아니 된다. <개정 2008.2.29>

③ 전기통신사업자는 지원기준을 이용자가 알 수 있도록 그 영업장 및 전기통신사업자와의 계약에 따라 전기통신사업자와 이용자의 계약체결 등을 대리하는 자의 영업장에 게시하여야 하고 이를 이용자에게 불리하게 변경할 경우에는 그 시행일부터 30일 전에 이용자에게 고지하여야 하며, 이용자의 신청이 있는 경우 이용자의 이용기간과 사용실적, 지원기준에 따라 실제 지원받을 수 있는 금액을 알려 주어야 한다.

④ 전기통신사업자는 기존에 가입계약을 체결한 이용자와 새로이 가입계약을 체결하고자 하는 이용자에 대하여 통신단말장치의 구입비용을 정당한 사유 없이 차별적으로 지원하여서는 아니 된다.

⑤ 기간통신사업자의 전기통신회선설비를 이용하여 기간통신역무를 제공하는 별정통신사업자는 당해 기간통신사업자의 통신단말장치 구입비용의 지원기준에 따라야 하며, 동일한 지원기준에 해당하는 이용자에 대한 기간통신사업자의 지원기준을 초과하여 지원하여서는 아니 된다.

⑥ 전기통신사업자는 일정기간 동안 이용자의 가입시점 및 통신단말장치 구입비용의 지원 등에 관한 정보를 관리하여야 하고, 구입비용을 지원받았거나 지원받고자 하는 자가 제1항 각 호의 어느 하나의 요건에 해당되는지의 여부에 대하여 방송통신위원회가 확인요청을 하거나 다른 전기통신사업자가 그 이용자의 동의를 얻어 확인요청을 하는 경우에는 그 확인에 필요한 정보를 제공하여야 하며, 정당한 사유 없이 거절·지연하거나 허위의 정보를 제공하여서는 아니 된다. <개정 2008.2.29>

⑦ 방송통신위원회는 제1항 제1호의 규정에 따른 이용기간의 산정방법, 제3항의 규정에 따른 지원기준의 게시, 불리하게 변경된 지원기준 및 이용기간 등의 고지에 관한 사항 및 제6항의 규정에 따른 정보관리 대상의 구체적인 범위, 정보의 관리기간 및 제공방법 등을 정하여 고시하여야 한다. <개정 2008.2.29>

[본 조 신설 2006.3.24][종전 제36조의 4는 제36조의 5로 이동 <2006.3.24>]

제36조의 5(사실조사 등) ① 방송통신위원회는 신고 또는 인지에 의하여 제36조의 3의 규정에 따른 행위 또는 제36조의 4 제1항 내지 제6항의 규정을 위반한 행위가 있다고 인정하는 경우에는 소속 공무원으로 하여금 이의 확인에 필요한 조사를 하게 할 수 있다. <개정 2002.12.26, 2006.3.24, 2008.2.29>

② 방송통신위원회는 제1항에 따른 조사를 위하여 필요한 때에는 소속 공무원으로 하여금 전기통신사업자의 사무소와 사업장 또는 전기통신사업자의 업무를 위탁받아 취급하는 자(전기통신사업자로부터 위탁받은 업무가 제36조의 3 또는 제36조의 4와 관련된 경우 동 업무를 취급하는 자에 한한다. 이하 이 조에서 같다.)의 사업장에 출입하여 장부·서류 기타 자료나 물건을 조사하게 할 수 있다. <개정 1998.9.17, 2002.12.26, 2007.5.11, 2008.2.29>

③ 방송통신위원회는 제1항의 규정에 따라 조사를 하고자 하는 경우에는 조사 7일

전까지 조사기간·이유·내용 등에 대한 조사계획을 해당 전기통신사업자에게 통지하여야 한다. 다만, 긴급을 요하거나 사전통지의 경우 증거인멸 등으로 조사목적을 달성할 수 없다고 인정하는 경우에는 그러하지 아니하다. <신설 2007.1.3, 2008.2.29>

④ 제2항에 따라 전기통신사업자의 사무소와 사업장 또는 전기통신사업자의 업무를 위탁받아 취급하는 자의 사업장에 출입하여 조사하는 자는 그 권한을 표시하는 증표를 관계인에게 내보여야 하며, 조사 시에 해당 사무소 또는 사업장의 관계인을 참여시켜야 한다. <개정 1998.9.17, 2007.1.3, 2007.5.11>

⑤ 제2항에 따라 조사를 하는 소속 공무원은 전기통신사업자 또는 전기통신사업자의 업무를 위탁받아 취급하는 자에 대하여 필요한 자료나 물건의 제출을 명할 수 있고, 제출된 자료나 물건의 폐기·은닉·교체 등 증거인멸의 우려가 있는 경우에는 그 제출된 자료나 물건을 일시 보관할 수 있다. <신설 2007.5.11>

⑥ 방송통신위원회는 보관한 자료나 물건이 다음 각 호의 어느 하나에 해당하는 경우에는 이를 즉시 반환하여야 한다. <신설 2007.5.11, 2008.2.29>

1. 보관한 자료나 물건을 검토한 결과 해당 조사와 관련이 없다고 인정되는 경우
2. 해당 조사 목적의 달성 등으로 자료나 물건에 대한 보관의 필요성이 없어진 경우

[본 조 신설 1996.12.30][제36조의 4에서 이동 <2006.3.24>]

제37조(금지행위에 대한 조치) ① 방송통신위원회는 제36조의 3 제1항의 규정에 따른 행위 또는 제36조의 4 제1항 내지 제6항의 규정을 위반한 행위가 있다고 인정하는 경우에 전기통신사업자에게 다음 각 호의 조치를 명할 수 있다. <개정 1998.9.17, 2001.1.8, 2002.12.26, 2005.3.31, 2006.3.24, 2008.2.29>

1. 전기통신역무 제공조직의 분리
2. 전기통신역무에 대한 내부회계규정 등의 변경
3. 전기통신역무에 관한 정보의 공개
4. 전기통신사업자 간 협정의 체결·이행 또는 내용의 변경
5. 전기통신사업자의 이용약관 및 정관의 변경
6. 금지행위의 중지
7. 금지행위로 인하여 시정조치를 명령받은 사실의 공표
8. 금지행위의 원인이 된 전기통신설비의 수거 등 금지행위로 인한 위법사항의 원상회복에 필요한 조치

9. 전기통신역무에 관한 업무처리 절차의 개선

10. 제1호 내지 제9호의 조치를 위하여 필요한 사항으로 대통령령이 정하는 사항

② 전기통신사업자는 제1항의 규정에 의한 방송통신위원회의 명령을 대통령령이 정한 기간 내에 이행하여야 한다. 다만, 방송통신위원회는 천재·지변 기타 부득이한 사유로 인하여 전기통신사업자가 그 기간 내에 명령을 이행할 수 없다고 인정하는 경우에는 1회에 한하여 그 기간을 연장할 수 있다. <개정 2002.12.26, 2008.2.29>

③ 방송통신위원회는 제1항의 규정에 의한 조치를 명하기 전에 그 조치의 내용을 당사자에게 통지하고 기간을 정하여 의견을 진술할 기회를 주어야 하며, 필요하다고 인정하는 경우에는 이해관계인의 의견을 들을 수 있다. 다만, 당사자가 정당한 사유 없이 이에 응하지 아니하는 때에는 그러하지 아니하다. <개정 2002.12.26, 2008.2.29>

④ 방송통신위원회는 제36조의 3 제1항의 규정에 따른 행위 또는 제36조의 4 제1항 내지 제6항의 규정을 위반한 행위가 종료한 날부터 5년이 경과한 경우에는 해당 행위에 대하여 제1항의 규정에 따른 조치를 명하거나 제37조의 2의 규정에 따른 과징금을 부과하지 아니한다. 다만, 이미 완료된 조치 또는 과징금의 부과가 법원의 판결에 따라 취소된 경우로서 그 판결이유에 따라 새로운 처분을 하는 경우에는 그러하지 아니하다. <신설 2007.1.3, 2008.2.29>

[본 조 신설 1996.12.30]

제37조의 2(금지행위에 대한 과징금의 부과 등 <개정 2000.1.28>) ① 방송통신위원회는 제36조의 3 제1항의 규정에 따른 행위 또는 제36조의 4 제1항 내지 제6항의 규정을 위반한 행위가 있는 경우에는 당해 전기통신사업자에게 대통령령이 정하는 매출액의 100분의 3 이하에 해당하는 금액의 과징금을 부과할 수 있다. 이 경우 전기통신사업자가 매출액 산정자료의 제출을 거부하거나 거짓의 자료를 제출한 때에는 해당 전기통신사업자 및 동종 유사 역무제공사업자의 재무제표 등 회계자료와 가입자 수 및 이용요금 등 영업현황 자료에 근거하여 매출액을 추정할 수 있다. 다만, 매출액이 없거나 매출액의 산정이 곤란한 경우로서 대통령령이 정하는 때에는 10억 원 이하의 과징금을 부과할 수 있다. <개정 2002.12.26, 2006.3.24, 2007.1.3, 2008.2.29>

② 방송통신위원회는 제1항의 규정에 따른 과징금을 부과하는 경우에는 다음 각

호의 사항을 참작하여야 한다. <신설 2007.3.29, 2008.2.29>

1. 위반행위의 내용 및 정도

2. 위반행위의 기간 및 횟수

3. 위반행위로 인하여 취득한 이익의 규모

4. 위반 전기통신사업자의 금지행위와 관련된 매출액

③ 제1항의 규정에 따른 과징금은 제2항의 규정을 참작하여 산정하되 구체적인 산정기준과 절차는 대통령령으로 정한다. <개정 2007.1.3, 2007.3.29>

④ 방송통신위원회는 제1항의 규정에 의한 과징금을 납부하여야 할 자가 납부기한 내에 이를 납부하지 아니한 경우에는 납부기한의 다음 날부터 체납된 과징금에 대하여 연 100분의 6에 해당하는 가산금을 징수한다. <신설 2000.1.28, 2002.12.26, 2007.3.29, 2008.2.29>

⑤ 방송통신위원회는 제1항의 규정에 의한 과징금을 납부하여야 할 자가 납부기한 까지 이를 납부하지 아니하는 때에는 기간을 정하여 독촉을 하고, 그 지정된 기간 안에 과징금 및 제4항의 규정에 의한 가산금을 납부하지 아니한 때에는 국세체납 처분의 예에 따라 이를 징수한다. <개정 2000.1.28, 2002.12.26, 2007.3.29, 2008.2.29>

⑥ 법원의 판결 등의 사유로 제1항의 규정에 따라 부과된 과징금을 환급하는 경우 에는 과징금을 납부한 날부터 환급하는 날까지 연 100분의 6에 해당하는 환급가 산금을 지급하여야 한다. <신설 2007.1.3, 2007.3.29>

[본 조 신설 1998.9.17][종전 제37조의 2는 제38조로 이동 <1998.9.17>]

제37조의 3(다른 법률과의 관계) 전기통신사업자의 제36조의 3 제1항 각 호의 규정 에 따른 행위 또는 제36조의 4 제1항 내지 제6항의 규정을 위반한 행위에 대하여 제37조의 규정에 의한 조치 또는 제37조의 2의 규정에 의한 과징금의 부과를 한 경우에는 그 사업자의 동일한 행위에 대하여 동일한 사유로 '독점규제 및 공정거 래에 관한 법률'에 의한 시정조치 또는 과징금의 부과를 할 수 없다. <개정 2000.1.28, 2006.3.24, 2007.1.3>

[본 조 신설 1998.9.17]

제38조(손해배상) 제37조 제1항의 규정에 의한 시정조치가 있는 경우에 금지행위로 피해를 입은 자는 금지행위를 한 전기통신사업자에 대하여 손해배상을 청구할 수

있으며, 당해 전기통신사업자는 고의 또는 과실이 없음을 입증하지 못하면 책임을 면할 수 없다.

[본 조 신설 1996.12.30][제37조의 2에서 이동 <1998.9.17>]

제38조의 2(전기통신역무의 품질개선 등) ① 전기통신사업자는 그가 제공하는 전기통신역무의 품질을 개선하기 위하여 노력하여야 한다.

② 방송통신위원회는 전기통신역무의 품질을 개선하고 이용자의 편익을 증진하기 위하여 전기통신역무의 품질평가 등 필요한 시책을 강구하여야 한다. <개정 2008.2.29>

③ 방송통신위원회는 전기통신사업자에게 제2항의 규정에 의한 전기통신역무의 품질평가 등에 필요한 자료의 제출을 명할 수 있다. <개정 2008.2.29>

[본 조 신설 2000.1.28]

제38조의 3(사전선택제) ① 방송통신위원회는 이용자가 전기통신역무를 제공받고자 하는 전기통신사업자를 사전에 선택하는 제도(이하 '사전선택제'라 한다.)를 시행하여야 한다. 이 경우 전기통신역무는 복수의 전기통신사업자가 제공하는 동일한 전기통신역무 중 대통령령이 정하는 전기통신역무를 말한다. <개정 2008.2.29>

② 전기통신사업자는 이용자로 하여금 특정한 전기통신사업자를 사전 선택하도록 강요하거나 부당한 방법으로 권유·유도하는 행위를 하여서는 아니 된다.

③ 방송통신위원회는 사전선택제를 효율적이고 중립적으로 시행하기 위하여 사전선택등록·변경 업무 등을 수행하는 전문기관(이하 '사전선택등록센터'라 한다.)을 지정할 수 있다. <개정 2008.2.29>

④ 사전선택제의 시행에 관한 사항과 사전선택등록센터의 지정 및 그 업무처리 방법 등에 관하여 필요한 사항은 방송통신위원회가 정하여 고시한다. <개정 2008.2.29>

[본 조 신설 2001.1.8]

제38조의 4(번호이동성) ① 방송통신위원회는 이용자가 전기통신사업자 등의 변경에도 불구하고 종전의 전기통신번호를 유지할 수 있도록 하기 위하여 전기통신번호 이동성에 관한 계획(이하 이 조에서 '번호이동성계획'이라 한다.)을 수립·시행할 수 있다. <개정 2008.2.29>

② 번호이동성계획에는 다음 각 호의 내용이 포함되어야 한다.

1. 전기통신 번호이동성 대상 서비스의 종류

2. 전기통신 번호이동성 대상 서비스별 도입 시기

3. 전기통신 번호이동성 시행에 필요한 비용의 전기통신사업자별 분담에 관한 사항

③ 방송통신위원회는 번호이동성계획을 시행하기 위하여 관계 전기통신사업자로 하여금 필요한 조치를 하도록 명할 수 있다. <개정 2008.2.29>

④ 삭제 <2008.2.29>

⑤ 방송통신위원회는 전기통신 번호이동성을 효율적이고 중립적으로 시행하기 위하여 번호이동의 등록·변경업무 등을 수행하는 전문기관(이하 '번호이동성관리기관'이라 한다.)을 지정할 수 있다. <신설 2002.12.26, 2008.2.29>

⑥ 전기통신 번호이동성의 시행에 관한 사항과 번호이동성관리기관의 지정 및 그 업무처리 등에 관하여 필요한 사항은 방송통신위원회가 정하여 고시한다. <신설 2002.12.26, 2008.2.29>

[본 조 신설 2001.1.8]

제38조의 5(주식의 상호소유의 제한 등) ① 제34조 제3항 제1호 또는 제2호에 해당하는 기간통신사업자(특수관계인을 포함한다.)는 서로 다른 기간통신사업자의 의결권 있는 발행주식 총수의 100분의 5를 초과하여 소유하는 경우 그 한도를 초과하는 주식에 대해서는 의결권을 행사할 수 없다.

② 제1항의 규정은 제34조 제3항 제1호 또는 제2호에 해당하는 기간통신사업자와 그 기간통신사업자가 최대주주가 되어 설립한 기간통신사업자 간의 소유관계에 대해서는 이를 적용하지 아니한다.

[본 조 신설 2004.2.9]

제38조의 6(번호안내서비스의 제공) ① 전기통신사업자는 이용자의 전기통신번호를 이용자의 동의를 얻어 일반에게 음성·책자·인터넷 등으로 안내하는 서비스(이하 '번호안내서비스'라 한다.)를 제공하여야 한다. 다만, 이용자의 수와 매출액 등을 고려하여 방송통신위원회가 정하여 고시하는 경미한 사업의 경우에는 그러하지 아니하다. <개정 2008.2.29>

② 방송통신위원회는 개인정보보호를 위하여 필요한 경우에는 제1항의 규정에 따른 번호안내서비스의 제공을 제한할 수 있다. <신설 2007.1.3, 2008.2.29>

③ 제1항의 규정에 의한 번호안내서비스 제공에 관하여 필요한 사항은 대통령령으

로 정할 수 있다. <개정 2007.1.3, 2008.2.29>

[본 조 신설 2004.2.9]

## 제5장 전기통신설비의 설치 및 보전

제39조(토지 등의 사용) ① 기간통신사업자는 전기통신업무에 제공되는 선로 및 공중선과 그 부속설비(이하 '선로 등'이라 한다.)를 설치하기 위하여 필요한 경우에는 타인의 토지 또는 이에 정착한 건물·공작물과 수면·수저(이하 '토지 등'이라 한다.)를 사용할 수 있다. 이 경우 기간통신사업자는 미리 그 토지 등의 소유자 또는 점유자와 협의하여야 한다.

② 제1항의 규정에 의한 협의가 성립되지 아니하거나 협의를 할 수 없는 경우에는 기간통신사업자는 '공익사업을 위한 토지 등의 취득 및 보상에 관한 법률'이 정하는 바에 의하여 타인의 토지 등을 사용할 수 있다. <개정 2002.2.4, 2007.1.3>

③ 삭제 <1999.5.24>

제40조(토지 등의 일시사용) ① 기간통신사업자는 선로 등에 관한 측량, 전기통신설비의 설치 또는 보전의 공사를 하기 위하여 필요한 경우에는 현재의 사용을 현저히 방해하지 아니하는 범위 안에서 사유 또는 국·공유의 전기통신설비 및 토지 등을 일시 사용할 수 있다.

② 기간통신사업자는 제1항의 규정에 의하여 사유 또는 국·공유재산을 일시 사용하고자 하는 경우에는 미리 점유자에게 사용목적과 사용기간을 통지하여야 한다. 다만, 미리 통지하는 것이 곤란한 경우에는 사용 시 또는 사용 후 지체 없이 통지하고, 점유자의 주소 및 거소불명으로 통지할 수 없는 경우에는 이를 공고하여야 한다.

③ 제1항의 규정에 의한 토지 등의 일시 사용기간은 6월을 초과할 수 없다.

④ 제1항의 규정에 의하여 사유 또는 국·공유의 전기통신설비나 토지 등을 일시 사용하는 자는 그 권한을 표시하는 증표를 지니고 이를 관계인에게 내보여야 한다.

제41조(토지 등에의 출입) ① 기간통신사업자의 전기통신설비의 설치·보전을 위한 측량·조사 등을 위하여 필요한 경우에는 타인의 토지 등에 출입할 수 있다. 다

만, 출입하고자 하는 곳이 주거용 건물인 경우에는 거주자의 승낙을 얻어야 한다.

② 제40조 제2항 및 제4항의 규정은 제1항의 규정에 의하여 측량 또는 조사 등에 종사하는 자가 사유 또는 국·공유의 토지 등에 출입하는 경우에 이를 준용한다.

제42조(장해물 등의 제거요구) ① 기간통신사업자는 선로 등의 설치 또는 전기통신 설비에 장해를 주거나 줄 우려가 있는 가스관·수도관·하수도관·전등선·전력 선 또는 자가전기통신설비(이하 '장해물 등'이라 한다.)의 소유자 또는 점유자에게 그 장해물 등의 이전·개조·수리 기타의 조치를 요구할 수 있다.

② 기간통신사업자는 식물이 선로 등의 설치·유지 또는 전기통신에 장해를 주거 나 줄 우려가 있는 경우에는 그 소유자 또는 점유자에게 식물의 제거를 요구할 수 있다.

③ 기간통신사업자는 식물의 소유자 또는 점유자가 제2항의 규정에 의한 요구에 응하지 아니하거나 기타 부득이한 사유가 있는 경우에는 방송통신위원회의 허가 를 받아 그 식물을 벌채 또는 이식할 수 있다. 이 경우 당해 식물의 소유자 또는 점유자에게 지체 없이 통지하여야 한다. <개정 1996.12.30, 2008.2.29>

④ 기간통신사업자의 전기통신설비에 장해를 주거나 줄 우려가 있는 장해물 등의 소유자 또는 점유자는 당해 장해물 등의 신설·증설·개수·철거 또는 변경의 필 요가 있는 경우에는 미리 기간통신사업자와 협의하여야 한다.

제43조 삭제 <2007.5.11>

제44조(원상회복의 의무) 기간통신사업자는 제39조 및 제40조의 규정에 의한 토지 등의 사용이 끝나거나 사용하고 있는 토지 등을 전기통신업무에 제공할 필요가 없게 된 경우에는 당해 토지 등을 원상으로 회복하여야 하며, 원상으로 회복하지 못하는 경우에는 그 소유자 또는 점유자가 입은 손실에 대하여 정당한 보상을 하 여야 한다.

제45조(손실보상) 기간통신사업자는 제40조 제1항·제41조 제1항 또는 제42조의 경 우에 타인에게 손실을 끼친 경우에는 손실을 입은 자에 대하여 정당한 보상을 하 여야 한다.

제46조 삭제 <2007.5.11>

제47조(토지 등의 손실보상의 절차) ① 제40조 제1항·제41조 제1항·제42조 또는 제44조의 규정에 의한 토지 등의 사용, 토지 등에의 출입, 장해물 등의 제거 또는 원상회복의 불능에 따른 제44조 또는 제45조의 규정에 의한 손실보상을 함에 있어서는 그 손실을 입은 자와 협의하여야 한다.

② 제1항의 규정에 의한 협의가 성립되지 아니하거나 협의를 할 수 없는 경우에는 '공익사업을 위한 토지 등의 취득 및 보상에 관한 법률'에 의한 관할 토지수용위원회에 재결을 신청하여야 한다. <개정 2002.2.4, 2007.1.3>

③ 이 법에서 규정한 것을 제외하고 제1항의 토지 등의 손실보상 등에 관한 기준·방법 및 절차와 제2항의 재결신청 등에 관해서는 '공익사업을 위한 토지 등의 취득 및 보상에 관한 법률'의 규정을 준용한다. <개정 2002.2.4, 2007.1.3>

제48조 삭제 <1999.5.24>

제49조 삭제 <1999.5.24>

제50조(전기통신설비의 보호) ① 누구든지 전기통신설비를 손괴하여서는 아니 되며, 이에 대한 물건의 접촉 기타의 방법으로 전기통신설비의 기능에 장해를 주어 전기통신의 소통을 방해하는 행위를 하여서는 아니 된다.

② 누구든지 전기통신설비에 물건을 던지거나, 이에 동물·배 또는 뗏목 따위를 매는 등의 방법으로 전기통신설비를 오손하거나 전기통신설비의 측량표를 훼손하여서는 아니 된다.

③ 기간통신사업자는 해저에 설치한 통신용 케이블 및 그 부속설비(이하 '해저케이블'이라 한다.)를 보호하기 위하여 필요한 경우에는 해저케이블 경계구역의 지정을 방송통신위원회에 신청할 수 있다. <신설 2007.5.11, 2008.2.29>

④ 방송통신위원회는 제3항에 따른 신청을 받은 때에는 그 지정의 필요성 등을 검토하고, 관계 중앙행정기관의 장과의 협의를 거쳐 해저케이블 경계구역을 지정·고시할 수 있다. <신설 2007.5.11, 2008.2.29>

⑤ 해저케이블 경계구역의 지정신청, 지정·고시의 방법·절차, 경계구역 표시의 방법 등에 관한 사항은 대통령령으로 정한다. <신설 2007.5.11, 2008.2.29>

제51조(설비의 이전 등) ① 기간통신사업자의 전기통신설비가 설치되어 있는 토지 등이나 이에 인접한 토지 등의 이용목적 또는 이용방법의 변경으로 인하여 그 설비

가 토지 등의 이용에 방해가 되는 때에는 그 토지 등의 소유자 또는 점유자는 기간통신사업자에게 전기통신설비의 이전 기타 방해의 제거에 필요한 조치를 할 것을 요구할 수 있다.

② 기간통신사업자는 제1항의 규정에 의한 요구를 받은 경우 당해 조치가 업무의 수행상 또는 기술상 곤란한 경우를 제외하고는 필요한 조치를 하여야 한다.

③ 제2항의 조치에 필요한 비용은 해당 설비의 설치 이후에 그 설비의 이전 그 밖의 방해제거에 필요한 조치의 원인을 제공한 자가 부담한다. 다만, 기간통신사업자는 동 비용을 부담하는 자가 동 토지의 소유자 또는 점유자인 경우로서 다음 각 호의 어느 하나에 해당하는 경우에는 해당 설비 설치 시 보상금액, 설비기간 등을 고려하여 동 토지의 소유자 또는 점유자가 부담하는 비용을 감면할 수 있다. <개정 2007.5.11>

1. 기간통신사업자가 해당 전기통신설비의 이전 그 밖의 방해요소를 없애기 위한 계획을 수립하여 시행하는 경우

2. 해당 전기통신설비의 이전 그 밖의 방해요소의 제거가 다른 전기통신설비에 유익하게 되는 경우

3. 국가 또는 지방자치단체가 전기통신설비의 이전 그 밖의 방해요소의 제거를 요구하는 경우

4. 사유지 내의 전기통신설비가 해당 토지 등을 이용하는 데에 크게 지장을 주어 이전하는 경우

제52조(다른 기관의 협조 등) 기간통신사업자의 전기통신설비의 설치와 보전을 위하여 차량·선박·항공기 기타 운반구의 운행이 필요한 경우에는 관계공공기관에 협조를 요청할 수 있다. 이 경우 협조의 요청을 받은 공공기관은 정당한 사유가 없는 한 이에 응하여야 한다.


# 제6장 보칙

제53조 삭제 <2007.1.26>

제53조의 2 삭제 <2007.1.26>

제54조(통신비밀의 보호) ① 누구든지 전기통신사업자가 취급 중에 있는 통신의 비밀을 침해하거나 누설하여서는 아니 된다.

② 전기통신업무에 종사하는 자 또는 종사하였던 자는 그 재직 중에 통신에 관하여 알게 된 타인의 비밀을 누설하여서는 아니 된다.

③ 전기통신사업자는 법원, 검사 또는 수사관서의 장(군 수사기관의 장, 국세청장 및 지방국세청장을 포함한다. 이하 같다.), 정보수사기관의 장으로부터 재판, 수사('조세범처벌법' 제11조의 2 제1항, 제4항 및 제5항의 범죄 중 전화, 인터넷 등을 이용한 범칙사건의 조사를 포함한다.), 형의 집행 또는 국가안전보장에 대한 위해를 방지하기 위한 정보수집을 위하여 다음 각 호의 자료의 열람이나 제출(이하 '통신자료제공'이라 한다.)을 요청받은 때에 이에 응할 수 있다. <개정 2002.12.26, 2007.1.3>

1. 이용자의 성명

2. 이용자의 주민등록번호

3. 이용자의 주소

4. 이용자의 전화번호

5. 아이디(컴퓨터 시스템이나 통신망의 정당한 이용자를 식별하기 위한 이용자 식별부호를 말한다.)

6. 이용자의 가입 또는 해지 일자

④ 제3항의 규정에 의한 통신자료제공의 요청은 요청사유, 해당 이용자와의 연관성, 필요한 자료의 범위를 기재한 서면(이하 '자료제공요청서'라 한다.)으로 하여야 한다. 다만, 서면으로 요청할 수 없는 긴급한 사유가 있는 때에는 서면에 의하지 아니하는 방법으로 요청할 수 있으며, 그 사유가 해소된 때에 지체 없이 전기통신사업자에게 자료제공요청서를 제출하여야 한다. <신설 2000.1.28>

⑤ 전기통신사업자는 제3항 및 제4항의 절차에 따라 통신자료제공을 한 때에는 당해 통신자료 제공 사실 등 필요한 사항을 기재한 대통령령이 정하는 대장과 자료제공요청서 등 관련 자료를 비치하여야 한다. <신설 2000.1.28, 2008.2.29>

⑥ 전기통신사업자는 대통령령이 정하는 방법에 따라 통신자료제공을 한 현황 등을 연 2회 방송통신위원회에 보고하여야 하며, 방송통신위원회는 전기통신사업자가 보고한 내용의 사실 여부 및 제5항에 따른 관련 자료의 관리상태를 점검할 수 있다. <신설 2000.1.28, 2007.5.11, 2008.2.29>

⑦ 전기통신사업자는 제3항에 따라 통신자료제공을 요청한 자가 소속된 중앙행정 기관의 장에게 제5항에 따른 대장에 기재된 내용을 대통령령이 정하는 방법에 따라 통보하여야 한다. 다만, 통신자료제공을 요청한 자가 법원인 경우에는 법원행정 처장에게 통보하여야 한다. <신설 2000.1.28, 2002.12.26, 2007.5.11, 2008.2.29>

⑧ 전기통신사업자는 이용자의 통신비밀에 관한 업무를 담당하는 전담기구를 설치·운영하여야 하며, 그 전담기구의 기능 및 구성 등에 관한 사항은 대통령령으로 정한다. <신설 2000.1.28, 2008.2.29>

⑨ 제4항의 규정에 의하여 전기통신사업자에게 제출되는 서면에 대한 결재권자의 범위 등에 관하여 필요한 사항은 대통령령으로 정한다. <신설 2000.1.28>

제54조의 2(송신인의 전화번호의 고지 등) ① 전기통신사업자는 수신인의 요구가 있는 경우에는 송신인의 전화번호를 알려 줄 수 있다. 다만, 송신인이 전화번호의 송출을 거부하는 의사표시를 하는 경우에는 그러하지 아니하다. <개정 2007.3.29>

② 전기통신사업자는 제1항 단서의 규정에 불구하고 전기통신에 의한 폭언·협박·희롱 등으로부터 수신인을 보호하기 위하여 국가안보·범죄방지·재난구조 등을 위하여 대통령령이 정하는 요건과 절차에 따라 수신인이 요구를 하는 경우와 특수번호 전화서비스 중 국가안보·범죄방지·재난구조 등을 위하여 대통령령이 정하는 경우에는 송신인의 전화번호 등을 수신인에게 알려 줄 수 있다. <개정 2007.5.11, 2008.2.29>

③ 누구든지 다른 사람을 속여 재산상 이익을 취하거나 폭언·협박·희롱 등의 위해를 가할 목적으로 전화를 하면서 송신인의 전화번호를 변작하거나 허위로 표시하여서는 아니 된다. <신설 2007.3.29>

④ 누구든지 영리를 목적으로 송신인의 전화번호를 변작하거나 허위로 표시하는 서비스를 제공하여서는 아니 된다. 다만, 공익목적이나 수신인에게 편의를 제공하는 등 정당한 사유가 있는 경우에는 그러하지 아니하다. <신설 2007.3.29>

[본 조 신설 2001.1.8]

제55조(업무의 제한 및 정지) 방송통신위원회는 전시·사변·천재·지변 또는 이에 준하는 국가비상사태가 발생하거나 발생할 우려가 있는 경우 기타 부득이한 사유가 있는 경우에 중요통신을 확보하기 위하여 필요한 때에는 대통령령이 정하는 바에 의하여 전기통신사업자에게 전기통신업무의 전부 또는 일부를 제한하거나

정지할 것을 명할 수 있다. <개정 1996.12.30, 2008.2.29>

제56조 삭제 <1996.12.30>

제57조 삭제 <1999.5.24>

제58조 삭제 <1999.5.24>

제59조(국제전기통신업무에 관한 승인<개정 1999.5.24>) ① 국제전기통신업무에 관하여 정부가 가입한 조약 또는 협정에 따로 규정이 있는 때에는 그 규정에 의한다.
② 전기통신사업자는 외국정부 또는 외국인과 국제전기통신역무의 취급에 따른 요금의 정산(부가통신사업자의 경우를 제외한다.) 기타 대통령령이 정하는 국제전기통신업무에 관한 협정 또는 계약을 체결하고자 하는 경우에는 대통령령이 정하는 요건을 갖추어 방송통신위원회의 승인을 얻어야 한다. 이를 변경 또는 폐지하고자 하는 때에도 또한 같다. <개정 1996.12.30, 1999.5.24, 2000.1.28, 2007.5.11, 2008.2.29>
③ 제2항의 규정에 의한 국제전기통신역무의 취급에 따른 요금의 정산에 관한 협정 또는 계약의 승인기준은 방송통신위원회가 정하여 고시한다. <신설 2000.1.28, 2008.2.29>

제59조의 2(기간통신역무의 국경 간 공급) ① 국내에 사업장을 두지 아니하고 국외에서 국내로 기간통신역무의 제공(이하 '기간통신역무의 국경 간 공급'이라 한다.)을 하고자 하는 자는 동일한 기간통신역무를 제공하는 국내의 기간통신사업자 또는 별정통신사업자와 기간통신역무의 국경 간 공급에 관한 계약을 체결하여야 한다.
② 제29조, 제30조, 제33조 내지 제33조의 3, 제36조의 3 내지 제37조, 제38조, 제53조 내지 제55조, 제62조 및 제65조의 규정은 제1항의 규정에 의하여 계약을 체결한 기간통신사업자 또는 별정통신사업자가 계약에서 정하는 역무의 제공에 관하여 이를 준용한다. <개정 1998.9.17, 1999.5.24>
③ 방송통신위원회는 제1항의 규정에 의하여 기간통신역무의 국경 간 공급을 하고자 하는 자 또는 그와 계약을 체결한 기간통신사업자나 별정통신사업자가 제2항의 규정에 의하여 준용되는 해당 규정을 위반하는 경우에는 제59조 제2항의 규정에 의한 승인을 취소하거나 1년 이내의 기간을 정하여 당해 계약에서 정하는 기간통신역무의 국경 간 공급의 전부 또는 일부의 정지를 명할 수 있다. <개정

2008.2.29>

④ 제3항의 규정에 의한 처분의 기준 및 절차 기타 필요한 사항은 대통령령으로 정한다. <개정 2008.2.29>

[본 조 신설 1997.8.28]

제60조 삭제 <1996.12.30>

제61조 삭제 <2002.12.26>

제62조(통계의 보고 등) ① 전기통신사업자는 전기통신역무별 시설현황·이용실적 및 이용자 현황과 요금의 부과·징수를 위하여 필요한 통화량 관련 자료 등 대통령령이 정하는 전기통신역무의 제공에 관한 통계를 대통령령이 정하는 바에 의하여 방송통신위원회에 보고하고 관련 자료를 비치하여야 한다. <개정 1996.12.30, 2008.2.29>

② 기간통신사업자 및 그 주주, 별정통신사업자 및 그 주주는 대통령령이 정하는 바에 의하여 제6조의 사실확인에 필요한 관계 자료를 제출하여야 한다. <개정 1995.1.5, 1996.12.30, 1997.8.28, 1999.5.24, 2004.2.9, 2008.2.29>

③ 방송통신위원회는 제2항의 규정에 의한 사실의 확인 또는 제출된 자료의 진위를 확인하기 위하여 행정기관 기타 관계 기관에 대하여 제출된 자료의 심사를 요청하거나 관련 자료의 제출을 요청할 수 있다. 이 경우 요청을 받은 기관은 정당한 사유가 없는 한 이에 응하여야 한다. <개정 1996.12.30, 2008.2.29>

제63조(청문) 방송통신위원회는 다음 각 호의 1에 해당하는 처분을 하고자 하는 경우에는 청문을 실시하여야 한다. <개정 2008.2.29>

1. 제15조 제1항의 규정에 의한 기간통신사업자에 대한 허가의 취소

2. 제28조 제1항 및 제2항의 규정에 의한 별정통신사업의 등록의 취소 또는 부가통신사업의 폐지

3. 제59조의 2 제3항의 규정에 의한 승인의 취소

[전문개정 1997.8.28]

제64조(과징금의 부과 등 <개정 2000.1.28>) ① 방송통신위원회는 전기통신사업자가 제15조 제1항 각 호 또는 제28조 제1항 및 제2항 각 호의 1에 해당하여 사업의 정지를 명하여야 하는 경우로서 그 사업의 정지가 당해 사업의 이용자 등에게

심한 불편을 주거나 기타 공익을 해할 우려가 있는 경우에는 그 사업정지처분에 갈음하여 대통령령이 정하는 바에 따라 산출한 매출액의 100분의 3 이하에 해당하는 금액의 과징금을 부과할 수 있다. 이 경우 전기통신사업자가 매출액 산정자료의 제출을 거부하거나 거짓의 자료를 제출한 때에는 해당 전기통신사업자 및 동종 유사 역무제공사업자의 재무제표 등 회계자료와 가입자 수 및 이용요금 등 영업현황 자료에 근거하여 매출액을 추정할 수 있다. 다만, 매출액이 없거나 매출액의 산정이 곤란한 경우로서 대통령령이 정하는 경우에는 10억 원 이하의 과징금을 부과할 수 있다. <개정 1995.1.5, 1996.12.30, 1997.8.28, 1998.9.17, 2002.12.26, 2007.1.3, 2008.2.29>

② 제1항의 규정에 따른 과징금의 구체적인 부과기준은 대통령령으로 정한다. <개정 2007.1.3, 2007.3.29>

③ 제37조의 2 제4항 내지 제6항의 규정은 제1항의 규정에 의한 과징금에 관하여 이를 준용한다. <개정 1998.9.17, 2000.1.28, 2007.1.3, 2007.3.29>

④ 삭제 <1997.8.28>

제64조의 2(과징금의 납부기한의 연장 및 분할납부) ① 방송통신위원회는 제37조의 2와 제64조의 규정에 따라 전기통신사업자가 납부하여야 할 과징금이 대통령령이 정하는 금액을 초과하는 경우로서 다음 각 호의 어느 하나에 해당하는 사유로 인하여 과징금을 납부하여야 할 자가 과징금의 전액을 일시에 납부하기 어렵다고 인정되는 때에는 그 납부기한을 연장하거나 분할 납부하게 할 수 있다. 이 경우 필요하다고 인정하는 때에는 담보를 제공하게 할 수 있다. <개정 2007.1.3, 2008.2.29>

1. 자연재해 또는 화재 등으로 재산에 현저한 손실을 입은 경우

2. 사업여건의 악화로 사업이 중대한 위기에 있는 경우

3. 과징금의 일시납부에 따라 자금사정에 현저한 어려움이 예상되는 경우

② 과징금 납부기한의 연장·분할납부 및 담보제공 등에 관하여 필요한 사항은 대통령령으로 정한다.

[본 조 신설 1998.9.17]

제65조(시정명령 등) ① 방송통신위원회는 전기통신사업자가 다음 각 호의 1에 해당하는 때에는 그 시정을 명하여야 한다. <개정 1991.12.14, 1996.12.30, 1999.2.8,

2001.1.16, 2007.1.3, 2008.2.29>

1. 이 법, '전기통신기본법', '전파법', '정보통신망이용촉진및정보보호등에관한법률', '정보화촉진기본법'이나 이들 법률에 의한 명령에 위반한 때

2. 전기통신사업자의 업무처리절차가 현저히 이용자의 이익을 저해한다고 인정되는 때

3. 사고 등에 의하여 전기통신역무의 제공에 지장이 발생한 경우에 수리 등 지장을 제거하기 위하여 필요한 조치를 신속하게 실시하지 아니한 때

② 방송통신위원회는 전기통신의 발전을 위하여 필요한 경우에는 전기통신사업자에 대하여 다음 각 호의 사항을 명할 수 있다. <개정 1996.12.30, 2008.2.29>

1. 전기통신설비 등의 통합운영·관리

2. 사회복지의 증진을 위한 통신시설의 확충

3. 국가기능의 효율적 수행을 위한 중요통신을 위한 통신망의 구축·관리

4. 기타 대통령령이 정하는 사항

③ 방송통신위원회는 다음 각 호의 1에 해당하는 자에 대하여 전기통신역무의 제공행위의 중지 또는 전기통신설비의 철거 등의 조치를 명할 수 있다. <신설 2001.1.8, 2008.2.29>

1. 제5조 제1항의 규정에 의한 허가를 받지 아니하고 기간통신사업을 경영한 자

2. 제19조 제1항의 규정에 의한 등록을 하지 아니하고 별정통신사업을 경영한 자

3. 제21조 제1항의 규정에 의한 신고를 하지 아니하고 부가통신사업을 경영한 자

제66조 삭제 <1996.12.30>

제67조 삭제 <1996.12.30>

제68조(권한의 위임·위탁) ① 이 법에 의한 방송통신위원회의 권한은 그 일부를 대통령령이 정하는 바에 의하여 소속기관의 장 또는 체신청장에게 위임·위탁할 수 있다. <개정 1996.12.30, 2008.2.29>

② 방송통신위원회는 제21조 제1항의 규정에 의한 신고에 관한 업무의 일부를 대통령령이 정하는 바에 의하여 전기통신사업자 또는 '정보통신망이용촉진및정보보호등에관한법률'에 의한 한국정보통신진흥협회에 위탁할 수 있다. <개정 1991.12.14, 1995.1.5, 1996.12.30, 1999.2.8, 2001.1.16, 2007.1.3, 2008.2.29>

# 제7장 벌칙

**제69조**(벌칙) 다음 각 호의 1에 해당하는 자는 5년 이하의 징역 또는 2억 원 이하의 벌금에 처한다. <개정 1995.1.5, 1996.12.30, 2000.1.28, 2002.12.26>

1. 제5조 제1항의 규정에 의한 허가를 받지 아니하고 기간통신사업을 경영한 자
2. 제50조 제1항의 규정에 위반하여 전기통신설비를 손괴하거나 이에 대한 물건의 접촉 기타의 방법으로 전기통신설비의 기능에 장해를 주어 전기통신의 소통을 방해한 자
3. 제54조 제2항의 규정에 위반하여 재직 중에 통신에 관하여 알게 된 타인의 비밀을 누설한 자
4. 제54조 제3항의 규정에 위반하여 통신자료제공을 한 자 및 그 제공을 받은 자

**제70조**(벌칙) 다음 각 호의 1에 해당하는 자는 3년 이하의 징역 또는 1억 5천만 원 이하의 벌금에 처한다. <개정 1996.12.30, 1997.8.28, 2002.12.26, 2007.5.11>

1. 제3조 제1항의 규정에 위반하여 정당한 사유 없이 전기통신역무의 제공을 거부한 자
2. 제15조 제1항의 규정에 의한 사업정지처분을 위반한 자
3. 제19조 제1항의 규정에 의한 등록을 하지 아니하고 별정통신사업을 경영한 자
4. 제36조의 3 제1항 제1호 내지 제3호 또는 제4호(이용약관과 다르게 전기통신역무를 제공하는 행위를 제외한다.)의 어느 하나의 금지행위를 한 자
5. 제37조 제2항의 규정에 의한 명령을 이행하지 아니한 자
6. 제40조 제1항의 규정에 의한 선로 등의 측량, 전기통신설비의 설치 및 보전행위를 방해한 자
7. 제54조 제1항의 규정에 위반하여 전기통신사업자가 취급 중에 있는 통신의 비밀을 침해하거나 누설한 자

**제71조**(벌칙) 다음 각 호의 어느 하나에 해당하는 자는 2년 이하의 징역 또는 1억 원 이하의 벌금에 처한다. <개정 1995.1.5, 1996.12.30, 1997.8.28, 1998.9.17, 1999.5.24, 2002.12.26, 2007.1.26, 2007.3.29, 2007.5.11>

1. 제10조의 규정에 의한 변경허가를 받지 아니하거나 신고를 하지 아니한 자
2. 제11조 제1항 및 제34조의 4 제4항의 규정에 의한 승인을 얻지 아니한 자

3. 제13조 제1항 본문에 따른 인가를 받지 아니하거나 제13조 제2항 또는 제14조 제1항에 따른 승인을 얻지 아니한 자

4. 제13조 제10항을 위반하여 통신망 통합, 임원의 임명행위 그 밖의 영업 양수·합병이나 설비매각 계약의 이행행위 또는 회사설립에 관한 후속조치를 한 자

5. 제14조 제2항의 규정에 따른 이용자 보호조치 명령을 위반한 자

6. 제21조의 규정에 의한 신고를 하지 아니하고 부가통신사업을 경영한 자

7. 제28조 제1항의 규정에 의한 사업정지처분을 위반한 자

8. 제28조 제2항의 규정에 의한 사업폐지명령을 위반한 자

9. 제34조의 5 제1항 본문 또는 동 조 제2항의 규정에 위반하여 정보를 공개·사용하거나 제공한 자

10. 제55조에 따른 명령을 이행하지 아니한 자

11. 제59조 제2항의 규정에 의한 승인·변경승인 또는 폐지승인을 얻지 아니한 자

**제72조**(벌칙) 다음 각 호의 어느 하나에 해당하는 자는 1년 이하의 징역 또는 5천만 원 이하의 벌금에 처한다. <개정 1995.1.5, 1996.12.30, 1997.8.28, 1998.9.17, 1999.5.24, 2000.1.28, 2002.12.26, 2004.2.9, 2007.1.3, 2007.5.11>

1. 제6조의 3 제5항 또는 제7조 제2항(법률 제5385호 전기통신사업법중개정법률 부칙 제4조 제4항의 규정에 의하여 준용되는 경우를 포함한다.) 또는 제13조 제9항의 규정에 의한 명령을 위반한 자

2. 제13조 제1항 단서에 따른 신고를 하지 아니한 자

3. 제22조의 규정에 의한 변경등록 또는 변경신고를 하지 아니한 자

4. 제25조의 규정에 의한 신고를 하지 아니한 자

5. 제28조 제2항의 규정에 의한 사업정지처분을 위반한 자

6. 제29조 제1항의 규정에 의한 신고를 하지 아니하거나 인가를 받지 아니하고 전기통신역무를 제공한 자

7. 제32조의 2 본문의 규정에 위반하여 전기통신사업자가 제공하는 전기통신역무를 이용하여 타인의 통신을 매개하거나 타인의 통신용에 제공한 자

[2002.12.26 법률 제6822호에 의하여 제32조의 2 개정으로 2002.9.19 헌법재판소에서 위헌 결정된 제6호를 개정함.]

**제73조**(벌칙) 다음 각 호의 어느 하나에 해당하는 자는 5천만 원 이하의 벌금에 처한

다. <개정 1996.12.30, 1999.5.24, 2002.12.26, 2006.3.24, 2007.3.29>

1. 제36조의 4 제1항·제2항 또는 제4항 내지 제6항의 규정을 위반한 자

2. 제40조 제1항의 규정에 의한 사유의 전기통신설비 또는 토지의 일시사용을 정당한 사유 없이 거부·방해한 자

3. 제41조 제1항의 규정에 의한 토지 등에의 출입을 정당한 사유 없이 거부·방해한 자

4. 제42조 제1항의 규정에 의한 장해물 등의 이전·개조·수리 기타의 조치 및 동 조 제2항의 규정에 의한 식물의 제거요구를 정당한 사유 없이 거부한 자

5. 삭제 <2007.5.11>

6. 제54조의 2 제3항의 규정을 위반하여 다른 사람을 속여 재산상 이익을 취하거나 폭언·협박·희롱 등의 위해를 가할 목적으로 전화를 하면서 송신인의 전화번호를 변작하거나 허위로 표시한 자

7. 제54조의 2 제4항의 규정을 위반하여 영리를 목적으로 송신인의 전화번호를 변작하거나 허위로 표시하는 서비스를 제공한 자

**제74조** 삭제 <2000.1.28>

**제75조**(벌칙) 제50조 제2항의 규정에 위반하여 전기통신설비를 오손하거나 전기통신설비의 측량표를 훼손한 자는 100만 원 이하의 벌금 또는 과료에 처한다.
[전문개정 1996.12.30]

**제76조**(미수범) 제69조 제2호·제3호 및 제70조 제7호의 미수범은 처벌한다. <개정 1997.8.28, 2002.12.26>

**제77조**(양벌규정) 법인의 대표자 또는 법인이나 개인의 대리인·사용인 기타 종업원이 그 법인 또는 개인의 업무에 관하여 제69조 내지 제73조의 위반행위를 한 때에는 행위자를 벌하는 외에 그 법인 또는 개인에 대해서도 각 해당 조의 벌금형을 과한다. <개정 2000.1.28>

**제78조**(과태료) ① 다음 각 호의 어느 하나에 해당하는 자는 1천만 원 이하의 과태료에 처한다. <개정 1995.1.5, 1996.12.30, 1997.8.28, 1998.9.17, 1999.5.24, 2000.1.28, 2002.12.26, 2004.2.9, 2006.3.24, 2007.3.29, 2007.5.11>

1. 제6조의 3 제2항의 규정에 의한 신고를 하지 아니하거나 제6조의 4 제3항 또

는 제4항의 규정에 의한 자료제공요청이나 출석명령에 응하지 아니한 자

2. 제14조 제1항의 규정을 위반하여 기간통신사업의 휴지 또는 폐지 예정일 60일 전까지 이용자에게 통보하지 아니한 자

3. 제27조의 규정에 의한 신고를 하지 아니한 자

4. 제30조의 규정에 의한 이용약관의 변경명령을 이행하지 아니한 자

5. 제33조 제2항의 규정에 의한 이용자의 보호에 관한 의무를 위반한 자

6. 제34조의 4 제4항의 규정에 위반하여 기술적 기준, 이용 및 공급기준 또는 공정한 경쟁환경의 조성을 위한 기준을 공시하지 아니한 자

7. 제36조 제3항의 규정에 위반하여 고시한 사항을 준수하지 아니한 자

8. 제36조의 2 제1항의 규정에 위반하여 회계를 정리하거나 영업보고서를 제출하지 아니한 자 또는 장부나 근거자료를 비치하지 아니한 자

9. 제36조의 2 제4항의 규정에 의한 관련 자료의 제출에 관한 명령을 이행하지 아니한 자

10. 제36조의 5 제2항의 규정에 따른 조사를 거부 또는 기피하거나 이에 지장을 주는 행위를 한 자

   10의 2. 제36조의 5 제5항에 따른 자료나 물건의 제출명령 또는 제출된 자료나 물건의 일시 보관명령을 거부 또는 기피하거나 이에 지장을 주는 행위를 한 자

11. 제38조의 2 제3항의 규정에 의한 관련 자료의 제출에 관한 명령을 이행하지 아니한 자

12. 제54조 제5항의 규정에 위반하여 관련 자료를 비치하지 아니하거나 허위로 기재하여 비치한 자

13. 제54조 제7항의 규정에 위반하여 중앙행정기관의 장에게 통보하지 아니한 자

14. 제62조의 규정에 의한 보고 또는 자료제출을 하지 아니하거나 허위로 보고 또는 자료제출을 한 자

15. 제65조의 규정에 의한 시정명령 등을 이행하지 아니한 자

② 제1항의 규정에 의한 과태료는 대통령령이 정하는 바에 의하여 방송통신위원회가 부과·징수한다. <개정 1996.12.30, 2008.2.29>

③ 제2항의 규정에 의한 과태료처분에 불복이 있는 자는 그 처분의 고지를 받은 날부터 30일 이내에 방송통신위원회에 이의를 제기할 수 있다. <개정 1996.12.30, 2008.2.29>

④ 제2항의 규정에 의하여 과태료처분을 받은 자가 제3항의 규정에 의하여 이의를 제기한 때에는 방송통신위원회는 지체 없이 관할법원에 그 사실을 통보하여야 하며, 그 통보를 받은 관할법원은 '비송사건절차법'에 의한 과태료의 재판을 한다. <개정 1996.12.30, 2007.1.3, 2008.2.29>

⑤ 제3항의 규정에 의한 기간 내에 이의를 제기하지 아니하고 과태료를 납부하지 아니한 때에는 국세체납처분의 예에 의하여 이를 징수한다.


부칙(방송통신위원회의 설치 및 운영에 관한 법률) 〈제8867호, 2008.2.29〉

제1조(시행일 등) 이 법은 공포한 날부터 시행한다. <단서 생략>

제2조부터 제6조까지 생략

제7조(다른 법률의 개정) ①부터 ⑩까지 생략

⑪ 전기통신사업법 일부를 다음과 같이 개정한다.

제6조의 3 제1항 중 '정보통신부'를 '방송통신위원회'로 한다.

제6조의 4 제2항 중 '정보통신부차관'을 '방송통신위원회 부위원장'으로 한다.

제33조의 3 제2항 중 '전기통신기본법 제37조의 규정에 따른 통신위원회(이하 '통신위원회'라 한다.)'를 '방송통신위원회'로 한다.

제36조의 2 제2항 중 '통신위원회의 심의 및 재정경제부장관'을 '기획재정부장관'으로 한다.

제3조의 2 제2항·제5조 제2항 본문·제4항·제5항, 제9조 제2항, 제11조 제2항, 제13조 제3항 각 호 외의 부분·제6항·제7항·제15조 제1항, 제19조 제2항, 제28조 제1항 각 호 외의 부분 본문·제2항 각 호 외의 부분 본문, 제29조 제3항 각 호 외의 부분, 제33조의 5 제3항 전단, 제34조 제2항 제34조의 3 제2항, 제34조의 4 제2항, 제36조 제1항·제2항 전단, 제36조의 2 제2항, 제38조의 2 제2항·제3항, 제54조 제6항, 제55조, 제59조의 2 제3항, 제62조 제3항 단서, 제63조 각 호 외의 부분, 제64조 제1항 전단, 제65조 제1항 각 호 외의 부분·제2항 각 호 외의 부분·제3항 각 호 외의 부분, 제68조 제2항 및 제78조 제4항 중 '정보통신부장관은'을 각각 '방송통신위원회는'으로 한다.

제3조의 2 제2항, 제4조 제2항·제3항 제2호, 제5조 제2항 단서·제7항, 제10조 제1

항 본문 및 단서·제2항, 제13조 제2항, 제19조 제1항 각 호 외의 부분·제3호·
제4항, 제22조, 제25조, 제29조 제1항 단서, 제33조의 5 제2항 제2호, 제34조 제3
항 제2호, 제34조의 3 제3항 제2호, 제34조의 4 제3항 제2호, 제36조의 2 제1항,
제54조 제5항·제7항 본문·제8항·제9항, 제54조의 2 제2항, 제59조의 2 제4항
및 제62조 제1항·제2항 중 '정보통신부령'을 각각 '대통령령'으로 한다.

제3조의 2 제4항·제5항, 제6조의 3 제4항·제5항, 제7조 제2항, 제7조의 2 제1항
전단, 제13조 제9항, 제14조 제2항·제3항, 제33조의 4 제1항·제2항, 제33조의 6
제2항, 제36조의 4 제7항, 제38조의 3 제1항 전단·제3항, 제38조의 4 제1항·제
3항·제5항, 제38조의 6 제2항, 제50조 제4항 및 제64조의 2 제1항 각 호 외의
부분 전단 중 '정보통신부장관은'을 각각 '방송통신위원회는'으로 한다.

제5조 제1항, 제10조 제1항 본문·제2항, 제13조 제2항, 제29조 제1항 단서, 제34조
의 4 제4항, 제42조 제3항 전단, 제59조 제2항 전단 및 제68조 제1항 중 '정보통
신부장관'을 각각 '방송통신위원회'로 한다.

제5조 제3항, 제9조 제1항, 제13조 제4항, 제34조의 6 제3항, 제59조 제3항 및 제78
조 제2항 중 '정보통신부장관이'를 각각 '방송통신위원회가'로 한다.

제6조의 3 제2항·제3항, 제13조 제1항 각 호 외의 부분 단서, 제29조 제6항, 제36조
의 4 제2항 및 제50조 제3항 중 '정보통신부장관에게'를 각각 '방송통신위원회에'
로 한다.

제6조의 3 제6항, 제13조 제1항 단서, 제21조 단서, 제33조의 4 제3항, 제38조의 3
제1항 후단, 제38조의 6 제3항 및 제50조 제5항 중 '정보통신부령'을 각각 '대통
령령'으로 한다.

제10조 제1항 단서, 제19조 제1항 각 호 외의 부분, 제21조 본문, 제22조, 제25조, 제
27조 제1항·제2항, 제29조 제1항 본문, 제32조의 4 제2항, 제54조 제6항, 제62조
제1항 및 제78조 제3항 중 '정보통신부장관에게'를 각각 '방송통신위원회에'로 한다.

제11조 제1항, 제13조 제1항 각 호 외의 부분 본문 및 제14조 제1항 중 '정보통신부
장관'을 각각 '방송통신위원회'로 한다.

제33조의 3 제2항, 제35조 제1항·제2항, 제36조 제4항, 제36조의 2 제2항 및 제36
조의 2 제1항·제3항부터 제5항까지 중 '통신위원회'를 각각 '방송통신위원회'로
한다.

제33조의 5 제5항, 제33조의 6 제3항, 제34조 제4항, 제34조의 3 제4항, 제34조의 4

제5항, 제36조 제4항, 제36조의 2 제7항 및 제38조의 4 제4항을 각각 삭제한다.

제33조의 6 제1항, 제33조의 7 제1항 후단·제2항, 제38조의 6 제1항 단서 중 '정보통신부장관이'를 각각 '방송통신위원회가'로 한다.

제33조의 7 제3항 중 '통신위원회 심의를 거쳐 정보통신부령으로 정한다.'를 '방송통신위원회 고시로 정한다.'로 한다.

제34조의 6 제1항 전단·제2항·제4항, 제36조의 4 제6항, 제36조의 5 제1항부터 제3항까지·제6항 각 호 외의 부분, 제37조 제1항 각 호 외의 부분·제2항 본문 및 단서·제3항 본문·제4항 본문, 제37조의 2 제1항 전단·제2항 각 호 외의 부분·제4항·제5항 중 '통신위원회'를 각각 '방송통신위원회'로 한다.

제38조의 3 제4항 및 제38조의 4 제6항 중 '통신위원회의 심의를 거쳐 정보통신부장관이'를 각각 '방송통신위원회가'로 한다.

제64조의 2 제1항 중 '정보통신부장관은 제64조의 규정에 따라, 통신위원회는 제37조의 2의 규정에 따라'를 '방송통신위원회는 제37조의 2와 제64조의 규정에 따라'로 한다.

제68조 제1항 중 '체신청장에게 위임'을 '소속기관의 장 또는 체신청장에게 위임·위탁'으로 한다.

⑫ 부터 <20>까지 생략

제8조부터 제12조까지 생략

# 정보통신기반보호법

[일부개정 2008.2.29 법률 제08852호]


## 제1장 총칙

**제1조**(목적) 이 법은 전자적 침해행위에 대비하여 주요정보통신기반시설의 보호에 관한 대책을 수립·시행함으로써 동 시설을 안정적으로 운용하도록 하여 국가의 안전과 국민생활의 안정을 보장하는 것을 목적으로 한다.

**제2조**(정의) 이 법에서 사용하는 용어의 정의는 다음과 같다. <개정 2007.12.21>

1. '정보통신기반시설'이라 함은 국가안전보장·행정·국방·치안·금융·통신·운송·에너지 등의 업무와 관련된 전자적 제어·관리시스템 및 '정보통신망이용촉진및정보보호등에관한법률' 제2조 제1항 제1호의 규정에 의한 정보통신망을 말한다.
2. '전자적 침해행위'라 함은 정보통신기반시설을 대상으로 해킹, 컴퓨터바이러스, 논리·메일폭탄, 서비스 거부 또는 고출력 전자기파 등에 의하여 정보통신기반시설을 공격하는 행위를 말한다.
3. '침해사고'란 전자적 침해행위로 인하여 발생한 사태를 말한다.


## 제2장 주요정보통신기반시설의 보호체계

**제3조**(정보통신기반보호위원회) ① 제8조의 규정에 의하여 지정된 주요정보통신기반시설(이하 '주요정보통신기반시설'이라 한다.)의 보호에 관한 사항을 심의하기 위하여 국무총리 소속하에 정보통신기반보호위원회(이하 '위원회'라 한다.)를 둔다.

② 위원회의 위원은 위원장 1인을 포함한 25인 이내의 위원으로 구성한다.

③ 위원회의 위원장은 국무총리실장이 되고, 위원회의 위원은 대통령령이 정하는 중앙행정기관의 차관급 공무원과 위원장이 위촉하는 자로 한다. <개정 2007.12.21,

2008.2.29>

④ 위원회의 효율적인 운영을 위하여 위원회에 공공분야와 민간분야를 각각 담당하는 실무위원회를 둔다. <개정 2007.12.21>

⑤ 위원회 및 실무위원회의 구성·운영 등에 관하여 필요한 사항은 대통령령으로 정한다.

제4조(위원회의 기능) 위원회는 다음 각 호의 사항을 심의한다. <개정 2007.12.21>

1. 주요정보통신기반시설 보호정책의 조정에 관한 사항

2. 제6조 제1항에 따른 주요정보통신기반시설에 관한 보호계획의 종합·조정에 관한 사항

3. 제6조 제1항에 따른 주요정보통신기반시설에 관한 보호계획의 추진 실적에 관한 사항

4. 주요정보통신기반시설 보호와 관련된 제도의 개선에 관한 사항

5. 그 밖에 주요정보통신기반시설 보호와 관련된 주요 정책사항으로서 위원장이 부의하는 사항

제5조(주요정보통신기반시설보호대책의 수립 등) ① 주요정보통신기반시설을 관리하는 기관(이하 '관리기관'이라 한다.)의 장은 제9조 제1항의 규정에 의한 취약점 분석·평가의 결과에 따라 소관 주요정보통신기반시설을 안전하게 보호하기 위한 물리적·기술적 대책을 포함한 관리대책(이하 '주요정보통신기반시설보호대책'이라 한다.)을 수립·시행하여야 한다.

② 관리기관의 장은 제1항의 규정에 의하여 주요정보통신기반시설보호대책을 수립한 때에는 이를 주요정보통신기반시설을 관할하는 중앙행정기관(이하 '관계중앙행정기관'이라 한다.)의 장에게 제출하여야 한다. 다만, 관리기관의 장이 관계중앙행정기관의 장인 경우에는 그러하지 아니하다.

③ 지방자치단체의 장이 관리·감독하는 관리기관의 주요정보통신기반시설보호대책은 지방자치단체의 장이 행정안전부장관에게 제출하여야 한다. <개정 2008.2.29>

④ 관리기관의 장은 소관 주요정보통신기반시설의 보호에 관한 업무를 총괄하는 자(이하 '정보보호책임자'라 한다.)를 지정하여야 한다. 다만, 관리기관의 장이 관계중앙행정기관의 장인 경우에는 그러하지 아니하다.

⑤ 정보보호책임자의 지정 및 업무 등에 관하여 필요한 사항은 대통령령으로 정한다.

제5조의 2(주요정보통신기반시설보호대책 이행 여부의 확인) ① 행정안전부장관과 국가정보원장 등 대통령령으로 정하는 국가기관의 장(이하 '국가정보원장등' 이라 한다.)은 관리기관에 대하여 주요정보통신기반시설보호대책의 이행 여부를 확인할 수 있다. <개정 2008.2.29>

② 행정안전부장관과 국가정보원장 등은 제1항에 따른 확인을 위하여 필요한 경우 관계중앙행정기관의 장에게 제5조 제2항에 따라 제출받은 주요정보통신기반시설 보호대책 등의 자료 제출을 요청할 수 있다. <개정 2008.2.29>

③ 행정안전부장관과 국가정보원장 등은 제1항에 따라 확인한 주요정보통신기반시설보호대책의 이행 여부를 관계중앙행정기관의 장에게 통보할 수 있다. <개정 2008.2.29>

④ 제1항에 따른 주요정보통신기반시설보호대책 이행 여부의 확인절차 등에 관하여 필요한 사항은 대통령령으로 정한다.

[본 조 신설 2007.12.21]

제6조(주요정보통신기반시설보호계획의 수립 등) ① 관계중앙행정기관의 장은 제5조 제2항의 규정에 의하여 제출받은 주요정보통신기반시설보호대책을 종합·조정하여 소관 분야에 대한 주요정보통신기반시설에 관한 보호계획(이하 '주요정보통신기반시설보호계획'이라 한다.)을 수립·시행하여야 한다.

② 관계중앙행정기관의 장은 전년도 주요정보통신기반시설보호계획의 추진실적과 다음 연도의 주요정보통신기반시설보호계획을 위원회에 제출하여 그 심의를 받아야 한다. 다만, 위원회의 위원장이 보안이 요구된다고 인정하는 사항에 대해서는 그러하지 아니하다.

③ 주요정보통신기반시설보호계획에는 다음 각 호의 사항이 포함되어야 한다.

1. 주요정보통신기반시설의 취약점 분석·평가에 관한 사항

2. 주요정보통신기반시설의 침해사고에 대한 예방 및 복구대책에 관한 사항

3. 그 밖에 주요정보통신기반시설의 보호에 관하여 필요한 사항

④ 행정안전부장관과 국가정보원장은 협의하여 주요정보통신기반시설보호대책 및 주요정보통신기반시설보호계획의 수립지침을 정하여 이를 관계중앙행정기관의 장에게 통보할 수 있다. <개정 2007.12.21, 2008.2.29>

⑤ 관계중앙행정기관의 장은 소관 분야의 주요정보통신기반시설의 보호에 관한 업무를 총괄하는 자(이하 '정보보호책임관'이라 한다.)를 지정하여야 한다.

⑥ 주요정보통신기반시설보호계획의 수립·시행에 관한 사항과 정보보호책임관의 지정 및 업무 등에 관하여 필요한 사항은 대통령령으로 정한다.

제7조(주요정보통신기반시설의 보호지원) ① 관리기관의 장이 필요하다고 인정하거나 위원회의 위원장이 특정 관리기관의 주요정보통신기반시설보호대책의 미흡으로 국가안전보장이나 경제사회 전반에 피해가 우려된다고 판단하여 그 보완을 명하는 경우 해당 관리기관의 장은 행정안전부장관과 국가정보원장 등 또는 필요한 경우 대통령령이 정하는 전문기관의 장에게 다음 각 호의 업무에 대한 기술적 지원을 요청할 수 있다. <개정 2007.12.21, 2008.2.29>

1. 주요정보통신기반시설보호대책의 수립
2. 주요정보통신기반시설의 침해사고 예방 및 복구
3. 제11조에 따른 보호조치 명령·권고의 이행

② 국가안전보장에 중대한 영향을 미치는 다음 각 호의 주요정보통신기반시설에 대한 관리기관의 장이 제1항에 따라 기술적 지원을 요청하는 경우 국가정보원장에게 우선적으로 그 지원을 요청하여야 한다. 다만, 국가안전보장에 현저하고 급박한 위험이 있고, 관리기관의 장이 요청할 때까지 기다릴 경우 그 피해를 회복할 수 없을 때에는 국가정보원장은 관계중앙행정기관의 장과 협의하여 그 지원을 할 수 있다. <개정 2007.12.21>

1. 도로·철도·지하철·공항·항만 등 주요 교통시설
2. 전력, 가스, 석유 등 에너지·수자원 시설
3. 방송중계·국가지도통신망 시설
4. 원자력·국방과학·첨단방위산업 관련 정부출연연구기관의 연구시설

③ 국가정보원장은 제1항 및 제2항에 불구하고 금융 정보통신기반시설 등 개인정보가 저장된 모든 정보통신기반시설에 대하여 기술적 지원을 수행하여서는 아니 된다. <개정 2007.12.21>

## 제3장 주요정보통신기반시설의 지정 및 취약점 분석

제8조(주요정보통신기반시설의 지정 등) ① 중앙행정기관의 장은 소관 분야의 정보통신기반시설 중 다음 각 호의 사항을 고려하여 전자적 침해행위로부터의 보호가

필요하다고 인정되는 정보통신기반시설을 주요정보통신기반시설로 지정할 수 있다.

1. 당해 정보통신기반시설을 관리하는 기관이 수행하는 업무의 국가사회적 중요성

2. 제1호의 규정에 의한 기관이 수행하는 업무의 정보통신기반시설에 대한 의존도

3. 다른 정보통신기반시설과의 상호연계성

4. 침해사고가 발생할 경우 국가안전보장과 경제사회에 미치는 피해규모 및 범위

5. 침해사고의 발생가능성 또는 그 복구의 용이성

② 중앙행정기관의 장은 제1항의 규정에 의한 지정 여부를 결정하기 위하여 필요한 자료의 제출을 해당 관리기관에 요구할 수 있다.

③ 관계중앙행정기관의 장은 관리기관이 해당 업무를 폐지·정지 또는 변경하는 경우에는 직권 또는 해당 관리기관의 신청에 의하여 주요정보통신기반시설의 지정을 취소할 수 있다.

④ 지방자치단체의 장이 관리·감독하는 기관의 정보통신기반시설에 대해서는 행정안전부장관이 지방자치단체의 장과 협의하여 주요정보통신기반시설로 지정하거나 그 지정을 취소할 수 있다. <개정 2008.2.29>

⑤ 중앙행정기관의 장이 제1항 및 제3항의 규정에 의하여 지정 또는 지정 취소를 하고자 하는 경우에는 위원회의 심의를 받아야 한다. 이 경우 위원회는 제1항 및 제3항의 규정에 의하여 지정 또는 지정취소의 대상이 되는 관리기관의 장을 위원회에 출석하게 하여 그 의견을 들을 수 있다.

⑥ 중앙행정기관의 장은 제1항 및 제3항의 규정에 의하여 주요정보통신기반시설을 지정 또는 지정 취소한 때에는 이를 고시하여야 한다. 다만, 국가안전보장을 위하여 필요한 경우에는 위원회의 심의를 받아 이를 고시하지 아니할 수 있다.

⑦ 주요정보통신기반시설의 지정 및 지정취소 등에 관하여 필요한 사항은 이를 대통령령으로 정한다.

제8조의 2(주요정보통신기반시설의 지정 권고) ① 행정안전부장관과 국가정보원장 등은 특정한 정보통신기반시설을 주요정보통신기반시설로 지정할 필요가 있다고 판단되는 경우에는 중앙행정기관의 장에게 해당 정보통신기반시설을 주요정보통신기반시설로 지정하도록 권고할 수 있다. <개정 2008.2.29>

② 행정안전부장관과 국가정보원장 등은 제1항에 따른 권고를 위하여 필요한 경우에는 중앙행정기관의 장에게 해당 정보통신기반시설에 관한 자료를 요청할 수 있다. <개정 2008.2.29>

③ 제1항에 따른 주요정보통신기반시설의 지정 권고 절차, 그 밖에 필요한 사항은 대통령령으로 정한다.

[본 조 신설 2007.12.21]

제9조(취약점의 분석·평가) ① 관리기관의 장은 대통령령이 정하는 바에 따라 정기적으로 소관 주요정보통신기반시설의 취약점을 분석·평가하여야 한다.

② 관리기관의 장은 제1항의 규정에 의하여 취약점을 분석·평가하고자 하는 경우에는 대통령령이 정하는 바에 따라 취약점을 분석·평가하는 전담반을 구성하여야 한다.

③ 관리기관의 장은 제1항의 규정에 의하여 취약점을 분석·평가하고자 하는 경우에는 다음 각 호의 1에 해당하는 기관으로 하여금 소관 주요정보통신기반시설의 취약점을 분석·평가하게 할 수 있다. 다만, 이 경우 제2항의 규정에 의한 전담반을 구성하지 아니할 수 있다. <개정 2002.12.18, 2007.12.21>

1. '정보통신망이용촉진및정보보호등에관한법률' 제52조의 규정에 의한 한국정보보호진흥원(이하 '보호진흥원'이라 한다.)
2. 제16조의 규정에 의한 정보공유·분석센터(대통령령이 정하는 기준을 충족하는 정보공유·분석센터에 한한다.)
3. 제17조의 규정에 의하여 지정된 정보보호컨설팅전문업체
4. '정부출연연구기관 등의 설립·운영 및 육성에 관한 법률' 제8조의 규정에 의한 한국전자통신연구원

④ 행정안전부장관은 관계중앙행정기관의 장 및 국가정보원장과 협의하여 제1항의 규정에 의한 취약점 분석·평가에 관한 기준을 정하고 이를 관계중앙행정기관의 장에게 통보하여야 한다. <개정 2008.2.29>

⑤ 주요정보통신기반시설의 취약점 분석·평가의 방법 및 절차 등에 관하여 필요한 사항은 대통령령으로 정한다.

## 제4장 주요정보통신기반시설의 보호 및 침해사고의 대응

제10조(보호지침) ① 관계중앙행정기관의 장은 소관 분야의 주요정보통신기반시설에 대하여 보호지침을 제정하고 해당 분야의 관리기관의 장에게 이를 지키도록 권고

할 수 있다.

② 관계중앙행정기관의 장은 기술의 발전 등을 감안하여 제1항의 규정에 의한 보호지침을 주기적으로 수정·보완하여야 한다.

제11조(보호조치 명령 등) 관계중앙행정기관의 장은 다음 각 호의 어느 하나에 해당하는 경우 해당 관리기관의 장에게 주요정보통신기반시설의 보호에 필요한 조치를 명령 또는 권고할 수 있다.

1. 제5조 제2항에 따라 제출받은 주요정보통신기반시설보호대책을 분석하여 별도의 보호조치가 필요하다고 인정하는 경우
2. 제5조의 2 제3항에 따라 통보된 주요정보통신기반시설보호대책의 이행 여부를 분석하여 별도의 보호조치가 필요하다고 인정하는 경우

[전문개정 2007.12.21]

제12조(주요정보통신기반시설 침해행위 등의 금지) 누구든지 다음 각 호의 1에 해당하는 행위를 하여서는 아니 된다.

1. 접근권한을 가지지 아니하는 자가 주요정보통신기반시설에 접근하거나 접근권한을 가진 자가 그 권한을 초과하여 저장된 데이터를 조작·파괴·은닉 또는 유출하는 행위
2. 주요정보통신기반시설에 대하여 데이터를 파괴하거나 주요정보통신기반시설의 운영을 방해할 목적으로 컴퓨터바이러스·논리폭탄 등의 프로그램을 투입하는 행위
3. 주요정보통신기반시설의 운영을 방해할 목적으로 일시에 대량의 신호를 보내거나 부정한 명령을 처리하도록 하는 등의 방법으로 정보처리에 오류를 발생하게 하는 행위

제13조(침해사고의 통지) ① 관리기관의 장은 침해사고가 발생하여 소관 주요정보통신기반시설이 교란·마비 또는 파괴된 사실을 인지한 때에는 관계 행정기관, 수사기관 또는 보호진흥원(이하 '관계 기관 등'이라 한다.)에 그 사실을 통지하여야 한다. 이 경우 관계 기관 등은 침해사고의 피해확산 방지와 신속한 대응을 위하여 필요한 조치를 취하여야 한다.

② 정부는 제1항의 규정에 의하여 침해사고를 통지함으로써 피해확산의 방지에 기여한 관리기관에 예산의 범위 안에서 복구비 등 재정적 지원을 할 수 있다.

제14조(복구조치) ① 관리기관의 장은 소관 주요정보통신기반시설에 대한 침해사고가 발생한 때에는 해당 정보통신기반시설의 복구 및 보호에 필요한 조치를 신속히 취하여야 한다.

② 관리기관의 장은 제1항의 규정에 의한 복구 및 보호조치를 위하여 필요한 경우 관계중앙행정기관의 장 또는 보호진흥원의 장에게 지원을 요청할 수 있다. 다만, 제7조 제2항의 규정에 해당하는 경우에는 그러하지 아니하다.

③ 관계중앙행정기관의 장 또는 보호진흥원의 장은 제2항의 규정에 의한 지원요청을 받은 때에는 피해복구가 신속히 이루어질 수 있도록 기술지원 등 필요한 지원을 하여야 하고, 피해확산을 방지할 수 있도록 관리기관의 장과 함께 적절한 조치를 취하여야 한다.

제15조(대책본부의 구성 등) ① 위원회의 위원장은 주요정보통신기반시설에 대하여 침해사고가 광범위하게 발생한 경우 그에 필요한 응급대책, 기술지원 및 피해복구 등을 수행하기 위한 기간을 정하여 위원회에 정보통신기반침해사고대책본부(이하 '대책본부'라 한다.)를 둘 수 있다.

② 위원회의 위원장은 대책본부의 업무와 관련 있는 공무원의 파견을 관계 행정기관의 장에게 요청할 수 있다.

③ 위원회의 위원장은 침해사고가 발생한 정보통신기반시설을 관할하는 중앙행정기관의 장과 협의하여 대책본부장을 임명한다.

④ 대책본부장은 관계 행정기관의 장, 관리기관의 장 및 보호진흥원의 장에게 주요정보통신기반시설 침해사고의 대응을 위한 협력과 지원을 요청할 수 있다.

⑤ 제4항의 규정에 의하여 협력과 지원을 요청받은 관계 행정기관의 장 등은 특별한 사유가 없는 한 이에 응하여야 한다.

⑥ 대책본부의 구성·운영 등에 관하여 필요한 사항은 대통령령으로 정한다.

제16조(정보공유·분석센터) ① 금융·통신 등 분야별 정보통신기반시설을 보호하기 위하여 다음 각 호의 업무를 수행하고자 하는 자는 정보공유·분석센터를 구축·운영할 수 있다.

1. 취약점 및 침해요인과 그 대응방안에 관한 정보 제공

2. 침해사고가 발생하는 경우 실시간 경보·분석체계 운영

② 제1항의 규정에 의한 정보공유·분석센터의 장은 업무종사자의 인적 사항 등

대통령령이 정하는 사항을 관계중앙행정기관의 장에게 통지하여야 한다. 통지한
사항을 변경한 경우에도 또한 같다.

③ 관계중앙행정기관의 장은 제2항의 규정에 의하여 통지받은 사항을 행정안전부
장관에게 통보하여야 한다. <개정 2008.2.29>

④ 정부는 제1항 각 호의 업무를 수행하는 정보공유·분석센터의 구축을 장려하
고 그에 대한 기술적 지원을 할 수 있다.

⑤ 제2항의 규정에 의한 통지의 방법 및 절차 등에 관하여 필요한 사항은 대통
령으로 정한다.

# 제5장 정보보호컨설팅전문업체의 지정 등 〈개정 2002.12.18〉

제17조(정보보호컨설팅전문업체의 지정 <개정 2002.12.18>) ① 지식경제부장관은
다음 각 호의 업무를 안전하고 신뢰성 있게 수행할 능력이 있다고 인정되는 자를
정보보호컨설팅전문업체로 지정할 수 있다. <개정 2002.12.18, 2008.2.29>

1. 주요정보통신기반시설의 취약점 분석·평가 업무

2. 주요정보통신기반시설보호대책의 수립 업무

② 정보보호컨설팅전문업체로 지정받을 수 있는 자는 법인에 한한다. <개정
2002.12.18>

③ 지식경제부장관은 제1항의 규정에 의하여 정보보호컨설팅전문업체를 지정하는
때에는 지식경제부령이 정하는 바에 따라 유효기간을 정하여 지정할 수 있으며, 그
유효기간이 만료한 때에는 재지정을 할 수 있다. <개정 2002.12.18, 2008.2.29>

④ 제1항의 규정에 의한 지정과 제3항의 규정에 의한 재지정의 기준·절차 및 방
법 등에 관하여 필요한 사항은 지식경제부령으로 정한다. <개정 2008.2.29>

제18조(결격사유) 다음 각 호의 1에 해당하는 자는 정보보호컨설팅전문업체로 지정받
을 수 없다. <개정 2002.12.18, 2005.3.31>

1. 임원 중 다음 각 목의 1에 해당하는 자가 있는 법인

가. 미성년자·금치산자 또는 한정치산자

나. 파산선고를 받은 자로서 복권되지 아니한 자

다. 금고 이상의 실형의 선고를 받고 그 집행이 종료(집행이 종료된 것으로 보

는 경우를 포함한다.)되거나 집행이 면제된 날부터 2년이 지나지 아니한 자

라. 금고 이상의 형의 집행유예의 선고를 받고 그 집행유예기간 중에 있는 자

마. 제21조 제1호 또는 제3호 내지 제5호의 규정에 의하여 지정이 취소된 법인
의 취소 당시의 임원이었던 자(취소된 날부터 2년이 지나지 아니한 자에 한
한다.)

2. 제21조 제1호 또는 제3호 내지 제5호의 규정에 의하여 지정이 취소된 후 2년
이 지나지 아니한 법인

**제19조**(정보보호컨설팅전문업체의 양도·합병 등 <개정 2002.12.18>) ① 정보보호
컨설팅전문업체는 다음 각 호의 1에 해당하는 경우에는 지식경제부령이 정하는
바에 의하여 지식경제부장관에게 신고하여야 한다. <개정 2002.12.18, 2008.2.29>

1. 제17조 제1항 각 호의 업무를 양도하는 경우

2. 정보보호컨설팅전문업체인 법인 간의 합병이 있는 경우

② 제1항의 규정에 의한 신고를 한 경우의 양수인 또는 합병에 의하여 설립되거나
존속하는 법인은 그 정보보호컨설팅전문업체의 지위를 승계한다. <개정 2002.12.18>

③ 제17조 제4항(지정기준에 한한다.) 및 제18조의 규정은 제1항의 규정에 의한 신
고에 관하여 이를 준용한다.

**제20조**(업무의 휴지·폐지·재개) 정보보호컨설팅전문업체가 업무를 휴지·폐지 또
는 재개하고자 하는 때에는 휴지·폐지 또는 재개하고자 하는 날의 30일 전까지
지식경제부령이 정하는 바에 따라 지식경제부장관에게 신고하여야 한다. <개정
2002.12.18, 2008.2.29>

**제21조**(정보보호컨설팅전문업체의 지정취소 등 <개정 2002.12.18>) ① 지식경제부
장관은 정보보호컨설팅전문업체가 다음 각 호의 어느 하나에 해당하는 때에는 지
식경제부령이 정하는 바에 따라 정보보호컨설팅전문업체의 지정을 취소하거나 3
월 이내의 기간을 정하여 업무의 전부 또는 일부의 정지를 명할 수 있다. 다만,
제1호 내지 제3호에 해당하는 때에는 정보보호컨설팅전문업체의 지정을 취소하여
야 한다. <개정 2002.12.18, 2007.12.21, 2008.2.29>

1. 속임수 그 밖의 부정한 방법으로 지정을 받은 때

2. 제17조 제4항의 규정에 의한 지정기준에 미달한 때

3. 제18조의 규정에 의한 결격사유에 해당된 때(임원이 결격사유에 해당된 날부터

3월 이내에 당해 임원을 개임한 때를 제외한다.)

4. 업무를 수행하면서 알게 된 정보를 오용 또는 남용하여 주요정보통신기반시설의 운영에 장애를 가져온 때

5. 제23조 제1항을 위반하여 기록 및 자료를 안전하게 보존하지 아니한 자

② 지식경제부장관은 제1항에 따라 정보보호컨설팅전문업체의 지정을 취소하고자 하는 경우에는 청문을 실시하여야 한다. <신설 2007.12.21, 2008.2.29>

제22조(보고 등) ① 지식경제부장관은 주요정보통신기반시설의 정보보호를 위하여 특히 필요하다고 인정하는 경우에는 정보보호컨설팅전문업체에 관련 서류 또는 자료를 제출하게 할 수 있다. <개정 2002.12.18, 2008.2.29>

② 정보보호컨설팅전문업체는 제1항의 규정에 의하여 관련 서류 또는 자료의 제출을 요구받은 때에는 특별한 사유가 없는 한 이에 응하여야 한다. <개정 2002.12.18>

제23조(기록·자료의 보존 등) ① 정보보호컨설팅전문업체는 제17조 제1항 제1호의 규정에 의한 주요정보통신기반시설의 취약점 분석·평가업무와 관련하여 작성한 기록 및 자료를 안전하게 보존하여야 한다. <개정 2002.12.18>

② 정보보호컨설팅전문업체는 제21조의 규정에 의하여 지정이 취소되거나 업무를 폐지한 때에는 제1항의 규정에 의한 기록 및 자료를 관리기관의 장에게 반환하거나 이를 폐기하여야 한다. <개정 2002.12.18>

③ 제2항의 규정에 의한 관련 기록 및 자료의 폐기에 관하여 필요한 사항은 지식경제부령으로 정한다. <개정 2008.2.29>


# 제6장 기술지원 및 민간협력 등

제24조(기술개발 등) ① 정부는 정보통신기반시설을 보호하기 위하여 필요한 기술의 개발 및 전문인력 양성에 관한 시책을 강구할 수 있다.

② 정부는 정보통신기반시설의 보호에 필요한 기술개발을 효율적으로 추진하기 위하여 필요한 때에는 정보보호 기술개발과 관련된 연구기관 및 민간단체로 하여금 이를 대행하게 할 수 있다. 이 경우 이에 소요되는 비용의 전부 또는 일부를 지원할 수 있다.

제25조(관리기관에 대한 지원) 정부는 관리기관에 대하여 주요정보통신기반시설을 보호하기 위하여 필요한 기술의 이전, 장비의 제공 그 밖의 필요한 지원을 할 수 있다.

제26조(국제협력) ① 정부는 정보통신기반시설의 보호에 관한 국제적 동향을 파악하고 국제협력을 추진하여야 한다.

② 정부는 정보통신기반시설의 보호에 관한 국제협력을 촉진하기 위하여 관련기술 및 인력의 국제교류와 국제표준화 및 국제공동연구개발 등에 관한 사업을 지원할 수 있다.

제27조(비밀유지의무) 다음 각 호의 어느 하나에 해당하는 기관에 종사하는 자 또는 종사하였던 자는 그 직무상 알게 된 비밀을 누설하여서는 아니 된다. 다만, 다른 법률에 특별한 규정이 있는 경우에는 그러하지 아니하다. <개정 2007.12.21>
  1. 제3조에 따른 위원회 및 실무위원회
  2. 제9조 제3항의 규정에 의하여 주요정보통신기반시설에 대한 취약점 분석·평가업무를 하는 기관
  3. 제13조의 규정에 의하여 침해사고의 통지 접수 및 복구조치와 관련한 업무를 하는 관계 기관 등
  4. 제16조 제1항 각 호의 업무를 수행하는 정보공유·분석센터


## 제7장 벌칙

제28조(벌칙) ① 제12조의 규정을 위반하여 주요정보통신기반시설을 교란·마비 또는 파괴한 자는 10년 이하의 징역 또는 1억 원 이하의 벌금에 처한다.
  ② 제1항의 미수범은 처벌한다.

제29조(벌칙) 제27조의 규정을 위반하여 비밀을 누설한 자는 5년 이하의 징역, 10년 이하의 자격정지 또는 5천만 원 이하의 벌금에 처한다.

제30조(과태료) ① 다음 각 호의 어느 하나에 해당하는 자는 1천만 원 이하의 과태료에 처한다. <개정 2007.12.21>
  1. 제11조에 따른 보호조치 명령을 위반한 자

2. 제16조 제2항의 규정에 의한 통지를 하지 아니한 자

3. 제20조의 규정에 의한 신고를 하지 아니한 자

4. 제22조 제2항의 규정을 위반하여 관련 서류 또는 자료를 제출하지 아니하거나 허위로 제출한 자

5. 제23조 제2항의 규정을 위반하여 기록 및 자료를 반환하거나 폐기하지 아니한 자

② 제1항의 규정에 의한 과태료는 대통령령이 정하는 바에 따라 관계중앙행정기관의 장 또는 행정안전부장관·지식경제부장관(이하 '부과권자'라 한다.)이 부과·징수한다. <개정 2008.2.29>

③ 제2항의 규정에 의한 과태료처분에 불복이 있는 자는 그 처분의 고지를 받은 날부터 30일 이내에 부과권자에게 이의를 제기할 수 있다.

④ 제2항의 규정에 의한 과태료처분을 받은 자가 제3항의 규정에 의하여 이의를 제기한 때에는 부과권자는 지체 없이 관할법원에 그 사실을 통보하여야 하며, 그 통보를 받은 관할법원은 '비송사건절차법'에 의한 과태료의 재판을 한다. <개정 2007.12.21>

⑤ 제3항의 규정에 의한 기간 내에 이의를 제기하지 아니하고 과태료를 납부하지 아니한 때에는 국세체납처분의 예에 의하여 이를 징수한다.


## 부칙(정부조직법) 〈제8852호, 2008.2.29〉

제1조(시행일) 이 법은 공포한 날부터 시행한다. 다만, ……<생략>……, 부칙 제6조에 따라 개정되는 법률 중 이 법의 시행 전에 공포되었으나 시행일이 도래하지 아니한 법률을 개정한 부분은 각각 해당 법률의 시행일부터 시행한다.

제2조부터 제5조까지 생략

제6조(다른 법률의 개정) ①부터 <429>까지 생략

<430> 정보통신기반보호법 일부를 다음과 같이 개정한다.

제5조 제3항, 제8조 제4항 중 '행정자치부장관'을 '행정안전부장관'으로 한다.

제30조 제2항 중 '정보통신부장관'을 '행정안전부장관·지식경제부장관'으로 한다.

제6조 제4항, 제9조 제4항, 제11조 제2항 본문, 제16조 제3항 중 '정보통신부장관'을 각각 '행정안전부장관'으로 한다.

제17조 제1항 각 호 외의 부분·제3항, 제19조 제1항 각 호 외의 부분, 제20조, 제21조 각 호 외의 부분 본문 및 제22조 제1항 중 '정보통신부장관'을 각각 '지식경제부장관'으로 한다.

제17조 제3항·제4항, 제19조 제1항 각 호 외의 부분, 제20조, 제21조 각 호 외의 부분 및 제23조 제3항 중 '정보통신부령'을 '지식경제부령'으로 한다.

<431> 정보통신기반보호법 일부개정법률 일부를 다음과 같이 개정한다.

제3조 제3항 중 '국무조정실장'을 '국무총리실장'으로 한다.

제21조 제1항·제2항 중 '정보통신부장관'을 각각 '지식경제부장관'으로 한다.

제21조 제1항 중 '정보통신부령'을 '지식경제부령'으로 한다.

제5조의 2 제1항부터 제3항까지, 제6조 제4항, 제7조 제1항 각 호 외의 부분, 제8조의 2 제1항·제2항 중 '정보통신부장관'을 각각 '행정안전부장관'으로 한다.

<432>부터 <760>까지 생략

제7조 생략

## 백윤철

**▮ 약 력**

연세대학교 법학과·서울대학교 대학원(법학박사)

경희대학교 교수, 동양대학교 교수, 연세대학교, 동국대학교 강사, 과학문화재단 전문위원, 대법원 조사위원

현) 대구사이버대학교 교수, 사단법인 한국인터넷법학연구소 이사장, 한국인터넷법학회 총무이사, 헌법학회 홍보이사, 토지공법학회 정보이사, 스포츠엔터테인먼트법학회 정보이사, 정보통신예술치료학회 총무이사 등

**▮ 주요 저서**

프랑스 지방자치학(형설출판사), 법률정보접근방법론(법문사)

법률정보와 생활(세영사), 대학필수한자(법문사)

최신판례헌법(고시계), 법학개론(세영사)

헌법재판(한큐렉스), 헌법학개론(고시계)

헌법요해(신영사), 정보산업법전(현암사)

비교법률용어사전(청림출판사), 사이버헌법론(조세통람사)

인터넷법학(신영사), 인터넷과 전자상거래법(신영사)

인터넷과 개인정보보호(신영사)

사회복지법제(형설출판사), 사회보장론(세영사), 인터넷윤리(삼보)

## 이준복

**▮ 약 력**

동국대학교 대학원(법학박사)

현) 대구사이버대학교 외래교수

**▮ 주요 저서**

사회복지법제(삼보)

# 알기 쉬운 인터넷윤리

**초판인쇄** | 2009년 4월 1일
**초판발행** | 2009년 4월 1일

**지은이** | 백윤철, 이준복
**펴낸이** | 채종준
**펴낸곳** | 한국학술정보㈜
**주 소** | 경기도 파주시 교하읍 문발리 513-5 파주출판문화정보산업단지
**전 화** | 031) 908-3181(대표)
**팩 스** | 031) 908-3189
**홈페이지** | http://www.kstudy.com
**E-mail** | 출판사업부 publish@kstudy.com

**등 록**
**가 격**   33,000원

ISBN   978-89-534-2268-1 03360 (Paper Book)
       978-89-534-2274-2 08360 (e-Book)

이담Books 는 한국학술정보(주)의 지식실용서 브랜드입니다.